教育部哲学社会科学系列发展报告
MOE Serial Reports on Developments in Humanities and Social Sciences

2019中国财政发展报告

我国政府收支分类科目改革研究

Rreport on China's Fiscal Develepment:

The Reform of Government Revenue and Expenditure Classification

上海财经大学中国公共财政研究院
主编 刘小兵

北京大学出版社
PEKING UNIVERSITY PRESS

图书在版编目(CIP)数据

2019 中国财政发展报告:我国政府收支分类科目改革研究/刘小兵主编. —北京:北京大学出版社,2020.12
(教育部哲学社会科学系列发展报告)
ISBN 978-7-301-31868-3

Ⅰ.①2… Ⅱ.①刘… Ⅲ.①财政政策—研究报告—中国—2019 Ⅳ.①F812.0

中国版本图书馆 CIP 数据核字(2020)第 230672 号

书　　　名	2019 中国财政发展报告——我国政府收支分类科目改革研究 2019 ZHONGGUO CAIZHENG FAZHAN BAOGAO ——WOGUO ZHENGFU SHOUZHI FENLEI KEMU GAIGE YANJIU
著作责任者	刘小兵　主编
责 任 编 辑	赵学秀
标 准 书 号	ISBN 978-7-301-31868-3
出 版 发 行	北京大学出版社
地　　　址	北京市海淀区成府路 205 号　100871
网　　　址	http://www.pup.cn
微信公众号	北京大学经管书苑(pupembook)
电 子 信 箱	em@pup.cn　QQ:552063295
电　　　话	邮购部 010-62752015　发行部 010-62750672　编辑部 010-62752926
印 　刷 　者	北京虎彩文化传播有限公司
经 　销 　者	新华书店
	730 毫米×980 毫米　16 开本　27.25 印张　504 千字 2020 年 12 月第 1 版　2020 年 12 月第 1 次印刷
定　　　价	98.00 元

未经许可,不得以任何方式复制或抄袭本书之部分或全部内容。
版权所有,侵权必究
举报电话:010-62752024　电子信箱:fd@pup.pku.edu.cn
图书如有印装质量问题,请与出版部联系,电话:010-62756370

学术委员会

主 任　丛树海
委 员　蒋 洪　胡怡建　刘小兵
　　　　刘小川　付文林　朱为群

编写组名单

主　编　刘小兵

副主编　刘　伟　邓淑莲　曾军平
　　　　温娇秀　付芳

课题组成员

（以姓氏拼音为序）

邓淑莲　付　芳　刘　念　刘小兵　刘　伟
施含韵　孙　硕　王　超　温娇秀　肖　叶
肖依依　徐　静　姚苗楠　张　蓓　张　倜
曾军平　赵　建　郑　睿　宗庆庆

代　序
第十三届全国人大第三次全体会议
关于完善政府收支分类科目的建议

一、本建议的背景

2018年3月，在第十三届全国人大第一次会议上，我们提过一个有关要求修订政府收支分类科目的建议，在分组审议预算草案时也口头表达了这一观点。对此，财政部给出了积极回应，在当年的预算草案报告关于2018年的工作中增加了"完善政府收支分类科目"的内容，表明了对这一问题的重视。

为了配合有关部门做好这一工作，我们在2019年专门针对收支分类科目问题开展了专题调研和研究，形成了《2019中国财政发展报告》。其中一个重要的内容是对"其他支出"占比过高问题的研究，并为此专门选择了某地区的省、市、县三级地方政府进行实地调研。同时，我们还设计了一份关于现行收支分类科目使用情况的调查问卷，以调查分析"其他支出"占比过高的成因。在此，我们简要将调研中发现的主要问题及相关建议向有关部门反映，希望能对进一步完善我国现行的政府收支分类科目，以便能够更准确地反映我国政府真实的财政活动有所帮助。

二、"其他支出"占比高的主要原因

调研结果显示，"其他支出"占总支出的比例过高是一个综合性的财政问题。从宏观层面看，社会经济政策的不确定性和部门职能的交叉客观上带来"其他支出"；从中观层面看，现行政府支出分类科目不能满足工作实践需求，导致部分支出只能记入"其他支出"科目；从微观层面看，存在政府财务人员对收支分类科目使用不规范的现象，导致"其他支出"科目经常被滥用。

1. 社会经济政策的不确定性

社会经济政策的不确定性导致政府在编制预算时难以准确预测下一年的财政支出情况，为避免届时资金不足，一般会预留一块资金作机动使用。由于预留资金去向暂时无法明确，难以归入具体的预算科目，只能将其记入"其他支出"科目。

导致经济政策存在不确定性的原因主要有以下几方面：

一是预算编制与政府重点工作确定的时间不一致。预算编制一般在年底前就基本结束了，而确定政府下年度重点工作的中央经济工作会议以及相关部门的年度工作部署会议在年底或下年度初召开，从而导致预算编制特别是确定项目支出时存在很大的不确定性。

二是我国公共决策特有的性质。基于我国"民主集中制"的政治体制特征，我国的公共决策也相应具有这种集中的特性，各级政府都习惯于等待上级政府的指令以决定后面要做什么事情，使得在编制预算时往往需要预留一块资金以备这种不时之需。

三是现行转移支付制度的原因。现行转移支付制度所具有的规模巨大、要求地方配套、下达时间滞后（特别是专项转移支付和来自各部委的转移支付）等特征，容易导致地方政府的预算编制（无论是收入还是支出方面）存在较大的不确定性。

2. 部门职能存在交叉

部门职能交叉使得一个具体项目可能同时涉及多个科目，导致难以进行归类，最终只能计入其他支出。这种职能交叉的情况一种可能是因为权责不清导致一项事务同时由两个或两个以上部门负责，另一种可能是因为事务本身复杂导致需要多部门协作。

例如，城乡社区建设支出的资金既有来自财政部门的划拨资金，又有来自发改委的项目资金。地方政府同时将两个来源的资金用于一个城乡社区建设项目，故此项目将同时受两个部门的监管。这一项目在实施过程中又涉及医疗卫生、节能环保、科学技术等方面多个政府部门，项目支出无法找到一个具体的分类科目进行记录，只能归入其他城乡社区建设支出。目前其他城乡社区建设支出在地方政府预算中普遍数额巨大。再如，我国有一些重大政策实施由于需要不同部门的协作，也常常出现难以确定具体分类科目的情况，精准扶贫项目就是如此。为取得根本性成效，精准扶贫政策的实施需要多部门的通力协作，其资金来源既包含专项扶贫资金，又包含教育扶贫资金和产业扶贫资金等，这种通常会纳入专门的政府项目库管理的项目，在计入政府预算时往往就难以清晰界定其科目归属。

之所以出现上述情况，还有一部分原因是目前我国预算中支出功能分类和支出经济分类都是从整体上记录政府资金活动，缺少项目形式的政府资金活动记录，但我国政府资金中有很大一部分是以项目形式落实的。所以，当涉及多部门交叉的事务时，难免出现职能交叉不清、难以归类的情况。

3. 现行科目不能满足工作实践需求

政府活动范围日益扩大，现行政府收支分类科目特别是支出科目不能完全满

足日常的政府工作需求,原因是多方面的:

首先,也是涉及金额最大的,是政府在承担发展经济职能方面的众多支出,如招商引资、安商稳商、兑现经济扶持政策、地方债务(预算法修订前)还本付息等支出,在现行的政府收支分类科目体系中没有相应的科目予以反映。

其次,当今社会发展日新月异,新的事物不断出现,新的生产、生活方式不断涌现,对政府管理不断产生新的需求,从而产生现有科目难以记录的新业务。例如,随着社会保障水平不断提高而出现的残疾人康复支出、新农合医疗欠费处理支出、改革政策配套资金支出等;再如,部门调整出现的财务切割、归并的情况也会造成收支分类科目的使用困难,导致其他支出占比提高。

再次,区域异质性引致地方政府的地域性特色支出。由于地域的异质性,对同一政策目标,各地可能制定不同的调控政策。例如,为引进人才,部分地区实施的是购房补助政策,部分地区实施的是租房补贴政策。这种地域特色支出除因地而异外,又常具有业务发生的偶然性的特点,在政府工作人员无法根据以往经验归类,又找不到专门的科目分类的情况下,会被计入其他支出。

最后,个别部门特殊业务对科目有特殊需求。这种特殊需求的一种情况是单个数额小、事项具体、性质特殊、难以归类,如园林路灯、小数额公安警械耗材等;另一种情况可能是专有业务需求,如人民法院的诉讼费存在先收后退的支出等。这种财政支出虽然单次数额不大,但具有共性、会经常发生、固定发生,有条件也有必要通过完善收支分类科目将其从其他支出中剥离。

4. 政府财务人员对收支分类科目的不规范使用

造成政府财务人员对收支分类科目使用不规范的原因有财政收支分类科目使用说明不够详尽,预算编制人员的专业素质不够,地方政府本身存在一些不规范的资金使用行为。

首先,我国现行的政府收支分类科目对一个科目的解释大多只有简单一句话,说明不够详细,基层工作人员在面对一些具体事务时,对科目的选择上难以把握。为防止出错,工作人员通常会出于保守考虑而计入其他支出。调查显示,具体事务自身的特殊性、多样性及复杂性与不明晰的收支分类说明导致归入其他支出的情况在实际工作中经常发生。

其次,对收支分类科目使用的不规范,还可能是政府工作人员尤其是基层政府工作人员自身专业水平不足的问题。政府收支的记录不仅仅是一个财务会计问题,还牵涉到财政专业和预算专业的知识水平;不仅仅是财政部门需要专业的政府财务人才,所有政府部门对这方面的人才均有很大需求。但目前我国这种复合型专业人才是稀缺的,在基层政府工作单位尤其突出。正是由于政府工作人员专业水平不足和收支分类科目使用的不规范,导致其他支出规模不断扩大。

最后,地方政府本身也存在一些不规范的财政收支行为。地方政府不规范举债行为导致的地方债务的还本付息支出、先征后返的税收优惠、对地方国有企业的注资等,在过去均有计入其他支出的情况,甚至目前这种情况仍可能在部分地区存在。比如,为完成规定教育支出等考核指标,地方政府有动机将一些本应归属其他科目的支出计入对应考核科目下,如为实现财政收入和招商引资目标,将原来先征后返的支出以财政奖励的形式计入其他支出等。

三、完善收支分类科目的建议

在这里,首先需要特别强调一点:无科目不花钱!政府收支分类科目就是政府可以花钱的领域,没有收支分类科目就不能收钱和花钱。政府部门在收钱花钱的时候应始终信守这一理念,管理部门也应据此对各级预算单位开展管理。

1. 根据实践需要调整现有科目

要根据新的实践需不断完善政府收支分类科目,使其更加贴近政府工作的日常使用需求。

一方面,就总体框架而言,以新的工作实践要求为准绳优化调整现有收支分类科目。这种优化调整一方面是为新事物、新业务以及过去遗漏事务添加新的科目,另一方面也要精简一部分现有科目,减少目前预算中使用少、主要计入其他支出的支出科目。细化收支分类科目可以提高预算透明度这点很容易理解,但是过细的收支分类科目则产生过大的工作量导致科目闲置、难以使用,资金碎片化,过细科目本身难以实现等弊端。所以,收支分类科目的增减在加强财政管理的同时,必须参考实际工作需要。

另一方面,就微观具体科目而言,可以制定临时科目的使用规范,允许地方政府在最低一级收支分类科目中根据工作需要增减临时科目。临时科目可以在保持预算基本框架的同时,增加对社会迅速变革的适应能力。具体工作部门可以根据工作需要提交临时科目的增减申请,说明科目需求和现实情况,在上级部门报备、批准后增减底层个别科目,且在预算说明中增加具体说明并报人大常委会审批。

2. 对"其他支出"科目设定使用规范

首先,要在相关法律法规中明确"其他支出"科目的使用规范,提出慎重使用"其他支出"科目的要求,防止"其他支出"科目成为"藏污纳垢"的场所。

其次,要对"其他支出"的规模规定一个合理标准,如不超过总支出5%或10%,可以根据类、款、项以及不同的支出性质规定不同的标准,并随着收支分类科目的不断完善和预算管理水平的不断提高而逐步降低标准。

最后,对于特殊情况,若存在超出规模标准或者单项规模过大且需记入"其他支出"科目的财政支出,要求必须对其具体用途做出说明,在编制决算时更应如此。

3. 完善政府收支分类科目的使用说明

首先,由于政府收支分类科目的使用者可能不具有财政专业知识,应编制更加详尽的科目使用指南,使其更加明确易懂,减少工作人员对科目存在理解困惑、无所适从的情况。

其次,逐步明确和统一政府文件中的概念口径,避免同一概念在不同文件中的含义不同。这种口径不明确、不统一的情况既普遍存在于跨部门政策适用方面,也存在于财政部门内部预算语言和财务语言适用方面。

最后,建议每一个政策文件对其发生的支出都应明确功能分类科目的归属,以方便各级政府工作人员的实际操作。如此,既能约束政府依法履职,提高决策的合法合理性,也能促进预算收支分类科目的科学性与严肃性,还能提高政府工作人员的工作效率和预决算编制的真实性。

4. 加强财政专业人才培养

为避免政府财务人员对收支分类科目的不规范使用带来的问题,解决财政专业人才短缺的困境,需要及时加强专业人才的培养与培训。

第一,要加强政府部门与科研院校的合作,根据社会需求改进教育培养方案,培养出更多专业化、高质量人才。

第二,对于基层政府机关,要加强现有人员的技术培训,综合提高基层工作人员的专业素质。

第三,对于日常业务比较简单、固定且人员匮乏的基层部门,可根据实际情况经上级部门审核,安排财政资金的统一核算,不再要求每个部门单独配置财务人员,实现规模效益。

5. 逐步推动部门预算项目化改革

政府各级部门是政府活动的主要执行者,而部门项目又是政府具体活动的主要体现形式。因而,项目预算是部门施政信息的最重要载体。要加强部门的行政能力,完善政府部门预算管理,有必要推动部门预算项目化改革。

部门项目预算是将部门的各项支出分解到各个具体的项目之中,将部门的各项开支全部以具体项目的形式呈现,可以避免产生无法归类的其他支出的。

推动部门预算项目化改革,将财政资金以项目形式记录,有利于解决收支分类过细造成的资金碎片化和资金沉淀问题,提高财政资金的使用效率;也有助于明确部门的职责归属,为部门行政问责、绩效评价提供制度基础,推动部门预算绩效管理改革。

随着政府部门财务水平的不断提高和国库集中收付制度的完善,引入项目预算已具有可行性。当前部门会计通常是按项目记录资金流动,项目预算不会增加现有的资金统计工作量,可与当下政府绩效管理改革协同推进。

6. 提高社会经济政策的稳定性和可预期性

社会经济政策的波动,既不利于企业形成稳定预期、进行长期投资和技术研发,也不利于维护政府预算的严肃性。如果社会经济政策频繁波动,企业会减少长期投资,减少突破性创新行为,不利于我国产业结构的转型升级。地方政府对技术创新等长期扶持政策也会因政策频繁变动而造成前期投入资金的浪费,不利于提高财政资金的使用效率和使用规范。

对于提高社会经济政策的稳定性,首先可以加快推进中长期预算的编制,构建稳定的中期财政框架。这既可以保证宏观政策的稳定性和可预期性,也可以从战略高度规划长期改革,预防政府债务风险等长期财政风险。

其次,可以借鉴国际上先进国家经验,在国务院设置预算指导机构,协助财政部进行预算编制的指导,提高预算编制的准确性。如美国的预算管理办公室(OMB)、日本的经济财政咨询会议以及英国的预算责任办公室(OBR)等。在更高层级设置预算编制的指导部门,体现了财政在国家治理中的基础和重要支柱的定位,有利于各部门在预算编制过程中把握好未来的政策方向,提高预算编制的准确度和精确度,从源头上减少其他支出规模。

最后,还应优化预算流程和转移支付流程,解决预算周期和预算执行问题,保证地方政府财政收支的稳定性。

第十三届全国人大代表刘小兵 代表号 0621

2019 年 5 月

目　　录

我国政府收支分类改革总报告 …………………………………………… (1)
    0.1　中国财政税收运行情况 ………………………………………… (1)
    0.2　政府收入与支出的划分 ………………………………………… (10)
    0.3　一般公共预(决)算 ……………………………………………… (14)
    0.4　政府性基金预算 ………………………………………………… (24)
    0.5　政府部门预(决)算分类 ………………………………………… (27)

第一篇　中国财政税收运行

第1章　2018年宏观经济运行 ……………………………………………… (33)
    1.1　2018年生产活动运行状况 ……………………………………… (33)
    1.2　2018年收入分配活动运行状况 ………………………………… (42)
    1.3　2018年消费活动运行状况 ……………………………………… (49)
    1.4　2018年积累活动运行状况 ……………………………………… (57)
    1.5　2018年我国对外经济活动运行情况 …………………………… (63)
    1.6　2019年宏观经济走势分析 ……………………………………… (70)

第2章　2018年中国财政收入分析 ………………………………………… (74)
    2.1　2017年财政收入决算回顾 ……………………………………… (74)
    2.2　2018年财政收入总量分析 ……………………………………… (77)
    2.3　2018年财政收入结构分析 ……………………………………… (80)

 2.4 2018年国债发行分析 …………………………………… (86)
 2.5 2018年地方政府债券发行分析 ……………………………… (92)
 2.6 2018年财政收入预期分析 …………………………………… (94)

第3章 2018年中国财政支出分析 ……………………………………… (96)
 3.1 2017年财政支出决算回顾 …………………………………… (96)
 3.2 2018年财政支出预算安排 …………………………………… (103)
 3.3 2018年公共财政支出规模分析 ……………………………… (108)
 3.4 2018年公共财政支出结构分析 ……………………………… (111)
 3.5 2018年财政支出重点项目分析 ……………………………… (115)
 3.6 财政支出总结与展望 ………………………………………… (120)

第4章 中国财政经济运行计量分析 …………………………………… (123)
 4.1 概述 …………………………………………………………… (123)
 4.2 经济模型构建的基本思路和方法 …………………………… (124)
 4.3 数据来源及主要变量的描述统计分析 ……………………… (124)
 4.4 中国财政计量经济模型的设定 ……………………………… (126)
 4.5 中国财政税收计量经济模型运行结果分析 ………………… (128)

第二篇 政府收入与支出的划分

第5章 政府收支分类的基本原则 ……………………………………… (145)
 5.1 基于一般分类视角的原则 …………………………………… (146)
 5.2 基于统计管理视角的原则 …………………………………… (149)
 5.3 基于财政治理视角的原则 …………………………………… (151)

第6章 国际通行做法与主要经验 ……………………………………… (155)
 6.1 主要国际组织的分类体系:国民账户体系 ………………… (156)
 6.2 主要国际组织的分类体系:政府财政统计手册 …………… (158)
 6.3 主要发达国家的经验介绍:美国 …………………………… (175)
 6.4 主要发达国家的经验介绍:英国 …………………………… (179)

第7章 中国政府收支分类体系演进历程 ……………………………… (188)
 7.1 中华人民共和国成立前的政府收支分类体系 ……………… (188)
 7.2 中华人民共和国成立后的政府收支分类体系 ……………… (193)

第 8 章　中国政府收支分类下一步改进方向 ……………………… (207)
　　8.1　改进政府收支分类的基本思路 …………………………… (207)
　　8.2　现行政府收支分类的改进方案 …………………………… (209)
　　8.3　相关配套改进措施 ………………………………………… (210)

附录 A　预算项目支出科目的编制与运用 ……………………… (212)
　　A.1　中国预算项目支出管理的现实需求 ……………………… (212)
　　A.2　预算项目支出科目编制与运用的理论框架 ……………… (214)
　　A.3　预算项目支出科目编制与运用的制度建设 ……………… (219)

第三篇　一般公共预（决）算

第 9 章　政府收入分类 …………………………………………… (223)
　　9.1　一般公共预（决）算收支分类的改革历程 ……………… (223)
　　9.2　我国政府收入分类的现状和问题 ………………………… (225)
　　9.3　政府收入分类的改革建议 ………………………………… (246)

第 10 章　支出功能分类 …………………………………………… (249)
　　10.1　一般公共服务 ……………………………………………… (249)
　　10.2　教育 ………………………………………………………… (261)
　　10.3　医疗卫生 …………………………………………………… (272)
　　10.4　社会保护 …………………………………………………… (282)
　　10.5　其他职能 …………………………………………………… (296)

第 11 章　支出经济分类 …………………………………………… (321)
　　11.1　支出经济分类的原理 ……………………………………… (321)
　　11.2　支出经济分类的国际经验 ………………………………… (323)
　　11.3　我国支出经济分类的现状和问题 ………………………… (326)
　　11.4　我国支出经济分类的改革建议 …………………………… (335)

第四篇　政府性基金预算

第 12 章　政府性基金预算收支分类的现状和问题分析 ………… (347)
　　12.1　政府性基金预算收支分类的现状 ………………………… (347)
　　12.2　政府性基金预算收支分类的问题分析 …………………… (350)

第13章　政府性基金预算收支分类的国际做法 ……………………（358）
　　13.1　美国特别基金收支分类分析 …………………………（358）
　　13.2　日本特别会计预算收支分类分析 ……………………（367）
　　13.3　国外基金预算收支分类做法的几点启示 ……………（377）

第14章　政府性基金预算收支分类科目的改革建议 ………………（379）
　　14.1　规范政府性基金预算收支分类科目首先应对现有基金进行
　　　　　分流归位 ……………………………………………（379）
　　14.2　政府性基金预算收支分类改革的具体建议 …………（385）

第五篇　政府部门预算分类

第15章　现状与问题 …………………………………………………（395）
　　15.1　我国部门预算分类体系的现状 ………………………（395）
　　15.2　我国部门预算分类体系存在的问题 …………………（396）

第16章　国际规范与国际比较 ………………………………………（398）
　　16.1　国际通行的部门预算分类的基本原则 ………………（398）
　　16.2　部门预算分类实践的国际比较 ………………………（399）

第17章　改革建议 ……………………………………………………（414）
　　17.1　建立部门预算绩效管理的基础
　　　　　——"部门—项目"预算分类体系 …………………（414）
　　17.2　完善部门预算收入分类体系 …………………………（415）
　　17.3　对部门预算支出经济分类科目设计的改进 …………（417）

我国政府收支分类改革总报告

0.1 中国财政税收运行情况

0.1.1 2018年宏观经济运行情况

0.1.1.1 2018年生产活动运行情况

(1) 2018经济运行总体平稳,经济转型仍面临挑战。2018全年GDP(国内生产总值)达到900 309.5亿元。按可比价格计算,季度累计GDP同比增长率连续16个季度运行在6.4%—7.0%,经济运行的稳定性和韧性明显增强。但在日益复杂的国际政治经济环境下,我国经济增长面临的下行压力有所加大。

(2) 最终消费和资本形成齐增长,净出口依然延续回落趋势。2018年最终消费占比达到54.3%,相较2017年增长0.7%;资本形成占比增至44.8%,相较2017年增长0.2%。受到中美贸易摩擦的波及,中国的净出口占比创下历年来的最低,但是2018年出口额为2.48万亿美元,同比增长达到9.9%,比2017年高2%。

(3) 第三产业增加值总额及增速继续保持领先地位,但增速下降。2018年第三产业增加值为469 574.6亿元,同比增速最高,为10.25%,占GDP的比例稳中有升,维持在50%以上,2018年达到新高52.16%。

(4) 国企改革效应显现,但工业企业经营绩效的增速有所下滑。2018年,随着国有企业改革的不断推行,清退僵尸企业,提高国有企业盈利能力,加强国有企业监管体制,国有企业增速下降、数量不断精简、质量得以提升。工业企业总体利润增速虽较2017年有所回落,但仍保持高位。2018年1—11月,规模以上工业企业主营业务收入利润率为6.48%,同比提高0.16个百分点。

(5) 生产领域价格涨幅回落,PPI(生产价格指数)呈现波动下降态势。2018年,PPI月度同比涨幅呈前高后低走势。全年各月同比涨幅呈倒"N"形走势,大体上前高后低。2018年,受国际因素的影响,石油及相关行业价格波动较大。受此影响,下游化工产品同比涨幅也随之出现起落。

(6) PMI(采购经理人指数)呈下降态势,非制造业对经济增长的拉动作用进一步提升。2018年,制造业PMI均值为50.9%,表明全年制造业总体保持平稳增长。我国制造业PMI在2018年5月以后呈现连续下降的态势,并在12月降到

50%以下。相较来看,非制造业商务活动PMI指数均值为54.4%,全年总体保持在较高水平。

(7) 供给侧结构性改革深入推进,成效显著。2018年,"三去一降一补"重点任务扎实推进。去产能方面,全年共压减钢铁产能3 000万吨以上,退出煤炭产能1.5亿吨以上。去杠杆方面,11月末,规模以上工业企业资产负债率为56.8%,同比下降0.4个百分点。去库存方面,年末全国商品房待售面积52 414万平方米,比上年年末下降11.0%。降成本方面,1—11月,规模以上工业企业每百元主营业务收入的成本为84.19元,比上年同期减少0.21元。补短板方面,全年生态保护和环境治理业、农业投资分别增长43.0%和15.4%,分别高于全部投资37.1个百分点和9.5个百分点。

(8) 新动能持续发展壮大。2018年,高技术制造业增加值增长11.7%,占规模以上工业增加值的比例为13.9%;装备制造业增加值增长8.1%,占规模以上工业增加值的比例为32.9%;战略性新兴产业增长8.9%,增速高于全部规模以上工业2.7个百分点。

(9) 改革开放力度加大,发展活力不断增强。一是重点领域改革向纵深推进,"放管服"改革成效明显。按照世界银行营商环境报告,在190个经济体中我国排名比上年上升32位。二是市场主体大量增加。2018年全国新登记企业比上年增长10.3%,日均新登记企业1.84万户。三是财税体制改革全面铺开。金融改革、国有企业国资改革、价格改革、投资改革等稳步推进,产权保护制度不断完善。

0.1.1.2　2018年收入分配活动情况

(1) 居民收入增长放缓,城乡居民收入倍差缩小到2.69,绝对差额仍在增加。2018年,全国居民人均可支配收入为28 228元,比上年名义增长8.7%,居民收入增长放缓。城乡差距的绝对额从2013年的17 037元,增加到2018年的24 633.81元;但是从二者的倍差来看,城乡居民收入比由2013年的2.81下降到2018年的2.69。

(2) 基尼系数自2016年起再次上升,收入分配差距进一步加大。2008年全国基尼系数为0.491,达到近年来的最高值。此后,在国家多项政策的作用下,基尼系数逐渐降低,在2015年达到近年来的低点0.462。但是在2016年和2017年,基尼系数又再一次进入上升通道。

(3) 收入结构持续优化,经济稳中向好助推工资水平提高,扶贫力度继续加大。2018年全国居民人均工资性收入为15 829元,增长8.3%,占可支配收入的比例为56.08%;人均经营净收入为4 852元,增长7.8%,占可支配收入的比例为17.19%;人均财产净收入为2 379元,增长12.9%,占可支配收入的比例为8.43%;人均转移净收入为5 168元,增长8.9%,占可支配收入的比例为18.31%。

(4) 就业形势总体平稳,失业率降至 3.9%。2018 年年末全国就业人员 77 586 万人,其中城镇就业人员为 43 419 万人。而 2017 年这两个数据分别为 77 640 万人、42 462 万人。农村就业人员为 34 167 万人,整体就业人员减少,但城镇就业人员增加,城乡就业结构随新型城镇化的推进在稳步变化。

(5) 全国财政收入同比增速放缓,深入推进减税降费。2018 年全国一般公共财政收入为 183 352 亿元,比上年增加 10 759 亿元,同比增长 6.2%。2018 年,国家继续深入推进减税降费,全年减税降费规模约为 1.3 万亿元。

0.1.1.3　2018 年消费活动运行情况

(1) 社会消费品零售增速大幅下降,逐渐转型消费升级。2018 年社会消费品零售总额的名义增速和实际增速放缓,全年社会消费品零售总额为 380 986.9 亿元,比上年增长 4.02%,净增 1.5 万亿元,名义同比增速相较 2017 年下降 6.19 个百分点。2018 年,最终消费支出对经济增长的贡献率为 76.2%,比上年提高 18.6 个百分点,消费连续 5 年成为拉动经济增长的第一驱动力,继续发挥着对经济增长的基础性作用。

(2) CPI 四年来首次突破 2%,食品价格缓慢上升。近十年来,我国居民 CPI 一般处于 100 以上,只有 2009 年降到 100 以下。2012 年以来,CPI 每年保持基本平稳。2018 年 CPI 为 102.1,略高于 2017 年。

(3) 恩格尔系数再创新低,步入富足区间。2018 年全国居民恩格尔系数为 28.4%,进入联合国划分的 20%—30% 的富足区间,其中城镇居民恩格尔系数为 27.7%,农村居民恩格尔系数为 30.1%。

(4) 我国消费升级特征显著,服务性消费占比持续提升。2018 年,全国居民人均消费支出为 19 853.14 元,比上年名义增长 8.36%,扣除价格因素,实际增长 6.13%。中国居民 2018 年全年人均消费支出中,食品烟酒消费最多,其次是居住消费。同时,服务性消费支出增长较快,凸显居民生活品质不断改善、消费升级进一步加快。

(5) 网络消费增速下降。2018 年网上商品和服务零售额累计值为 90 065 亿元,累计同比增速为 23.9%,较上年增速下降 8.3 个百分点,降幅较大。

0.1.1.4　2018 年积累活动运行情况

(1) 全年投资增速有所下降,投资结构不断优化。2018 年,全年全社会固定资产投资为 645 675 亿元,比上年增长 5.9%。其中固定资产投资(不含农户)为 635 636 亿元,增长 5.9%,增速与 1—11 月持平,全年投资增速有所下行,比 2017 年下降 1.3 个百分点。

(2) 第一、二产业投资增速回升,第三产业投资下滑较多。分产业看,2018 年第一、二产业投资名义累计增长率均比 2017 年有所上升。第三产业相比 2017 年下滑较多,且自年初开始,除10—11月一直处于持续下滑状态。

(3) 受民营企业优惠政策影响,民间投资增长较快。2018年民间固定资产投资为394 051亿元,比上年名义增长8.73%,增速提高2.75个百分点,民间固定资产投资占全国固定资产投资(不含农户)的比例为62.0%,增速高于全部投资2.8个百分点。

(4) 东部、西部、东北部地区固定资产投资增速均有所回落,中部地区增长较快。2018年,中部地区固定资产累计同比增长10%,比2017年增加3.1个百分点。同期东部和西部地区则下滑较大,分别下滑2.6个百分点和3.8个百分点。东北地区固定资产投资增速同样放缓,累计增长1.0%,比2017年全年下滑1.8个百分点。

(5) 制造业投资和房地产投资增速回升明显,基础设施投资增速大幅下滑。全年制造业投资增速9.5%,比上年提高4.7%,高出全部投资3.6%。全年房地产业投资增速8.3%,比上年增长4.7%。2018年,基础设施投资比上年增长3.8%,增速比年初明显回落。

(6) 证券市场总体规模扩大,股市规模缩减明显。2018年证券市场总体规模扩大,增长率为5.6%;而股票市场规模明显缩减,同比减少23.4%。

(7) 继续实施稳健的货币政策,宏观杠杆率保持稳定。2018年年末广义货币(M2)余额为182.7万亿元,比上年年末增长8.1%。2018年全年社会融资规模增量为19.3万亿元,按可比口径计算,比上年减少3.1万亿元;年末社会融资规模存量为200.7万亿元,比上年年末增长9.8%。广义货币和社会融资规模存量增速与名义GDP增速基本匹配,宏观杠杆率保持稳定。

(8) 融资规模增速回落,企业融资仍以间接融资为主。2018年社会融资规模存量为200.75万亿元,同比增长9.8%,全年增量为19.26万亿元,比上年少3.14万亿元,主要是表外融资大幅下降。2018年对实体经济发放的人民币贷款占同期社会融资规模的81.4%,同比高19.6个百分点,银行系统信贷仍然是我国企业最重要的融资方式,且占比还在进一步提高。

0.1.1.5 我国对外经济活动运行情况

(1) 进出口形势好于预期,受中美贸易摩擦影响较小。2018年,我国进出口总值为46 224.15亿美元,比上年增加12.55%。其中,出口24 866.82亿美元,同比增加9.87%,出口增速创2011年以来新高;进口21 357.34亿元,同比增加15.84%,首次突破2万亿美元。总体上看,进出口形势好于预期。

(2) 服务贸易总额继续增长,出口结构持续优化。2018年,我国实现服务进出口总额为52 402亿元,比上年增长11.5%。高附加值服务出口规模进一步扩大,服务出口结构继续优化。

(3) 我国实际利用外国直接投资规模稳步增长,主要来自外资企业的贡献。2018 年全国新设立外商投资企业 60 533 家,同比增长 69.8%,外商直接投资总额为 1 350 亿美元,同比增加 3.05%。

0.1.1.6　2019 宏观经济走势分析

(1) 宏观政策精准发力,助力制造业高质量发展。2019 年将要对一些新的过剩行业实施去产能政策;加大基建补短板力度;提高金融体系服务实体经济能力;推动先进制造业和现代服务业深度融合,坚定不移建设制造强国;进一步增强制造业技术创新能力。

(2) 释放消费市场巨大潜力,促进形成强大国内市场。要努力满足最终需求,提升产品质量,加快教育、育幼、养老、医疗、文化、旅游等服务业的发展,改善消费环境,落实好个人所得税专项附加扣除政策,增强消费能力。

(3) 通过实行"五个振兴",扎实推进乡村振兴战略。紧紧围绕发展现代农业,围绕农村第一、二、三产业融合发展,构建乡村产业体系,实现产业兴旺;把人力资本开发放在首要位置,强化乡村振兴人才支撑。坚持农业农村优先发展,切实抓好农业特别是粮食生产,推动"藏粮于地、藏粮于技"落实落地,合理调整"粮经饲"结构,着力增加优质绿色农产品供给。

(4) 促进区域协调发展,向更高层次推进。统筹推进西部大开发、东北全面振兴、中部地区崛起、东部率先发展。促进区域协调发展迈向更高质量,既要发挥各地区的比较优势,形成各具特色的区域经济协调发展格局,也要重视增强中心城市的辐射带动能力,"以点带面"助推高质量发展。

(5) 加快经济体制改革。坚持政企分开、政资分开和公平竞争原则,加快实现从管企业向管资本转变,深化国资国企、财税金融、土地、市场准入、社会管理等领域改革,强化竞争政策的基础性地位,创造公平竞争的制度环境,遵循国有资本运行规律,更加注重国有企业价值管理,更加重视国有经济高质量发展。

(6) 推动全方位对外开放,培育国际经济合作。推动由商品和要素流动型开放向规则等制度型开放转变。要放宽市场准入,全面实施准入前国民待遇加负面清单管理制度,保护外商在华合法权益特别是知识产权,允许更多领域实行独资经营。要扩大进出口贸易,推动出口市场多元化,削减进口环节制度性成本。

(7) 加强保障和改善民生。优先发展教育事业,把教育事业放在优先位置。完善城镇职工基本养老保险和城乡居民基本养老保险制度。完善统一的城乡居民基本医疗保险制度和大病保险制度。完善住房市场体系和住房保障体系。

0.1.2　2018 年中国财政收入分析

0.1.2.1　2017 年财政收入决算回顾

(1) 2017 年财政收入决算情况。① 2017 年全国公共财政收入为 172 592.77

亿元,比 2016 年同口径增长 7.4%。③ 2017 年全国政府性基金收入为 61 479.66 亿元,增长 34.9%。③ 2017 年全国国有资本经营收入为 2580.90 亿元,比上年度减少 1.1%。

(2) 2017 年财政收入特点。① 从收入总量来看,财政收入增长速度有所回升。2017 年全国公共财政收入为 172 592.77 亿元,与 2016 年相比名义增长 8.1%,增幅比上一年度提高 3.3 个百分点。中央财政收入的名义增长率与前五个年度相比有较大提高,为 12.1%;而地方财政收入自 2011 年起持续降低,2017 年为 4.8%。② 从收入结构来看,来自税收收入的比例出现回升。税收收入在财政收入中所占比例在 2016 年下降到最低点 81.68%,2017 年回升至 83.64%。

0.1.2.2 2018 年财政收入总量分析

(1) 2018 年财政收入预算安排情况。① 公共财政预算安排情况。全国一般公共预算收入为 183 177 亿元,增长 6.1%。从地方财政预算来看,地方一般公共预算本级收入为 97 820 亿元,增长 7%。② 政府性基金预算安排情况。中央政府性基金收入为 3863.04 亿元,增长 0.2%。地方政府性基金本级收入为 60 301.81 亿元,增长 4.6%。汇总中央和地方预算,全国政府性基金收入为 64 164.85 亿元,增长 4.3%。③ 国有资本经营预算安排情况。2018 年中央国有资本经营预算收入为 1 376.82 亿元,增长 5.9%。地方国有资本经营预算本级收入为 1 460.84 亿元,增长 9.5%。汇总中央和地方预算,全国国有资本经营预算收入为 2 837.66 亿元,增长 7.7%。④ 社会保险基金预算。2018 年中央社会保险基金预算收入为 676.34 亿元,增长 97.4%。地方社会保险基金收入为 67 416.65 亿元,增长 22.5%。汇总中央和地方预算,全国社会保险基金收入为 68 092.99 亿元,增长 23%。

(2) 2018 年财政收入实际执行情况。① 公共财政收入情况。2018 年,全国一般公共预算收入为 183 351.84 亿元,为预算的 100.1%,比 2017 年同口径增长 6.2%。② 政府性基金收入情况。2018 年,全国政府性基金收入为 75 404.5 亿元,增长 22.6%。③ 国有资本经营收入情况。2018 年,全国国有资本经营预算收入为 2 899.95 亿元,增长 9.8%。④ 社会保险基金收入情况。2018 年,全国社会保险基金收入为 72 649.22 亿元,增长 24.3%,剔除机关事业单位基本养老保险后同口径增长 7.3%。

(3) 2018 年财政收入总体趋势。2018 年预算执行情况较好,财政改革发展工作取得新进展,有力促进了经济社会持续健康发展。这是以习近平同志为核心的党中央坚强领导的结果,是习近平新时代中国特色社会主义思想科学指引的结果,是全国人大、全国政协及代表委员们监督指导的结果,是各地区、各部门以及全国各族人民共同努力的结果。

0.1.2.3 2018年财政收入结构分析

(1) 财政收入的月度结构分析。在月度增长结构方面,除了4月、7月和12月有所提高,2018年财政收入增速呈现下降趋势。

(2) 财政收入的省际结构分析。从全国各地方政府的财政收入来看,2018年的增长情况要好于2017年,绝大多数省份当年财政收入的增幅较2017年的增长率有所提高。

(3) 财政收入的类型结构分析。① 全口径财政收入中四类收入构成比例分析。与上一年度相比,一般公共预算占比继续降低,由2017年的59%下降为55%,同时社会保险基金收入占比上升3个百分点,政府性基金预算收入上升1个百分点。② 公共财政收入中税收收入构成结构分析。2018年各税种的收入规模大多有所增加,增幅较大的税种为资源税、契税、个人所得税、土地增值税、出口货物退增值税消费税;收入规模有所下降的税种是耕地占用税、证券交易印花税和关税。③ 2018年全国税收收入特征分析。一是超额完成全年减税目标;二是持续推进"放管服"改革,优化税收营商环境;三是全面打赢国税、地税征管体制改革攻坚战。

0.1.2.4 2018年国债发行分析

(1) 2018年我国国债总量规模。2018年年末国债余额限额为156 908.35亿元。而根据2018年年初公布的《2018年和2019年中央财政国债余额情况表》,2018年年末中央财政债务余额实际数为149 607.42亿元,比预算数少4.7%,与2017年决算数相比增长11%。

(2) 2018年国债余额结构分析。2018年年末中央财政债务余额中,内债为148 208.62亿元,外债为1 398.80亿元,分别占全部国债余额的99.07%和0.93%。

(3) 2018年国债发行品种结构分析。① 可流通国债品种。2018年共发行可流通国债37 019.9亿元,与2017年相比增加0.3%。② 非流通国债品种。2018年凭证式国债共发行8期,最大发行额为1 260亿元,比上年减少8.7%;储蓄(电子式)国债共发行10期,最大发行额为2 120亿元,比上年减少7.8%。③ 国债发行品种情况归纳。2018年可流通国债占总国债发行量的91.6%,与2017年相比增加0.7个百分点。

(4) 2018年国债发行期限结构分析。2018年我国国债发行期限主要包括91天、182天、1年、2年、3年、5年、7年、10年、30年和50年。其中,91天期限国债的发行次数最多,其次是5年期和3年期国债的发行次数较多。

(5) 2018年国债发行利率结构分析。① 记账式国债利率的变化情况。各期记账式贴现国债发行利率呈现先降低再小幅升高的变化趋势。② 凭证式国债和储蓄国债(电子式)利率的变化情况。2018年凭证式国债共发行8期,储蓄国债(电子式)共发行10期。两类型的国债都有两个期限(3年期和5年期),利率水平分别为4%和4.27%,高于上一年度。

0.1.2.5　2018年地方政府债券发行分析

(1)我国地方政府债券改革历程。考虑到财政风险因素,2015年以前我国预算法规定禁止地方政府发债。2015年新预算法实施后,正式赋予地方政府发行债券的权利。

(2)2018年我国地方政府债券发行情况分析。2018年,全国发行地方政府债券41652亿元。其中,发行一般债券22192亿元,发行专项债券19460亿元;按用途划分,发行新增债券21705亿元,占当年新增债务限额的99.6%,发行置换债券和再融资债券19947亿元。

0.1.2.6　2018年财政收入预期分析

(1)2018年财政收入总结。① 从财政收入总量来看,2018年全国一般公共预算收入为183351.84亿元,比上年增长6.2%。② 从财政收入走势看,2018年财政收入增速呈现下降趋势。③ 从全国各地方政府的财政收入来看,2018年的增长情况要好于2017年,超过半数省份当年财政收入的增幅较2017年的有所提高。④ 从财政收入构成比例分析,与上一年度相比,一般公共预算占比继续降低,由2017年的59%下降为55%,同时社会保险基金收入占比上升3个百分点,政府性基金预算收入上升1个百分点。⑤ 2018年年末我国中央财政债务余额实际数为149607.42亿元,比预算数少4.7%,与2017年决算数相比增长11%。

(2)2019年财政收入预期。综合各方面因素,预计2019年财政收入增速将有所放缓。

0.1.3　2018年中国财政支出分析

0.1.3.1　中国财政支出决算回顾

(1)中国公共财政支出决算。① 2017年,全国公共财政支出为203085.49亿元,比2016年增长7.7%。② 中央公共财政支出决算情况。2017年,中央公共财政支出为94908.93亿元,完成预算的99.1%。③ 地方公共财政支出决算情况。2017年地方公共财政支出为173228.34亿元,为预算的105.1%,同比增长7.6%。

(2)政府性基金支出决算。① 2017年,全国政府性基金支出为60968.59亿元,完成预算数的109.9%,收入大于支出8809.57亿元。② 2017年,中央政府性基金支出为3669.19亿元,完成预算的91.6%,增长9.2%。③ 地方政府性基金支出为58284.99亿元,完成预算的110.8%,增长34.8%。

(3)国有资本经营支出决算。① 2017年,全国国有资本经营支出为2015.31

亿元,全国国有资本经营收入为 2 580.90 亿元。② 2017 年,中央国有资本经营支出为 1 001.71 亿元,完成预算数的 86.3%,同比减少 30.9%。③ 地方国有资本经营本级收入为 1 336.63 亿元,中央对地方国有资本经营转移支付 235.37 亿元,地方国有资本经营支出为 1 248.97 亿元。

(4) 社会保险基金决算。2017 年,全国社会保险基金支出为 43 605 亿元,较上年增长 11.5%。

0.1.3.2　2018 年财政支出预算安排

(1) 公共财政支出预算安排情况。① 2018 年,全国一般公共预算支出为 209 830 亿元,比上年执行数(扣除地方使用结转结余及调入资金)增长 7.6%。赤字为 23 800 亿元,与上年持平。② 2018 年,地方一般公共预算支出为 176 864 亿元,比上年执行数(扣除使用结转结余及调入资金)增长 7.3%。地方财政赤字为 8 300 亿元,与上年持平。

(2) 政府性基金支出预算安排情况。① 2018 年,汇总中央和地方预算,全国政府性基金相关支出为 78 048.98 亿元,增长 28.5%。② 2018 年,中央政府性基金支出为 4 247.17 亿元,较上年执行数增长 15%。③ 2018 年,地方政府性基金相关支出为 74 786.27 亿元,增长 28.9%。

(3) 国有资本经营支出预算安排情况。① 2018 年,安排全国国有资本经营预算支出为 2 273.58 亿元,增长 12.9%。② 中央国有资本经营预算支出为 1 168.87 亿元,增长 16.4%。③ 地方国有资本经营预算支出为 1 204.71 亿元,下降 3.2%。

(4) 社会保险基金预算安排情况。汇总中央和地方预算,2018 年全国社会保险基金支出为 64 542.32 亿元,增长 31.8%。本年收支结余为 3 550.67 亿元,年末滚存结余为 76 990.28 亿元。

0.1.3.3　2018 年公共财政支出规模分析

(1) 预算完成情况。2018 年 1—12 月全国公共财政累计支出为 220 906 亿元,比预算数多 11 076 亿元。中央本级一般公共预算支出为 32 708 亿元,比预算数多 242 亿元。地方财政用地方本级收入、中央税收返还和转移支付资金等安排的支出为 188 198 亿元,比预算数多 11 334 亿元。

(2) 公共财政支出与收入关系分析。2018 年,全年公共财政累计支出为 220 906 亿元,增长 8.7%;同期公共财政收入为 183 352 亿元,增长 6.2%。

(3) 公共财政支出与 GDP 关系分析。我国公共财政支出增长率受到经济增长状况的影响,当经济增长趋缓时,财政支出增长率也相应下降。除了 2016 年,我国公共财政支出增长率均超过 GDP 增长率。公共财政支出占 GDP 比例不断提高,基本呈逐年增长态势。

0.1.3.4 2018年公共财政支出结构分析

(1) 公共财政支出的月度结构。从各月支出来看,每一季度中最后一个月的支出都比前两个月的支出要大,这反映了各预算单位在季末"突击花钱"的现象仍然存在。

(2) 公共财政支出的项目结构分析。① 财政部门继续加大对教育、医疗卫生与计划生育、社会保障和就业以及城乡社区事务等民生支出的支持力度。② 国债付息支出增长依然迅猛。③ 继续加大统筹城乡发展的城乡社区事务支出。

(3) 公共财政支出的上下级结构分析。无论是中央本级还是地方,财政支出的数额都逐年递增。中央本级财政支出占比持续下降,而地方财政支出占比在2001—2011年期间逐年增加。

0.1.3.5 2018年度财政支出重点项目分析

2018年,国家财政继续加大民生方面的支出,同时也增加节能环保和城乡社区事务的支出。教育支出、社会保障和就业支出、医疗卫生支出、城乡社区事务等民生项目以及节能环保事务是2018年财政支出的重点项目。

0.1.3.6 财政支出总结与展望

(1) 2018年财政支出总结。① 公共财政支出总量增速回升,并保持较高强度和较快进度。② 公共财政支出力度增加,重点领域支出得到较好保障。③ 中央对地方转移支付力度持续加大。

(2) 2019财政支出展望。① 公共财政支出可能呈现一定程度的增幅,财政赤字进一步增加。② 公共财政支出结构进一步优化,民生支出占比进一步上升。③ 转移支付结构将进一步优化,政府预算体系将更加完善。

0.2 政府收入与支出的划分

0.2.1 当前政府收支分类体系存在的问题

0.2.1.1 收入分类方面

新的收入分类体系中,行政事业性收费收入的目级科目是根据中央已批准的收费项目设置的,地方审批的收费项目是否设科目中央不做统一规定。地方认为确有必要设立的,由地方财政与国库、主管部门协商一致后增设相应的目级科目。不设科目的,视收费性质分别在各部门"其他缴入国库的行政事业性收费"或"其他缴入财政专户的行政事业性收费"两个科目中反映;罚没收入在"一般罚没收入"项下的"其他一般罚没收入"目级科目反映。但在年终填报决算时,地方自行设置的目级科目也要并入"其他"目级科目反映。

这种分类方式一方面使各省份之间的收入在横向比较上缺乏统一的设置标

准,造成省际横向比较分散的现象,给统计工作带来一些困难;另一方面也给一些地方部门留下了乱收费的可乘之机,将国家已明令取消的收费项目或规定已转为经营性收入的收费项目并入上述"其他"科目继续收取,更有甚者还巧立名目乱收费乱罚款,但这些问题比较具有隐蔽性,不宜被察觉。因此,新的收入分类体系在用法律法规政策控制乱收费行为方面尚需继续完善。

0.2.1.2 支出功能分类方面

(1) 政府支出的功能分类并未真正反映政府职能。政府预算支出功能分类要求每个科目都能够反映政府的某个职能,但我国 2007 年的预算支出功能分类不管是类级科目还是款、项级科目,都不能清晰地反映独立的政府职能。在设置政府收支分类科目时,更多地考虑财政部门和预算单位使用科目的便利性,而相对忽略了公开财政预算信息的需要。如不少类级科目不能反映政府的独立职能,往往需要将几个科目合并起来,才能看清楚是属于哪项职能,或者一个科目反映了两个以上的政府职能。类级科目数量过多并且不能反映政府职能,后果和以前的预算支出分类一样,预算依然"看不懂",没有达到政府预算支出功能分类的目的。

(2) 科目设置相比国际规范仍有较大差距。首先,形式相似、实质欠缺,收支分类改革只改变了资金的反映渠道和统计口径,并不涉及利益格局的调整,没有触及原来的资金分配格局、管理权限及实务流程,也可以说谨慎有余、步伐不足,对政府向服务型政府转型及改进预算管理方式的效果不是非常明显;其次,科目设置还需要进一步细化,如收入分类虽然设计到目级,但是还有数量不少的政府收入没有纳入收入科目;最后,支出功能分类的一些科目设置还混乱不清或未对相关科目间的界限解释清楚,易导致操作人员使用错误。如"机关服务"科目主要反映为本机关提供服务的机关后勤服务中心、医务室、职工培训中心、信息中心等各类附属事业单位的支出,而上述单位的医疗支出应列"医疗卫生"类的有关科目,但有些单位所属的医务室的医疗支出使用的是"机关服务"科目。

(3) 功能科目中"其他支出"占比偏高,支出用途细化程度不足。首先,自 2014 年按照全口径预算管理要求进行调整后,近五年来,全国一般公共预算支出表(按功能分类)中的类级科目"其他支出"一项的金额分别为 3 254.53 亿元、3 670.55 亿元、1 899.33 亿元、1 729.31 亿元、2 312.64 亿元,占一般公共预算支出的比例依次为 2.14%、2.09%、1.01%、0.85%、1.05%,总体上占比较低且呈降低趋势。其次,除了类级科目中的"其他支出",各类级科目下款、项两级科目均有其他类支出,如果将三级类目下的"其他支出"加总,则占一般公共预算支出的比例均超过 25%。

0.2.1.3 支出经济分类方面

(1) 存在与支出功能分类中分类层级不够细化、科目表述或界限不够清晰等类似的问题。如支出经济分类只有类、款两级,没有继续分至项、目,难以详细清晰地体现支出去向;部分科目内容存在交叉、内涵界定不清的情况,如涉及工资福利待遇方面的"工资福利支出""对个人和家庭补助"在核算管理内容上存在重复,类级科目"商品和服务支出"涵盖的内容有些宽泛等。

(2)除了科目本身设计的问题之外,还存在基层使用科目人员实际操作时科目使用不规范、串用科目的情况。之所以出现这样的错误,可能是与操作人员自身能力或主观行为有关。前者主要是因为能力不足,未能充分理解和辨析相关科目;后者则是为了平衡决算报表,不负责任地填报数字。

0.2.1.4 其他相关问题

(1)我国政府支出分类虽然有功能分类和经济分类两个维度,但并没有据此形成明确的分类交叉表,更没有将部门分类纳入进来考虑三重交叉。这样就难以真正发挥政府收支分类改革在财政收支统计核算、经济分析、利于监督等方面应有的作用。

(2)新旧科目衔接是政府收支分类改革的重点和难点,对新分类体系的推进以及保持统计数据时间纵向可比性等都有重要影响。为顺利实现新旧科目的平稳过渡,保证改革前后年度间预算、执行数据可比,财政部在编写《政府收支分类问题解答》的同时,专门制作了新旧科目对照表和相关报表数据转换对应关系表,但一些地区和部门仍出现错误和不衔接问题,需加以重视解决。

(3)政府收支分类体系与总预算会计制度、行政单位会计制度、事业单位会计制度、国库统计分析、财政审计等相关统计核算制度关系密切,而且政府收支分类往往是后者相关制度的重要基础。因此,为保证不同统计核算制度下的数据统计结果能够保持一致可比,需要在政府收支分类改革后对其他相关统计核算制度进行及时的调整和完善。但从实际情况来看,这种调整和完善往往具有一定的难度,且存在明显的滞后性,抑制了政府收支分类改革的总体成效。

(4)新的政府收支分类的有效推进落实,有赖于相关工作人员不断学习和更新相关知识内容。能够在充分理解掌握的基础上正确使用新的分类方法,从本课题组实地调研情况来看,部分基层相关工作人员对当前政府收支分类及其具体科目的理解存在偏差或一些困惑,而且缺乏定期有效的培训或答疑,以至于在实际统计数据时,有些指标存在随意或不合理填报的情况,不仅导致政府收支统计数据存在偏差,也大大影响了不同地方间数据的横向可比性。

0.2.2 中国政府收支分类下一步改进方向

0.2.2.1 支出功能分类改进方案

(1)类级科目。目前类级科目数量较多,适当合并会使支出的职能更为突出,但大类合并不是重点,使职能独立、不相互交叉才更为重要。长远目标是大致按联合国《政府职能分类》(Classification of the Functions of Government, COFOG)的10项职能来设置类级科目,短中期目标是分几步走,适当合并或拆分,或者单独设置,使类级科目逐渐反映独立功能。

(2) 款级和项级科目。总的方案是,要使政府职能清晰化,不能反映本项职能的科目应调出去,在其他科目中反映本项职能的,需要调入本科目。最终使款级、项级科目能反映对应的类级科目职能。今后政府预算收支科目表里应有详细的科目说明以确定口径,不仅说清楚哪些活动计入本科目,还要说清楚哪些不包括在里面。在支出细目中,发达国家按惯例都要标上是集体消费还是个人消费,我国也可以参照这种方法,既能使预算管理更加科学,也便利受益公众。

0.2.2.2 支出经济分类改进方案

(1) 切实提高对支出经济分类科目重要性的认识。支出经济分类科目是政府收支分类科目体系的重要组成部分,是编制部门预算、单位会计核算和编制政府财务报告的基础。支出经济分类科目始终贯穿部门预算管理全过程,在部门预算管理制度改革过程中发挥着穿针引线的作用,各级预算管理部门要树立功能科目和经济科目并重的观念,切实加强和规范支出经济分类科目的管理与使用。

(2) 完善支出经济分类科目体系。首先是进一步细化科目说明,清晰划分科目之间的界限,明确课题研究经费、审计费等一些经常性支出应当使用的科目;其次是在满足财政管理需要的前提下对部分科目适当简化归并,取消专门为少数部门设置的科目,体现财政管理重点;最后是参照固定资产国标分类,重新设置资本性支出科目。

(3) 将部门预算全部细化到支出经济分类科目。在现有部分支出已按支出经济分类科目编制的基础上,将部门预算全部支出细化到经济科目,依据相关支出标准、数量和管理要求,科学、合理地编制部门预算,强化预算约束,规范支出行为。

(4) 完善支出标准制度,提高透明度。要加强内部监督,实现部门预算、单位会计核算、财务报告等有关系统的一体化闭环运行,减少科目使用的随意性,同时审计工作中要加强对支出经济分类科目使用合规性的审计,还要加强外部监督。要顺应财政改革和社会发展的需要,将部门预决算逐步公开到支出经济分类科目,为外部监督创造条件。

0.2.2.3 相关配套改进措施

(1) 加强对相关工作人员的培训。进一步加大对政府收支分类科目使用人员的培训力度,让相关人员真正吃透新科目内涵,正确使用新科目。特别是某些地区或单位"重功能科目,轻经济科目"的问题比较普遍,建议财政部门组织专门的培训讲座、制定有针对性的管理办法。

（2）及时开展相关制度的衔接工作。正如前文所说，国库统计、预算会计制度、行政（事业）单位会计制度等均与政府收支分类体系密切相关，当政府收支分类发生调整时，其他相关制度也应及时进行调整衔接。具体而言，可以通过建立国库与财政部门支出科目对账制度、建设财政信息一体化数据平台等方式实现这一目的。特别是在当前具备良好的信息技术条件下，可以通过财政信息一体化数据平台，实现总预算会计账务系统、国库集中支付系统、单位财务系统三者间财政资金收支结余数据的无缝对接。

（3）坚定公共财政体制建设的信心与决心。发挥政府收支分类促进财政监管的效应，达到提高财政透明、防范财政风险和加强财政监督的改革目标，已不仅仅是政府收支分类本身的顶层设计，而是财政信息公开到什么程度、财政风险揭示到哪般水平、财政监督加强到何种地步的执行决心了。只有坚定了建设公共财政体制的决心与自信，政府收支分类改革的财政监督效应才能充分地发挥出来，政府收支分类改革的目标才能逐步实现。

0.3　一般公共预（决）算

0.3.1　我国政府收入分类的问题

0.3.1.1　统计方法不同，政府收入的范围也不同

在我国的政府财政统计体系中，债务收入也是政府收入，一直是收入的一个类级科目。因债务收入并没有实际增加政府的净财富，国际货币基金组织的《政府财政统计手册2014》（GFSM2014）没有将其列入收入范畴；同理，政府间的转移性收入也不作为GFSM2014定义的政府收入的一个组成部分。因此，我国政府收入实际包括税收收入、非税收入、债务收入、转移性收入等四个类级科目，反映政府能够动用的资金。GFSM2014的政府收入实际包括税收收入、赠与收入和其他收入三个类级科目，反映政府净收入的增加。

0.3.1.2　政府收入的款级、项级、目级科目不同

我国的税收收入分为增值税、消费税、企业所得税等20个款级科目，并未像其他国家那样，将税种繁多的税收收入按类别归集。不归大类的缺点是，一个科目应集中反映的功能被分散到不同的科目中，难以得到想要的信息。我国收入科目和支出科目的设置都有类似的问题，这就是我国的预算"外行看不懂，内行说不清"的主要原因。同样是四个级次科目，我国税收收入科目并未更细致地体现收入内容，因为款下的项级科目有时是按企业性质或具体企业名称来设置的，相当于科目事先限定了使用者；或者是根据具体使用者来设置科目，当使用者众多时，

必须设置较多数量的同级科目,这样做的好处或许更加便于管理,但从设置的科学性方面来说并无必要。

0.3.1.3 政府收入分类的结构不同

大多数市场经济国家的政府收入中,税收收入占绝对比例。但在我国现行政府收入体系中,税收之外的政府强制性收入大量存在。具有税收性质、面向社会无偿征收的政府性基金和行政事业性收费由特定部门专款专用,立法权却不在人大。非税收入规模的扩大,会出现"费挤税"现象,影响税收收入在政府收入体系中的主导地位,导致收入结构失衡。我国目前一般公共预(决)算收入分类中,非税收入所涉及的部门和不同名目的项目远远超过其他国家。税收收入是最具稳定性、可预测性和可持续性的收入,税收收入所占比例在一定程度上也反映了预算收入体系的法治程度。在当前减税降费的大趋势下,更要注意使这种法治程度不被弱化。

0.3.2 政府收入分类改革的建议

0.3.2.1 优化收入结构,缩小非税收入的范围

(1) 取消政府实施公共管理和提供普遍性公共服务收取的费用,以减少不必要的行政性经费。

(2) 符合税收特点的一些基金和收费项目,改为以税收形式筹集资金。如在教育、电力、基础设施等方面设立的一些基金,应逐步由税收取代。

(3) 清理归并税费项目,对一些长期征收的专项收入和基金进行归并简化科目。如城建税、教育费附加、地方教育附加等收入可以合并为地方附加税,水资源费归入资源税等。

(4) 改革和规范国有资源性和资本性收入。对分散在几类预算中涉及国有资源、资产的收入,如海域使用金、探矿权出让收入、采矿权使用费、排污权出让收入、国有土地使用权出让收入等进行统一归集,转入国有资本经营预算,并将其改为国有资源和国有资本经营预算。

(5) 提高各类政府收入的立法级次,积极推进税收立法。条件成熟时将现行以"暂行条例"形式存在的税收实体法逐步由人大审议立法,提高各类专项收入和政府性基金的立法层级;在税费综合改革的基础上,对于确需面向社会征收的临时性基金,要经过立法机构审批并向社会公开,同时要明确规定征收期限并定期编报预算。

0.3.2.2 优化税制,使中央和地方政府都有稳定的收入来源

(1) 完善房产税。深化财产税改革既是地方税体系完善的客观需要,也是促进社会公平、建设和谐社会的必然要求,房产税具有调节社会财富的功能,能够增强地方政府提供公共服务的能力,最有可能成为地方政府新的主体税种,今后还

可配套开征物业税及房屋空置税。

(2) 改革车船税、车辆购置税和资源税。车船税是具有调节收入功能的财富税,车辆购置税有利于节约能源、保护环境、改善交通,资源税能引导经济结构调整、提高资源利用效率。立法开征遗产税和赠与税,遗产税和赠与税可以辅助调节收入分配,缩小贫富差距,实现社会公平,目前已经具备开征的条件,只要制度设计合理,就能给地方政府带来稳定的收入,从长远看有利于建立以财产税为中心的地方税收体系。

(3) 改进收入分类方法,使其更加科学合理。① 类级科目。按收入来源划分。GFSM2014 中将收入划分为税收收入、社会缴款、赠与收入和其他收入四种:税收收入来自强制性的税款收入;社会缴款来自为了获得某些社会福利而自愿或强制性的缴款;赠与收入来自政府单位从另一个政府单位或国际组织那里得到的非强制性转移收入;其他收入指除此之外的所有收入,主要包括财产收入、出售商品和服务收入及杂项收入。② 款级科目。建议参考 GFSM2014 的设置方法,按照我国的税种分类,将"税收收入"类分为 5 个款级科目——商品税、所得税、财产税、行为税、资源税,这样分的好处是便于按税种的类别进行管理和统计。③ 项级科目。按税种设置,即"商品税"款下有增值税、消费税、关税、烟叶税 4 个项级科目,"所得税"款下有企业所得税、企业所得税退税、个人所得税 3 个项级科目,"财产税"款下有房产税、车船税、契税 3 个项级科目,"资源税"款下有资源税、土地增值税、城镇土地使用税、耕地占用税 4 个项级科目,"行为税"款下有城市维护建设税、印花税、车辆购置税、船舶吨税、环境保护税、其他税收收入 6 个项级科目。④ 目级科目。根据需要设置,增值税、企业所得税、城建税、房产税、城镇土地使用税、土地增值税等原按企业所有制形式设下一级科目的税种,建议按国民经济部门设置目级科目,其他的税种按原项级科目设置。

0.3.3 支出功能分类

0.3.3.1 一般公共服务支出分类存在的问题

(1) 款级科目设置过多,造成项级科目名称重复。我国在一般公共服务下设 28 个款级科目,如人大事务、政协事务、政府办公厅(室)及相关机关机构事务、发展与改革事务等,基本上是对应各国家部委的管理范围,把本应相同的行政和立法机关的职能,割裂到不同的部门。这样设置款级科目的后果是,项级科目重复设置,几乎每个款级科目都下设行政运行、一般行政管理事务、机关服务,每个"行政运行"项仅反映自己部门的机关行政运行支出,和其他部门的一般公共服务职能没有明显的区别。

(2) 目前的一般公共服务支出科目并不能反映全部的一般公共服务职能。2007 年我国政府支出开始按功能进行分类,这些年在此基础上进行了一定的调整。如食品和药品监督管理事务,两年后即调出"一般公共服务",彩票业务几年后也调出,这两个事务主管部门的相关支出也不再在"一般公共服务"类中反映。目前在功能分类的其他类中,如"教育支出"类下有款级科目"教育管理事务",反映的就是政府在教育方面的行政机关的相关支出,按照 COFOG 的分类,应属于"一般公共服务"职能。除了教育支出,科学技术支出、社会保障和就业支出、卫生健康支出、节能环保支出、城乡社区支出、金融支出等都存在相同的情况。

(3) 各个层级的具体科目说明过于简单。这个问题不仅存在于"一般公共服务"的科目中,在我国政府收支科目中也普遍存在类似的问题。对于支出单位尤其是政府机关单位来说,科目说明不具体就如同欠缺明确的指示,会造成使用者的困惑和不便,容易造成科目的混用,不利于提高资金使用效率,也会使"一般公共服务"科目反映的职能受到影响。

0.3.3.2 我国一般公共服务支出分类的改革建议

(1) 一般公共服务是个独立的职能,科目内容应完整地反映这一职能。① 要明确一般公共服务的职能范围。职能的大、中、小层次要细分,大职能要完整,中职能相互独立不交叉,小职能体现具体的业务运行。② 要把性质和内容上属于这个职能的科目都归并到"一般公共服务"类下,而不在其他类中体现。现有的一般公共服务科目基本上体现了一般公共服务职能,要做的是把分散在其他类却反映一般公共服务职能的科目收回到"一般公共服务"类下。③ 要确定科目调整的原则。对于一般公共服务来说,以政府机关行政管理方面的支出为主,相比其他支出,有一定的稳定性,没有充分的理由经常调整。确定科目的调整原则之后,符合条件的才可以调整,不符合条件的不做变动,尽量避免因科目调整对行政事务的干扰。

(2) 合理地设置一般公共服务的款级、项级科目。从分类学的角度,设置时要尽量符合分类原则。款级科目要重新设置,建议按政府行政机关的不同职能,设下列 5 个款级科目:①"立法事务",反映各级立法机关及所属机构的支出;②"政府管理事务",反映各级政府办公厅(室)及相关机构的支出;③"共产党事务",反映中国共产党各级机构、所属各级办事机构的支出;④"一般行政事务",反映一般行政单位及相关机构的支出;⑤"其他一般公共服务支出",反映上述项目未包括的一般公共服务支出。这样款级科目反映的子功能各自独立,不会相互混淆。项级科目可以根据上述各机关的业务特点设置,以各自的行政运行、一般行政管理、其他业务为主。

(3) 要有清晰、明确、详细的科目说明。一般公共服务支出科目必须清晰地反映这个职能,各个层次的科目解释要详尽具体,不能出现分不清属于哪个科目的情况。三级类目的说明要反映不同层次的职能范围,应互斥不相交。可以借鉴发达国家一般公共服务支出科目的解释说明，注明哪些是包括在此科目里的，如有可能最好还要注明哪些不包括在此科目中，方便科目使用者的使用，并且能够统一各科目的口径，避免统计上出现较大误差。

0.3.3.3 教育支出分类存在的问题

（1）我国的教育支出职能没有准确界定。我国的教育职能范围除了普通教育，还包括职业教育、成人教育、广播电视教育、留学教育、特殊教育、进修及培训等，和COFOG的规定及其他国家相比，增加了广播电视教育、留学教育和进修及培训。广播电视教育其实承担了部分教育的功能，这项支出有一定的理由列在教育支出中。留学教育在发达国家比较少见，接受国外教育或外国人到中国接受教育属于个人行为，政府没有相应的支出责任，没有必要专门设这个教育分类。另外，在目前的"进修与培训"中，只有"教师进修"属于教育职能中，"退役士兵能力提升"反映退役士兵或转业士官的培训支出，而"干部教育"和"培训支出"基本上是为行政机关服务的。行政机关或事业单位干部的培训支出，应在其部门中开支，列入教育支出将会放大教育职能，和其他国家教育支出口径相比也会有较大差别。

（2）主管教育机关的管理事务支出不应列在教育支出。从中华人民共和国成立到2007年之前，教育支出都能反映教育应有的职能，行政主管机关的费用也都是在行政管理费中列支。将其列入"教育支出"类会干扰教育职能，并且使它本身应属于的"一般公共服务"职能被割裂开，不能通过一个类级科目反映完整的职能。当然这种情况不仅存在于教育支出，其他一些支出类也有主管机关管理事务的列支，不是只改革教育支出科目的分类就能解决这个问题，而是要统筹规划、立足长远，改革整个支出科目体系。

（3）除了上述问题，教育支出分类还有不合理的地方。如"教育费附加安排的支出"款级科目，下面的项级科目"农村中小学校舍建设""农村中小学教学设施"等支出内容，和"普通教育"中的中小学教育内容重合。这个款级科目列入教育支出的目的，应该是说明支出经费来自教育费附加，但这和其他款级科目划分的依据是不同的，其他款级科目是按照教育类别划分的，将不同划分依据的两个科目并列起来，会造成科目间关系混乱。

0.3.3.4 我国教育支出分类的改革建议

（1）准确界定教育职能。参考其他国家教育支出的分类，再根据我国的传统和实际情况，对教育职能进行界定；界定清晰之后，使"教育支出"真实地反映完整的教育职能，不属于该职能的即使是短期调整，也不应列入教育支出，属于这项职能的，就应在教育支出中加以反映。这样才能保持教育支出口径的稳定性和合理性。

(2) 调整"留学教育"款级科目。留学教育并不是标准的教育分类，不应和其他教育分类并列在款级。可以将相关的支出并入"普通教育"中的"高等教育"或其他等级的教育，或者是调出教育支出，列入其他支出类。

(3) 调整现"进修及培训"款级科目。保留"教师进修"，将"干部教育""培训支出"及"退役士兵能力提升"调出教育支出类。前两个科目可以调入"一般公共服务支出"类的相关科目，后一个可以调入"社会保障和就业支出"类，更适宜反映在此类中的专门科目"退役安置"。

(4) 调整"教育管理事务"款级科目。不仅是调整教育支出类，还涉及其他很多类级科目的调整。本着能分就能合的原则，怎样调入的就应该怎样调出，使类似的科目都回到"一般公共服务支出"类，使教育职能和一般公共服务职能都通过支出科目得以完整地反映。

(5) 调整"教育费附加安排的支出"款级科目。"教育费附加安排的支出"并不是教育的分类，不应设款级科目，应将其对应并入"普通教育"款的"小学教育"项和"初中教育"项或"职业教育"款的相关项级科目。

(6) 设置"职业培训"项级科目。将此科目列在"职业教育"款级科目之下，和其他职业教育的项级科目平级。"职业培训"项的设置有一定的必要性，依据的不仅仅是发达国家的分类经验，还可以促进政府建立完善的多层次的公共就业培训计划体系，更好地履行其公共服务职能。

0.3.3.5 我国医疗卫生支出分类存在的问题

(1) 和其他职能一样，我国的医疗卫生职能缺乏准确的界定。目前我国的"卫生健康支出"类级科目下设的科目，除了医疗、门诊、保健等方面的服务，还包括卫生健康管理事务、行政事业单位医疗、医疗保障管理事务等款级科目。可见，我国的医疗卫生职能范围更广，而且几年来不断地增加新的款级、项级科目。这项职能到底应该包括哪些支出、不应该包括哪一些，还没有详尽的说明和解释。

(2) 主管行政机关的管理事务不应列在支出大类。2007年科目大改革之后，原来列在"行政管理费类"的医疗卫生主管机关的支出调入"医疗卫生"类，成为一个款级科目"医疗卫生管理事务"。行政机关的支出应属于一般公共服务职能，不在一般公共服务中反映，反而归入医疗卫生职能中，会使一般公共服务支出和医疗卫生支出不能反映各自完整的职能。

(3) 分类不合理。2007年之前，医疗卫生支出的款级科目分为"卫生""中医""食品和药品监督管理""行政事业单位医疗"等4个，下设的项级科目也各归其位。目前的款级科目有13个，数量多出了9个，也间接反映了实际上并没有按照分类原则进行分类。其中"医疗救助"款和"优抚对象医疗"款都是2017年增加的，它们的性质接近，应该合并成一个科目列入"社会保障和就业"类。

0.3.3.6 我国医疗卫生支出分类的改革建议

（1）调出行政主管机关支出项目。目前"卫生健康支出"类下有两个行政机关的支出科目，即"卫生健康管理事务"款级科目和"医疗保障管理事务"款级科目，应按2007年政府收支科目分类改革前的惯例及规范分类法，调出"卫生健康支出"类，归入"一般公共服务支出"类，使一般公共服务支出和卫生健康支出反映各自的职能。

（2）调整相关科目，重新分类。一是必须界定清楚医疗卫生职能的范围。根据标准分类，应调出一部分科目，除了上述两个行政机关的支出，还需调出"医疗补助"款、"优抚对象医疗"款和"老龄卫生健康事务"款，最应将其调入"社会保障和就业"类级科目。应调出"财政对基本医疗保险基金的补助"款，将其归入社会保险基金预算的相关科目。二是整理现有科目。可以暂时保留"计划生育事务"款和"行政事业单位医疗"款，虽然这两个款尤其是后者实质上不应反映在医疗卫生职能中，大多数发达国家都是在专门的基金中进行管理。"公立医院"款和"基层医疗卫生机构"款的性质相同，都属于医疗服务，按照国际惯例的分类法，二者也应该属于同一个款级科目。另外两个科目"公共卫生"和"中医药"，可以保留原款级科目。三是参考医疗卫生职能的国际分类标准，对现有科目进行分类。将现"卫生健康支出"类级科目下设6个款级科目，分别为医院与医疗、公共卫生、中医药、计划生育事务、行政事业单位医疗、其他卫生健康支出。

0.3.3.7 我国社会保护支出分类存在的问题

（1）有较多的应反映在"一般公共服务"职能中的行政机关支出列在此类。"社会保障和就业支出"类下的款级科目涉及五个主管行政部门，具体是"人力资源和社会保障管理事务"款、"民政管理事务"款、"残疾人事业"款、"退役军人管理事务"款、"医疗保障管理事务"款，以及在我国按行政单位进行管理的"红十字事业"款，这六个款级科目下分别设有"行政运行"项、"一般行政管理事务"项和"机关服务"项，反映行政机关的基本支出、其他支出和后勤支出。2007年之前，这些行政机关的支出列在"行政管理费类"，并没有在此类中列支的传统和习惯，只是由于2007年政府支出首次按照功能分类，"一般公共服务"和原来的"行政管理费"相比，从后者中调出许多部门的支出并归入不同的支出大类，但是这些行政单位的支出应该反映一般公共服务职能。

（2）还有其他一些不应该反映在此类中的支出。除了行政单位的支出，在目前"社会保障和就业支出"类中，还有不少不应归入这个科目中。如"企业改革补助"，最初是企业改革之后，1999年在"社会保障补助支出"类中增加了"国有企业下岗职工基本生活保障和再就业补助"，2002年又增加了"企业关闭破产补助"，对国有企业的补助支出不应体现在政府的社会保护职能里。

(3) 没有重视具有真正社会保护职能的支出的分类。按照联合国《政府职能分类》，社会保护职能应包括的二级科目分别为疾病和伤残、老年人、遗属、家庭和儿童、失业、住房、其他未分类的社会排斥保护、社会保护研究和开发等，从二级科目的名称中就可以看出相应职能应体现在哪些科目中。我国目前社会保护支出分类中完全缺失的是"家庭和儿童"，也缺乏对一些社会弱势群体保护的科目，根据我国目前的经济社会发展情况，完全有能力设置相关科目。

(4) 支出的形式有待改进。我国"社会保障和就业支出"类中相当部分的科目，是以集体消费的形式支出的（即按国际惯例支出科目后标注"CS"）。而COFOG中的社会保护职能多数是对以个人消费的形式支出（即"IS"），具体为疾病和伤残(IS)、老年人(IS)、遗属(IS)、家庭和儿童(IS)、失业(IS)、住房(IS)、其他未分类的社会排斥保护(IS)、社会保护研究和开发(CS)、其他未分类的社会保护(CS)，集体社会保护服务涉及的事项是最后两项，主要包括拟定和管理政府政策、制定并执行相关法律和标准、应用研究和试验性开发等。总的来说，我国"社会保障和就业"以集体支出为主，个人支出的科目不多，而且个人补助费总额并不高，主要是现金形式，缺乏实物形式的补助。

0.3.3.8 我国社会保护支出分类的改革建议

(1) 调出行政机关的管理支出。"社会保障和就业支出"类下六个行政机关的支出科目，即"人力资源和社会保障管理事务"款、"民政管理事务"款、"残疾人事业"款、"退役军人管理事务"款、"医疗保障管理事务"款及"红十字事业"款，应按2007年收支科目改革前的惯例及规范分类法，调出"社会保障和就业支出"类，并入"一般公共服务支出"类。这样两个类级科目反映各自的职能，不再出现职能交叉现象。

(2) 界定清楚此科目的职能，整理相关科目，重新分类。第一，要界定清楚社会保护职能的范围。除了上述的行政机关的支出，还需调出"企业改革补助"款、"退役安置"款、"财政对基本养老保险基金的补助"款、"财政对其他社会保险基金的补助"款等和社会保护职能不完全相符的支出科目。第二，整理现有科目。能体现社会保护职能的应继续列在本类，如"抚恤""社会福利""残疾人事业""就业补助"等，按照传统的科目名称或能清晰表明科目内容的名称保留在大类科目中；性质相近的应合并，将"最低生活保障"款、"特困人员救助供养"款、"其他生活救助"款并为一个款，如"生活救助"款。第三，按现有情况对"社会保障和就业支出"类进行重新分类。可分为以下八款，即抚恤、社会福利、残疾人事业、就业补助、生活补助、行政事业单位离退休、补充全国社会保障基金、其他社会保障和就业支出，今后随着社会进步和经济发展情况，可以再增加对儿童（或未成年人）、产妇、老年人、其他弱势群体的保护性质的科目。

(3)在具体支出时,增加实物支出的比例。和其他的政府支出不同,社会保护职能旨在资助社会中的弱势群体或生活出现临时性困难的人,这些人有时面临生存危机,需要必需的生活资料,在施以救助时,可以辅助一些实物补贴,如食品券、衣物被服券等,在指定的地点凭券购买指定的物品。COFOG 社会保护职能中的每项支出都有相应的实物福利,如提供给穷人、易受伤害者的短期和长期住房和膳食、酗酒和药物滥用者的康复,帮助易受伤害者的服务和物品,还有咨询、白天收容、帮助料理日常生活、食品、衣物、燃料等。

0.3.4 支出经济分类

0.3.4.1 我国支出经济分类存在的问题

(1)各项支出的经济属性界定不清晰。我国的支出经济分类虽然在不断地改进,但是和 GFSM2014 相对比,各支出科目的经济属性并不是非常清晰。如果支出科目的经济属性不界定清楚,科目之间就容易出现内容交叉,发生混淆、用错的情况。根据政府支出的定义,GFSM 把政府支出按经济属性划分为 8 个类别,分别是雇员报酬、货物和服务的使用、固定资本消耗、利息、补贴、赠与、社会福利和其他支出。在类级科目中,我国原来没有"固定资本消耗"和"社会福利","赠与"是"其他支出"类下的款级科目,2018 年支出经济分类改革后,政府预算支出经济分类中增加了社会福利相关科目,但是放在"对个人和家庭的补助"类下,并没有成为一个类级科目,其实目前的"对个人和家庭的补助"较接近 GFSM2014 中的"社会福利"的经济属性。"赠与"也不是类级科目,是"其他支出"下的款级科目。

(2)科目设置不合理。我国目前的支出经济分类中,类级科目设置缺乏规范,体现在经济性质不明确、分类没有统一的依据,下设的款级科目没有合理分类、数量过多,还缺乏必要的项级科目。如"工资福利支出"类的经济性质不是非常明确,"工资"应属于"雇员报酬",这项支出是政府雇员通过提供劳动而等价获得的现金或实物形式的报酬,"福利"容易和"社会福利"相混淆,不宜用"福利"词,"工资报酬"就应该涵盖政府雇员获得的各种报酬,包括工资薪金和社会缴款。"商品和服务支出"类下的款级科目数量最多,却没有按一定依据分类,可以按商品和服务支出的用途分为"办公经费""会议和培训费""差旅和交通费""租赁维护费"等,如果下面再设项级科目,就会使科目分类层次分明、内容清晰。

0.3.4.2 我国支出经济分类改革的建议

(1)统筹兼顾,确立进一步深化政府收支分类改革的目标。与政府收入分类一样,政府支出分类也存在与国际标准的不同之处,这是我国财税管理体制改革过程的一个阶段性现象。尽快在 SNA 和 GFSM 的标准框架下着手开展新一轮的政府收支分类改革,解决以前政府收支分类改革中的若干遗留问题,借鉴国际通行的政府收支核算框架进一步规范我国的政府收支分类科目,为政府预算会计、政府财政统计、政府财务报告等方面的改革做好相应的技术准备。

(2) 明确政府支出经济属性,促进相关财税改革。政府支出是政府履行职能的重要方式,明确政府支出的经济属性对于转变政府职能有着重要的理论价值,对于明确财政事权、建立事权和支出责任相适应的财税制度具有基础性的支撑作用。在当前深化财税改革的大背景下,应通过对政府收支经济属性的核算解析进一步明确财税改革目标,为相关财税改革实践提供分析框架支持。在按经济性质进行支出的科学分类时,应当明确每一个支出项目的经济属性,据此进行多层次的经济分类。

(3) 设置政府预算支出经济分类的新科目。新科目以 GFSM2014 为标准,充分考虑到我国国情和现实情况,按"类""款""项"三个层级来设置。这样调整后,原 15 个款级科目变为 7 个,相同经济属性的科目合并到一起,下设具体的款级和项级科目,使得每个支出项目都能找到对应的科目。取消"债务还本支出"类,债务还本支出会使政府的资产和负债同时减少,并不影响政府资产净值,故将其移出政府支出的大类。"对社会保障基金补助"和"预备费及预留"原本就在"其他支出"中,由于它们和其他大类的经济属性有区别,故调回"其他支出"类。"转移性支出"与赠与的经济属性都属单方面的无偿转移,并且政府间转移性支出不影响政府支出总量,因此将其放在"其他支出"类,不影响其他支出科目的经济属性。

(4) 设置部门预算支出经济分类的新科目。和政府预算支出经济分类一样,部门预算支出经济分类的新科目也以 GFSM2014 为标准,按"类""款""项"三个层级来设置。新科目将原 10 个类级科目简化为 7 个,款级科目也进行了合并简化,并设置项级科目。如将原"工资福利支出"改为"工资报酬",包括政府雇员通过提供劳动获得的所有报酬。下设 3 个项级科目,将工资薪金和社会缴款分为并列的两个款级科目,将社会缴款做了适当的汇总。将原"商品和服务支出"类更名为"货物和服务"类,以和我国国民经济核算体系相协调。将原款级科目进行了合并,由 27 个减少为 15 个,如办公费、印刷费、咨询费、手续费和邮电费并为"办公经费"款等。将原"对个人和家庭的补助"类根据其经济性质,改名为"社会福利"类,设"社会保障""社会救济"和"其他社会福利"3 个款级科目。将"资本性支出"进行合并,组成大类,下设 2 个款级科目以示区别。将原"对社会保障基金补助"类调回"其他支出"类。这样调整之后,各大类科目能反映各自独立且完整的经济性质,款级科目进行了性质上的细分,项级科目再进行细分,设置三级科目是非常有必要的。

0.4 政府性基金预算

0.4.1 政府性基金预算收支分类科目存在的问题

0.4.1.1 部分项目设置不符合基金的"应有性质"

政府性基金设立是基于特定的公共目的,因此其资金的使用必须服从基金设立的目的,但在实践中,部分支出科目的设置并不完全符合基金设立的目的。例如,作为政府性基金预算收入金额最大的项目——国有土地使用权出让金,就明显不符合政府性基金的应有性质。① 从征收依据来看,政府性基金的征收与税收一样,凭借的是国家的政治权力,是一种强制性的征收;而国有土地使用权出让金的获取,凭借的则是所有权利,即政府是土地的"所有者"。② 在资金使用方面存在区别。政府性基金应是为实现特定国家任务之财政需要而课征的,其资金使用具有专款专用的特点;而凭借所有者权利获得的国有土地使用权出让金的开支应据有充分的开放性,只要有必要,资金可以用于任何用途。由此可见,国有土地使用权出让金列入政府性基金预算的收入科目是不合理的。

0.4.1.2 大量设置债务类收入项目不甚合理

政府性基金的设立应是为了解决社会发展过程中出现的特定问题,当该特定问题已经解决或者该问题扩展至具有普遍性而有必要通过税收来规制时,相应的政府性基金项目也就应该结束。由于政府性基金一旦设定,立法机关的预算审批权限将大大缩小,甚至无须报送立法机关审批,这种结果不符合财政民主主义,与法治国家的理念也不相符,因此应当尽量避免。正是出于这个原因,在我国的财政实践中,政府性基金的设置应当尽可能谨慎。无论哪一个项目,除了确实有必要,能不设立就尽量不要设立。由此可见,在我国政府性基金预算中大量设立债务类收入项目不仅不符合政府性基金应谨慎设立和"以收定支"的基本原则,同时也很难保证发行债券所获得的收入专项用于政府性基金的应有用途。

0.4.1.3 "其他支出"项目比例过高

(1) 我国现有政府性基金预算支出中,几乎每一个具体基金款级科目下都包含一个"其他支出"项级科目,例如,"核电站乏燃料处理处置基金支出"款级科目下具体包含"其他乏燃料处理处置基金支出"项级科目,"大中型水库移民后期扶持基金支出"下包含"其他大中型水库移民后期扶持基金支出"项目,"小型水库移民扶助基金安排的支出"下设有"其他小型水库移民后期扶持基金支出"项目,"废弃电子产品处理基金支出"下设有"其他废弃电子产品处理基金支出"项目,等等。

(2) 部分政府性基金项目"其他支出"项级科目的金额非常大,占该项基金总支出的比例很高。2018 年,国家电影事业发展专项基金中央本级 3.16 亿元支出中,其他支出为 2.37 亿元,占比高达 75%;中央水库移民扶持基金中央本级 1.09 亿元支出中,其他支出为 0.62 亿元,占比达到 56.88%;而核电站乏燃料处理处置基金中央本级支出中,其他支出占比达到 49.3%。

0.4.1.4 "调出资金"科目设置的不合理

(1) 政府性基金预算应属于特种基金预算,其预算范围应仅限于公布的且符合"特别公课"特征的项目,不符合的项目不应该列入政府性基金预算。在政府性基金预算下,每一具体的基金项目仍然可以细分,对不同的专项基金单独组织预算,每一种资金只能专款专用,各个项目不能互通,每一项基金都必须自求平衡,结余资金不能相互调剂。

(2) 不仅政府性基金下的各个项目的结余资金不能相互调剂,同时政府性基金预算的盈余也不宜流向公共财政预算。基金统筹到一般公共预算后,若性质仍属于政府性基金,则政府性基金所具有的"特定征收、专款专用"特质,会与一般公共预算的"一般征收、一般使用"性质相矛盾。如果统筹的基金不具备政府性基金的性质,基金所涉及的事务具有显著的公共性,那么这些事务都是公共财政应该承担支出责任的领域,而不应该单独设立政府性基金征收。政府性基金不应替代税收的公共财政职能,而只能具有财政辅助职能,政府性基金只能支持和发展特定缴纳主体潜在受益的准公共物品和服务。在这种情况下,我们不能简单地将其统筹至一般公共预算,而应该通过相关法律、行政法规或者原审批机关,取消应该由一般公共预算承担职责的政府性基金。

0.4.2 政府性基金收支分类科目改革的建议

0.4.2.1 分流归位现有政府性基金项目

(1) 取消"准税收"类政府性基金。水利建设基金、城市基础设施配套费、教育费附加、地方教育附加、文化事业建设费、国家电影事业发展专项基金、残疾人就业保障金、可再生能源发展基金和旅游发展基金所涉及的农林水、城乡社区、教育、文化、就业、节能环保和商业服务等方面的事务,具有显著的公共性。这些事务都是公共财政应该承担支出责任的领域,不应该单独设立政府性基金征收,因此我们建议取消教育费附加等"准税收"类政府性基金,所需经费应由财政部门划拨。

(2) 清理整顿"使用费"类性质的基金。对收费时间过长、收费理由基本上已经消失的基金,应当马上取消。而对于应当保留的"使用费"类基金项目,必须建立收费项目的核定、收费标准的定期评估与调整机制,以保证收费符合实际。在预算管理方面,将应当保留的"使用费"类基金项目纳入公共财政预算进行管理。

(3) 归并"公有财产"类基金。将国有土地使用权出让金、国有土地收益基金、中央特别国债经营基金等"公有财产"类基金归并至国有资本经营预算,因为它们都是基于所有者身份取得收入的。

(4)规范"特别课征"类基金。一是要取消那些征收理由已经消失的特别课征类基金,如对旅客征收的民航发展基金等。这是因为:第一,向旅客征收民航发展基金属于强制性的重复收费;第二,民航发展事业属于国家公共事业,民航基础设施建设、民航节能减排、通用航空发展、民航科教、信息等重大科技项目研发和新技术应用等支出项目,应该由国家财政拨款解决,或者由市场化运作下的社会资本解决,依靠对旅客的征收是不合理的。二是在条件成熟时,结合税制改革,取消相应的特别课征类基金。比如结合资源税改革,适时拓展现行资源税的征收范围,取消森林植被恢复费等保护资源的基金;适时将核电站乏燃料处理处置基金和废弃电器电子产品处理基金等并入环境税的征收范围。需要指出的是,凡是被上升为税的项目,自然要受到相关税法的规制。

0.4.2.2 对需要保留的特别课征类基金实行法治化管理

(1)政府性基金的设立必须坚持法治原则,符合法律保留原则的要求。目前我国 20 个政府性基金项目中课征依据为法律的只有教育费附加、地方教育费附加、残疾人就业保障金、港口建设费、森林植被恢复费、船舶油污损害赔偿基金、可再生能源发展基金等 7 项,另有国家电影事业发展专项基金与废弃电器电子产品处理基金 2 个项目依据行政法规设立,除此之外,其余 11 项都是依据中共中央、国务院及其所属部门的部门规章或红头文件设立的。而作为课征涉及政府对私人(非国有)财产征收的政府性基金,其课征依据应受法律保留原则的约束。① 因此,必须从法律上规制确实有必要存在的特别课征类政府性基金的课征权限,政府性基金的设立必须坚持法治原则,符合法律保留原则的要求。

(2)必须明确政府性基金的课征要件。课征政府性基金不仅应有法律依据,而且其课征目的、缴费义务人、收入使用等课征要件也应由法律明确规定。因为这不仅关系到政府课征权的行使界限,也关系到国民合法利益的保护。课征要件不明确,容易导致在实践中出现基金课征目的不明确、基金目的重复、资金使用与课征目的不相符等问题。除此之外,在实践中还存在资金使用与课征目的严重不符问题,如残疾人就业保障金和民航发展基金等。总之,一旦基金的课征目的、缴费义务人、收入使用等课征要件缺乏明确的法律规定,在实践中就很容易出现上述问题,只要想开征政府性基金,就不存在找不到依据的情况,有关基金设立方面的要求就会大打折扣,甚至形同虚设。

(3)构建政府性基金课征程序制度。现代民主法治国家的实践经验表明,正当法律程序是限制政府权力的不二法门。当前我国政府性基金课征缺少正当法

---

① 《中华人民共和国立法法》第八条明确规定对非国有财产的征收、征用事项只能制定法律。

律程序的约束。我国既没有专门的《政府性基金征管法》，也没有《行政程序法》，即便是财政部颁行的《政府性基金管理暂行办法》对此也缺少必要的关注。因此，为克服政府性基金课征中的恣意行政行为，征收机关在课征政府性基金过程中除应受到《行政处罚法》《行政强制法》《行政复议法》等法律规则的约束，还必须接受类似《税收征管法》那样专门的程序法制度的控制。我们认为，应由全国人大及其常委会制定《政府性基金征收管理法》，明确规定各征收机关在行使稽查、核定、征收(含减、免、停征)、强制执行、行政处罚等权力时应遵守相应的步骤和规则，以及不遵守相关程序规则所要承担的法律责任。

(4) 全国人大及其常委会应定期审查监督政府性基金的课征期限。政府性基金课征的正当性不仅要求全国人大及其常委会对政府性基金课征依据、要件与程序进行立法控制，还应定期审查已设立的政府性基金继续课征的必要性，以免缴费义务人在承担事务责任后仍然继续受到课征，致其财产受到侵害。政府性基金不同于税收，其存在的目的是完成特定社会经济政策，一旦此目的实现或任务完成，此种政府性基金就丧失了合法性基础，应以决议的方式撤销或经过审查，如发现仍有存在的必要且符合课征要件，全国人大及其常委会可以继续保留，但必须相隔一段时间后重新审查。至于审查时点以及相隔多久重新审查监督，全国人大及其常委会可依特别情势及所涉及事实来确定。

0.5 政府部门预(决)算分类

0.5.1 我国部门预算分类体系存在的问题

0.5.1.1 部门预算收支与政府预算收支难以完整衔接

和国际做法不同，在部门预算汇总为政府预算的阶段，我国的管理方式选择仅将部门预算收入中"财政拨款收入"对应的支出计入政府预算支出，这就造成了政府部门事业收入、事业经营收入等用自有收入进行的支出活动被排除在一般公共预算和政府性基金预算之外。这种分类方式造成部门预算和政府预算无法完整衔接，由部门预算汇总而来的政府预算反映的支出小于各政府部门实际的支出规模。

0.5.1.2 部门预算收入分类体系过于简单，反映的信息不足

现行的部门预算收入分类体系，也无法清晰、完整地反映部门的收入总体规模、具体收入种类和各项收入的单独规模。部门事业收入、事业经营收入等条目的数额仅为部门被允许留存用于自身运营活动的支出，这类收入中上缴财政的部分并未计入其中。部门预算收入(实际为预算资源)仅分为财政拨款收入等五个种类，较为笼统，没有进一步细化，反映的信息较为有限，公众无法依据这种分类

了解部门具体的收入种类和每一种类的规模,其中就包括本级政府获取的专项转移支付中本部门使用的部分。

0.5.1.3 依托基本支出和项目支出二分法、三级功能分类的部门预算支出分类体系不符合现代治理要求

现行的功能分类不区分公共部门活动的受众对象,导致诸如部门培训、养老津贴、单位福利房建设等部门内部服务支出被错误计入教育、社会保障、住房保障支出等类级科目中,使得政府预算支出难以反映真实的公共支出结构。此外,大多数政府规定项目支出中的各个预算项目必须从属于特定的功能分类项级科目,且功能分类仅根据预算活动的表面性质进行,过细、过多的功能分类科目在实践中往往会导致服务于同一目标,本该从属于同一预算项目的活动被割裂开来,使得预算项目完整性、系统性大打折扣。部门预算的基本支出和项目支出二分法以及三级功能分类方法不利于完整反映政府部门各项公共服务的成本,影响部门预算透明度,在一定程度上阻碍了现代预算分配效率和运营效率目标的实现。

0.5.1.4 部门预算支出经济分类科目仍有待完善

部门预算支出经济分类科目的设计主要存在三个问题:① 部门项目支出尚未全面使用经济分类科目进行预决算编制和信息公开;② 原有的部门预算支出经济分类科目中的"转移性支出"被划转至新设的政府预算支出经济分类科目,导致部门化的纵向转移支付、同一系统内的上级政府职能部门对下级职能部门的"补助支出"无法通过部门支出经济分类科目反映;③ 现有部门支出经济分类科目无法反映"贷款担保支出""设立基金的资本金支出"等政府部门参与的金融活动支出。

0.5.2 改革建议

0.5.2.1 建立部门预算绩效管理的基础——"部门—项目预算分类体系"

(1) 不同于发达国家依托项目进行全过程预算管理,我国各级政府的预算管理主要使用类似 COFOG 的功能分类体系,项目库和项目评审与年度预算过程存在明显脱节。

(2) 在基于部门核心职责体系构建职能性项目时,有必要强化项目设计的"产出导向",同时应将项目提供产品和服务的对象限定为政府外部,即社会和公众。

(3) 使用经济分类保障项目预算编制的科学性和执行的合规性。基于上述国家经验,支出经济分类的使用与绩效预算"扩大部门自主权"的理念并不矛盾。

0.5.2.2 完善部门预算分类体系

长期以来,我国的部门预算管理中,存在混淆预算收入(budget revenue)和预算资源(budget resource)这两个不同概念的问题。部门预算管理中,对于真正意

义上的"预算收入"——以部门为征收主体取得的税收收入和非税收入，目前没有核算和公开机制，仅在政府预算层面上合并披露一级政府所有部门取得的税收收入和非税收入，不包括由某些部门征收但留给部门自行使用的事业收入。而我国部门预算管理中的"收入"概念，实质上是指部门可用于支出活动的"预算资源"，包括同级财政部门的一般公共预算和政府性基金预算拨款、部门事业收入和事业经营收入中允许留用的部分、上级部门拨付的补助性收入等。

基于此，借鉴美国和日本的部门预算管理经验，从预算收入、预算资源和预算支出三个维度反映部门的预算活动。在部门现有的"预算资源"核算体系之外，建立部门"预算收入"核算和公开体系，列示部门作为征收主体获得的全部资金性收入，包括税收收入和非税收入。同时，应将"预算收入"和"预算资源"两个体系有效衔接。不同于日本的管理模式，我国的部门预算管理并不允许部门全额留用自有收入。因此，部门应同时披露各类预算收入的"征收额""上缴额"和"留用额"，财政部门的"预算拨款额"和上级部门"补助额"，自身预算收入"留用额"、上年预算结转额、财政部门的"预算拨款额"和上级部门"补助额"加总得到部门年度的"预算资源"总额。

0.5.2.3 对部门预算支出经济分类科目设置的改进

结合国际上通行的部门预算管理范式，我国的部门预算支出经济分类科目设计上还存在一定缺陷。在部门经济分类支出科目中设置"补助性支出"（转移性支出）是各国部门预算管理的通行做法，我国 2007 年起用的政府支出经济分类原先有"转移性支出"这一类级科目，但在 2017 年的科目改革中，由于增设了新的政府支出经济分类科目，并将原有经济分类科目的主体作为部门支出经济分类科目使用，"转移性支出"这一类级科目被设置在政府支出经济分类中，而部门支出经济分类中没有设置对应的科目。据此，建议财政部门在新的《政府收支分类科目》中增设与政府支出经济分类科目中"转移性支出"对应的部门"转移性支出"类级科目及其下属款级科目。

缺失"贷款担保支出""设立基金的资本金支出"也是当前部门支出经济分类科目的缺陷之一。当前，地方政府深度参与地方经济发展，通过多种渠道进行产业扶持成为我国地方政府活动的鲜明特征之一。地方政府大量通过贷款担保和设立扶持基金等形式促进产业发展与创新，然而现行的经济分类科目体系中却没有反映贷款担保成本以及扶持基金的政府出资科目。据此建议在政府收支分类科目中添加这两个款级科目。

第一篇
中国财政税收运行

第1章 2018年宏观经济运行

1.1 2018年生产活动运行状况

1.1.1 2018经济运行总体平稳,经济转型仍面临挑战

2018年,在供给侧结构性改革的推动下,我国经济继续保持缓中趋稳、稳中向好的总体态势,经济增长速度继续在合理区间运行,经济结构进一步优化。在诸多积极有利因素的支撑下,我国经济增长的韧性仍强,但随着全球贸易保护主义抬头和部分发达国家货币政策趋紧,以及地缘政治紧张带来的不利影响,全球经济增长动力有所减弱,不确定因素增加,复苏进程整体有所放缓,区域分化更加明显。在日益复杂的国际政治经济环境下,我国经济增长面临的下行压力有所加大。

2018年全年GDP达到900 309.5亿元。按可比价格计算,季度累计GDP同比增长率连续16个季度运行在6.4%—7.0%,经济运行的稳定性和韧性明显增强。西部地区经济增速持续引领全国,区域经济发展有所分化;物价水平温和上涨,PPI与PPIRM(工业生产者购进价格指数)涨幅均有回落;就业形势总体良好。我国继续实施积极的财政政策,通过大规模减税降费、调整优化财政支出结构、大力推动地方政府债券发行等方式,加大对重点领域和关键环节的支持力度,为实体经济稳定增长创造条件(见图1-1)。

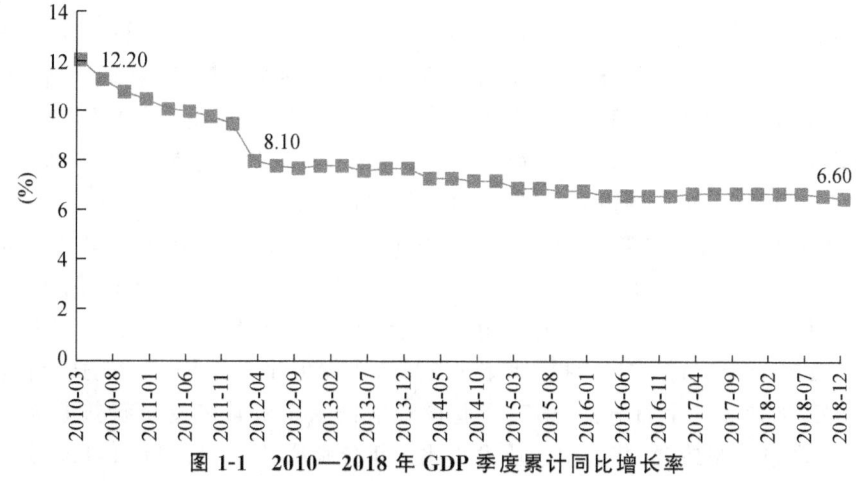

图1-1 2010—2018年GDP季度累计同比增长率

资料来源:根据国家统计局网站数据计算整理而得。

1.1.2 最终消费和资本形成齐增长,净出口依然延续回落趋势

在支出法 GDP 总量的构成中,最终消费支出和资本形成对 GDP 贡献有着绝对优势,基本上维持各占半壁江山的态势。但占比最大的项目已从资本形成总额逐渐转变为最终消费支出,2018 年最终消费占比达到 54.3%,相较 2017 年增长 0.7%;资本形成占比增至 44.8%,相较 2017 年增加 0.2%。

受到中美贸易摩擦的波及,中国的货物和服务净出口创下历年来的最低占比,2018 年出口额为 2.48 万亿美元,同比增长 9.9%,比 2017 年高 2%,并且我国 2018 年外贸进出口总值为 30.51 万亿元,规模再创历史新高。2018 年我国全年社会消费品零售总额为 38.1 万亿元,增长 9%,保持平稳较快发展势头(见图 1-2)。

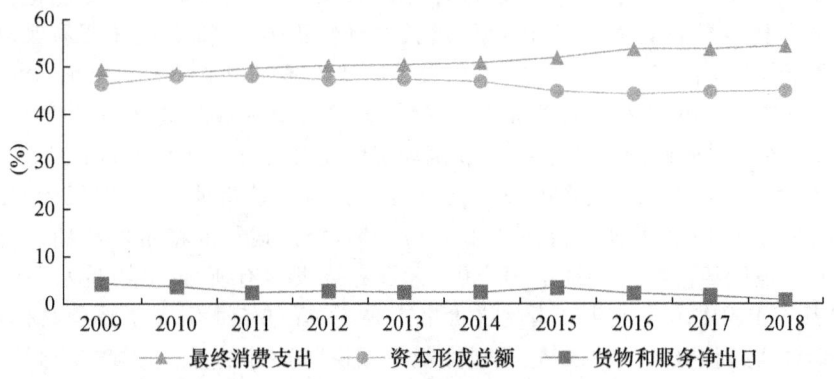

图 1-2　支出法 GDP 各项目占比变化
资料来源:根据国家统计局网站数据计算整理而得。

从动态的角度来看,消费连续 5 年成为经济增长第一动力,2018 年对经济增长贡献率为 76.2%,比上年提高 18.6 个百分点。2018 年,我国中高端商品和服务消费增长较快,化妆品、家电、通信器材等商品销售较旺;居民服务性消费支出占消费总支出比例升至 49.5%,消费新业态蓬勃发展;现代供应链、电子商务、数字消费等互相融合,网上零售额突破 9 万亿元,增长 23.9%。

2018 年,全国固定资产投资(不含农户)为 635 636 亿元,比上年增长 5.9%,增速比前三个季度加快 0.5 个百分点。其中,民间投资为 394 051 亿元,增长 8.7%,比上年加快 2.7 个百分点。分产业看,第一产业投资增长 12.9%,比上年加快 1.1 个百分点;第二产业投资增长 6.2%,加快 3.0 个百分点,其中制造业投资增长 9.5%,加快 4.7 个百分点;第三产业投资增长 5.5%,其中基础设施投资增长 3.8%。高技术制造业、装备制造业投资比上年分别增长 16.1% 和 11.1%,分别比制造业投资快 6.6 个百分点和 1.6 个百分点(见图 1-3)。

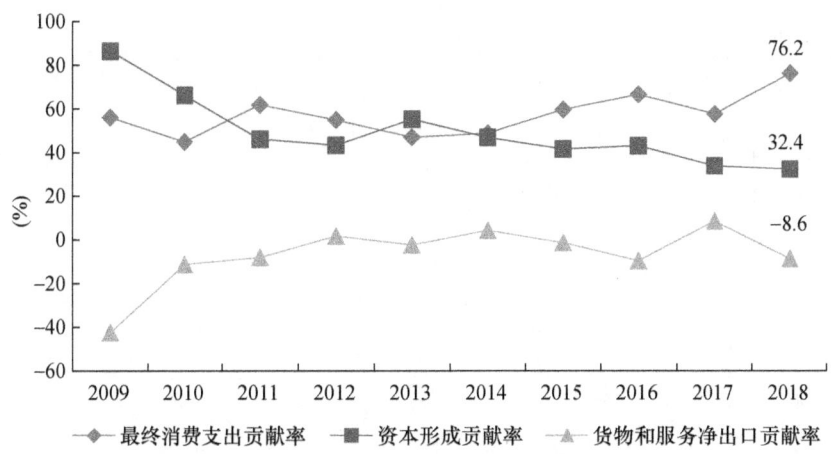

图 1-3 支出法 GDP 各项目对 GDP 增长的贡献

资料来源：根据国家统计局网站数据计算整理而得。

1.1.3 第三产业增加值总额及增速继续保持领先地位，但增速下降

2018年，第一产业增加值为64 734亿元，同比增速为4.24%，相较2017年回升0.98%，在GDP内部结构中占比也最低，并且持续小幅下降；第二产业增加值为366 000.9亿元，同比增长10%，占GDP的40.65%，第二产业占GDP比例长期稳定在40%左右；第三产业增加值为469 574.6亿元，同比增速最高，为10.25%，占GDP的比例稳中有升，维持在50%以上，2018年达到新高52.16%（见图1-4和图1-5）。

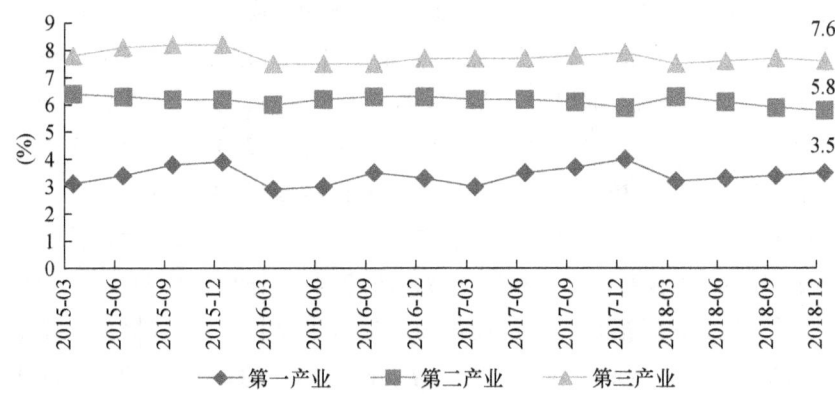

图 1-4 三次产业季度累计增加值同比增长率（不变价）

资料来源：根据国家统计局网站数据计算整理而得。

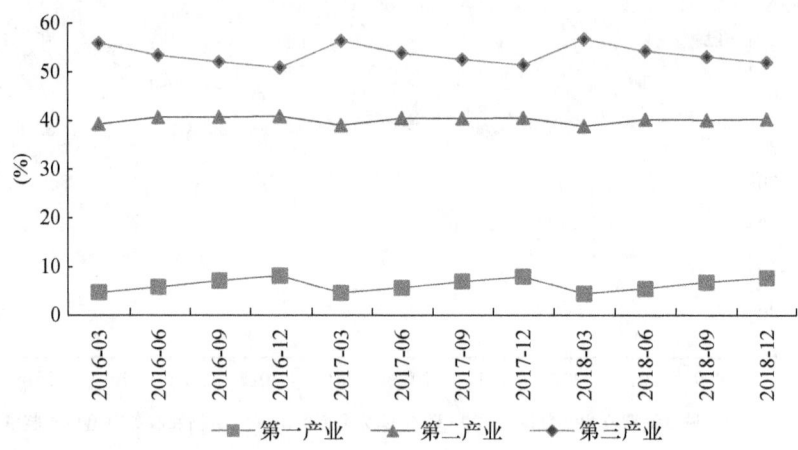

图 1-5 三次产业累计增加值占 GDP 的比例变化
资料来源：根据国家统计局网站数据计算整理而得。

此外，中国进一步加大第二、三产业的开放力度，取消了船舶建造、飞机制造外商准入限制，以及专用车和新能源汽车外商投资限制。与此同时，2018年版的外商投资负面清单，进一步提升了金融、汽车船舶高端制造领域的开放度。

1.1.4 国有企业改革效应显现，但工业企业经营绩效的增速有所下滑

2018年，随着国有企业改革的不断推行，清退僵尸企业，提高国有企业盈利能力，加强国有企业监管体制，国有企业增速下降、数量不断精简、质量得以提升，助力实现供给侧结构性改革。民营企业鉴于外部形势、贸易保护主义、自身内部资金运转困难、技术研发投入不足等原因，数量呈现下降趋势。根据按经济类型划分的工业企业累计增加值同比增速数据，国有企业、外资企业、民营企业和股份制企业增速处于领先水平，但是民营企业的增速呈现下降趋势；股份制企业的增速由负转正，但增速水平较低；集体企业增速则由正转负(见图1-6)。

2018年以来，工业经济总体保持平稳增长态势，供给侧结构性改革的效果继续显现。一方面，工业行业结构继续改善。医药制造，通用设备制造，专用设备制造，电气机械及器材制造，计算机、通信和其他电子设备制造，仪器仪表制造等行业增加值增速持续显著高于其他行业；而采矿业增加值增速继续明显低于制造业。另一方面，工业企业总体经营状况良好。工业企业总体利润增速虽较2017年有所回落，但仍保持高位。2018年1—11月，规模以上工业企业主营业务收入利润率为6.48%，同比提高0.16个百分点。从工业三大门类看，采矿业利润率为

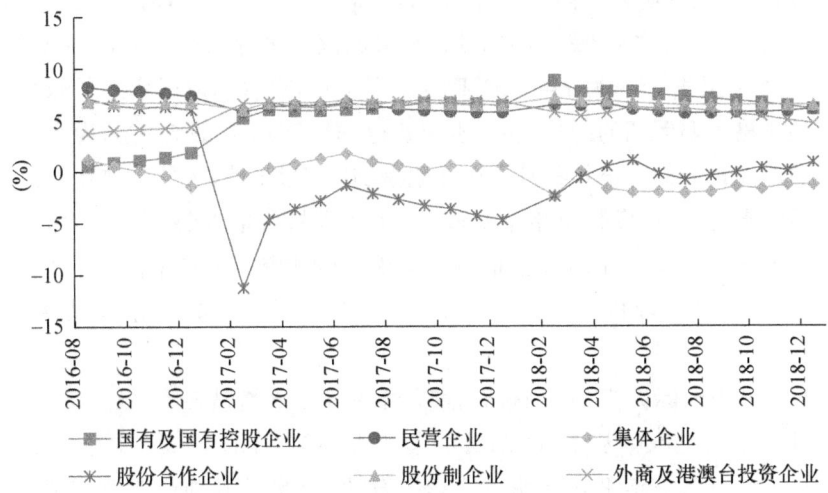

图 1-6 按经济类型划分的工业企业增加值累计同比增速

资料来源:根据国家统计局网站数据计算整理而得。

13.04%,提高 3.27 个百分点;制造业利润率为 6.19%,提高 0.05 个百分点;电力、热力、燃气及水生产和供应业利润率为 6.11%,回落 0.34 个百分点(见图 1-7)。

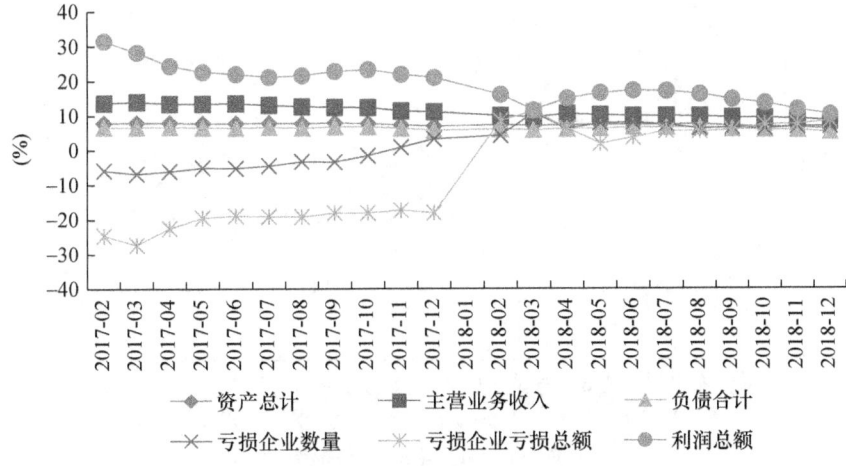

图 1-7 工业企业主要经营指标累计同比增速

资料来源:根据国家统计局网站数据计算整理而得。

1.1.5 生产领域价格涨幅回落,PPI 呈现波动下降态势

2018 年,PPI 月度同比涨幅呈前高后低走势。从月度数据来看,受翘尾因素

影响,年初 PPI 同比涨幅较高,1月上涨 4.3%,2—4月受 PPI 环比下降影响,同比涨幅有所回落。5月之后,受国际原油价格大幅度上涨等因素影响,PPI 涨幅有所扩大,6月上涨至 4.7%,为全年涨幅高点。下半年,随着翘尾因素逐月减少,加之国际原油价格大幅回调的影响,同比涨幅快速下滑至12月的 0.9%,为2016年10月以来同比涨幅最低。全年各月同比涨幅呈倒"N"形走势,大体上前高后低。

从结构来看,生产资料价格上涨较多,生活资料价格走势平稳。生产资料价格比上年上涨 4.6%,是 PPI 上涨的主要原因。生活资料价格上涨 0.5%,涨势相对平稳。总体上看,价格涨幅从上游到中下游行业逐渐递减,呈现结构性上涨态势。

2018年,受国际因素的影响,石油及相关行业价格波动较大。石油和天然气开采业价格同比涨幅从1月的 12.4%,扩大到10月的 42.8%,其后快速回落至12月的 4.5%,全年平均上涨 24.3%;石油、煤炭及其他燃料加工业价格同比涨幅从1月的 10.8%,扩大到7月的 24.6%,也快速回落至12月的 5.7%,全年平均上涨 16.0%。受此影响,下游化工产品同比涨幅也随之出现起落(见图1-8)。

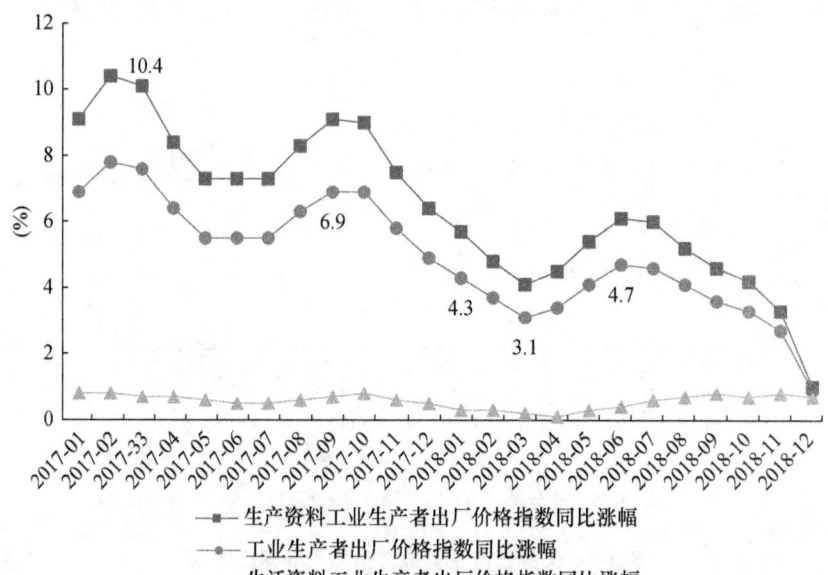

图 1-8　PPI 出厂价格指数同比涨幅

资料来源:根据国家统计局网站数据计算整理而得。

1.1.6 采购经理人指数(PMI)呈下降态势,非制造业对经济增长的拉动作用进一步提升

2018年,综合制造业 PMI 均值为 50.9%,表明全年制造业总体保持平稳增长。受国际贸易摩擦加剧、全球经济增长放缓等多重因素的影响,我国制造业 PMI 在 2018 年 5 月以后,呈现连续下降的态势,并在 12 月降到 50% 以下。相较来看,非制造业商务活动 PMI 指数均值为 54.4%,全年总体保持在较高景气水平。

但是,如果从 PMI 的分类指数来看,经济增长仍面临较大的压力。在制造业 PMI 的五个构成指数中,首先值得关注的是新订单指数持续下行,且于 12 月降至荣枯线之下,同期与之相关的产成品库存指标也趋于上升,表明制造业产成品需求开始下降、库存压力上升。从其他四个构成指数来看:生产指数虽然在 12 月保持在荣枯线以上,但 5 月以来连续下降;从业人员指数和原材料库存指数长期低于临界点,表明就业压力再次增大,原材料库存降幅有所扩大;供应商配送时间指数升至荣枯线以上,表明制造业原材料供应商交货时间继续加快。从非制造业 PMI 来看,虽然 12 月非制造业商务活动指数仍保持在 53.8% 的较高景气水平,但其中的从业人员指数从年中以来连续下行,连续四个月运行在荣枯线以下(见图 1-9、表 1-1 和表 1-2)。

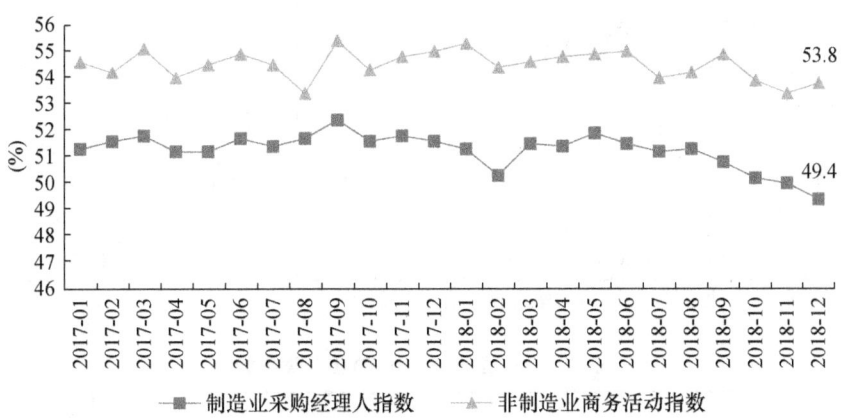

图 1-9 制造业和非制造业 PMI 指数

资料来源:根据国家统计局网站数据计算整理而得。

表 1-1　中国制造业 PMI 分类指数　　　　　　　　　　　　　　单位:%

日期	PMI	分类指数				
		生产	新订单	原材料库存	从业人员	供货商配送时间
2017-01	51.3	53.1	52.8	48.0	49.2	49.8
2017-02	51.6	53.7	53.0	48.6	49.7	50.5
2017-03	51.8	54.2	53.3	48.3	50.0	50.3
2017-04	51.2	53.8	52.3	48.3	49.2	50.5
2017-05	51.2	53.4	52.3	48.5	49.4	50.2
2017-06	51.7	54.4	53.1	48.6	49.0	49.9
2017-07	51.4	53.5	52.8	48.5	49.2	50.1
2017-08	51.7	54.1	53.1	48.3	49.1	49.3
2017-09	52.4	54.7	54.8	48.9	49.0	49.3
2017-10	51.6	53.4	52.9	48.6	49.0	48.7
2017-11	51.8	54.3	53.6	48.4	48.8	49.5
2017-12	51.6	54.0	53.4	48.0	48.5	49.3
2018-01	51.3	53.5	52.6	48.8	48.3	49.2
2018-02	50.3	50.7	51.0	49.3	48.1	48.4
2018-03	51.5	53.1	53.3	49.6	49.1	50.1
2018-04	51.4	53.1	52.9	49.5	49.0	50.2
2018-05	51.9	54.1	53.8	49.6	49.1	50.1
2018-06	51.5	53.6	53.2	48.8	49.0	50.2
2018-07	51.2	53.0	52.3	48.9	49.2	50.0
2018-08	51.3	53.3	52.2	48.7	49.4	49.6
2018-09	50.8	53.0	52.0	47.8	48.3	49.7
2018-10	50.2	52.0	50.8	47.2	48.1	49.5
2018-11	50.0	51.9	50.4	47.4	48.3	50.3
2018-12	49.4	50.8	49.7	47.1	48.0	50.4

资料来源:根据国家统计局网站数据计算整理而得。

表 1-2　中国非制造业 PMI 分类指数　　　　　　　　　　　　　　单位:%

日期	商务活动PMI	分类指标							
		新订单	新出口订单	业务活动预期	投入品价格	销售价格	从业人员	在手订单	存货	供应商配送时间
2017-01	54.6	51.3	46.4	44.6	46.2	55.1	51.0	49.8	51.4	58.9
2017-02	54.2	51.2	50.1	43.5	45.8	53.7	51.4	49.7	52.1	62.4
2017-03	55.1	51.9	48.8	44.7	45.8	52.3	49.7	49.1	51.4	61.3

(续表)

日期	商务活动PMI	分类指标								
		新订单	新出口订单	业务活动预期	投入品价格	销售价格	从业人员	在手订单	存货	供应商配送时间
2017-04	54.0	50.5	47.1	44.0	46.2	51.7	50.2	49.5	52.0	59.7
2017-05	54.5	50.9	48.5	43.7	46.1	51.1	48.8	49.0	51.8	60.2
2017-06	54.9	51.4	49.8	44.6	45.9	51.2	49.3	49.6	51.8	61.1
2017-07	54.5	51.1	52.1	43.9	45.9	53.1	50.9	49.5	51.7	61.1
2017-08	53.4	50.9	49.0	44.0	45.5	54.4	51.5	49.5	51.1	61.0
2017-09	55.4	52.3	49.7	44.2	47.0	56.1	51.7	49.7	51.6	61.7
2017-10	54.3	51.1	50.7	43.9	46.4	54.3	51.6	49.4	51.1	60.6
2017-11	54.8	51.8	50.9	44.1	46.5	56.2	52.8	49.2	51.6	61.6
2017-12	55.0	52.0	51.5	43.8	46.3	52.6	52.6	49.3	51.8	60.9
2018-01	55.3	51.9	50.1	44.4	46.5	53.9	52.6	49.4	51.3	61.7
2018-02	54.4	50.5	45.9	43.8	47.3	49.9	49.9	49.6	50.7	61.2
2018-03	54.6	50.1	50.4	44.3	46.2	49.9	49.3	49.2	51.6	61.1
2018-04	54.8	51.1	50.0	44.4	46.7	52.7	50.6	49.0	51.5	61.5
2018-05	54.9	51.0	49.1	44.1	46.0	54.2	49.6	49.2	51.7	61.0
2018-06	55.0	50.6	48.2	44.0	46.4	53.8	51.1	48.9	51.6	60.8
2018-07	54.0	51.0	48.9	45.1	45.6	53.9	52.0	50.2	51.3	60.2
2018-08	54.2	50.6	49.0	43.9	46.5	54.3	50.9	50.4	51.4	61.4
2018-09	54.9	51.0	49.8	43.8	47.1	55.6	51.2	49.3	51.6	60.1
2018-10	53.9	50.1	47.8	43.8	47.4	54.9	51.2	48.9	51.5	60.6
2018-11	53.4	50.1	50.1	43.7	46.7	50.8	49.4	48.7	51.4	60.9
2018-12	53.8	50.4	49.0	43.7	46.6	50.1	47.6	48.5	51.9	60.8

资料来源:根据国家统计局网站数据计算整理而得。

1.1.7 供给侧结构性改革深入推进,成效显著

2018年,"三去一降一补"重点任务扎实推进。去产能方面,钢铁、煤炭年度去产能任务提前完成,全年共压减钢铁产能3 000万吨以上,退出煤炭产能1.5亿吨以上。过剩产能的退出,提升了产能利用率,全国工业产能利用率达到76.5%。去杠杆方面,企业资产负债率下降。11月末,规模以上工业企业资产负债率为56.8%,同比下降0.4个百分点;其中国有控股企业资产负债率为59.1%,下降1.6个百分点。去库存方面,年末全国商品房待售面积为52 414万平方米,比上年年末下降11.0%。降成本方面,企业成本继续下降。1—11月,规模以上工业企业每百元主营业务收入中的成本为84.19元,比上年同期减少0.21元。补短板方面,薄弱环节投资增长较快。全年生态保护和环境治理业、农业投资分别增长43.0%和15.4%,分别快于全部投资37.1个百分点和9.5个百分点。

1.1.8 新动能持续发展壮大

2018年,高技术制造业增加值增长11.7%,增速高于规模以上工业5.5个百分点,占规模以上工业增加值的比例为13.9%,比2017年提高1.2个百分点。装备制造业增加值增长8.1%,占规模以上工业增加值的比例为32.9%。战略性新兴产业增长8.9%,增速高于全部规模以上工业2.7个百分点。分季度看,第一季度增长9.6%,第二季度增长7.8%,第三季度增长9.0%,第四季度增长9.2%。部分新兴工业产品产量快速增长。2018年,新能源汽车产量比2017年增长40.1%,生物基化学纤维增长23.5%,智能电视增长18.7%,锂离子电池增长12.9%,集成电路增长9.7%。

1.1.9 改革开放力度加大,发展活力不断增强

一是重点领域改革向纵深推进,"放管服"改革成效明显。按照《世界银行营商环境报告》,190个经济体中我国排名比上年上升32位。二是市场主体大量增加。2018年全国新登记企业数量比上年增长10.3%,日均新登记企业1.84万户。前期国家统计局第四次全国经济普查的清查工作已经完成,现在正在进行入户调查。清查结果表明,法人单位和产业活动单位、个体工商户数量和激活率比预想的要高。三是财税体制改革全面铺开。金融改革、国有企业改革、价格改革、投资改革等稳步推进,产权保护制度不断完善,对外开放水平不断提升,吸引外资势头良好。在全球跨境投资大幅下滑的背景下,2018年我国利用外资1350亿美元,同比增长3%,特别是制造业利用外资增长20%,占比达到30%。对外投资继续实现增长。与"一带一路"沿线国家的经贸往来扩大,对"一带一路"沿线国家进出口额、对"一带一路"沿线国家非金融投资的增长都快于全部进出口增长和全部对外投资增长。

1.2 2018年收入分配活动运行状况

1.2.1 居民收入增长放缓,城乡居民收入倍差缩小到2.69,绝对差额仍在增加

2018年,全国居民人均可支配收入28 228元,比上年名义增长8.7%,扣除价格因素,实际增长6.5%,比上年放慢0.8个百分点,居民收入增长放缓。2018年GDP实际增速为6.6%,虽然居民人均收入的实际增长比GDP增速低0.1个百分点,但比人均GDP增速高0.4个百分点,与经济发展速度基本持平。

农村居民收入实际增速继续高于城镇居民,城乡居民收入差距继续缩小。按常住地分,城镇居民人均可支配收入为39 251元,名义增长7.8%,扣除价格因素,实际增长5.6%,比上年减少0.9个百分点;农村居民人均可支配收入为14 617元,名义增长8.8%,扣除价格因素,实际增长6.6%,比城镇居民人均可支配收入

实际增速高 1.0 个百分点。从城乡差距的绝对额来看,二者的差额不断增大,从 2013 年的 17 037 元增加到 2018 年的 24 633.81 元;但是从二者的倍差来看,城乡居民收入比由 2013 年的 2.81 下降到 2018 年的 2.69。从动态增速来看,农村居民人均可支配收入同比增速连续多年均高于城镇居民人均可支配收入同比增速(见图 1-10 和图 1-11)。

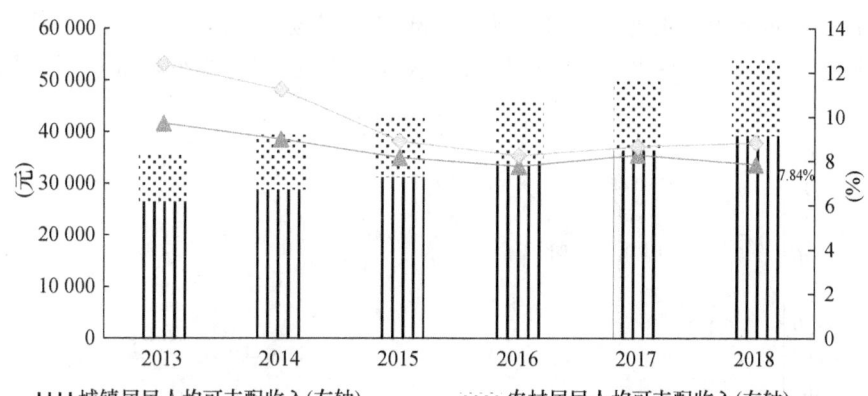

图 1-10　2013—2018 年城乡居民收入变化趋势

注:从 2013 年起,国家统计局开展了城乡一体化住户收支与生活状况调查,2013 年及以后数据来自此项调查。与 2013 年前的分城镇和农村住户调查的调查范围、调查方法、指标口径有所不同。

资料来源:根据国家统计局网站数据计算整理而得。

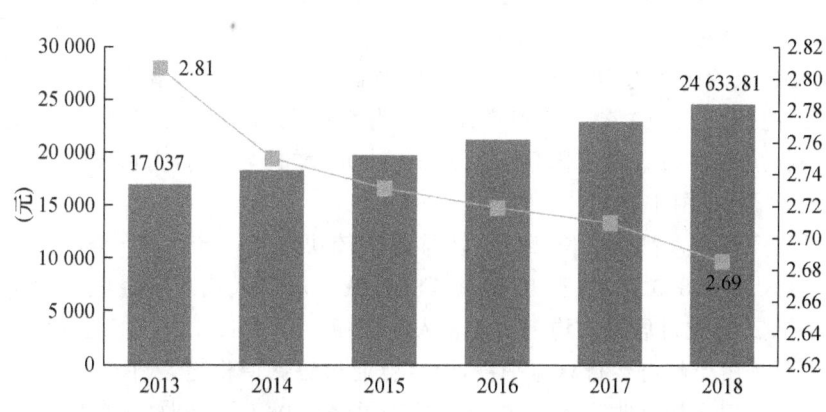

图 1-11　2013—2018 年城乡居民收入差距变化趋势

资料来源:根据国家统计局网站数据计算整理而得。

1.2.2 基尼系数自 2016 年起再次上升,收入分配差距进一步加大

我国基尼系数在 2003—2008 年一直呈上升趋势,但伴随着农产品价格的提高、农村居民收入的增加,从 2009 年开始,基尼系数逐渐在下降。2008 年全国基尼系数为 0.491,达到近年来的最高值。此后,在国家多项政策的作用下,基尼系数逐渐降低,在 2015 年达到近年来的低点 0.462。但是,2016 年和 2017 年,基尼系数再一次进入上升的通道。根据国际标准,基尼系数在 0.4 以上就已经属于收入差距较大了,这说明我国面临的加快收入分配制度改革,缩小贫富差距的紧迫性(见图 1-12)。

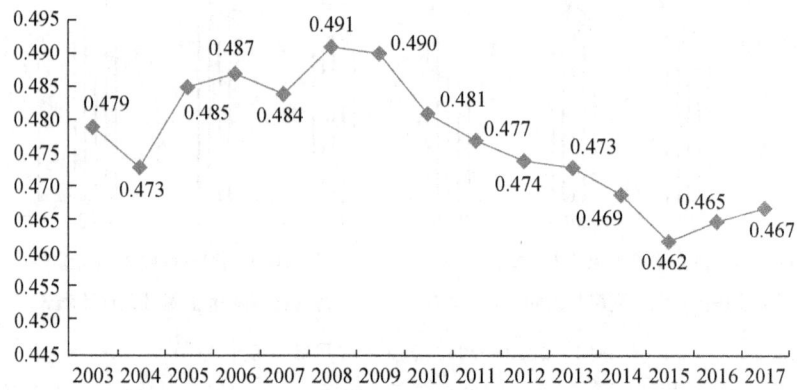

图 1-12 我国基尼系数走势

资料来源:根据国家统计局网站数据计算整理而得。

1.2.3 收入结构持续优化,经济稳中向好,助推工资水平提高,扶贫力度继续加大

按收入来源分,2018 年全国居民人均工资性收入为 15 829 元,增长 8.3%。占可支配收入的比例为 56.08%;人均经营净收入为 4 852 元,增长 7.8%,占可支配收入的比例为 17.19%;人均财产净收入为 2 379 元,增长 12.9%,占可支配收入的比例为 8.43%;人均转移净收入为 5 168 元,增长 8.9%,占可支配收入的比例为 18.31%(见图 1-13)。

工资、经营收入稳步增长,财产、转移收入较快增长。2018 年,全国居民人均工资性收入为 15 829 元,增长 8.3%。其中,城镇居民人均工资性收入为 23 792 元,增长 7.2%,农村居民人均工资性收入为 5 996 元,增长 9.1%。工资性收入的增长,主要是由于经济运行总体平稳,全年就业形势保持稳定,农民工就业人数小幅增长,农民工人均月收入增长 6.8%,拉动城乡居民工资性收入继续稳步增长。全国居民人均经营净收入为 4 852 元,增长 7.8%,增速比上年加快 1.1 个百分点。这主要是由于深化"放管服"改革带来营商环境持续优化,减税降费力度进一步加大,带动居民经营净收入加快增长。全国居民人均财产净收入为 2 379 元,增长

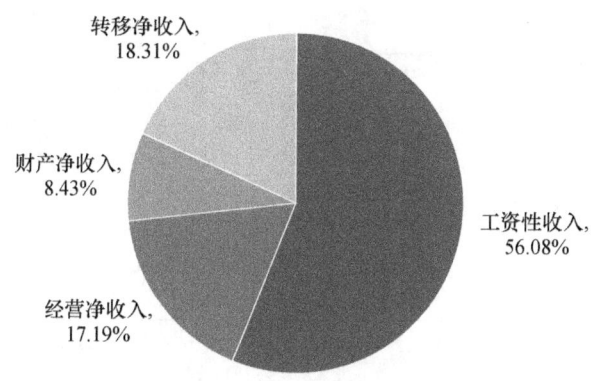

图 1-13　2018 年全国居民收入结构

资料来源：根据国家统计局网站数据计算整理而得。

12.9%，增速比上年加快 1.3 个百分点。全国居民人均转移净收入为 5 168 元，增长 8.9%，这主要是由于各地全面落实中央关于改善民生和打赢脱贫攻坚战的要求，进一步加大惠民扶贫政策力度，推进城乡居民基本医疗保险制度整合，带动全国居民转移净收入保持较快增长（见图 1-14）。

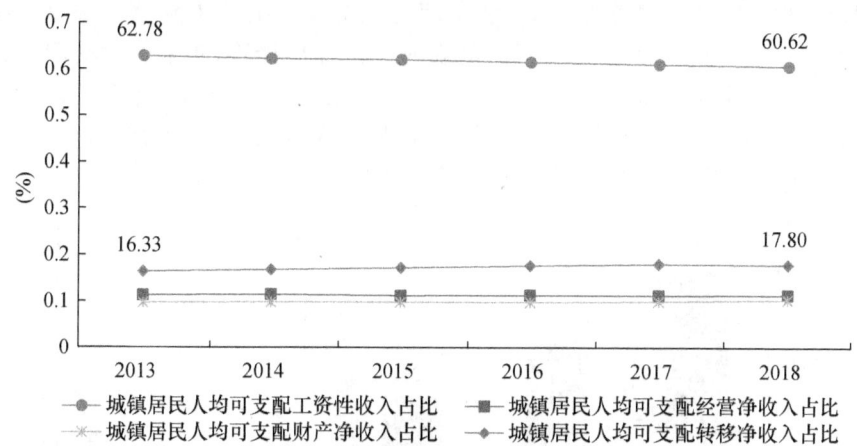

图 1-14　城镇居民可支配收入结构及其变化

资料来源：根据国家统计局网站数据计算整理而得。

从收入结构来看，城镇居民的收入主要来自工资收入和转移收入。其中，工资性收入占比在 60% 以上，但是呈现逐年递减的趋势；转移收入在 2018 年上升到 17.8%。农村居民的收入主要来自工资性收入和经营收入，且在 2014 年后工资性收入开始超过经营收入的占比，成为农村居民可支配收入中占比最高的收入来源。造成这一现象的原因，一方面是我国城镇化的快速发展和进城务工人员的增加；另一方面也与农产品价格上涨幅度较低有关（见图 1-15）。

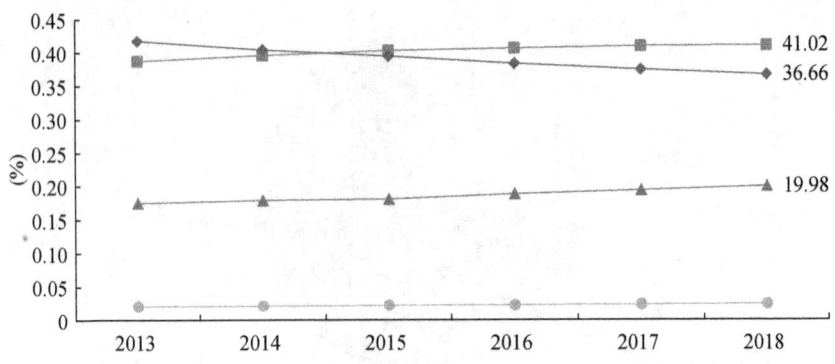

图 1-15　农村居民可支配收入结构及其变化

资料来源:根据国家统计局网站数据计算整理而得。

此外,2018年全国各地稳步开展各项精准扶贫政策,大力支持脱贫攻坚,也提升了贫困人口的收入水平。全国扶贫支出达到4770亿元,增长46.6%。其中,中央财政专项扶贫基金规模为1061亿元,增长23.2%,脱贫攻坚成效显著。按照每人每年2300元(2010年不变价)的农村贫困标准计算,年末农村贫困人口为1660万人,比上年年末减少1386万人;贫困发生率为1.7%,比上年下降1.4个百分点。全年贫困地区农村居民人均可支配收入为10371元,比上年增长10.6%,扣除价格因素,实际增长8.3%(见图1-16)。

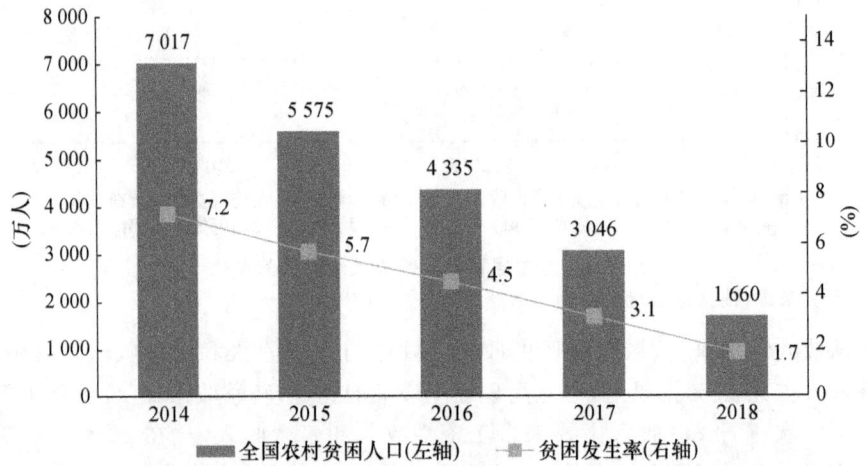

图 1-16　2014—2018年全国农村贫困人口(万人)及贫困发生率

注:贫困发生率是指贫困人口占目标调查人口的比例。
资料来源:根据国家统计局网站数据计算整理而得。

1.2.4 就业形势总体平稳,失业率降至3.9%

2018年年末全国就业人员为77 586万人,其中城镇就业人员为43 419万人。而2017年这两个数据分别为77 640万人、42 462万人。农村就业人员为34 167万人。整体就业人员减少,但城镇就业人员增加,城乡就业结构随新型城镇化的推进在稳步变化。

2018年以来,尽管面临来自中美贸易摩擦不断升级的外部竞争压力和国内经济结构调整、环保要求趋严和金融市场波动加大等内部环境压力,我国就业形势整体仍呈现稳定向好的态势。全年城镇新增就业1 361万人,比上年增加10万人,创历史新高。第四季度末,全国城镇登记失业率为3.8%,比2017年低0.1个百分点,这个数据为2002年以来的最低水平。2018年年末城镇调查失业率为4.9%,该指标涵盖了进城务工的非城镇户籍人口,以及未到人力资源和社会保障部(人社部)资源登记失业的城镇人口。2018年新增就业的重要动力来自政府减税降赋、创造良好营商环境的政策(见图1-17)。

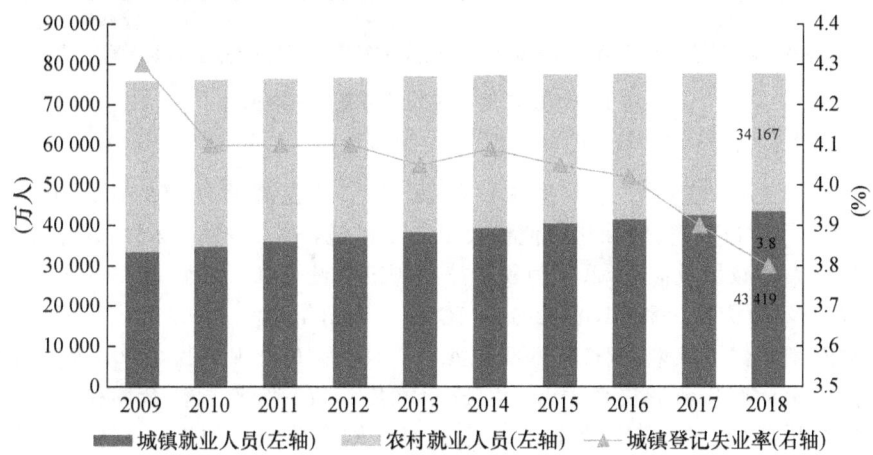

图1-17 城乡就业人员数量和城镇登记失业率
资料来源:根据国家统计局网站数据计算整理而得。

从就业人群结构来看,重点群体就业保持稳定。2018届高校毕业生就业水平与往年基本持平,就业形势总体平稳。全国农民工总量为28 836万人,比上年增长0.6%。其中,外出农民工为17 266万人,增长0.5%;本地农民工为11 570万人,增长0.9%。从失业人员和困难群体就业看,城镇失业人员再就业551万人,就业困难人员实现就业181万人,388万建档立卡贫困劳动力实现了就业增收。

1.2.5 全国财政收入同比增速放缓,深入推进减税降费

2018年全国一般公共财政收入为183 352亿元,比上年增加10 759亿元,同

比增长6.2%。其中,中央一般公共预算收入为85 447亿元,同比增长5.3%;地方一般公共预算本级收入为97 905亿元,同比增长7.0%。全国一般公共预算收入中的税收收入为156 401亿元,同比增长8.3%,非税收入为26 951亿元,同比下降4.7%(见图1-18)。

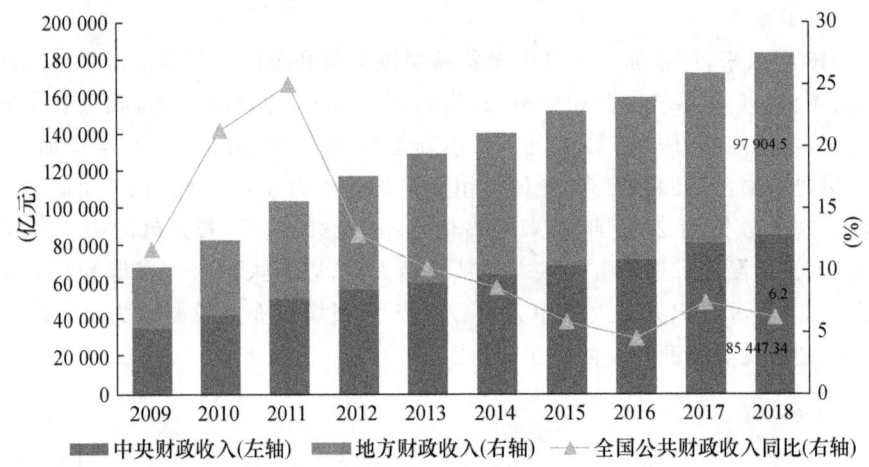

图1-18 国家财政收入总量及同比增速

资料来源:根据国家统计局网站数据计算整理而得。

2018年,国家继续深入推进减税降费,全年减税降费规模约1.3万亿元。2018年5月1日起,实施深化增值税改革三项措施,至2018年12月,这三项措施释放出强大的减税效应:降低增值税税率实现减税约2 700亿元;统一小规模纳税人标准惠及50万户纳税人,减税约80亿元;办理留抵退税1 148亿元。新出台的支持创新创业优惠政策,减税约500亿元。2018年10月1日起,5 000元/月的基本减除费用标准和新的税率表开始实施。宣传到位、执行到位,全国税务系统扎实落实个税新政,过渡期政策执行3个月时间即实现减税约1 000亿元的效果,7 000多万个税纳税人的工薪所得无须再缴税。

在大力实施减税降费情况下,2018年全国财政收入能够完成年初预算目标,主要是经济运行总体平稳、稳中有进、发展质量和效益提升,为财政增收奠定了税源基础。全年国内增值税、企业所得税、个人所得税分别拉高全国财政收入增幅3个、1.9个、1.1个百分点,合计对全国财政增收的贡献率达到95.8%。此外,全年PPI同比上涨3.5%,带动了以现价计算的财政收入增长。受减税降费政策等的影响,2018年全国税收收入增幅比上年回落2.4个百分点,全国非税收入同比下降4.7%。工业制造业税收增速同比放缓,服务业税收增速同比略增。东部、中部、东北地区收入增幅比上年略有放缓,西部地区收入增长明显加快。综合各方面因素,预计2019年财政收入增速将有所放缓。

1.3 2018年消费活动运行状况

1.3.1 社会消费品零售增速大幅下降,逐渐转型消费升级

2018年,社会消费品零售总额名义增速和实际增速放缓,全年社会消费品零售总额为380 986.9亿元,比上年增长4.02%,净增1.5万亿元,名义同比增速相较2017年下降6.19个百分点。其中,限额以上单位消费品零售额为145 311亿元,增长5.7%。2018年,最终消费支出对经济增长的贡献率为76.2%,比上年提高18.6个百分点,消费连续第5年成为拉动经济增长的第一驱动力,继续发挥着对经济增长的基础性作用。

按经营单位所在地分,2018年城镇消费品零售额为325 637亿元,比上年增长8.8%;农村消费品零售额为55 350亿元,增长10.1%。其中,12月城镇消费品零售额为30 329亿元,同比增长8.0%;农村消费品零售额为5 565亿元,同比增长9.3%。按消费类型分,2018年餐饮收入为42 716亿元,同比增长9.5%;商品零售额为338 271亿元,同比增长8.9%。其中,12月餐饮收入为4 422亿元,同比增长9.0%;商品零售额为31 472亿元,同比增长8.0%。

在商品零售中,2018年限额以上单位商品零售额为136 075亿元,比上年增长5.7%。其中,12月限额以上单位商品零售额为14 175亿元,同比增长2.2%。2018年,全国网上零售额为90 065亿元,比上年增长23.9%。其中,实物商品网上零售额为70 198亿元,同比增长25.4%,占社会消费品零售总额的比例为18.4%;在实物商品网上零售额中,吃、穿、用类商品分别增长33.8%、22.0%和25.9%。2018年,限额以上单位中的超市、百货店、专业店和专卖店零售额比上年分别增长6.8%、3.2%、6.2%和1.8%(见图1-19和图1-20)。

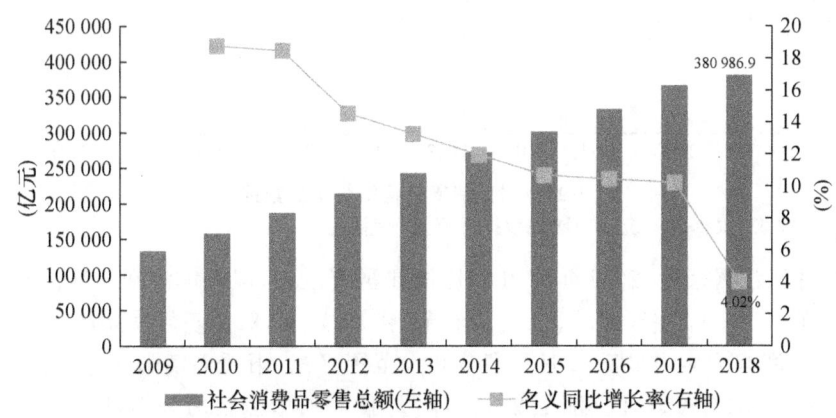

图1-19 社会消费品零售总额及增长率变化趋势

资料来源:根据国家统计局网站数据计算整理而得。

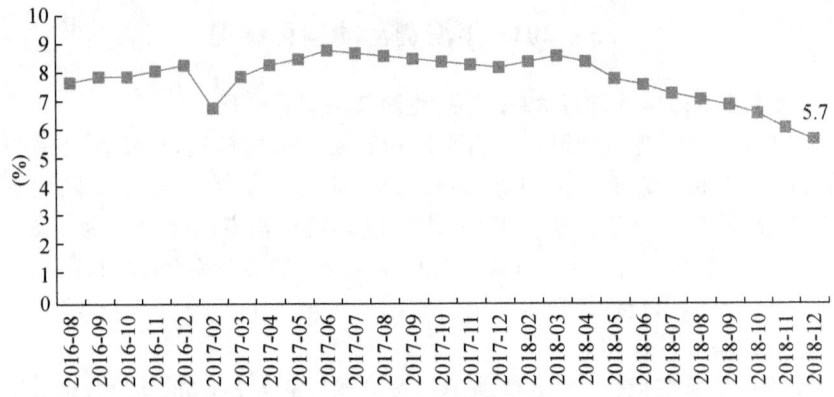

图 1-20　限额以上单位商品零售额累计增长率
资料来源:根据国家统计局网站数据计算整理而得。

1.3.2　CPI四年来首次上涨突破2%,食品价格缓慢上升

近十年来,我国CPI一般处于100以上,只有2009年降到100以下。2012年以来,CPI指数每年保持基本平稳。2018年CPI指数为102.1,略高于2017年(见图1-21)。

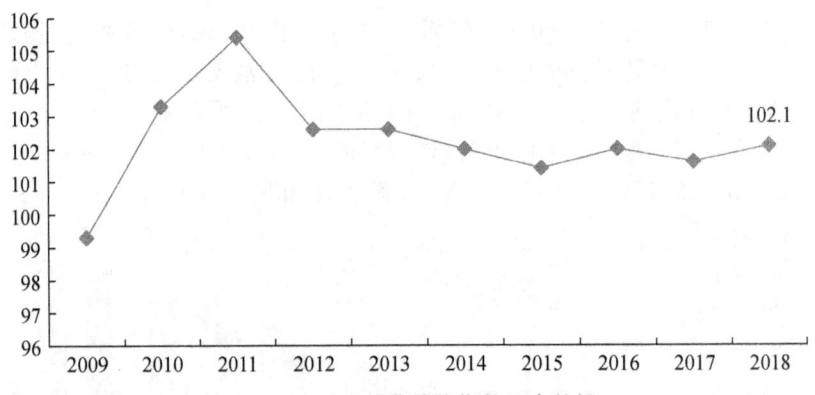

图 1-21　居民消费价格指数历史数据
资料来源:根据国家统计局网站数据计算整理而得。

从月度数据来看,2018年CPI月度同比虽有波动,但总体温和上涨。月度同比涨幅在1.5%—2.9%波动。1月受春节"错月"影响,对比基数较高,CPI同比上涨1.5%,涨幅为年内最低;2月受春节和大范围降温、雨雪天气影响,鲜菜价格大幅度上涨,推动CPI环比上涨1.2%、同比上涨2.9%,涨幅为全年最高;3月后随着天气转暖,食品价格持续下降,CPI同比涨幅有所回落,4月和5月均为1.8%,为年内次低;之后,受食品和能源价格上涨推动,CPI涨幅逐月扩大,在9月、10月

达到年内次高点 2.5%；年末随着能源价格下降，CPI 涨幅有所回落。全年各月同比涨幅呈不对称"M"形走势（见图 1-22）。

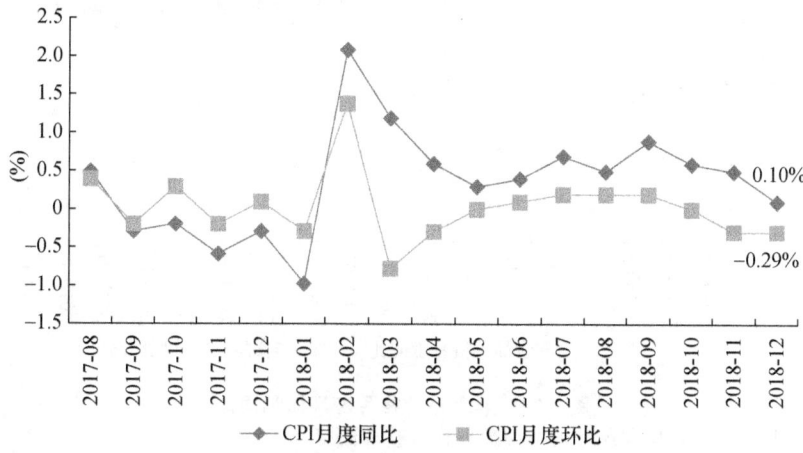

图 1-22　居民消费价格指数月度环比和同比
资料来源：根据国家统计局网站数据计算整理而得。

从分类数据来看，食品价格环比增速的波动幅度大于同比增速的波动幅度。食品价格环比增速 7—9 月增幅较大，成为拉高 CPI 的主要影响因素。第四季度出现明显回调，10 月环比下降 0.3%、11 月环比下降 1.2%，12 月再度环比上涨 1.1%；同比数据则颇为平稳。对于非食品价格，月度环比数据和月度同比数据都十分平稳，12 月分别为环比下降 0.2% 和同比上升 2.2%（见图 1-23 和图 1-24）。

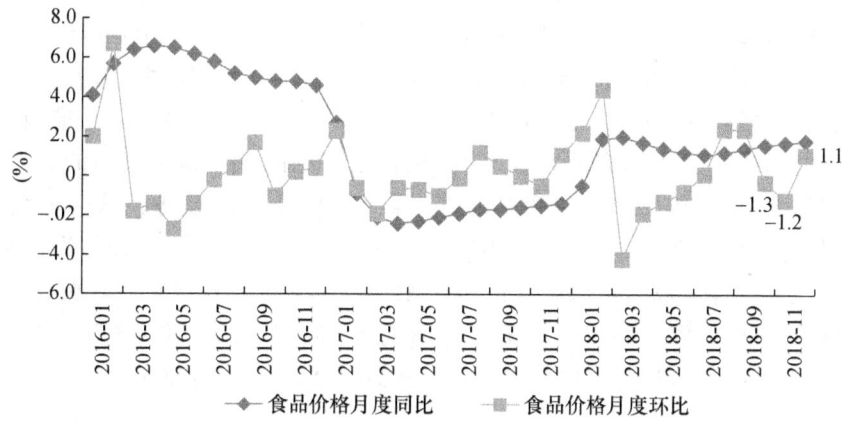

图 1-23　食品价格月度环比和同比
资料来源：根据国家统计局网站数据计算整理而得。

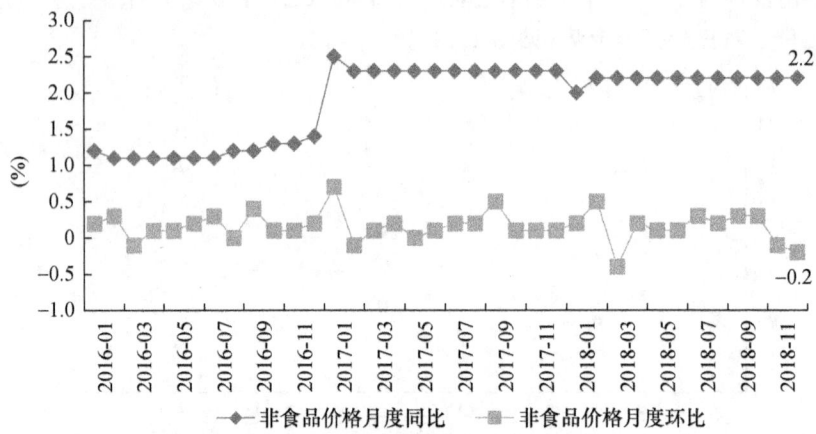

图 1-24 非食品价格月度环比和同比
资料来源:根据国家统计局网站数据计算整理而得。

2018年,扣除食品和能源价格的核心CPI上涨1.9%,涨幅比上年回落0.3个百分点。受居民消费结构升级和劳动力成本上升等因素的影响,全年服务价格上涨2.5%,但涨幅比上年回落0.5个百分点,是核心CPI涨幅回落的主要原因。其中,家庭服务、养老服务和医疗服务价格分别上涨5.6%、4.6%和4.3%,美容美发洗浴、旅游服务和教育服务价格分别上涨4.0%、3.3%和2.9%。

1.3.3 恩格尔系数再创新低,步入富足区间

恩格尔系数是食品支出总额占个人消费支出总额的比例。19世纪德国统计学家恩格尔根据统计资料,对消费结构的变化得出一个规律:一个家庭收入越少,家庭收入中(或总支出中)用来购买食物的支出所占的比例就越大;随着家庭收入的增加,家庭收入中(或总支出中)用来购买食物的支出比例会下降。推而广之,一个国家越穷,每个国民的平均收入中(或平均支出中)用于购买食物的支出所占比例就越大,随着国家富裕程度的提高,这个比例呈下降趋势。恩格尔系数达59%以上为贫困,50%—59%为温饱,40%—50%为小康,30%—40%为富裕,低于30%为最富裕。联合国根据恩格尔系数的大小,对世界各国的生活水平有一个划分标准:一个国家平均家庭恩格尔系数大于60%为贫穷,50%—60%为温饱,40%—50%为小康,30%—40%属于相对富裕,20%—30%为富裕,20%以下为极其富裕。

2018年,我国居民恩格尔系数为28.4%,进入了联合国划分的20%—30%的富裕区间,其中城镇居民恩格尔系数为27.7%,农村居民恩格尔系数为30.1%。随着消费升级的步伐加快,城乡居民生活差距的进一步缩小,2018年的农村居民

恩格尔系数比10年前低了10.2个百分点,城镇居民恩格尔系数比10年前低了13.6个百分点(见图1-25)。

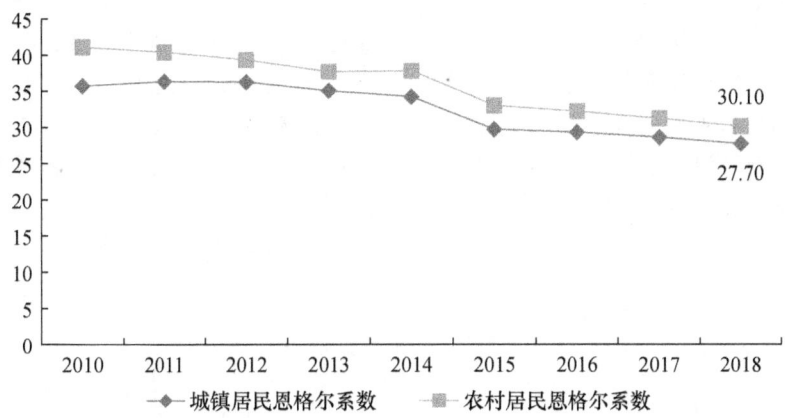

图1-25 城镇居民与农村居民恩格尔系数变化
资料来源:根据国家统计局网站数据计算整理而得。

1.3.4 消费升级特征显著,服务性消费占比持续提升

2018年,全国居民人均消费支出为19 853.14元,比上年名义增长8.36%,扣除价格因素,实际增长6.13%。其中,城镇居民人均消费支出为26 112.31元,比上年名义增长5.92%,扣除价格因素,实际增长4.19%;农村居民人均消费支出为12 124.27元,比上年名义增长8.43%,扣除价格因素,实际增长6.81%。人均消费支出总额保持上升态势(见图1-26)。

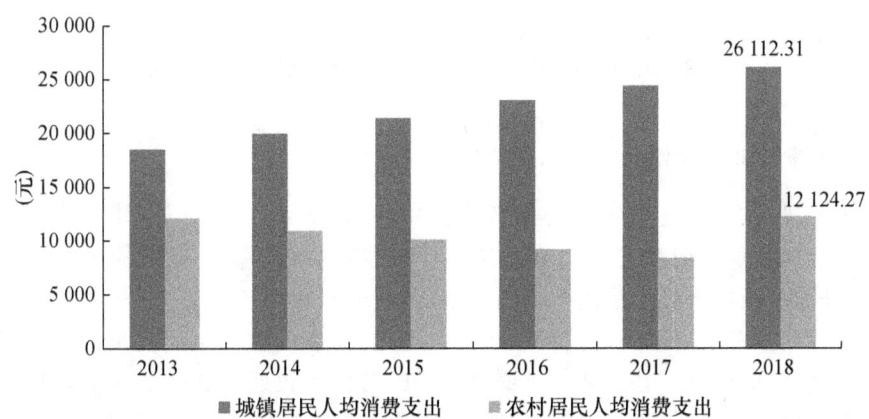

图1-26 城镇与农村居民人均消费支出
资料来源:根据国家统计局网站数据计算整理而得。

2018年全国居民人均食品烟酒消费支出为5 631元,增长4.78%,占人均消费支出的比例为28.36%;人均衣着消费支出为1 289元,增长4.11%,占人均消费支出的比例为6.49%;人均居住消费支出为4 647元,增长13.15%,占人均消费支出的比例为23.41%;人均生活用品及服务消费支出为1 223元,增长9.10%,占人均消费支出的比例为6.16%;人均交通和通信消费支出为2 675元,增长7.04%,占人均消费支出的比例为13.47%;人均教育、文化和娱乐消费支出为2 226元,增长6.71%,占人均消费支出的比例为11.21%;人均医疗保健消费支出为1 685元,增长16.13%,占人均消费支出的比例为8.49%;人均其他用品及服务消费支出为447元,增长6.71%,占人均消费支出的比例为2.40%(见图1-27)。

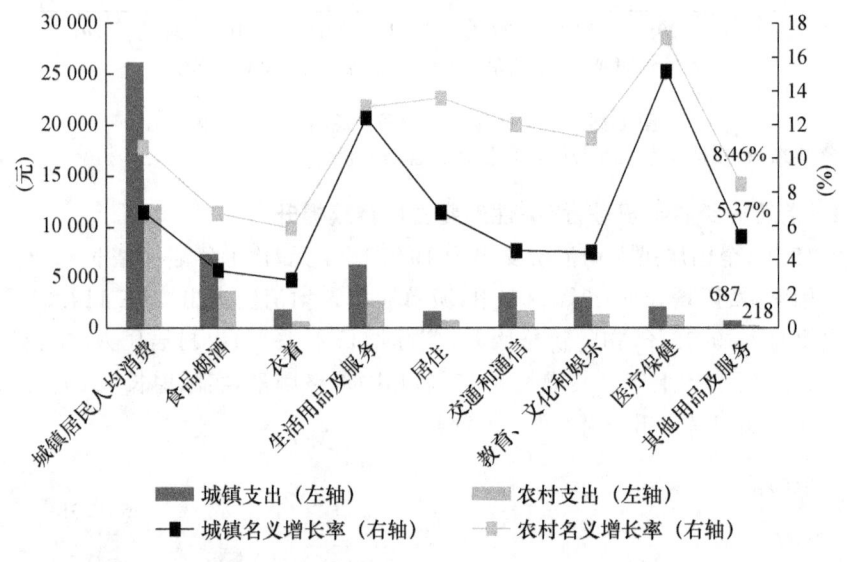

图1-27　2018年城镇与农村居民人均消费支出情况

资料来源:根据国家统计局网站数据计算整理而得。

中国居民2018年全年人均消费支出中,食品烟酒消费最多,其次是居住消费。虽然食品烟酒消费支出比例最高,但较往年进一步降低,同时服务性消费支出增长较快,凸显居民生活品质不断改善、消费升级进一步加快。

对比城镇和农村居民的消费结构可以看出,二者的食品烟酒支出的绝对额和比例都最高,但比例较往年进一步降低,同比增长率较低。城镇居民人均医疗保健消费支出和城镇居民人均居住消费支出增速持续保持高位,分别为15.14%和12.42%。农村居民人均消费增长最快的一项支出仍然是医疗保健,比上年增长17.09%,达到人均消费支出1 240元。此外,居住、生活用品及服务支出的增长也较快,分别为 13.04% 和 13.56%。

1.3.5 网络消费增速下降,头部城市流量触达天花板后市场下沉

2018 年,网上商品和服务零售额累计达 90 065 亿元,累计同比增速为 23.9%,较上年增速下降 8.3 个百分点,降幅较大。其中,实物商品网上零售额为 7.02 万亿元,同比增长 25.4%,对社会消费品零售增长的贡献率达 45.2%;电子商务服务业营收规模达 3.52 万亿元,同比增长 20.3%;农村网络零售额达 1.37 万亿元,同比增长 30.4%;农产品网络零售额达 2 305 亿元,同比增长 33.8%。

2018 年,我国针对电子商务的发展采取了多项措施和政策。国务院出台了促进跨境电商零售进口的政策文件,稳定了行业发展预期。跨境电商综合试验区扩大试点范围,前两批综合试验区带动产业园区和外贸企业转型升级,在近 40 个国家建设数百个海外仓,成为促进贸易畅通的重要节点,跨境电商迈向升级发展阶段。电子商务进农村综合示范县达 1 016 个,其中国家级贫困县 737 个,覆盖率达 88.6%。商务部指导成立中国电商扶贫联盟,开展"三品一标"认证等,帮扶全国 340 个贫困县的 400 多种农产品对接电商平台,农村电商扶贫助农成效显现。B2B 电商平台整合金融、物流、仓储等资源,构建供应链数字化运营模式,带动上下游企业数字化变革。网络零售持续增长,对制造业提出了快速反应和智能化运营的需求,推动了产业模式升级,促进了电子商务产业数字化(见图 1-28)。

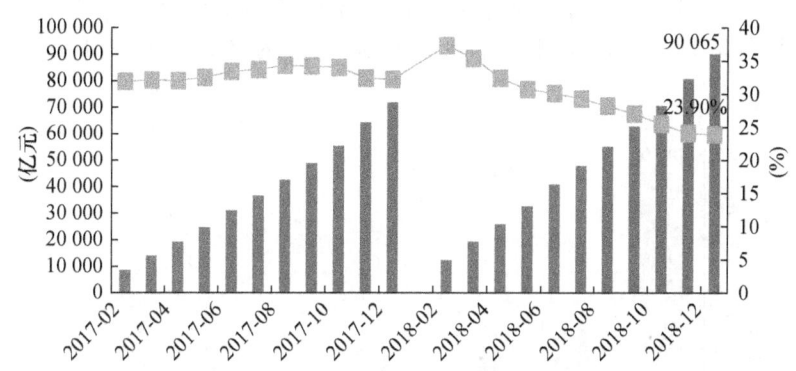

图 1-28 2018 年网上商品和服务零售额累计值及同比增速
资料来源:根据国家统计局网站数据计算整理而得。

1.3.6 全国一般公共预算支出创新高,聚焦重点领域

2018 年国家财政支出 220 906.07 亿元,同比增长 8.77%。其中,中央财政支出 29 859 亿元,同比增长 9.55%;地方财政支出 173 471 亿元,同比增长 8.64%(见图 1-29)。

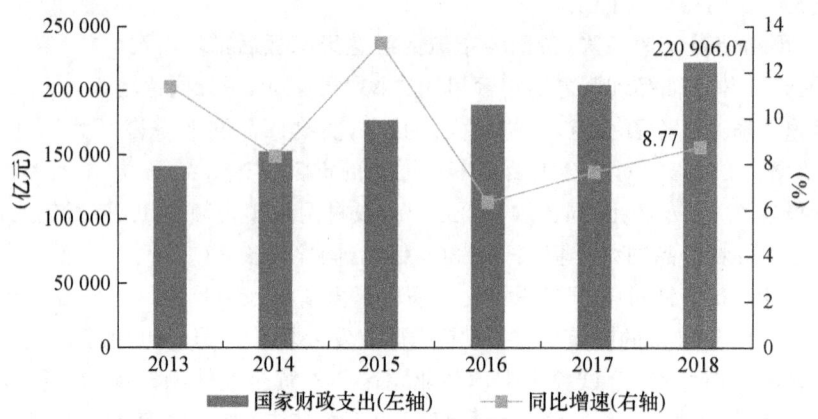

图 1-29 财政支出及增速

资料来源：根据国家财政部网站数据计算整理而得。

脱贫攻坚方面，全国扶贫支出增长46.6%。污染防治方面，全国污染防治支出、自然生态保护支出分别增长29.6%、17.5%；中央财政支持污染防治及生态环境保护的资金增长13.9%，其中大气、水、土壤污染防治投入力度均为近年来最大。推动科技创新方面，全国科学技术支出中的应用研究支出、技术研究与开发支出分别增长11.4%、8.7%。改善社会民生方面，全国财政对基本养老保险基金的补助支出增长11.4%，对基本医疗保险基金的补助支出增长9.4%（见图1-30）。

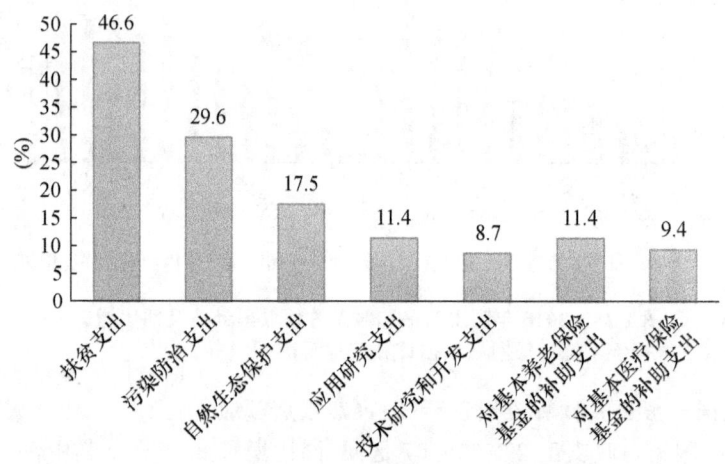

图 1-30 重点领域财政支出增速

资料来源：根据国家财政部网站数据计算整理而得。

1.4 2018年积累活动运行状况

1.4.1 全年投资增速有所下降，投资结构不断优化

2018年全社会固定资产投资645 675亿元，比上年增长5.9%。其中固定资产投资（不含农户）635 636亿元，增长5.9%。增速与1—11月持平，全年投资增速有所下行，比2017年下降1.3个百分点。2018年第一季度、上半年和前三个季度投资增速分别为7.5%、6%和5.4%，整体呈现平稳增长态势，有效投资持续发力，投资结构不断优化，投资对于保持经济运行在合理区间、促进经济持续健康发展和改善民生方面发挥了重要作用（见图1-31）。

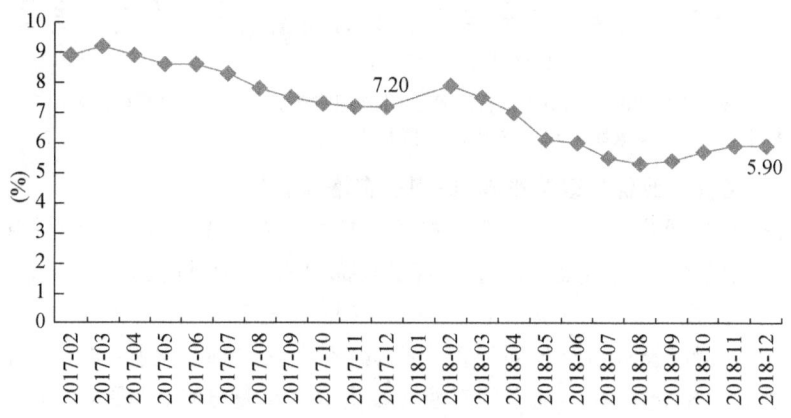

图1-31　2017—2018年月度固定资产投资完成额累计增速
资料来源：根据国家统计局网站数据计算整理而得。

1.4.2 第一、二产业投资增速回升，第三产业投资下滑较多

分产业看，2018年第一、二产业投资名义累计增长率均比2017年有所上升。第三产业相比2017年下滑较多，且自年初开始，除10—11月一直处于持续下滑状态。

具体来看，第一产业投资22 413亿元，比上年增长12.9%；第二产业投资237 899亿元，增长6.2%；第三产业投资375 324亿元，增长5.5%。第二产业中，工业投资比上年增长6.5%，比上年提高2.9个百分点；其中，采矿业投资增长4.1%；制造业投资增长9.5%，增速持平；电力、热力、燃气及水生产和供应业投资下降6.7%，降幅收窄2.1个百分点。第三产业中，基础设施投资（不含电力、热力、燃气及水生产和供应业）比上年增长3.8%，比上年回落15.2个百分点。其中，水利管理业投资下降4.9%；公共设施管理业投资增长2.5%，增速提高1.1个百分点；道路运输业投资增长8.2%，增速回落0.3个百分点；铁路运输业投资下

降 5.1%,降幅扩大 0.6 个百分点(见图 1-32)。

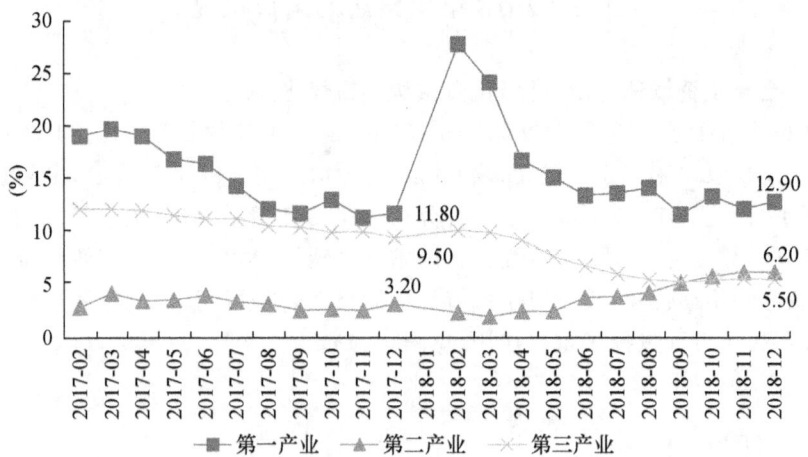

图 1-32　2017—2018 年三次产业月度固定资产投资完成额累计增速
资料来源:根据国家统计局网站数据计算整理而得。

1.4.3　受民营企业优惠政策影响,民间投资增长较快

2018 年,中央出台了一系列政策措施支持民营企业发展,减轻企业负担,提振企业信心,全年各月民间投资增速均高于全部投资,且保持在 8% 以上。2018 年民间固定资产投资 394 051 亿元,比上年名义增长 8.73%,增速提高 2.75 个百分点,民间固定资产投资占全国固定资产投资(不含农户)的比例为 62.0%,增速高于全部投资 2.8 个百分点,高于国有控股投资 6.8 个百分点(见图 1-33)。

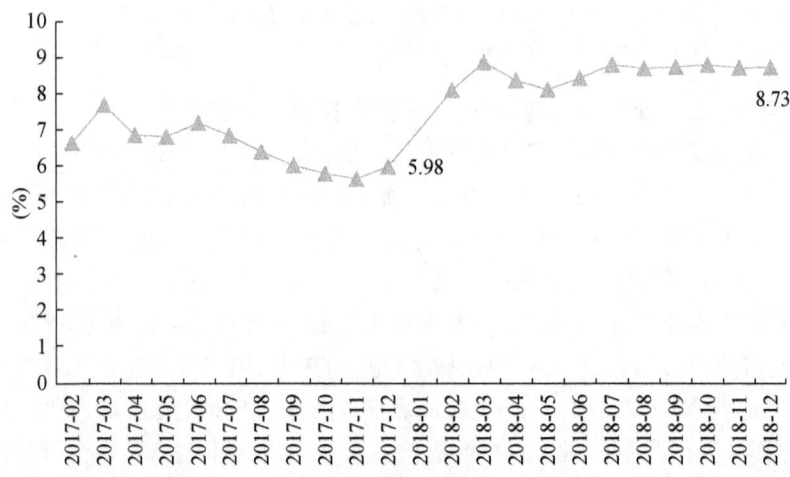

图 1-33　2017—2018 年民间固定资产投资累计增速
资料来源:根据国家统计局网站数据计算而得。

1.4.4 东部、西部、东北部部地区固定资产投资增速均有所回落,中部地区增长较快

分区域来看,东部、西部、东北部地区增速均有所回落。2018年,中部地区固定资产累计同比增长10.0%,比2017年增加3.1个百分点。同期,东部和西部地区则下滑较大,分别下滑2.6个百分点和3.8个百分点。东北部地区固定资产投资增速同样放缓,累计增长1.0%,比2017年下滑1.8个百分点(见图1-34)。

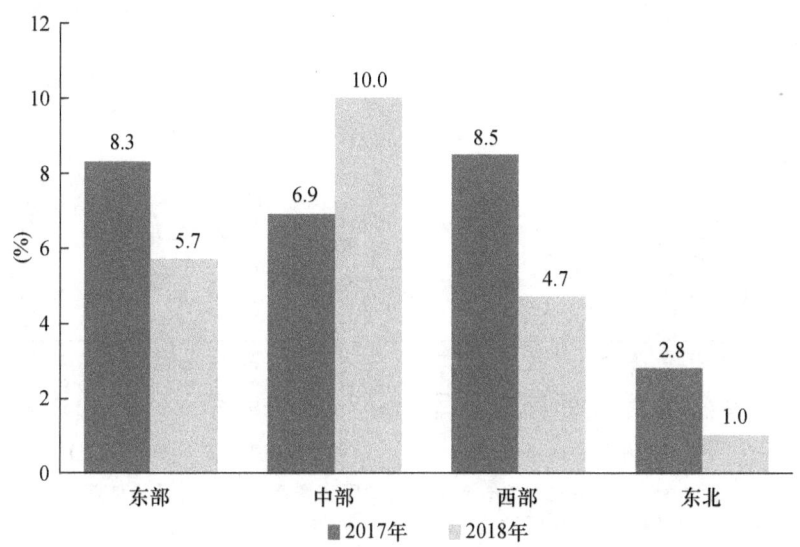

图1-34 2017—2018年区域固定资产投资累计同比
资料来源:根据国家统计局网站数据计算整理而得。

1.4.5 制造业投资和房地产投资增速回升明显,基础设施投资增速大幅下滑

从投资的三大组成制造业、房地产和基础设施建设投资增速来看,2018年制造业投资和房地产投资增速回升明显,基础设施建设投资增速大幅下滑。全年制造业投资增速为9.5%,增速比上年提高4.7%,高于全部投资3.6%。受设备更新换代、环保标准提升等因素的影响,制造业中转型升级和装备制造投资呈较快增长态势。2018年,制造业技改投资增长14.9%,增速比全部制造业投资高5.4个百分点;装备制造业投资增长11.1%,增速比全部制造业投资高1.6个百分点;高技术制造业投资增长16.1%,增速比全部制造业投资高6.6个百分点。全年房地产投资增速为8.3%,比上年增长4.7%,2018年房地产市场运行以"稳"为主。从供给端看,全年房地产开发投资比上年增长9.5%,增速比上年提高2.5个百分点,各月增速均在9.5%—10.5%;其中,住宅投资增长13.4%,增速比上年提高4个百分点。从需求端看,2018年商品房销售额增长12.2%,年底商品房待售面积比2017年明显下降,去库存成效显著。基础设施建设投资增速企稳。2018年,基

础设施建设投资比上年增长3.8%,增速虽较年初明显回落,但第4季度呈企稳回升态势。其中,道路运输业投资增长8.2%,生态保护和环境治理业投资增长43%(见图1-35)。

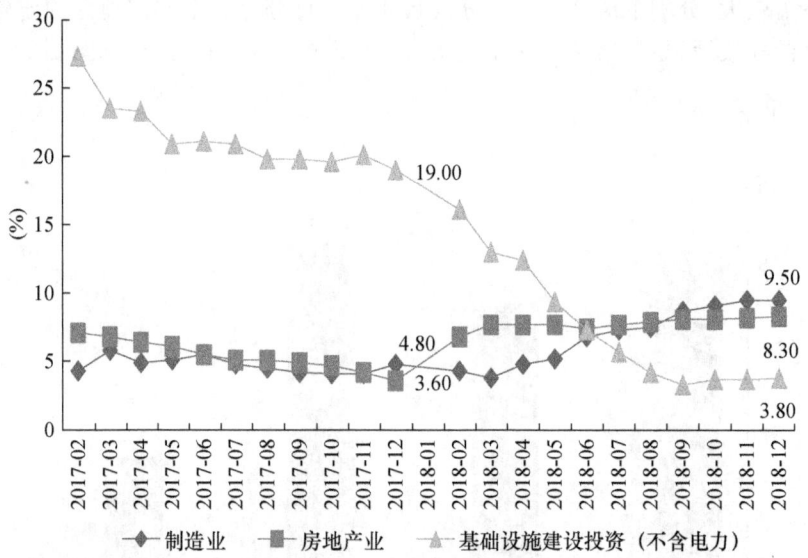

图1-35　2016—2017年全国三大类固定资产投资累计同比增速
资料来源:根据国家统计局网站数据计算整理而得。

1.4.6　证券市场总体规模扩大,股市规模缩减明显

2018年证券市场总体规模上升,增长率为5.6%。从结构上看,基金和债券的市场规模在增大,其中增长幅度最大的是私募基金,达到92.61%;而股票的市场规模明显缩减,同比减少23.35%(见表1-3)。

表1-3　我国证券市场结构

金融工具	2018年12月		2017年12月		2018年比2017年	
	规模总额(亿元)	规模占比(%)	规模总额(亿元)	规模占比(%)	规模变化(%)	规模占比变化(%)
私募基金	213 809.00	15.69	111 003.40	8.60	92.61	82.40
公募基金	130 346.50	9.56	115 996.86	8.99	12.37	6.37
债券	583 889.69	42.84	495 895.08	38.43	17.74	11.47
股票	434 976.85	31.91	567 475.37	43.98	−23.35	−27.44
合计	1 363 022.04	100.00	1 290 370.71	100.00	5.63	0.00

注:用境内上市公司总市值表示股票市场规模,用债券总市值表示债券市场规模,用基金管理公司管理的基金规模表示基金市场规模。

资料来源:Wind数据库。

从股市上来看,2018年上证综合指数从3348点跌至2494点,跌幅25.5%;沪深300指数从4087点跌至3011点,跌幅达到26.3%。股市跌幅明显的原因包括中美贸易摩擦负面影响显现,目前谈判缓和但仍存不确定性,使得部分行业和区域受此影响相对明显。供给侧结构性改革成效显著,但相关行业增速可能进一步放缓。

1.4.7 继续实施稳健的货币政策,宏观杠杆率保持稳定

2018年以来,全球经济总体延续复苏态势,但外部环境发生明显变化,不确定因素增多。中国人民银行坚持稳中求进工作总基调,实施稳健的货币政策,坚持金融服务实体经济的根本要求,主动作为、创新操作、精准发力,前瞻性地采取了一系列逆周期调节措施。具体措施包括:通过定向降准、中期借贷便利(MLF)等操作,增加中长期流动性供应,保持流动性合理充裕;保持总量适度的同时,运用和创新结构性货币政策工具,加大对小微、民营企业的支持;适时调整和完善宏观审慎政策,充分发挥宏观审慎评估(MPA)的逆周期调节和结构引导作用,出台资管新规并推动其平稳实施;继续深入推进利率市场化改革和人民币汇率形成机制改革,推动同业存单和大额存单有序发展,引导金融机构自主合理定价,重启人民币汇率中间价报价"逆周期因子",有效稳定市场预期,在香港发行中央银行票据,完善香港人民币收益率等。

2018年,全年人民币贷款新增16.2万亿元,同比多增2.6万亿元。2018年年末广义货币(M2)供应量余额182.7万亿元,比上年末增长8.1%;狭义货币(M1)供应量余额55.2万亿元,增长1.5%;流通中货币(M0)余额7.3万亿元,增长3.6%。2018年社会融资规模增量19.3万亿元,按可比口径计算,比上年减少3.1万亿元;年末社会融资规模存量200.7万亿元,比上年末增长9.8%。总体来看,货币政策调控较好地把握了支持实体经济和兼顾内外部均衡之间的平衡,在不搞"大水漫灌"的同时更好地服务实体经济,促进了国民经济的平稳健康发展。银行体系流动性合理充裕,贷款同比大幅增加,广义货币和社会融资规模存量增速与名义GDP增速基本匹配,宏观杠杆率保持稳定(见图1-36)。

1.4.8 融资规模增速回落,企业融资仍以间接融资为主

2018年,社会融资规模存量为200.75万亿元,同比增长9.8%,全年增量为19.26万亿元,比上年少3.14万亿元,主要是表外融资大幅下降。其中,对实体经济发放的人民币贷款增量为15.67万亿元,比上年多增1.83万亿元;对实体经济发放的外币贷款折合人民币减少4201亿元,同比多减4219亿元;委托贷款减少1.61万亿元,同比多减2.38万亿元;信托贷款减少6901亿元,同比多减2.95万亿元;未贴现的银行承兑汇票减少6343亿元,同比多减1.17万亿元;企业债券净融资2.48万亿元,同比增加2.03万亿元;地方政府专项债券净融资1.79万亿元,

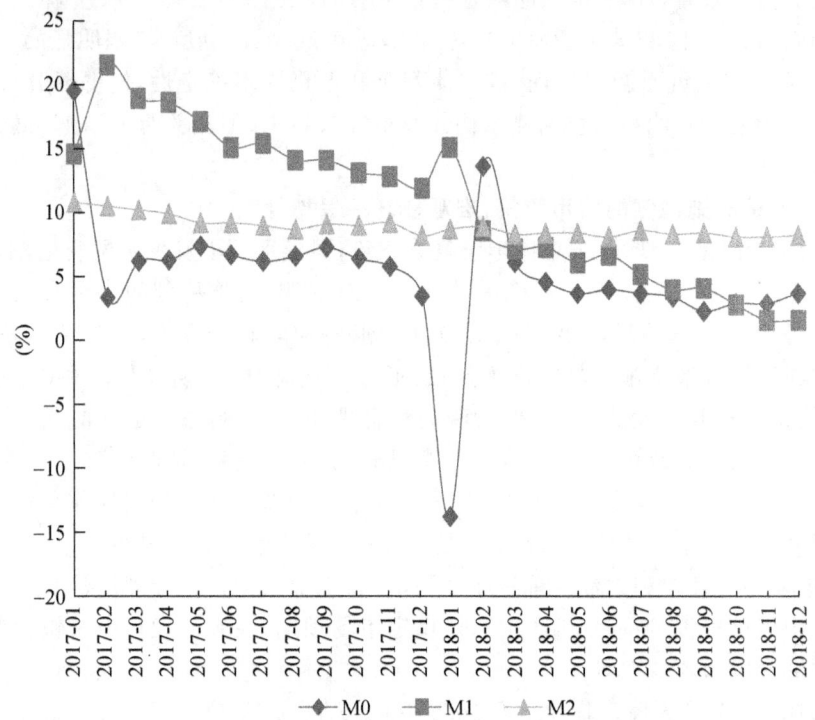

图 1-36　2017—2018 年货币供应量月度同比增速变化
资料来源：根据国家统计局网站数据计算整理而得。

同比减少 2 110 亿元；非金融企业境内股票融资 3 606 亿元，同比减少 5 153 亿元。由于结构性去杠杆的影响和金融体系风险偏好下降，银行表外融资下降比较明显。在实体经济方面，与平台相关的行业以及债务负担和压力比较大的国有企业有效融资需求不足，是造成社会融资规模增速回落和增量少增的主要原因。

从结构看，2018 年对实体经济发放的人民币贷款占同期社会融资规模的 81.4%，同比高 19.6 个百分点；对实体经济发放的外币贷款占比为 -2.2%，同比低 2.2 个百分点；委托贷款占比为 -8.3%，同比低 11.8 个百分点；信托贷款占比 -3.6%，同比低 13.7 个百分点；未贴现的银行承兑汇票占比为 -3.3%，同比低 5.7 个百分点；企业债券占比为 12.9%，同比高 10.9 个百分点；地方政府专项债券占比为 9.3%，同比高 0.4 个百分点；非金融企业境内股票融资占比为 1.9%，同比低 2 个百分点。从社会融资规模结构可以看出，银行系统信贷仍然是我国企业最重要的融资方式，且占比还在进一步提高。这也说明了银行在我国金融系统中的主导地位短期内是难以改变的，直接融资渠道还不够完善，银行系统的稳定对于我国金融系统的稳定至关重要。

值得注意的是,从历史上看,社会融资规模(存量)与 M2 增速走势基本一致;但 2018 年以来,二者增速并不一致,这主要是金融去杠杆进程的体现。近一年多来 M2 增速大幅下降,这主要是金融强监管、减通道、去杠杆的结果,影响至今仍在持续。社会融资规模增速下降是金融去杠杆的进一步表现。金融强监管、去杠杆的结果最初表现在 M2 增速上,直到近期才导致社会融资增速下跌。金融体系内资金流转减少、表外融资表内化,在加强监管的过程中,去杠杆、减通道压缩了银行投放非银的资金,减少了资金在金融体系内部的空转,缩短了资金链条。

1.5 2018 年我国对外经济活动运行情况

1.5.1 进出口形势好于预期,受中美贸易摩擦影响较小

2018 年,我国进出口总值为 46 226.77 亿美元,比上年增长 12.55%。其中,出口为 24 868.05 亿美元,同比增长 9.87%,出口增速创 2011 年以来新高;进口为 21 358.72 亿元,同比增长 15.84%,首次突破 2 万亿美元。2018 年全年贸易顺差为 3 509.33 亿元,相比 2017 年贸易顺差 4 195.52 亿美元收窄 16.2%,为 2013 年以来最低。从 2016—2018 年进出口月度同比数据可以看出,2018 年 1—10 月,全国进出口增速一直保持高位,但 11—12 月,进出口增速均出现大幅下滑(见图 1-37 至图 1-40)。

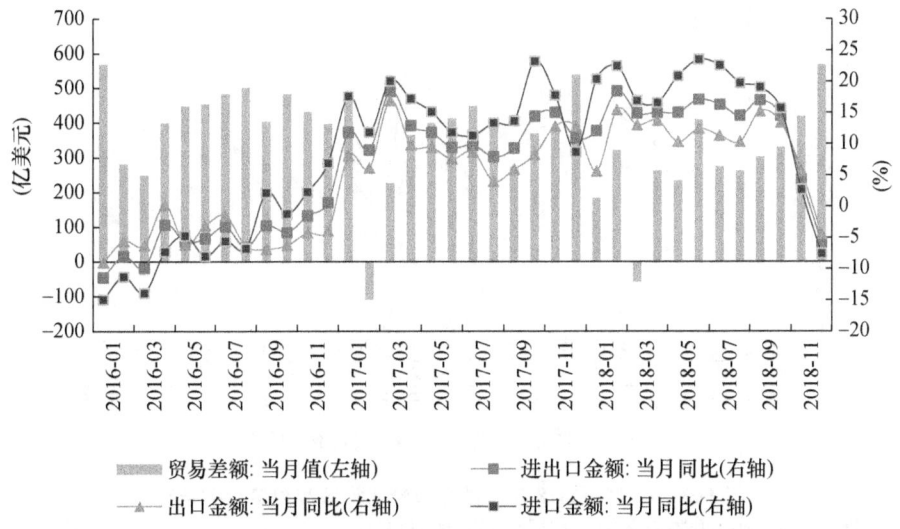

图 1-37 2016—2018 年我国贸易差额及进出口金额同比增速
资料来源:根据海关总署网站数据计算整理而得。

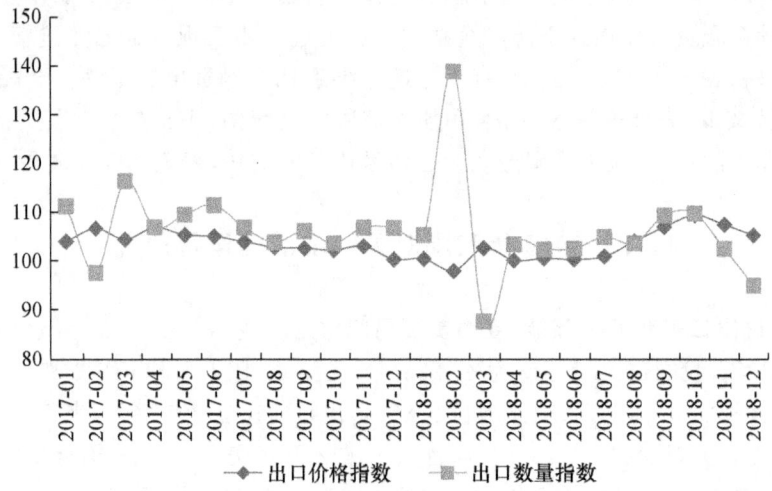

图 1-38　2016—2018 年中国出口价格指数和数量指数走势
资料来源：根据海关总署网站数据计算整理而得。

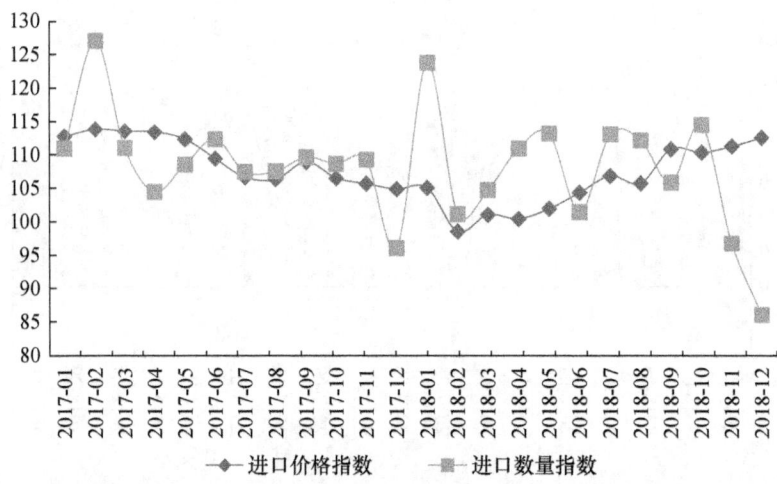

图 1-39　2016—2018 年中国进口价格指数和数量指数走势
资料来源：根据海关总署网站数据计算整理而得。

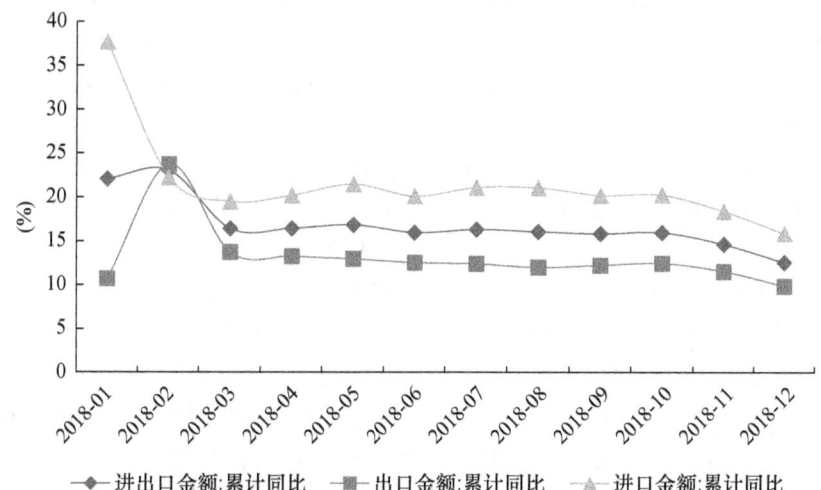

图 1-40 2018 年我国进出口金额月度累计增长同比
资料来源:根据海关总署网站数据计算整理而得。

总体上看,进出口形势好于预期。从规模来看,2018 年进出口总值创历史新高,超过 30 万亿元。从速度来看,前 10 个月的进出口总额增长速度保持两位数。从结构来看,一般贸易占比持续提升,贸易多元化不断推进,民营企业进出口总额的增长速度比较快,占整个进出口总额的比例也在提升。从平衡的角度来看,我国主动降低了进口关税,扩大了进口,贸易顺差缩小,朝着贸易平衡的方向发展。所以,当前的进出口形势特别是货物贸易形势总体是比较好的,中美贸易摩擦对我国进出口影响有限。

11—12 月进出口增速下滑主要是由于以下几个方面:2018 年以来,世界经济增长及对其预期放缓、世界贸易增长步伐有所放缓,2018 年全球 GDP 同比增长 3.03%,增速较 2017 年下降 0.13 个百分点;世界银行下调了 2019 年全球经济增长的预期,从 3% 下调至 2.9%,反映对国际经贸走势的担忧。还与上年同期基数较高有一定关系,也不排除出口效应减弱的影响。

1—10 月国内需求平稳增长,进口量价齐升,尽管进口价格的持续提升增加了出口企业的成本,对中国经济不是利好因素,但在这种情况下,进口数量较 2017 年仍大幅提升,说明进口需求回暖。

2018 年在中美贸易摩擦的背景下,我国对外贸易依然保持稳定增长主要有以下几个方面的原因:

一是营商环境"好"。2018 年,我国陆续出台了一系列减税降费、优化口岸营商环境的政策措施,贸易便利化水平显著提升。据 2018 年 10 月世界银行发布的

《2019年营商环境报告》,我国营商环境整体提升了32位,其中跨境贸易排名由97位跃升为65位,也提升了32位。此外,2018年我国两次提高部分产品出口退税率,有效促进了出口增长,并且主动降低了药品、汽车及其零部件、日用消费品等进口关税,也有效促进了进口的增长。

二是外贸企业"多"。2018年我国经济总体平稳、稳中有进,经济运行保持在合理区间,为对外贸易营造了良好的发展环境。据统计,有进出口实绩的企业,由2017年的43.6万家提升到47万家,市场主体活力进一步提升。

三是贸易伙伴"广"。2018年我国外贸市场多元化取得了积极进展,在与传统贸易伙伴保持良好增长速度的同时,也积极拓展与全球其他国家和地区的经贸往来。其中,2018年我国与"一带一路"沿线国家、非洲、拉丁美洲地区的进出口增速分别高出整体水平3.6个、6.7个和6个百分点。2018年,对"一带一路"沿线国家进出口总额为83 657亿元,比上年增长13.3%。其中,出口增长7.9%,进口增长20.9%。

四是增长动力"强"。据海关总署初步测算,我国进口数量指数为106.4,出口数量指数为103.6,数量对进口、出口的贡献程度均超过五成,外贸进出口增长动力更为扎实。

五是质量效益"优"。这主要体现在进出口更加均衡、区域发展更加协调、产品结构更加优化等方面。从产品来看,部分高附加值机电产品和装备制造产品出口保持良好增势,如金属加工机床增长19.2%,手机增长9.8%,汽车增长8.3%;部分重要设备和关键零部件优质消费品进口也保持较快增长,如集成电路增长16.9%,消费品增长10.9%,其中水海产品增长39.9%。进出口质量和效益进一步提高。

1.5.2 服务贸易总额继续增长,出口结构持续优化

2018年,我国实现服务进出口总额为52 402亿元,比上年增长11.5%。其中,服务出口为17 658亿元,同比增长14.6%;服务进口为34 744亿元,同比增长10.0%。2018年服务贸易逆差为17 086亿元,同比增长5.6%。纵向来看,从2013年以来,服务进出口总额平稳上升,进口和出口每年均有所增加,贸易逆差不断扩大(见图1-41)。

2018年,我国高附加值服务出口规模进一步扩大,服务出口结构继续优化。电信、计算机和信息服务出口为470.5亿美元,同比增长69.4%,占服务出口比例提高5.4%。除了计算机和信息服务,各项服务占服务出口的比例变化不大(见图1-42)。

我国服务贸易的逆差主要来自旅游、运输服务、专有权利使用费和特许费、保险服务,其中以旅游服务的逆差最大,2018年逆差金额达到2 374亿美元,占整个

服务贸易逆差的92%,这也从侧面反映了国民生活水平的提高和消费升级的趋势(见图1-43)。

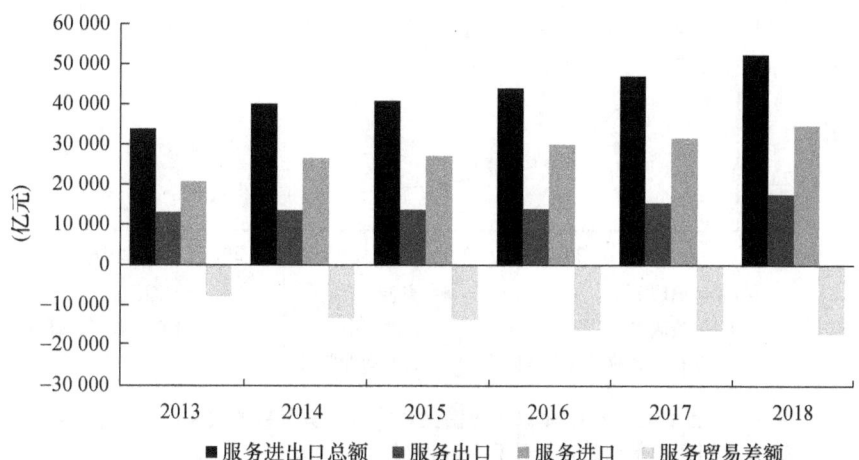

图1-41 2013年以来中国服务进出口金额及贸易差额变化

资料来源:根据商务部网站数据计算整理而得。

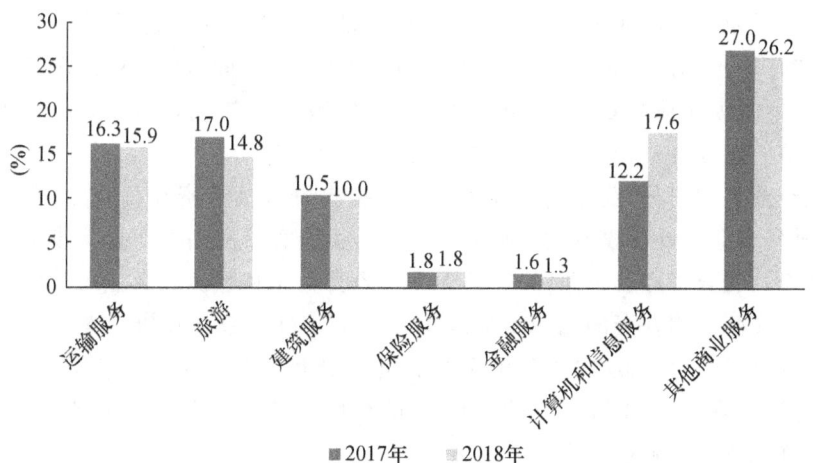

图1-42 2017年和2018年中国主要服务出口占比

资料来源:根据商务部网站数据计算整理而得。

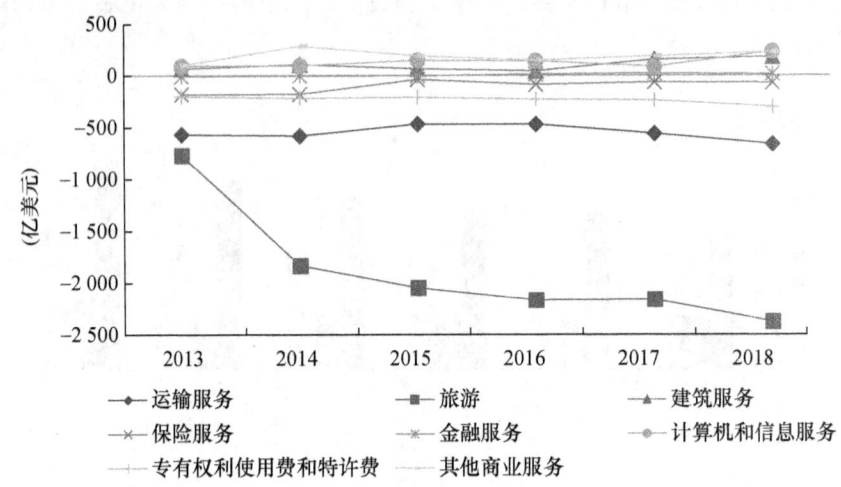

图 1-43 2013 年以来我国主要行业服务贸易差额变化

资料来源:根据商务部网站数据计算整理而得。

1.5.3 我国实际利用外商直接投资规模稳步增长,主要来自外资企业的贡献

2018 年全国新设立外商投资企业 60 533 家,同比增长 69.8%,外商直接投资总额为 1 350 亿美元,同比增长 3.05%。其中,"一带一路"沿线国家对华直接投资新设立企业 4 479 家,增长 16.1%;对华直接投资金额为 424 亿元,增长 13.2%,折合 64 亿美元,增长 16.0%。可以看到除了 2016 年外商直接投资总金额小幅度下降,其他时候几乎是逐年上升的,2018 年在中国经济增速放缓的情况下,外商对中国经济的态度也是较为看好(见图 1-44)。

从企业类型划分,我国实际利用外商直接投资包括合资经营企业、合作经营企业、外资企业和外商投资股份制企业四类。我国实际利用外商直接投资主要来自外资企业和合资经营企业,外资投资合作经营企业和股份制企业的比例一直比较小。从实际利用外资的结构走势来看,2017 年外商直接投资仍然主要来自外资企业和合资经营企业,除了外资企业的贡献率上升 1.4% 左右,合资经营企业、合作经营企业和股份制企业的贡献率均有所下降,下降比例分别为 1.27%、0.04% 和 2.08%(见图 1-45)。

2018 年吸引外资主要呈现以下特点:

(1) 外商投资环境持续优化。2018 年政府大幅度压减负面清单,推动现代服务业、制造业和农业对外开放;主动降低关税;举办首届中国国际进口博览会;出台《外商投资法》草案;着手推进新布局一批自由贸易试验区,加快探索自由贸易港,积极营造优良的招商环境,优化招商引资方式,有效提振了外国投资者的信心。

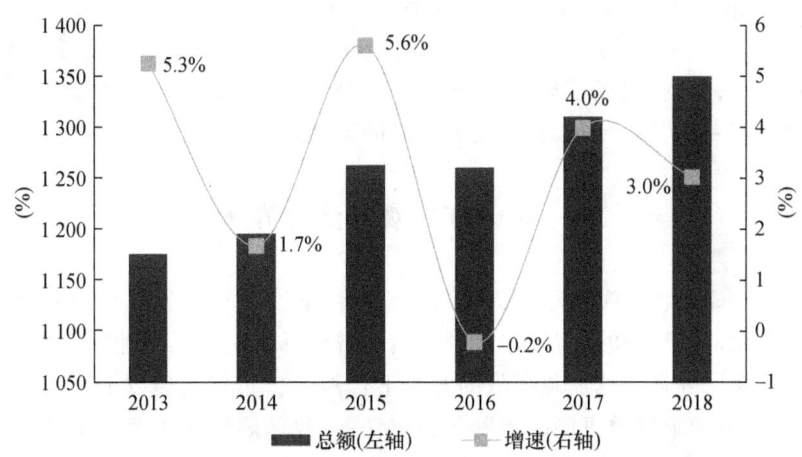

图 1-44 2013—2018 年我国实际利用外商直接投资的变化趋势
资料来源:根据国家统计局网站数据计算整理而得。

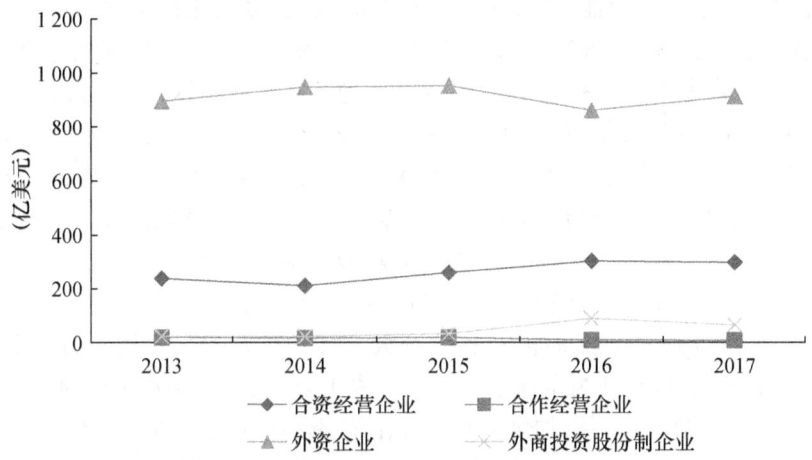

图 1-45 2013—2017 年我国 FDI 分投资主体的走势变化
资料来源:根据国家统计局网站数据计算整理而得。

(2) 外资产业结构持续优化。2018 年,我国制造业吸收外资实现快速增长。1—12 月,制造业实际使用外资同比增长 20.1%,占比为 30.6%,较上年提高 4.8 个百分点。其中,高技术制造业同比增长 35.1%。

(3) 外资区域布局持续优化。2018 年,中部地区实际使用外资同比增长 15.4%,西部地区同比增长 18.5%。自贸试验区同比增长 3.3%,占比为 12.1%。

(4) 外资大项目快速增长。2018 年,合同外资 5 000 万美元以上大项目近

1 700个,同比增长23.3%;并购方式实际使用外资同比增长28.4%。

(5) 主要投资来源地实际投入增长态势良好。2018年,主要投资来源地中,新加坡、日本、英国、美国实际投入金额同比分别增长8.1%、13.6%、150.1%和7.7%,"一带一路"沿线国家实际投入金额同比增长13.2%。

1.6　2019年宏观经济走势分析

2018年国内生产总值为900 309亿元,同比增长6.6%,国民生产总值首次突破90万亿元,高于年初政府工作报告提出的增长目标6.5%,增速比上年下降0.3个百分点,在内外环境均面临挑战的背景下仍然保持目标增速以上。面对错综复杂的国际环境和艰巨繁重的改革发展稳定任务,我国国民经济运行保持在合理区间,总体平稳、稳中有进的态势逐渐显现。

1.6.1　宏观政策精准发力,助力制造业高质量发展

2019年,我国经济运行主要矛盾仍然是供给侧结构性的。必须坚持以供给侧结构性改革为主线不动摇,更多采取改革的办法,更多运用市场化、法治化手段,在"巩固、增强、提升、畅通"八个字上下功夫。2019年将要对一些新的过剩行业实施去产能政策,加大基建补短板力度,提高金融体系服务实体经济能力。

要推动先进制造业和现代服务业深度融合,坚定不移建设制造强国。我国发展现阶段投资需求潜力仍然巨大,要发挥投资关键作用,加大制造业技术改造和设备更新,加快5G商用步伐,加强人工智能、工业互联网、物联网等新型基础设施建设,说明以新技术、新科技为主要方向的新型基础设施,以及以先进制造为主的工业领域投资,将会成为2019年固定资产投资的新增长点。

要增强制造业技术创新能力,构建开放、协同、高效的共性技术研发平台,健全以需求为导向、以企业为主体的产学研一体化创新机制,抓紧布局国家实验室,重组国家重点实验室体系,加大对民营企业和中小企业融资的支持力度,加大对中小企业创新支持力度,加强知识产权保护和运用,实施更大规模的减税降费、降低营商成本等工作要求,无不指向对实体经济尤其是制造业的更多、更大力度的支持。

1.6.2　释放消费市场巨大潜力,促进形成强大国内市场

我国市场规模位居世界前列,今后潜力更大,国内市场一直是中国经济增长的重要引擎。要努力满足最终需求,提升产品质量,加快教育、育幼、养老、医疗、文化、旅游等服务业的发展,改善消费环境,落实好个人所得税专项附加扣除政策,增强消费能力。促进形成强大的中国市场,消费将是重要且主要的组成部分,在内需中的占比也将日益提高。2018年,最终消费支出对经济增长的贡献率为

76.2%,比上年提高18.6个百分点。而在消费之中,服务消费将更加重要。中国发展基金会相关报告显示,按照购买力平价计算,在人均GDP达到25 000美元之前,中国在流通服务业、出行、住宿餐饮、金融保险、文化体育娱乐和以居民服务为主的其他项目的消费占支出比例都会提升,而在食品、衣着消费等生存性消费的占比将有所下降。因此,服务消费将是今后中国发展潜力最大的一部分。

1.6.3 实行"五个振兴",扎实推进乡村振兴战略

跟随习近平总书记"五个振兴"的科学论断:乡村产业振兴、乡村人才振兴、乡村文化振兴、乡村生态振兴、乡村组织振兴。紧紧围绕发展现代农业,围绕农村一、二、三产业融合发展,构建乡村产业体系,实现产业兴旺;把人力资本开发放在首要位置,强化乡村振兴人才支撑。坚持农业农村优先发展,切实抓好农业特别是粮食生产,推动藏粮于地、藏粮于技落实落地,合理调整"粮经饲"结构,着力增加优质绿色农产品供给。重视培育家庭农场、农民合作社等新型经营主体,注重解决小农户生产经营面临的困难,把他们引入现代农业发展大格局。改善农村人居环境,重点做好垃圾污水处理、厕所革命、村容村貌提升。总结好农村土地制度改革三项试点经验,巩固改革成果,继续深化农村土地制度改革。

1.6.4 促进区域协调发展,向更高层次推进

我国区域发展差距依然较大,无序开发与恶性竞争仍然存在,区域发展不平衡、不充分问题仍然突出。统筹推进西部大开发、东北全面振兴、中部地区崛起、东部率先发展。目前京津冀、粤港澳大湾区、长三角等地区发展呈现许多新特点,规模经济效应开始显现,基础设施密度和网络化程度全面提升,创新要素快速集聚,新的主导产业快速发展,要推动这些地区成为引领高质量发展的重要动力源。

促进区域协调发展迈向更高质量,既要发挥各地区的比较优势,形成各具特色的区域经济协调发展格局,也要重视增强中心城市的辐射带动能力,"以点带面"助推高质量发展。推动长江经济带发展,实施长江生态环境系统性保护修复,努力推动高质量发展。要加快推动1亿非户籍人口在城市落户,加快城市群一体化体制机制建设,促进特色小镇和特色小城镇高质量发展,提高大城市精细化管理水平。

1.6.5 加快经济体制改革

本次国企改革主题为:以管资本为切入点深化国资国企改革。坚持政企分开、政资分开和公平竞争原则,加快实现从管企业向管资本转变,深化国资国企、财税金融、土地、市场准入、社会管理等领域改革,强化竞争政策的基础性地位,创造公平竞争的制度环境,遵循国有资本运行规律,更加注重国有企业价值管理,更加重视国有经济高质量发展。

支持民营企业发展,营造法治化制度环境,保护民营企业家人身安全和财产安全。要以金融体系结构调整优化为重点深化金融体制改革,发展民营银行和社区银行,推动城商行、农商行、农信社业务逐步回归本源。

要完善金融基础设施,强化监管和服务能力。资本市场在金融运行中具有牵一发而动全身的作用,要通过深化改革,打造一个规范、透明、开放、有活力、有韧性的资本市场,提高上市公司质量,完善交易制度,引导更多中长期资金进入市场,推动在上交所设立科创板并试点注册制尽快落地,由此不断提升金融体系促进实体经济高质量发展的能力。

2019年,经济体制改革的市场化方向将更加鲜明,推进财税体制改革,健全地方税体系,规范政府举债融资机制。要切实转变政府职能,大幅减少政府对资源的直接配置,强化事中事后监管,凡是市场能自主调节的就让市场来调节,凡是企业能干的就让企业干。

1.6.6 推动全方位对外开放,培育国际经济合作

要适应新形势、把握新特点,推动由商品和要素流动型开放向规则等制度型开放转变。要放宽市场准入,全面实施准入前国民待遇加负面清单管理制度,保护外商在华合法权益特别是知识产权,允许更多领域实行独资经营。要扩大进出口贸易,推动出口市场多元化,削减进口环节制度性成本。例如,根据《国务院关于同意深化服务贸易创新发展试点的批复》中"及时调整《鼓励进口服务目录》,对17个试点地区进口国内急需的研发设计、节能环保、环境服务和咨询等服务进口给予贴息支持"的要求,我国将在试点的17个区域,进口创意设计服务、知识产权服务、数字技术开发服务和技术研发咨询服务方面将获得贴息支持。同时,还要推动共建"一带一路",发挥企业主体作用,有效管控各类风险,为此要求精心办好第二届"一带一路"国际合作高峰论坛。

1.6.7 加强保障和改善民生

优先发展教育事业,把教育事业放在优先位置,深化教育改革,加快教育现代化,增加对学前教育、农村贫困地区儿童早期发展、职业教育等的投入。完善城镇职工基本养老保险和城乡居民基本养老保险制度,尽快实现养老保险全国统筹,努力解决大城市养老难问题。同时完善统一的城乡居民基本医疗保险制度和大病保险制度,把更多药品纳入医保并且狠抓药品安全问题,完善国民健康政策,为人民群众提供全方位、全周期健康服务。坚持房子是用来住的、不是用来炒的定位,因城施策、分类指导,夯实城市政府主体责任,完善住房市场体系和住房保障体系。

主要参考文献

[1] 中经网统计数据库,http://db.cei.gov.cn/。
[2] 中华人民共和国国家统计局,http://www.stats.gov.cn/。
[3] Wind 资讯数据库,http://www.wind.com.cn/。
[4] 中华人民共和国海关总署,http://www.customs.gov.cn/。
[5] 中华人民共和国商务部,http://www.mofcom.gov.cn/。

第 2 章　2018 年中国财政收入分析

2.1　2017 年财政收入决算回顾

2017 年,在以习近平同志为核心的党中央坚强领导下,各地区各部门牢固树立政治意识、大局意识、核心意识、看齐意识,以习近平新时代中国特色社会主义思想为指导,全面深入贯彻党的十九大精神,坚持稳中求进工作总基调,坚持新发展理念,坚持以提高发展质量和效益为中心,以推进供给侧结构性改革为主线,严格执行十二届全国人大五次会议审查批准的预算,认真落实全国人大财政经济委员会的审查意见,统筹推进稳增长、促改革、调结构、惠民生、防风险各项工作,经济运行稳中向好态势持续发展,改革开放全面深化,经济结构继续优化,质量效益明显提升,风险管控稳步推进,市场信心显著增强,社会大局保持稳定。中央和地方预算执行情况较好。

2.1.1　2017 年财政收入决算

2017 年,全国公共财政收入为 172 592.77 亿元,比 2016 年同口径增长 7.4%。其中,中央财政收入为 81 123.36 亿元,完成预算的 103.2%,比 2016 年同口径增长 7.1%,加上年初从中央预算稳定调节基金以及中央政府性基金预算、中央国有资本经营预算调入 1 633.37 亿元,收入总量为 82 756.73 亿元。2017 年年末中央财政国债余额为 134 770.16 亿元,控制在年度预算限额 141 408.35 亿元以内。地方本级收入为 91 469.41 亿元,加上中央对地方税收返还和转移支付 65 051.78 亿元,地方一般公共预算收入总量为 156 521.19 亿元,增长 6.2%。

2017 年,全国政府性基金收入为 61 479.66 亿元,增长 34.9%。其中,中央政府性基金收入为 3 824.77 亿元,为预算的 103.2%,与上年相比增长 6.4%。地方政府性基金本级收入为 57 654.89 亿元,增长 37.3%。其中,国有土地使用权出让收入为 52 074.48 亿元,增长 40.7%,加上中央政府性基金转移支付 985.59 亿元,地方政府性基金收入为 58 640.48 亿元。

2017 年,全国国有资本经营收入为 2 580.90 亿元,比上年度减少 1.1%。其中,中央国有资本经营收入为 1 244.27 亿元,为预算的 96.5%,较上一年度降低

13%,加上 2016 年结转收入 128.03 亿元,收入总量为 1 372.3 亿元。地方国有资本经营收入为 1 336.63 亿元,为预算收入的 127.5%,较上一年度增加 13.3%;中央对地方国有资本经营转移支付 235.37 亿元,收入总量为 1 572.00 亿元,与上一年度相比减少 7.1%。

2.1.2 2017 年财政收入特点

2017 年财政收入的完成情况如表 2-1 和图 2-1、2-2 所示,主要有以下特点:

从收入总量来看,财政收入增长速度有所回升。2017 年全国公共财政收入为 172 592.77 亿元,比 2016 年相比名义增长 8.1%,增幅比上一年度提高 3.3 个百分点,从表 2-1 和图 2-1 可以看出,这一增幅自 2011 年连续下降五年后首次出现回升,但低于 GDP 名义增长率,因此财政收入占 GDP 的比例与 2016 年度相比继续降低。

表 2-1 2007—2017 年财政收入及增长状况

年份	财政收入(亿元)	财政收入名义增长率(%)	GDP名义增长率(%)	财政收入占GDP比例(%)	中央财政收入			地方财政收入			税收收入(亿元)	税收/财政收入(%)
					收入(亿元)	名义增长率(%)	占收入比(%)	收入(亿元)	名义增长率(%)	占收入比(%)		
2007	51 304	32.4	23.1	19.0	27 739	35.60	54.07	23 565	28.8	45.93	45 622	88.92
2008	61 330	19.5	18.2	19.2	32 681	17.81	53.29	28 650	21.6	46.71	54 224	88.41
2009	68 518	11.7	9.2	19.7	35 916	9.90	52.42	32 603	13.8	47.58	59 522	86.87
2010	83 080	21.3	18.2	20.2	42 470	18.25	51.12	40 610	24.6	48.88	73 202	88.11
2011	103 740	24.9	18.4	21.3	51 306	20.81	49.46	52 434	29.1	50.54	89 720	86.49
2012	117 254	13.0	10.4	21.8	56 175	9.40	47.91	61 078	16.5	52.09	100 614	85.81
2013	129 143	10.1	10.1	21.8	60 174	7.10	46.59	68 969	12.9	53.41	110 531	85.59
2014	140 370	8.7	8.1	21.9	64 493	7.20	45.95	75 877	10.0	54.05	119 175	84.90
2015	152 269	8.5	7.0	22.2	69 267	7.40	45.49	83 002	9.3	54.51	124 922	82.04
2016	159 605	4.8	7.9	21.6	72 366	4.50	45.34	87 239	5.1	54.66	130 361	81.68
2017	172 593	8.1	10.9	21.0	81 119	12.10	47.00	91 448	4.8	53.00	144 370	83.64

注:① 中央财政收入与地方财政收入均指本级政府收入,未包括中央对地方的税收返还和转移支付;② 为保证与当年财政收支状况统一口径,GDP 名义增长率未经过价格指数调整,以当年价格计算;③ 由于营改增等其他政策的影响,中央财政收入和地方财政收入的名义增长率可能与同口径增长率不相等。

资料来源:根据《中国统计年鉴 2018》及财政部和统计局网站相关资料汇总计算整理。

从中央与地方财政收入的比例关系来看,中央财政收入的名义增长率与前五个年度相比有较大提高,为 12.1%;而地方财政收入自 2011 年起持续降低,2017 年为 4.8%。中央财政收入的占比自 2007 年以来连续降低九年后,2017 年有所回升,与2016年相比增加1.66个百分点。

从收入结构来看,来自税收收入的比例出现回升。税收收入在财政收入中占比在2016年下降到最低点81.68%,2017年回升至83.64%,结合前文,2017年财政收入增长较快的原因可能是中央财政收入尤其是中央税收收入的增长速度快于地方税收收入和非税收入。

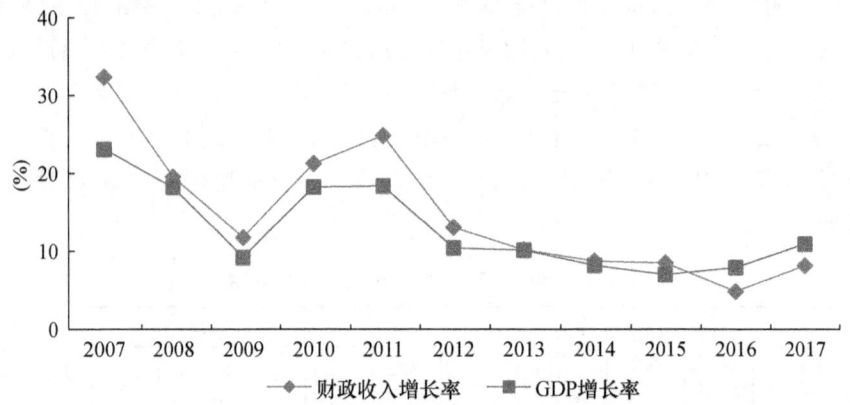

图2-1　2007—2017年财政收入增长率及GDP增长率比较

资料来源:根据《中国统计年鉴2018》和财政部网站相关资料汇总计算整理,此处的财政收入增长率和GDP增长率均为未经过价格指数调整的名义增长率。

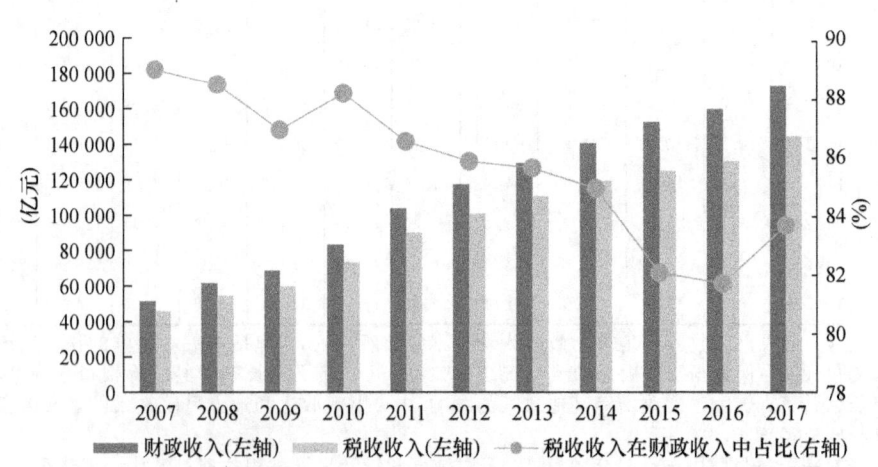

图2-2　2007—2017年税收收入在财政收入中占比

资料来源:根据《中国统计年鉴2018》和财政部网站相关资料汇总计算整理。

2.2 2018年财政收入总量分析

2.2.1 2018年财政收入预算安排情况[①]

2018年,全面贯彻落实党的十九大精神对深化改革、促进发展形成新的强大动力,我国经济持续健康发展具有许多有利条件。同时,国际环境和经济发展的不稳定性与不确定性因素增多,财政增收也存在一些压力和挑战,主要是价格因素增收作用可能减弱,新老减税降费措施叠加将产生较大减收效应。2018年预算编制着重把握以下原则:一是继续实施减税降费。坚持把发展经济的着力点放在实体经济上,结合完善税制,适时出台新的减税降费措施,大力降低实体经济成本。二是调整优化支出结构。提高财政支出的公共性和普惠性,严控一般性支出,确保对供给侧结构性改革、脱贫攻坚、生态环保、教育、医疗卫生、国防等领域和重点项目的支持力度。三是深化财税体制改革。按照加快建立现代财政制度的要求,推进中央与地方财政事权和支出责任划分改革,提高预算约束力和透明度,完善税收制度,提升财政资源配置效率。四是促进区域协调发展。积极支持实施区域协调发展战略,发挥转移支付促进区域协调发展的作用,加快缩小地区间基本公共服务水平差距,增强困难地区和基层政府保工资、保运转、保基本民生的能力。五是全面实施绩效管理。预算安排与绩效管理相结合,将有限的财政资金用在刀刃上,以绩效为导向,严格支出管理,进一步提高资金使用效益。六是增强财政可持续性。合理安排收支预算和适当降低赤字率,为今后宏观调控拓展政策空间。坚决制止地方政府违法违规举债行为。做好民生工作,坚持尽力而为、量力而行。

在此原则下,2018年,我国财政收入预算安排情况如下:

公共财政预算安排情况。全国一般公共预算收入为183 177亿元,增长6.1%,加上调入资金2 853亿元,收入总量为186 030亿元。从中央财政预算来看,中央一般公共预算收入为85 357亿元,比2017年执行数同口径增长5.2%,加上从中央预算稳定调节基金调入2 130亿元,从中央政府性基金预算、中央国有资本经营预算调入323亿元,收入总量为87 810亿元。中央预算稳定调节基金余额为2 536.05亿元,中央财政国债余额限额为156 908.35亿元。从地方财政预算来看,地方一般公共预算本级收入为97 820亿元,增长7%,加上中央对地方税收返还和转移支付收入70 344亿元,地方财政调入资金400亿元,地方一般公共预算

[①] 数据来自《关于2017年中央和地方预算执行情况与2018年中央和地方预算草案的报告》及中央政府门户网站。

收入总量为 168 564 亿元。地方财政赤字 8 300 亿元，与 2017 年持平，通过发行地方政府一般债券弥补。地方政府一般债务余额限额为 123 789.22 亿元。

2018 年中央财政主要收入项目指标安排如下[①]：

(1) 国内增值税为 29 570 亿元，预算数为上年执行数的 106.0%；国内消费税为 10 570 亿元，预算数为上年执行数的 103.4%；进口货物增值税、消费税为 17 060 亿元，预算数为上年执行数的 106.8%；企业所得税为 21 900 亿元，预算数为上年执行数的 107.2%；个人所得税为 7 750 亿元，预算数为上年执行数的 107.9%；出口货物退增值税、消费税为 14 770 亿元，预算数为上年执行数 106.5%；关税为 3 140 亿元，预算数为上年执行数的 104.7%；非税收入为 5 152 亿元，预算数为上年执行数的 94.2%。

(2) 中央对地方税收返还和转移支付安排情况。中央对地方转移支付 62 207 亿元，增长 9.0%。其中，一般性转移支付 38 994.50 亿元，增长 10.9%；专项转移支付 23 212.50 亿元，增长 6.1%。在一般性转移支付中，均衡性转移支付 24 438.57 亿元，增长 9.1%，主要用于缓解地方减收增支压力；老少边穷地区转移支付 2 133.33 亿元，增长 15.8%；基本养老金转移支付 6 696.56 亿元，增长 14.3%；城乡居民医疗保险转移支付 2 807.91 亿元，增长 11.8%。中央对地方税收返还 8 137 亿元，比 2017 年执行数增加 0.6%。

(3) 政府性基金预算安排情况。中央政府性基金收入为 3 863.04 亿元，增长 0.2%，加上上年结转收入 385.59 亿元，中央政府性基金收入总量为 4 248.63 亿元。地方政府性基金本级收入为 60 301.81 亿元，增长 4.6%。其中，国有土地使用权出让收入为 54 661.7 亿元，增长 5%，加上中央政府性基金对地方转移支付收入 984.46 亿元和地方政府专项债务收入 13 500 亿元，地方政府性基金相关收入为 74 786.27 亿元。汇总中央和地方预算，全国政府性基金收入为 64 164.85 亿元，增长 4.3%，加上上年结转收入 385.59 亿元和地方政府专项债务收入 13 500 亿元，全国政府性基金相关收入总量为 78 050.44 亿元。

(4) 国有资本经营预算安排情况。2018 年，中央国有资本经营预算收入为 1 376.82 亿元，增长 5.9%，加上上年结转收入 113.59 亿元，中央国有资本经营预算收入总量为 1 490.41 亿元。对地方转移支付 100 亿元，下降 57.5%，主要是中央下放企业"三供一业"分离移交补助资金减少。向一般公共预算调入 321.54 亿元，增长 3.6%，调入比例由 2017 年的 22% 提高到 25%。地方国有资本经营预算本级收入 1 460.84 亿元，增长 9.5%，加上中央国有资本经营预算对地方转移支付收入 100 亿元，地方国有资本经营预算收入为 1 560.84 亿元，下降 0.6%。汇总中

---

① 数据来自《2018 年中央公共财政收入预算表》及财政部网站。

央和地方预算,全国国有资本经营预算收入为 2 837.66 亿元,增长 7.7%,加上上年结转收入 113.59 亿元,全国国有资本经营预算收入总量为 2 951.25 亿元。

(5) 社会保险基金预算。根据机关事业单位养老保险改革进展,2018 年开始编制中央和地方机关事业单位基本养老保险基金预算,社会保险基金预算首次按中央预算和地方预算分别编制。

2018 年,中央社会保险基金预算收入为 676.34 亿元,增长 97.4%。其中,保险费收入为 318.61 亿元,财政补贴收入为 352.9 亿元。地方社会保险基金收入为 67 416.65 亿元,增长 22.5%。其中,保险费收入为 48 188.87 亿元,财政补贴收入为 16 631.18 亿元。2018 年中央和地方社会保险基金收支增长较多,主要是将机关事业单位基本养老保险基金纳入预算编制范围。汇总中央和地方预算,全国社会保险基金收入为 68 092.99 亿元,增长 23%。其中,保险费收入为 48 507.48 亿元,财政补贴收入为 16 984.08 亿元。

2.2.2　2018 年财政收入实际执行情况

2018 年中央和地方预算执行情况较好。

(1) 公共财政收入情况。2018 年,全国一般公共预算收入为 183 351.84 亿元,为预算的 100.1%,比 2017 年同口径增长 6.2%。其中,中央一般公共预算收入为 85 447.34 亿元,为预算的 100.1%,比 2017 年同口径增长 5.3%;地方一般公共预算本级收入为 97 904.5 亿元,比 2017 年同口径增长 7%。

(2) 政府性基金收入情况。2018 年,全国政府性基金收入为 75 404.5 亿元,增长 22.6%。其中,中央政府性基金收入为 4 032.65 亿元,为预算的 104.4%,增长 4.2%。地方政府性基金本级收入为 71 371.85 亿元,增长 23.8%,其中国有土地使用权出让收入为 65 095.85 亿元,增长 25%。

(3) 国有资本经营收入情况。2018 年,全国国有资本经营预算收入为 2 899.95 亿元,增长 9.8%。其中,中央国有资本经营预算收入为 1 325.31 亿元,为预算的 96.3%,增长 1.6%;地方国有资本经营预算本级收入为 1 574.64 亿元,增长 17.8%。

(4) 社会保险基金收入情况。2018 年,全国社会保险基金收入为 72 649.22 亿元,增长 24.3%,剔除机关事业单位基本养老保险后同口径增长 7.3%。其中,保险费收入为 52 543.2 亿元,财政补贴收入为 16 776.83 亿元。

2.2.3　2018 年财政收入总体趋势

2018 年,影响我国财税收入的主要财税政策和重点财政工作主要包括:① 大力实施减税降费;② 完善增值税制度;③ 实施个人所得税改革;④ 加大小微企业税收支持力度;⑤ 鼓励企业加大研发投入;⑥ 调整完善进出口税收政策;⑦ 进一步清理规范涉企收费;⑧ 财税改革向纵深推进;⑨ 加快财政体制改革;⑩ 深化预算管理制度改革;⑪ 完善税收制度;⑫ 深化国资国企改革。

总的来看,2018年预算执行情况较好,财政改革发展工作取得新进展,有力地促进了经济社会持续健康发展。这是以习近平同志为核心的党中央坚强领导的结果,是习近平新时代中国特色社会主义思想科学指引的结果,是全国人大、全国政协及代表委员们监督指导的结果,是各地区、各部门以及全国各族人民共同努力的结果。

2.3　2018年财政收入结构分析

2.3.1　财政收入的月度结构分析

从总体上来看,2018年财政收入增幅比上年同期明显回升。2018年1—12月累计,全国财政收入为183 351.84亿元,为预算的100.1%,比2017年同口径增长6.2%。具体月度增长情况如表2-2和图2-3所示。

表2-2　2018年1—12月全国财政收入及其增长

月份	2018年全国财政收入(亿元)	中央财政收入(亿元)	地方财政收入(亿元)	2017年全国财政收入(亿元)	同期增长额(亿元)	同期增长率(%)
1	23 621.08	11 790.85	11 830.23	20 208.09	3 412.99	16.89
2	12 932.33	6 428.95	6 503.38	11 245.41	1 686.92	15.00
3	13 993.00	5 822.01	8 170.99	12 912.48	1 080.52	8.37
4	18 472.93	9 188.01	9 284.92	16 784.20	1 688.73	10.06
5	17 631.12	8 649.89	8 981.23	16 073.40	1 557.72	9.69
6	17 680.22	8 010.53	9 669.69	17 082.37	597.85	3.50
7	17 460.67	8 606.80	8 853.87	16 456.51	1 004.16	6.10
8	11 076.85	5 165.58	5 911.27	10 652.48	424.37	3.98
9	12 963.12	5 919.35	7 043.77	12 713.96	249.16	1.96
10	15 726.61	7 684.10	8 042.51	16 233.67	−507.06	−3.12
11	10 774.75	4 900.62	5 874.13	11 385.29	−610.54	−5.36
12	11 019.16	3 279.00	7 740.16	10 819.14	200.02	1.85
总计	183 351.84	85 445.69	97 906.15	172 567.00	10 784.84	6.25

注:2017年12月和2018年12月的财政收入数据根据全年总额倒推计算得出。
资料来源:根据中经网数据中心和财政部网站有关数据整理编制。

在月度增长结构方面,除了4月、7月和12月有所提高,2018年财政收入增速呈现下降趋势。1—5月财政收入的增速较高,1月和2月的增速超过15%,3—5月的增速在10%上下波动,6—12月增速先增加再大幅降低,最后在12月有所

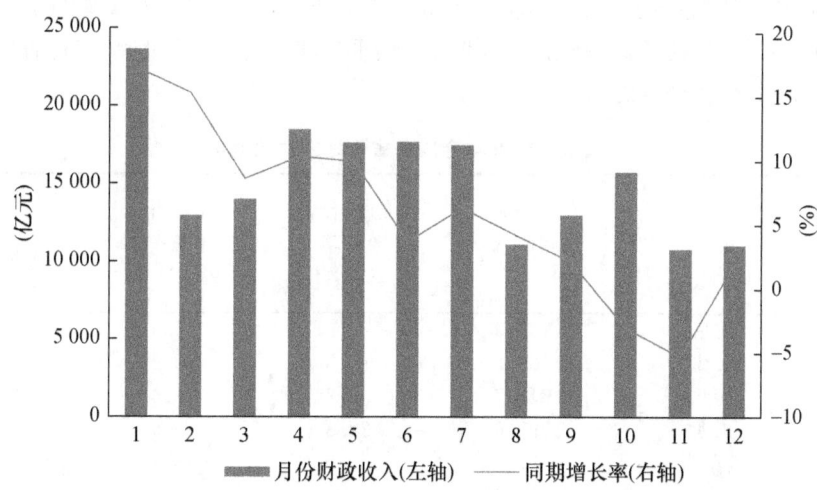

图 2-3　2018 年 1—12 月全国财政收入同比增长情况

资料来源：根据中经网数据中心和中国财政部网站有关数据整理编制。

回升。

2.3.2　财政收入的省际结构分析

2018 年，全国一般公共预算收入为 183 351.84 亿元，为预算的 100.1%，比 2017 年同口径增长 6.2%。其中，中央一般公共预算收入为 85 447.34 亿元，为预算的 100.1%，比 2017 年同口径增长 5.3%；地方一般公共预算本级收入为 97 904.5 亿元，比 2017 年同口径增长 7%。

从全国各地方政府的财政收入来看，2018 年的增长情况要好于 2017 年，绝大多数省份当年财政收入的增幅都较 2017 年的有所提高。表 2-3 显示了各省份本级公共财政收入的完成情况和增长率。2018 年各省份的公共预算收入完成情况有以下几个基本特点：① 从各地方政府 2018 年公共预算收入的数量来看，规模最大的是广东，为 12 102.9 亿元，与上一年度相比增长 7%，也是唯一超过万亿元的省份；规模最小的是西藏，为 230.3 亿元，与上一年度相比增长 23.9%。② 公共预算收入超过五千亿元的有 6 个省份，分别是广东、江苏、上海、山东、浙江和北京；公共预算收入不足千亿元的有 5 个省份，分别是西藏、青海、宁夏、海南和甘肃；其他省份的公共预算收入为 1 000 亿—4 000 亿元。③ 从各地政府当年本级财政收入的增长率来看，西藏和山西的增速最快，分别为 23.9% 和 22.8%，其次是浙江的 13.7%；天津为负增长，增速为 −8%；其他省份的增速皆处于 0%—12%。④ 2018 年本级一般公共预算收入增长速度与 2017 年相比提高最多的省份是内蒙古，增速由上一年度的 −15.5% 变为 9%，提高了 24.5 个百分点；青海、吉林、天津、海南的增速分别提高了7.7、6.7、6.4、6.0个百分点;有8个省份的增速与上一年度相比有所回落,包括新疆、黑龙江、河北、湖北、重庆、广东、宁夏和北京;其他省份的增速介于1—5个百分点之间。

表2-3　2018年全国各省份地方财政情况

序号	省份	本级公共财政收入（亿元）	2018年增长率（%）	2017年增长率（%）	占全国地方财政收入总额的比例（%）
1	北京	5 785.9	6.5	6.9	5.9
2	天津	2 106.2	−8.8	−15.2	2.2
3	河北	3 513.7	8.7	13.4	3.6
4	山西	2 292.6	22.8	19.9	2.3
5	内蒙古	1 857.5	9.0	−15.5	1.9
6	辽宁	2 616.0	9.4	8.7	2.7
7	吉林	1 240.8	2.5	−4.2	1.3
8	黑龙江	1 282.5	3.2	8.3	1.3
9	上海	7 108.2	7.0	3.7	7.3
10	江苏	8 630.2	5.6	0.6	8.8
11	浙江	6 598.1	13.7	9.5	6.7
12	安徽	3 048.6	8.4	5.2	3.1
13	福建	3 007.4	7.1	5.8	3.1
14	江西	2 372.3	5.6	4.4	2.4
15	山东	6 485.4	6.3	4.1	6.6
16	河南	3 763.9	10.8	7.7	3.8
17	湖北	3 307.0	1.8	4.7	3.4
18	湖南	2 860.7	3.8	2.2	2.9
19	广东	12 102.9	7.0	9.4	12.4
20	广西	1 681.5	4.1	3.8	1.7
21	海南	752.7	11.7	5.7	0.8
22	重庆	2 265.5	0.6	1.1	2.3
23	四川	3 910.9	9.2	5.6	4.0
24	贵州	1 726.8	7.0	3.3	1.8
25	云南	1 994.4	5.7	4.1	2.0
26	西藏	230.3	23.9	19.4	0.2
27	陕西	2 243.1	11.8	9.4	2.3
28	甘肃	870.8	6.8	3.7	0.9
29	青海	272.9	10.9	3.2	0.3
30	宁夏	444.4	6.5	7.7	0.5
31	新疆	1 531.5	4.5	12.8	1.6
	全国	97 904.5	7.1	4.9	100.0

资料来源:中经网数据中心。

2.3.3 财政收入的类型结构分析

由于从 2011 年年初开始,我国正式实施改革后的预算管理制度,将原预算外资金(不含教育收费)全部纳入预算管理,但当年因为各省份的实际执行结果有所不同,只有部分省份做到将预算外资金全部纳入预算管理。而从 2012 年开始,全国范围都要求做到全部财政收支纳入预算盘子,预算外资金正式成为历史。

2.3.3.1 全口径财政收入中四类收入构成比例分析

2014 年 8 月,第十二届全国人大常委会第十次会议表决通过了全国人大常委会关于修改预算法的决定,新预算法于 2016 年 1 月 1 日起施行。新预算法第五条规定了预算包括一般公共预算、政府性基金预算、国有资本经营预算、社会保险基金预算。一般公共预算、政府性基金预算、国有资本经营预算、社会保险基金预算应当保持完整、独立。政府性基金预算、国有资本经营预算、社会保险基金预算应当与一般公共预算相衔接。

2017 年 3 月,财政部和中国人民银行发布《关于修订 2017 年政府收支分类科目的通知》,从 2017 年 1 月 1 日起,将新增建设用地土地有偿使用费、南水北调工程基金、烟草企业上缴专项收入等三项基金调整转列一般公共预算并统筹使用。

2018 年四类财政预算收入的占比情况如图 2-4 所示。与上一年度相比,一般公共预算收入占比继续降低,由 2017 年的 59% 下降为 55%,同时社会保险基金预算收入占比上升 3 个百分点,政府性基金预算收入上升 1 个百分点。

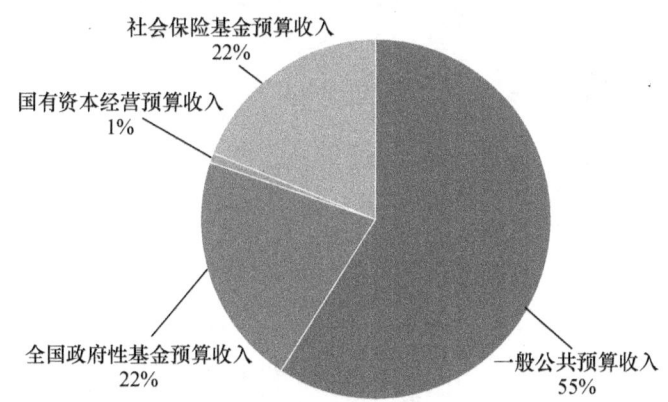

图 2-4 2018 年全口径财政收入中四类收入构成

资料来源:要拟财政部公告整理得出。

2.3.3.2 公共财政收入中税收收入构成结构分析

2018 年,全国公共财政预算收入为 183 352 亿元。其中,税收收入为 156 401 亿元,占比为 85.3%,与上一年度相比增加了 1.65 个百分点;非税收入为 26 951

亿元,占比为14.7%。从收入增速来看,2018年1—12月累计,全国公共财政收入同比增长为6.2%。其中,税收收入同比增长8.3%,非税收入同比下降4.7%。

2018年税收收入增长的主要特点有:

一是税收总收入增速与上一年度相比有所回落,但高于2016年、2015年和2014年的增速。2008—2018年全国税收收入增长率如图2-5所示。二是分季度来看,税收收入的增长速度呈现逐渐降低的趋势,尤其是最后一个季度为负增长(见图2-6)。

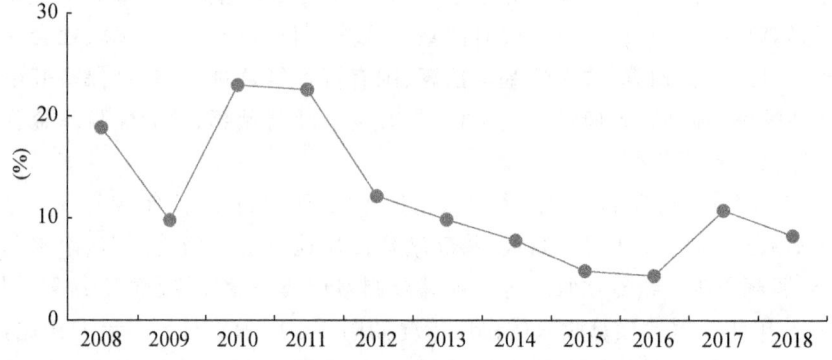

图2-5　2008—2018年全国税收收入增长率
资料来源:根据财政部公告整理得出。

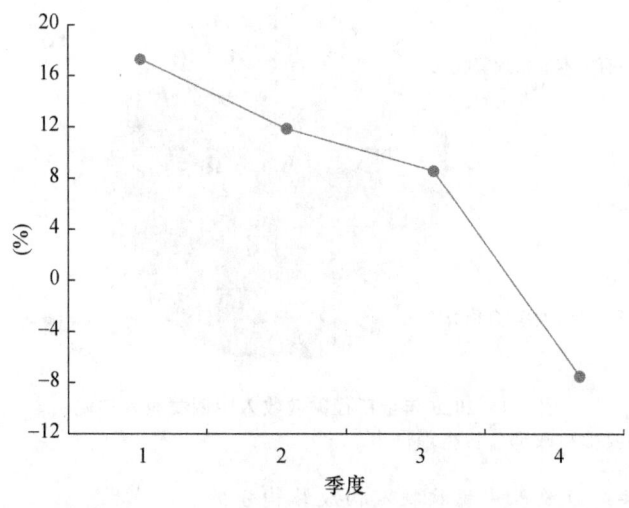

图2-6　2018年分季度全国税收收入增长率
资料来源:中经网数据库。

三是分税种看,2018年各税种的收入规模大多有所增加,增幅较高的税种为资源税、契税、个人所得税、土地增值税、出口货物退增值税消费税;收入规模有所下降的税种是耕地占用税、证券交易印花税和关税(见表2-4)。我国的税制结构依旧呈现流转税占主体的税制结构模式。2018年商品(或劳务)税占税收收入的比例约55.02%,占主要地位;财产税占比为12.89%;所得税占比为31.45%。

表2-4 2018年1—12月全国税收总收入和主要税种收入

	税种	收入规模（亿元）	同期增长额（亿元）	同期增长率（%）	占总税额的比例（%）
商品（劳务）税	国内增值税	61 529.33	5 151.33	9.14	39.34
	国内消费税	10 631.75	406.75	3.98	6.80
	进口货物增值税、消费税	16 878.75	909.75	5.70	10.79
	出口货物退增值税、消费税	−15 913.00	−2 043.00	14.73	−10.17
	关税	2 847.75	−150.25	−5.01	1.82
	城市维护建设税	4 839.94	477.94	10.96	3.09
	资源税	1 629.90	276.90	20.47	1.04
	车辆购置税	3 452.52	171.52	5.23	2.21
	环境保护税	151.00	151.00		0.10
	合计	86 047.94	5 351.94	6.63	55.02
财产税	契税	5 729.65	819.65	16.69	3.66
	证券交易印花税	977.00	−92.00	−8.61	0.62
	印花税（证券交易印花税以外）	1 222.32	85.32	7.50	0.78
	耕地占用税	1 318.85	−333.15	−20.17	0.84
	房产税	2 888.51	284.51	10.93	1.85
	城镇土地使用税	2 387.59	27.59	1.17	1.53
	土地增值税	5 641.70	730.70	14.88	3.61
	合计	20 165.62	1 522.62	8.17	12.89
所得税	企业所得税	35 322.82	3 211.82	10.00	22.58
	个人所得税	13 871.87	1 905.87	15.93	8.87
	合计	49 194.69	5 117.69	11.61	31.45
	其他税收	992.27	48.27	5.11	0.63
	税收总收入	156 400.52	12 040.52	8.34	100.00

资料来源：根据中经网统计数据整理。

2.3.3.3 2018年全国税收收入特征分析

2018年,税务部门组织的税收收入增长9.5%,比2017年提高0.8个百分点。

2018年度税收收入的主要特征包括：

（1）超额完成全年减税目标。2018年5月1日起实施的增值税三项改革平稳有序推进，5—12月因降低增值税税率而减税约2700亿元，制造业减税占比为35%；统一小规模纳税人标准惠及50万户纳税人，减税约80亿元；办理留抵退税为1148亿元；10月1日起个人所得税第一步改革施行3个月，减税约1000亿元，7000多万税纳税人的工薪所得无须再缴税；新出台的支持创新创业税收优惠政策减税约500亿元。落实减税政策认真高效，体现为"两降一升"：税收增速逐步下降，由前4个月的16.8%回落到后8个月的5.2%，减税效应持续显现；纳税人投诉量下降11%；纳税人获得感进一步提升。

（2）持续推进"放管服"改革优化税收营商环境。2018年，全国税务部门连续第五年开展"便民办税春风行动"，制订进一步优化税收营商环境五年行动方案和深化"放管服"改革五年工作方案，共计出台120条具体措施。各级税务机关下大力气破解企业"注销难"问题，10—12月超过88万户纳税人享受了税务注销"免办"和"即办"服务；小规模纳税人自开票试点和取消发票认证范围"双扩大"惠及1100万纳税人；电子发票开具份数首次超过纸质发票，便利了纳税人和消费者；部署开展"新机构、新服务、新形象"活动，出台进一步支持和服务民营经济发展的26条措施；认真落实两次提高出口退税率政策，提高退税服务水平，审核办理正常退税时间平均由13天缩至9.7天。第三方机构开展的纳税人满意度调查结果显示，2018年纳税人满意度得分为84.82分，比上次调查提高了1.21分；世界银行发布的《2019年营商环境报告》显示，我国纳税指标排名比上年提升了16位。

全面打赢国税地税征管体制改革攻坚战。国税地税征管体制改革力度规模之大、涉及范围之广、触及利益之深前所未有。各级税务机关均成立了改革工作小组和改革办，层层派驻3477个联络（督导）组，总局相继下发了36份联络督导清单，对350项工作任务进行了具体部署，统一制作了420份指导性意见、基本原则乃至操作模板等，编制了涵盖近700个具体改革事项的总台账，挂图作战、对表推进，确保改革平稳有序开展。全国省市县乡近2.3万个新税务局（分局、所）逐级统一顺利挂牌，各级税务局和内设机构、派出机构、事业单位得到较大幅度精简，优化了机构设置和职能职责，初步构建起优化高效统一的税收征管体系，切实增强了纳税人和缴费人获得感。

2.4　2018年国债发行分析

2.4.1　2018年我国国债总量规模

从2018年年初公布的本年财政预算数与2017年决算数的比较可以看出，

2018年中央财政总收入的增长率为5.2%,比上年度降低3.2个百分点;而中央财政总支出的增长率是8.5%,比上年度降低1.6个百分点。从财政赤字的角度来看,2018年的赤字较2017年增加近2 600亿元,比上年增加17.9%,增幅比上年降低15.3个百分点;国债余额增长率为17.8%,增幅降低0.3个百分点(见表2-5)。

表2-5 2017年和2018年财政收支及债务数据比较

项目	2017年决算数（亿元）	2018年预算数（亿元）	增长率（%）
中央财政总收入	82 752.38	87 810.00	6.1
中央财政总支出	98 252.38	103 310.00	5.1
中央财政赤字	15 500.00	15 500.00	0
中央财政国债余额	134 770.16	156 908.35	16.4

注:中央财政总收入包括中央一般公共预算收入、从中央预算稳定调节基金调入收入、从中央政府性基金预算和中央国有资本经营预算调入收入;中央财政总支出包括中央一般公共预算支出(包括本级支出、对地方税收返还和转移支付)和补充中央预算稳定调节基金支出。

资料来源:财政部《关于2017年中央和地方预算执行情况与2018年中央和地方预算草案的报告》。

在国债余额管理制度下,经全国人民代表大会批准,2018年年末国债余额限额为156 908.35亿元。而根据2018年年初公布的《2018年和2019年中央财政国债余额情况表》,2018年年末中央财政债务余额实际数为149 607.42亿元,比预算数少4.7%,与2017年决算数相比增长11%。

2.4.2 2018年国债余额结构分析

从国债余额内外债构成来看,2018年年末中央财政债务余额中,内债为148 208.62亿元,外债为1 398.80亿元,分别占全部国债余额的99.07%和0.93%。近五年内内债与外债占全部国债余额的比例如表2-6所示。

表2-6 近五年我国国债余额中内债余额与外债余额所占比例   单位:%

债务类型	2014年	2015年	2016年	2017年	2018年
内债	98.97	98.94	98.95	99.02	99.07
外债	1.03	1.06	1.05	0.98	0.93

资料来源:2018年和2019年中央财政国债余额情况表。

由表2-6看出,我国外债在全部国债余额中仅占1%左右,并且占比近四年持续降低。

2.4.3　2018年国债发行品种结构分析

（1）可流通国债品种。我国可流通国债的品种是记账式国债,包括贴现债券和附息债券。我国财政部将记账式国债分为记账式贴现债券和记账式附息债券,分别独立编号。2018年度共发行记账式贴现债券60期,计划发行量为6 600亿元,实际发行量为6 607.5亿元,发行次数比上年度减少1次,发行量减少0.96%;记账式付息债券共发行28期,其中第12期、第15期和第25期并未续发,第26期续发一次,第22期续发三次,第21期续发四次,第23期、第24期、第27期和第28期分别续发五次,其余期次均续期发行两次,实际发行总期数为92期,计划发行量为30 140亿元,实际发行量为30 412.5亿元,发行次数比上年度增加13次,发行量增加30.1%,增幅与2017年相比增加19.7个百分点。两项合计2018年共发行可流通国债37 019.9亿元,与2017年相比增加0.3%。

综观2018年记账式国债的发行情况,有如下特点:记账式付息国债发行次数和发行量小幅降低,记账式贴现国债发行次数和发行量明显增加,由于2018年没有继续发行特别国债,我国可流通国债总额较上年度相比仅小幅增加。

（2）非流通国债品种。我国非流通国债的品种有两种,一种是凭证式债券,另一种是储蓄（电子式）债券。2018年凭证式国债共发行8期,最大发行额为1 260亿元,与上年度相比减少8.7%;储蓄（电子式）国债共发行10期,最大发行额为2 120亿元,与上年度相比减少7.8%。

我国的国债品种继续近年来的趋势,可流通债券继续保持着国债市场的主体地位,并且其占比进一步提高。2018年可流通债券占国债总发行量的91.6%,与2017年度相比增加0.7个百分点,主要原因是储蓄（电子式）国债和凭证式国债的发行量均显著下降。近五年我国国债发行情况如表2-7所示。

表2-7　近五年我国国债发行情况

	2014年	2015年	2016年	2017年	2018年
记账式贴现国债(亿元)	1 200.0	2 851.4	6 395.3	6 671.3	6 607.5
记账式附息国债(亿元)	14 523.3	14 599.7	21 077.8	23 279.7	30 412.4
特别国债(亿元)	—	—	—	6 964.0	
储蓄国债(电子式)(亿元)	1 900.0	2 000.0	2 000.0	2 300.0	2 120.0
储蓄国债(凭证式)(亿元)	1 500.0	1 200.0	1 200.0	1 380.0	1 260.0
国债总额(亿元)	19 123.3	20 651.1	30 673.1	40 595.0	40 399.9
增长率(%)	12.7	8.0	48.5	32.3	−0.5

资料来源:根据财政部公告整理得出。

2.4.4 2018 年国债发行期限结构分析

通常,政府发行的债券会有多种不同的期限,我国的国债也是如此。汇总全部国债类别,我国 2018 年共发行国债 170 期,发行总量为 40 399.9 亿元。2018 年我国国债发行期限主要包括 91 天、182 天、1 年、2 年、3 年、5 年、7 年、10 年、30 年和 50 年。由表 2-8 可以看出,对于我国不同期限国债的发行次数,91 天期限的国债发行次数最多,共发行 49 次,全部为记账式贴现国债;其次是 5 年期和 3 年期国债发行次数较多,分别为 24 次和 21 次,其中多数为储蓄国债。

从实际发行量的结构来看,3 年期国债发行量的占比最高,为 16.1%。5 年期、7 年期、91 天期和 10 年期限国债发行量的占比也较高,分别为 15.5%、13.8%、13.4% 和 12.4%。与 2017 年相比,30 年期国债发行量的增长率最高,为 53.4%;2 年期国债的增长率也较高,为 44.6%。

表 2-8 2018 年我国不同期限国债的发行量

发行期限	2018 年发行期数(亿元)	2018 年实际发行量(亿元)	在全部国债中的占比(%)	增长率(%)
91 天	48	5 407.1	13.4	-1.5
182 天	12	1 200.4	3.0	1.7
1 年	11	3 822.7	9.5	3.1
2 年	9	2 437.6	6.0	44.6
3 年	23	6 487.1	16.1	17.0
5 年	23	6 257.5	15.5	-4.4
7 年	15	5 555.7	13.8	-28.0
10 年	15	4 996.6	12.4	-12.6
30 年	12	3 723.6	9.2	53.4
50 年	2	511.6	1.3	-12.6

资料来源:根据财政部公告整理得出。

从国际上看,国债期限的划分并无统一标准。我们在这里将发行期限不足 1 年的国债视为短期国债,将发行期限达到 1 年或超过 1 年且不足 10 年的国债定义为中期国债,将发行期限达到 10 年或超过 10 年的国债看作长期国债。根据所定的标准,可以从短期、中期和长期三个方面分析 2018 年我国国债的期限结构(见图 2-7)。可以看到,2018 年我国的记账式国债以中期国债为主,其次是长期债券,短期债券占比最低,各自所占的比例分别为 61%、23% 和 16%。

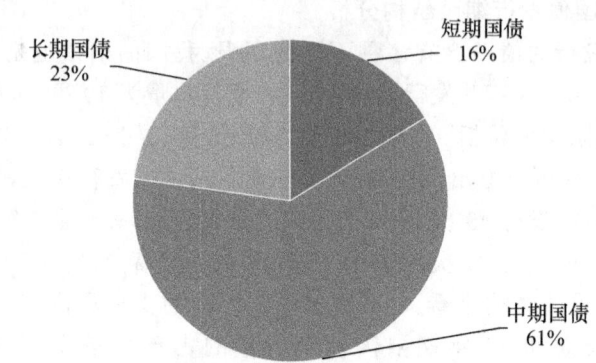

图 2-7　2018 年国债期限结构

资料来源:根据财政部公告整理得出。

2.4.5　2018 年国债发行利率结构分析

国债是由中央政府发行并以国家财力和国家信誉为保证的债券,是债券市场中信誉最高、安全性最好、风险最小的债券品种。按照市场上收益与风险对等的原则,国债利率在市场利率体系中往往是较低的,并可以作为基准利率供市场参照。不过,目前我国国债主要分为可以上市交易的记账式国债和不可以上市交易的凭证式国债及储蓄国债。记账式国债通过招标方式发行,其利率已经市场化;凭证式国债和储蓄国债不流通,发行时票面利率由财政部比照银行同期限储蓄存款利率设计。

(1)记账式国债利率的变化情况。2018 年记账式贴现国债共发行 60 期,其中 91 天国债 48 期,共计 5 407.1 亿元;182 天国债 12 期,共计 1 200.4 亿元。图 2-8 显示了各期记账式贴现国债的发行利率等信息。从中可以看出,不论发行期为 91 天还是 182 天,发行利率都呈现先降低再小幅升高的变化趋势,1—3 月利率较高,高于 3%;第二季度利率在 2.5%—3%;第三季度利率大幅度下价,低于 2.5%,最后两个月小幅上升。

2018 年记账式附息国债发行的次数为 92 期,期限有 8 种,包括 1 年、2 年、3 年、5 年、7 年、10 年、30 年和 50 年。图 2-9 选取了 1 年期、5 年期、10 年期和 30 年期债券发行利率的变化趋势,首先,可以看出整体发行利率为 2.5%—4.3%,整体利率水平与上一年度相比没有较大变化;其次,与记账式贴现国债发行利率的变化趋势不同,记账式附息债券利率整体较为平稳,并未发生较大波动,2—3 月利率略高于其他月份;最后,与 2017 年度类似,期限越长的国债整体发行利率水平越高。

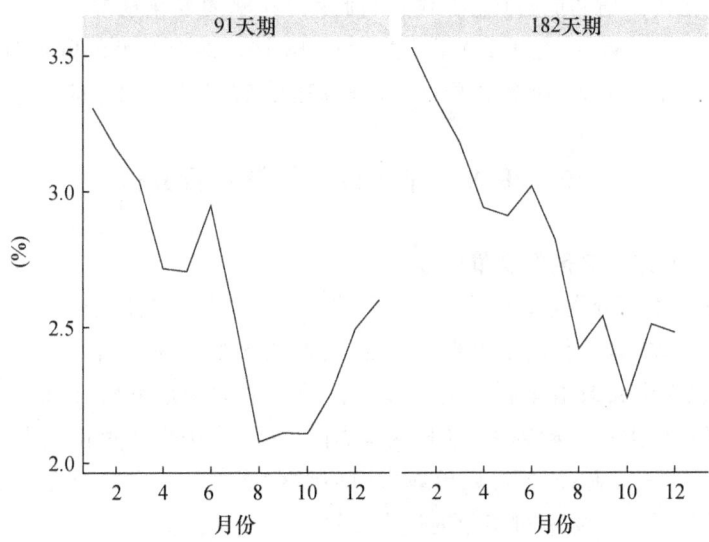

图 2-8　不同期限的记账式贴现国债发行利率的变化
资料来源:根据财政部公告整理得出。

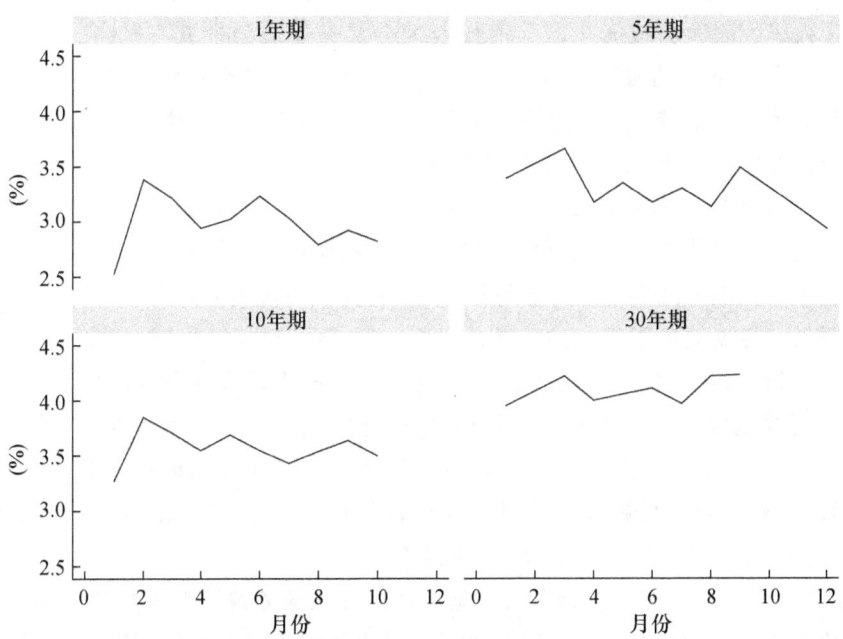

图 2-9　记账式附息国债发行利率的变化
资料来源:根据财政部公告整理得出。

(2) 凭证式国债和储蓄(电子式)国债发行利率的变化情况。2018年凭证式国债共发行8期,储蓄(电子式)国债共发行10期。两个类型的国债都有2个期限——3年期和5年期,利率水平分别为4%和4.27%,高于上一年度。

2.5　2018年地方政府债券发行分析

2.5.1　我国地方政府债券改革历程

按照发行主体分类,公债可分为中央政府公债和地方政府公债。中央政府公债一般称为国债,其发行由中央政府决定,公债收入列入中央预算,由中央财政支配,还本付息由中央政府承担。地方政府公债一般称为地方债,由地方政府发行并偿还。考虑到财政风险因素,2015年以前我国预算法规定禁止地方政府发债。2015年新预算法实施后,正式赋予地方政府发行债券的权利。但在这之前,我国已对地方政府发行债券有过多年的试点尝试。

2015年1月,新《预算法》正式实施,其中第三十五条规定:经国务院批准的省、自治区、直辖市的预算中必需的建设投资的部分资金,可以在国务院确定的限额内,通过发行地方政府债券举借债务的方式筹措。举借债务的规模,由国务院报全国人民代表大会或者全国人民代表大会常务委员会批准。省、自治区、直辖市依照国务院下达的限额举借的债务,列入本级预算调整方案,报本级人民代表大会常务委员会批准。举借的债务应当有偿还计划和稳定的偿还资金来源,只能用于公益性资本支出,不得用于经常性支出。

2015年12月,财政部发文《关于对地方政府债务实行限额管理的实施意见》,规定对地方政府债务余额实行限额管理。当年地方政府债务限额等于上年地方政府债务限额加上当年新增债务限额(或减去当年调减债务限额),具体分为一般债务限额和专项债务限额。地方政府债务总限额由国务院根据国家宏观经济形势等因素确定,并报全国人民代表大会批准。年度预算执行中,如出现下列特殊情况需要调整地方政府债务新增限额,由国务院提请全国人大常委会审批:当经济下行压力大、需要实施积极财政政策时,适当扩大当年新增债务限额;当经济形势好转、需要实施稳健财政政策或适度从紧财政政策时,适当削减当年新增债务限额或在上年债务限额基础上合理调减限额。

2016年11月9日,财政部印发《地方政府专项债务预算管理办法》和《地方政府一般债务预算管理办法》,对地方政府转向债务和一般债务的筹措方式、使用范围、债务限额和余额、预算编制、预算执行和决算等事项进行了规范。

2017年3月23日,财政部印发《新增地方政府债务限额分配管理暂行办法》,

规定新增地方政府一般债务限额、新增地方政府专项债务限额（以下均简称"新增限额"）分别按照一般公共预算、政府性基金预算管理方式，单独测算。新增限额分配管理应当遵循立足财力水平、防范债务风险、保障融资需求、注重资金效益、公平公开透明的原则。

2017年5月16日，财政部、国土资源部印发《地方政府土地储备专项债券管理办法（试行）》。2017年6月26日，财政部、交通运输部印发《地方政府收费公路专项债券管理办法（试行）》。2017年6月，财政部印发《关于试点发展项目收益与融资自求平衡的地方政府专项债券品种的通知》。2018年3月1日，财政部、住建部印发《试点发行地方政府棚户区改造专项债券管理办法》。多个文件对我国地方政府专项债券的管理进行了规定。

2018年8月14日，财政部印发《关于做好地方政府专项债券发行工作的意见》，表明为加快地方政府专项债券（以下简称"专项债券"）的发行和使用进度，更好地发挥专项债券对稳投资、扩内需、补短板的作用，需要做到：加快专项债券发行进度；提升专项债券发行市场化水平；优化专项债券发行程序；简化专项债券信息披露流程；加快专项债券资金拨付使用；加强专项债券信息报送。

2018年7月30日和2018年8月14日，财政部分别印发了《地方政府债券公开承销发行业务规程》和《地方政府债券弹性招标发行业务规程》，对地方政府债券的公开承销发行业务和弹性招标发行业务进行了规范。

2.5.2 2018年我国地方政府债券发行情况分析

2018年，全国发行地方政府债券41 652亿元。其中，发行一般债券22 192亿元，发行专项债券19 460亿元；按用途划分，发行新增债券21 705亿元，占当年新增债务限额的99.6%，发行置换债券和再融资债券19 947亿元。2018年，地方政府债券平均发行期限为6.1年，其中一般债券为6.1年、专项债券为6.1年；平均发行利率为3.89%，其中一般债券为3.89%、专项债券为3.9%。经第十三届全国人民代表大会第一次会议审议批准，2018年全国地方政府债务限额为209 974.30亿元，其中一般债务限额为123 789.22亿元、专项债务限额为86 185.08亿元。截至2018年年末，全国地方政府债务余额为183 862亿元，控制在全国人大批准的限额之内，其中一般债务为109 939亿元、专项债务为73 923亿元，政府债券为180 711亿元、非政府债券形式存量政府债务为3 151亿元。截至2018年年末，地方政府债券剩余平均年限为4.4年，其中一般债券为4.4年、专项债券为4.6年；平均利率为3.51%，其中一般债券为3.5%、专项债券为3.52%。

2.6 2018年财政收入预期分析

2.6.1 2018年财政收入总结

回顾2018年财政收入的完成情况,主要有以下特点:

(1) 从财政收入总量来看,2018年全国一般公共预算收入为183 351.84亿元,比上年增长6.2%。其中,中央一般公共预算收入为85 447.34亿元,为预算的100.13.2%,比2017年增长5.37.1%;地方一般公共预算本级收入为97 904.5亿元,比2017年同口径增长7.7%。全国一般公共预算收入中的税收收入为156 401亿元,占比为85.30%,同比增长8.3%;非税收入同比下降4.7%。

(2) 从财政收入走势看,2018年财政收入增速呈现下降趋势,1—5月财政收入增速较高,其中1月和2月的增速超过15%,3—5月的增速在10%上下波动,6—12月的增速先增加再大幅度降低,最后在12月有所回升。

(3) 从全国各地方政府的财政收入来看,2018年的增长情况要好于2017年,超过半数省份当年财政收入的增幅都较2017年的增长率有所提高。① 从各地方政府2018年公共预算收入的数量来看,规模最大的是广东,与上一年度相比增长7%,也是唯一超过万亿元的省份;规模最小的是西藏,与上一年度相比增长23.9%。② 公共预算收入超过五千亿元的有6个省份,分别是广东、江苏、上海、山东、浙江和北京;公共预算收入不足千亿元的有5个省份,分别是西藏、青海、宁夏、海南和甘肃。③ 从各地政府当年本级财政收入的增长率来看,西藏和山西增速最快,内蒙古、天津、吉林为负增长。④ 2018年本级一般公共预算收入增长速度与2017年相比提高最多的省份是内蒙古;8个省份的增速与上一年度相比有所回落。

(4) 从财政收入构成比例分析,与上一年度相比,一般公共预算占比继续降低,由2017年的59%下降为2018年的55%,同时社会保险基金收入占比上升3个百分点,政府性基金预算收入上升1个百分点。税收收入中资源税、契税、个人所得税、土地增值税、出口货物退增值税消费税等税收的增长率较高。

(5) 2018年年末我国中央财政债务余额实际数为149 607.42亿元,比预算数少4.7%,与2017年决算数相比增长11%。2018年发行的国债中,记账式附息国债发行次数和发行量小幅降低,记账式贴现国债发行次数和发行量明显增加,由于2018年没有继续发行特别国债,我国可流通国债总额较上年度相比仅小幅增加。而非流通国债中凭证式国债和储蓄(电子式)国债与上年度相比都有所减少。与上一年度相比,长期国债的份额有所降低。

2.6.2 2019年财政收入预期

2019年,我国经济发展的外部环境更加复杂,不确定性更大,风险挑战更多,但随着供给侧结构性改革的深入推进,重点难点领域改革持续深化,积极财政政策与稳健货币政策协同发力,我国经济长期向好的态势不会改变,2019年能够保持经济运行在合理区间,将为财政收入增长提供有力支撑。

2019年,财政部门将按照党中央、国务院决策部署,在全面落实已出台的减税降费政策的同时,抓紧实施更大规模的减税、更为明显的降费,这在有效激发市场活力、进一步降低企业成本负担的同时,也将相应影响财政增收。

综合各方面因素,预计2019年财政收入增速将有所放缓。

主要参考文献

[1] 中经网统计数据库,http://db.cei.gov.cn/。
[2] 中华人民共和国国家统计局,http://www.stats.gov.cn/。
[3] 中国政府网,http://www.gov.cn/。
[4] 中国财政部网站,http://www.mof.gov.cn/。

第 3 章 2018 年中国财政支出分析

3.1 2017 年财政支出决算回顾

2017 年是"十三五"规划执行的第二年。国际国内形势依然复杂,充满风险。国际方面世界经济增长持续低迷,逆"全球化"和保护主义倾向抬头;国内方面,各项事业正处于爬坡过坎的关键阶段。面对诸多挑战,我国政府继续实施积极的财政政策,并进一步注重财政政策的有效性,加大力度补短板、惠民生。中央政府坚持过紧日子,挤出更多资金用于减税降费,引领我国经济发展实现提质增效,人民生活水平不断提高。在此基础上,财政工作与财政改革发展有序推进,预算执行总体良好,公共财政支出决算、政府性基金支出决算、国有资本经营支出决算以及社会保险基金决算情况如下。

3.1.1 公共财政支出决算

2017 年,全国公共财政支出为 203 085.49 亿元,比 2016 年增长 7.7%[①],加上补充中央预算稳定调节基金 3 347.80 亿元,支出总量为 206 433.29 亿元。当年全国财政支出超过收入 23 800 亿元。[②]

3.1.1.1 中央公共财政支出决算情况

首先,从中央公共财政支出决算的总体情况来看,2017 年中央公共财政支出为 94 908.93 亿元,完成预算的 99.1%;其中中央对地方税收返还和转移支付 65 051.78 亿元,较上年决算数增长 4.3%,加上补充中央预算稳定调节基金 3 347.80 亿元,支出总量为 98 256.73 亿元。中央公共财政支出超过收入 15 500 亿元,与预算持平。

其次,从中央本级公共财政支出决算的结构来看(见表 3-1),完成预算低于 100% 的支出项目包括外交、科学技术、文化体育与传媒、医疗卫生与计划生育、农林水、交通运输、住房保障、其他支出、债务发行费用、中央对地方税收返还和转移支付等 10 项,除了以上 10 项支出,其他各项支出均完成或超额完成年初预算。其

---

① 在"2017 年财政支出决算回顾"部分,如无特别说明,增长都是相对于 2016 年的。
② 全国一般公共预算支出大于收入的差额＝支出总量(全国一般公共预算支出＋补充中央预算稳定调节基金)－收入总量(全国一般公共预算收入＋全国财政使用结转结余及调入资金)。

中，超出预算10%以上的支出项目有节能环保、城乡社区、资源勘探信息、商业服务业等4项，其中城乡社区支出和商业服务业支出各超出预算11.3%和12.7%。此外，税收返还8 022.83亿元，一般性转移支付35 145.59亿元，专项转移支付21 883.36亿元。

表3-1 2017年中央本级公共财政支出情况

项目	调整预算数（亿元）	决算数（亿元）	决算数占调整预算的比例（%）	比上年增长（%）
一、一般公共服务支出	1 260.67	1 271.46	100.9	5.2
二、外交支出	546.03	519.67	95.2	8.3
三、国防支出	10 225.81	10 226.35	100.0	7.1
四、公共安全支出	1 838.55	1 848.94	100.6	6.1
五、教育支出	1 520.00	1 548.39	101.9	7.0
六、科学技术支出	2 841.87	2 826.96	99.5	5.2
七、文化体育与传媒支出	274.57	270.92	98.7	9.3
八、社会保障和就业支出	991.86	1 001.11	100.9	12.4
九、医疗卫生与计划生育支出	137.04	107.60	78.5	18.0
十、节能环保支出	297.07	350.56	118.0	18.6
十一、城乡社区支出	11.10	23.45	211.3	18.7
十二、农林水支出	737.79	708.74	96.1	−9.2
十三、交通运输支出	1 157.60	1 156.42	99.9	−2.6
十四、资源勘探信息等支出	331.89	374.11	112.7	14.8
十五、商业服务业等支出	23.05	49.51	214.8	35.0
十六、金融支出	788.81	853.21	108.2	13.4
十七、国土海洋气象等支出	285.80	298.35	104.4	−4.7
十八、住房保障支出	433.92	420.67	96.9	−3.8
十九、粮油物资储备支出	1 476.03	1 597.48	108.2	10.0
二十、其他支出	619.83	590.12	95.2	36.5
廿一、债务付息支出	3 749.36	3 777.69	100.8	11.9
廿二、债务发行费用支出	46.35	35.44	76.5	6.9
中央对地方税收返还和转移支付	65 650.00	65 051.78	99.1	4.3
中央预备费	500.00	—	—	—
中央一般公共预算支出	95 745.00	94 908.93	99.1	5.3
补充中央预算稳定调节基金		3 347.80		282.1

资料来源：根据财政部网站数据并经作者简单计算整理得到。

最后,从中央本级公共财政支出决算的增长速度来看(见表3-1),增长率最大的项目是补充中央预算稳定调节基金,支出增长率为282.1%。增速位列第2、3的是其他支出和商业服务业等支出,增长率分别为36.5%和35.0%,增长率在10%—30%的项目主要包括社会保障和就业支出、医疗卫生与计划生育支出、节能环保支出、城乡社区支出、资源勘探信息等支出、金融支出、粮油物资储备支出、债务付息支出等8项;农林水支出、交通运输支出、国土海洋气象等支出和住房保障支出的增长率为负;除此之外,其余项目支出的增长率都位于0—10%。

3.1.1.2 地方公共财政支出决算情况

首先,从地方公共财政支出决算的总体情况来看,2017年地方公共财政支出173 228.34亿元,为预算的105.1%,同比增长7.6%,地方公共财政支出超过收入8 300亿元。

其次,从地方公共财政支出决算的结构来看(见表3-2),外交支出、国防支出、农林水支出、资源勘探信息等支出、商业服务业等支出、金融支出、国土海洋气象等支出、住房保障支出、粮油物资储备支出、债务发行费用支出等10项完成预算的比例低于100%。除以上各支出项目,其他支出项均超额完成预算。其中超出预算最多的两个项目是债务付息支出和援助其他地区支出,超出幅度分别为41.9%和32.2%;除此之外,其余项目超出预算的比例都在20%以内。需要说明的是,以上各项支出中包括地方用中央税收返还和转移支付资金安排的支出。

最后,从各主要支出项目的增长速度来分析,债务付息支出的增长幅度最大,其增长率达46.7%;其次是援助其他地区支出,增长率达到31.6%。

表3-2 2017年地方公共财政支出情况

项目	预算数(亿元)	决算数(亿元)	决算数占预算数的比例(%)	增长率(%)
一、一般公共服务支出	13 559.57	15 238.90	112.4	12.2
二、外交支出	2.23	2.08	93.3	−8.8
三、国防支出	218.16	206.02	94.4	−6.3
四、公共安全支出	9 466.40	10 612.33	112.1	14.2
五、教育支出	27 893.59	28 604.79	102.5	7.4
六、科学技术支出	3 969.36	4 440.02	111.9	14.5
七、文化体育与传媒支出	2 919.28	3 121.01	106.9	7.1
八、社会保障和就业支出	21 529.43	23 610.57	109.7	15.1
九、医疗卫生与计划生育支出	13 906.97	14 343.03	103.1	8.2
十、节能环保支出	4 469.62	5 266.77	117.8	18.6

(续表)

项目	预算数 (亿元)	决算数 (亿元)	决算数占预算 数的比例(%)	增长率 (%)
十一、城乡社区支出	19 191.17	20 561.55	107.1	11.9
十二、农林水支出	18 609.99	18 380.25	98.8	3.2
十三、交通运输支出	9 211.29	9 517.56	103.3	−1.7
十四、资源勘探信息等支出	5 254.01	4 660.21	88.7	−14.7
十五、商业服务业等支出	1 681.38	1 519.66	90.4	−10
十六、金融支出	558.17	294.83	52.8	−46.4
十七、援助其他地区支出	301.79	398.99	132.2	31.6
十八、国土海洋气象等支出	2 024.05	2 005.80	99.1	−6.9
十九、住房保障支出	6 391.55	6 131.82	95.9	−3.3
二十、粮油物资储备支出	713.01	653.30	91.6	−11.5
廿一、其他支出	1 099.41	1 139.19	103.6	−22.4
廿二、债务付息支出	1 758.78	2 495.38	141.9	46.7
廿三、债务发行费用支出	38.79	24.28	62.6	−33.9
地方一般公共预算支出	164 768.00	173 228.34	105.1	7.6

资料来源:根据财政部网站数据并经作者计算整理而得。

3.1.2 政府性基金支出决算

2017年,全国政府性基金支出为60 968.59亿元,完成预算数的109.9%,收入大于支出8 809.57亿元。下面我们分别说明中央与地方政府性基金的支出决算情况。

3.1.2.1 中央政府性基金支出决算情况

2017年,中央政府性基金支出为3 669.19亿元,完成预算为的91.6%,增长9.2%。其中,中央本级支出为2 683.60亿元,增长6.7%。支出金额超过300亿元的项目有:中央特别国债经营基金财务支出682.87亿元,可再生能源电价附加收入安排的支出648.73亿元,铁路建设基金支出420.07亿元,彩票公益金安排的支出360.47亿元,中央本级政府性基金支出的具体项目如表3-3所示。

表3-3 2017年中央本级政府性基金支出决算情况

项目	预算数 (亿元)	决算数 (亿元)	决算数占预算 数的比例(%)	增长率 (%)
一、中央农网还贷资金支出	143.52	143.16	99.7	14.8
二、铁路建设基金支出	420.07	420.07	100.0	6.6
三、民航发展基金支出	104.32	105.83	101.4	−10.8

(续表)

项目	预算数	决算数	决算数为预算数的%	增长率
四、港口建设费安排的支出	58.25	57.74	99.1	-16.0
五、旅游发展基金支出	2.90	2.37	81.7	0
六、国家电影事业发展专项资金支出	1.76	1.52	86.4	-6.7
七、中央水库移民扶持基金支出	1.13	1.06	93.8	1.9
八、中央特别国债经营基金财务支出	682.87	682.87	100.0	0
九、彩票公益金安排的支出	466.29	360.47	77.3	1.1
十、国家重大水利工程建设基金支出	246.14	225.87	91.8	25.4
十一、核电站乏燃料处理处置基金支出	24.63	2.55	10.4	390.4
十二、可再生能源电价附加收入安排的支出	651.67	648.73	99.5	28.3
十三、船舶油污损害赔偿基金支出	1.92	0.01	0.5	-100.0
十四、废弃电器电子产品处理基金支出	9.12	0.66	7.2	-98.6
十五、彩票发行和销售机构业务费安排的支出	66.55	30.69	46.1	-2.3
中央本级政府性基金支出	2 881.14	2 683.60	93.1	6.7

资料来源:根据财政部网站数据并经作者计算整理得到。

此外,中央对地方政府性基金转移支付为985.59亿元,完成预算数的87.7%,中央政府性基金结转下年支出为385.59亿元。

3.1.2.2 地方政府性基金支出决算情况

2017年,地方政府性基金支出为58 284.99亿元,完成预算的110.8%,增长34.8%。其中支出额超过1 000亿元的有:国有土地使用权出让金收入安排的支出50 609.83亿元,车辆通行费相关支出1 868.4亿元,国有土地收益基金相关支出1 368.84亿元,城市基础设施配套费相关支出1 278.42亿元。地方政府性基金支出的具体情况如表3-4所示。

表3-4 2017年地方政府性基金支出决算情况

项目	预算数(亿元)	决算数(亿元)	决算数占预算数的比例(%)	增长率(%)
一、地方农网还贷资金安排的支出	32.66	35.67	109.2	12.6
二、民航发展基金支出	346.44	200.27	57.8	8.1
三、海南省高等级公路车辆通行附加费相关支出	21.81	39.15	179.5	86.1
四、港口建设费相关支出	170.20	149.74	88.0	26.0
五、新型墙体材料专项基金相关支出	26.00	33.39	128.4	-34.3

（续表）

项目	预算数（亿元）	决算数（亿元）	决算数占预算数的比例（%）	增长率（%）
六、旅游发展基金支出	14.00	8.34	59.6	32.0
七、国家电影事业发展专项资金相关支出	27.08	23.51	86.8	0.7
八、城市公用事业附加相关支出	70.60	128.36	181.8	−47.9
九、国有土地使用权出让金收入相关支出	45 069.94	50 609.83	112.3	37.8
十、国有土地收益基金相关支出	1 219.90	1 368.84	112.2	46.5
十一、农业土地开发资金相关支出	178.88	149.88	83.8	32.8
十二、中央水库移民扶持基金支出	292.67	273.40	93.4	−2.3
十三、彩票公益金相关支出	682.41	644.35	94.4	−1.6
十四、城市基础设施配套费相关支出	1 413.23	1 278.42	90.5	19.3
十五、地方水库移民扶持基金相关支出	66.25	48.16	72.7	−2.6
十六、国家重大水利工程建设基金相关支出	165.72	167.07	100.8	0.2
十七、车辆通行费相关支出	1 489.61	1 868.40	125.4	34.3
十八、可再生能源电价附加收入安排的支出	98.77	63.36	64.1	−29.0
十九、彩票发行和销售机构业务费安排的支出	185.31	143.54	77.5	7.3
二十、污水处理费收入安排的支出	419.55	437.80	104.3	34.8
廿一、其他政府性基金支出	600.99	613.51	102.1	−1.0
地方政府性基金支出	52 592.02	58 284.99	110.8	34.8
收入大于支出（结转下年）		8 355.49		133.4

资料来源：根据财政部网站数据并经作者计算整理得到。

3.1.3 国有资本经营支出决算

2017 年，全国国有资本经营支出为 2 015.31 亿元，全国国有资本经营收入为 2 580.90 亿元。

3.1.3.1 中央国有资本经营支出决算情况

2017 年，中央国有资本经营支出为 1 001.71 亿元，完成预算数的 86.3%，同比减少 30.9%。其中，中央本级国有资本经营支出为 766.34 亿元，完成预算的 73.2%，下降 18.2%。中央本级国有资本经营支出中，国有企业政策性补贴为 77.28 亿元，是超出预算金额最多的支出事项，超出幅度为 10.4%，其他国有资本经营预算支出是较上年决算数降幅最大的支出事项，减少 88.2%。具体情况如表 3-5 所示。

表 3-5 2017 年中央本级国有资本经营支出决算情况

项目	预算数（亿元）	决算数（亿元）	决算数占预算数的比例（％）	决算数占上年决算数的比例（％）
一、国有资本经营预算补充社保基金支出	29.34	34.86	118.8	58.5
二、解决历史遗留问题及改革成本支出	620.40	625.12	100.8	78.5
三、国有企业资本金注入	326.65	252.43	77.3	63.3
四、国有企业政策性补贴	70.00	77.28	110.4	82.8
五、其他国有资本经营预算支出	114.64	12.02	10.5	11.8
中央本级国有资本经营支出	1 047.03	766.34	73.2	81.8
结转下年支出		113.59		88.7

资料来源：根据财政部网站数据并经作者计算整理得到。

3.1.3.2 地方国有资本经营支出决算情况

2017 年，地方国有资本经营本级收入为 1 336.63 亿元，中央对地方国有资本经营转移支付为 235.37 亿元，地方国有资本经营支出为 1 248.97 亿元。其中，超出预算数最多的支出事项是其他国有资本经营预算支出，超出幅度为 66.6％；较上年决算数涨幅最大的是国有企业政策性补贴，增长 23.6％。具体情况如表 3-6 所示。

表 3-6 2017 年地方国有资本经营支出决算情况

项目	预算数（亿元）	决算数（亿元）	决算数占预算数的比例（％）	决算数占上年决算数的比例（％）
一、解决历史遗留问题及改革成本支出	313.22	406.43	129.8	101.2
二、国有企业资本金注入	413.65	549.60	132.9	112.6
三、国有企业政策性补贴	32.91	35.46	107.7	123.6
四、其他国有资本经营预算支出	154.52	257.48	166.6	85.8
地方国有资本经营支出	914.30	1 248.97	136.6	102.5
国有资本经营预算调出资金	248.00	356.66	143.8	116.8

资料来源：根据财政部网站数据并经作者计算整理得到。

3.1.4 社会保险基金决算

2017 年全国社会保险基金支出 48 652.99 亿元，较上年增长 11.6％。本年收支结余 9 784.58 亿元，年末滚存结余 75 348.58 亿元。

企业职工基本养老保险基金本年支出为 28 566.73 亿元，比上年增加 2 785.04 亿元，增长 10.7％，完成预算的 99.9％。本年收支结余 4 975.31 亿元，年末滚存结余 41 574.33 亿元。

城乡居民基本养老保险基金本年支出为2 395.31亿元,比上年增加221.44亿元,增长10.2%,完成预算的100.2%。其中,基本养老金支出2 308.02亿元,比上年增长202.88亿元,增长9.6%,完成预算的99.5%,本年收支结余943.99亿元,年末滚存6 341.91亿元。

职工基本医疗保险基金本年支出9 298.36亿元,比上年增加1 210.51亿元,增长15%,完成预算的103.2%。居民基本医疗保险基金本年支出6 121.16亿元,比上年增加649.13亿元,增长11.9%,完成预算的98.7%。工伤保险基金本年支出641.43亿元,比上年增加53.25亿元,增长9.1%,完成预算的99.9%。失业保险基金本年支出893.76亿元,比上年减少81.74亿元,下降8.4%,完成预算的86.1%。生育保险基金本年支出736.24亿元,比上年增加210.51亿元,增长40%,完成预算的121%。具体数据见表3-7所示。

表3-7 2017年全国社会保险基金支出决算情况表　　（单位:亿元）

项目	合计	企业职工基本养老保险基金	城乡居民基本养老保险基金	职工基本医疗保险基金	居民基本医疗保险基金	工伤保险基金	失业保险基金	生育保险基金
支出	48 652.99	28 566.73	2 395.31	9 298.36	6 121.16	641.43	893.76	736.24
1. 基本养老金支出	29 792.68	27 484.66	2 308.02	—	—			
2. 基本医疗保险统筹基金支出	5 660.34	—	—	5 660.34	—			
3. 基本医疗保险个人账户基金支出	3 638.02	—	—	3 638.02	—			
4. 待遇支出	6 094.91	—	—	—	6 094.91			
5. 工伤保险待遇支出	634.96	—	—	—	—	634.96	—	
6. 失业保险金支出	318.48	—	—	—	—	—	318.48	
7. 生育保险待遇支出	732.41	—	—	—	—	—	—	732.41
本年收支结余	9 784.58	4 975.31	943.99	2 836.29	717.17	190.34	218.87	−97.39
年末滚存结余	75 348.38	41 574.33	6 341.91	15 668.97	4 065.70	1 590.56	5 552.37	554.74

注:资料来源于财政部网站。

3.2 2018年财政支出预算安排

2018年3月15日,在第十四届全国人民代表大会第五次会议上,财政部发布了《关于2017年中央和地方预算执行情况与2018年中央和地方预算草案的报告》,对2018年公共财政预算、政府性基金预算、国有资本经营预算以及社会保险基金预算的安排情况进行了说明。下面我们对相关支出安排情况进行简要分析。

3.2.1 公共财政支出预算安排情况

3.2.1.1 一般公共预算

2018年,全国一般公共预算支出为209 830亿元,比上年执行数(扣除地方使用结转结余及调入资金)增长7.6%;赤字为23 800亿元,与上年持平。其中,中央一般公共预算支出为103 310亿元,增长8.5%;在中央公共财政支出中,中央本级支出32 466亿元,增长8.1%,比2017年预算增幅(6.5%)提高1.6个百分点。中央对地方税收返还和转移支付为70 344亿元,增长8%,比2017年预算增幅(7%)提高1个百分点。中央预备费为500亿元,与2017年预算持平。收支总量相抵,中央财政赤字为15 500亿元,与上年持平。中央财政国债余额限额为156 908.35亿元。中央预算稳定调节基金余额为2 536.05亿元。地方财政支出为176 864亿元,比上年执行数(扣除使用结转结余及调入资金)增长7.3%。地方财政赤字为8 300亿元,与上年持平,通过发行地方政府一般债券弥补。地方政府一般债务余额限额为123 789.22亿元。

3.2.1.2 中央本级预算支出安排情况

2018年,中央本级公共财政预算各主要支出项目的情况如表3-8所示,可以看出,2018年预算数比上年执行数增长最快的项目是商业服务业等支出,增长70.7%;医疗卫生与计划生育支出、其他支出、债务发行费用支出、外交支出、债务付息支出、一般公共服务支出、科学技术支出的增长速度分别位列第2—8,增长幅度达到10%以上,这反映了中央本级财政在2018年的支出重点。资源勘探信息等支出、粮油物资储备支出和金融支出预算数比上年执行数有所下降,分别下降23.2%、14.1%和2.6%。

表3-8 2018年中央本级公共财政支出预算安排情况

项目	2018年预算数(亿元)	预算数占上年执行数的比例(%)	增长排序
一、一般公共服务支出	1 453.88	111.6	7
二、外交支出	600.70	115.6	5
三、国防支出	11 069.51	108.1	11
四、公共安全支出	1 991.10	105.5	16
五、教育支出	1 711.22	106.5	13
六、科学技术支出	3 114.84	110.1	9
七、文化体育与传媒支出	280.60	101.3	18
八、社会保障和就业支出	1 180.16	108.5	10
九、医疗卫生与计划生育支出	209.05	155.5	2
十、节能环保支出	376.44	106.3	15

(续表)

项目	2018年预算数(亿元)	预算数占上年执行数的比例(%)	增长排序
十一、城乡社区支出	78.62	101.0	19
十二、一农林水支出	587.26	111.4	8
十三、交通运输支出	1 240.48	107.0	12
十四、资源勘探信息等支出	291.88	76.8	22
十五、商业服务业等支出	94.65	170.7	1
十六、金融支出	831.72	97.4	20
十七、国土海洋气象等支出	323.7	106.5	14
十八、住房保障支出	444.07	105.1	17
十九、粮油物资储备支出	1 371.5	85.9	21
二十、其他支出	881.58	144.4	3
廿一、债务付息支出	4 286.52	113.4	6
廿二、债务发行费用支出	46.52	131.3	4
中央预备费	500.00	—	—
中央本级支出	32 466.00	108.1	

资料来源:根据财政部网站数据并经作者简单计算得到。

最后,简要说明中央对地方税收返还和转移支付的情况。中央对地方税收返还和转移支付为70 344亿元,增长8%,比2017年预算增幅(7%)提高1个百分点,主要是增加均衡性转移支付和困难地区财力补助,以及支持地方加大补短板投入。其中,一般性转移支付为38 994.5亿元,增长10.9%;专项转移支付为23 212.5亿元,增长6.1%。一般性转移支付中,均衡性转移支付为24 438.57亿元,增长9.1%;老少边穷地区转移支付为2 133.33亿元,增长15.8%。

3.2.1.3 地方预算支出安排情况

2018年,地方一般公共预算支出为176 864亿元,比上年执行数(扣除使用结转结余及调入资金)增长7.3%。地方财政赤字为8 300亿元,与上年持平,通过发行地方政府一般债券弥补。地方政府一般债务余额限额为123 789.22亿元。需要说明的是,地方财政收支预算由地方各级人民政府编制,报同级人民代表大会批准,相关汇总数据并未在《关于2017年中央和地方预算执行情况与2018年中央和地方预算草案的报告》中列示,限于数据的可得性,本报告中未列示地方预算支出安排的详细科目数据。

3.2.2 政府性基金支出预算安排情况

2018年,汇总中央和地方预算,全国政府性基金相关支出为78 048.98亿元,增长28.5%。

3.2.2.1 中央政府性基金支出预算安排情况

2018年,中央政府性基金支出为4 247.17亿元,较上年执行数增长15%(见表3-9)。从各项目的增长速度来看,增长最快和次快的是废弃电器电子产品处理基金支出和核电站乏燃料处理处置基金支出,其增长速度分别高达5 425.8%和955.7%,这主要是上年基数较小所致;之后为彩票发行和销售机构业务费安排的支出,增长速度为141.5%;随后的是民航发展基金支出和铁路建设基金支出,其增长速度分别为69.4%和34.6%;国家重大水利工程建设基金相关支出、中央水库移民扶持基金支出、中央特别国债经营基金财务支出和国家电影事业发展专项资金相关支出项目有所下降,其余项目都有不同程度的增长。此外,从各项目支出所占比例来看,可再生能源电价附加支出所占的比例最大,其支出数额为838.88亿元,占19.75%;其次为彩票公益金相关支出,支出数额为677.76亿元,所占比例为15.96%;占比超过10%的有中央特别国债经营基金财务支出、铁路建设基金支出和民航发展基金支出,支出数额分别为632.92亿元、565.34亿元和520.28亿元,所占比例分别为14.90%、13.31%和12.25%;其余项目所占比例则在10%以下。

表3-9 2018年中央政府性基金支出预算安排情况

项目	2018年预算数（亿元）	预算数占上年执行数的比例（%）	各项目支出占比（%）
一、中央农网还贷资金支出	160.20	111.9	3.77
二、铁路建设基金支出	565.34	134.6	13.31
三、民航发展基金支出	520.28	169.4	12.25
四、港口建设费相关支出	194.2	106.2	4.57
五、旅游发展基金支出	17.06	121.9	0.40
六、国家电影事业发展专项资金相关支出	10.66	95.8	0.25
七、中央水库移民扶持基金支出	215.04	73.2	5.06
八、中央特别国债经营基金财务支出	632.92	92.7	14.90
九、彩票公益金相关支出	677.76	128.0	15.96
十、国家重大水利工程建设基金相关支出	226.70	68.0	5.34
十一、核电站乏燃料处理处置基金支出	26.92	1055.7	0.63
十二、可再生能源电价附加支出	838.88	117.8	19.75
十三、船舶油污损害赔偿基金支出	1.94		0.05
十四、废弃电器电子产品处理基金支出	36.47	5525.8	0.86
十五、彩票发行和销售机构业务费支出	88.08	241.5	2.07
中央政府性基金支出	4 247.17	115.0	100.00

资料来源:根据财政部网站数据并经作者计算得到。

3.2.2.2 地方政府性基金支出预算安排情况

2018年,地方政府性基金相关支出为74 786.27亿元,增长28.9%。其中,国有土地使用权出让收入相关支出为66 932.08亿元,增长29.3%,主要是对应的专项债务收入大幅增加,相应增加支出安排。地方政府专项债务余额限额为86 185.08亿元。

3.2.3 国有资本经营支出预算安排情况

2018年,安排全国国有资本经营预算支出为2 273.58亿元,增长12.9%。向一般公共预算调出677.67亿元。中央国有资本经营预算支出为1 168.87亿元,增长16.4%。其中,中央本级支出为1 068.87亿元,增长39%;对地方转移支付为100亿元,下降57.5%,主要是中央下放企业"三供一业"分离移交补助资金减少。向一般公共预算调出321.54亿元,增长3.6%,调入比例由2017年的22%提高到25%。同年,地方国有资本经营预算支出为1 204.71亿元,下降3.2%。向一般公共预算调出356.13亿元。表3-10列示了2018年中央国有资本经营支出预算安排情况的相关数据。可以发现,占比最高的是解决历史遗留问题及改革成本支出,占总支出的62.34%。限于数据可得性,本报告中未列示地方政府性基金支出的详细汇总数据。

表3-10 2018年中央国有资本经营支出预算安排情况

项目	2018年预算数(亿元)	预算数占上年执行数的比例(%)	各项目支出占比(%)
一、国有资本经营预算补充社保基金支出	34.86	29.9	3.47
二、解决历史遗留问题及改革成本支出	625.96	84.9	62.34
三、国有企业资本金注入	253.72	138.6	25.27
四、国有企业政策性补贴	77.37	90.6	7.71
五、其他国有资本经营预算支出	12.21	1 682.9	1.22
中央国有资本经营支出	1 004.12	116.4	100
国有资本经营预算调出资金	310.48	103.6	

资料来源:根据财政部网站数据并经作者计算得到。

3.2.4 社会保险基金预算安排情况

根据机关事业单位养老保险改革进展,2018年开始编制中央和地方机关事业单位基本养老保险基金预算,社会保险基金预算首次按中央预算和地方预算分别编制。

全国社会保险基金预算按险种分别编制,包括基本养老保险基金(含企业职工基本养老保险、城乡居民基本养老保险)、基本医疗保险基金(含城镇职工基本医疗保险、城镇居民基本医疗保险和新型农村合作医疗)、工伤保险基金、失业保险基金、生育保险基金等社会保险基金。汇总中央和地方预算,2018年全国社会保险基金支出为64 542.32亿元,增长31.8%;本年收支结余3 550.67亿元,年末滚存结余76 990.28亿元。

3.3 2018年公共财政支出规模分析

3.3.1 预算完成情况

在预算完成方面,2018年1—12月全国公共财政累计支出220 906亿元,比预算数多11 076亿元。分中央和地方看,中央本级一般公共预算支出32 708亿元,比预算数多242亿元;地方财政用地方本级收入、中央税收返还和转移支付资金等安排的支出188 198亿元,比预算数多11 334亿元(见表3-11)。

表3-11 2018年公共财政支出数据

类别		预算数		预算执行数	
		金额(亿元)	增长率(%)	金额(亿元)	增长率(%)
全国财政支出	总额	209 830	7.60	220 906	8.70
	全国赤字	23 800	0	23 800	0
中央财政支出	总额	103 310	8.5	102 382	7.70
	本级支出	32 466	8.1	32 708	8.80
	对地方的转移支付和税收返还	70 344	7.00	69 674	7.20
	中央赤字	15 500	0	15 500	0
地方财政支出	总额	176 864	6.20	188 198	8.70
	地方赤字	8 300	0	8 300	0

资料来源:根据财政部网站数据并经作者简单计算得到。

此外,从年度增长的角度看,2018年全国公共财政支出比上年增加17 576亿元,增长8.7%;其中中央本级支出比上年增加2 849亿元,增长8.8%;地方财政支出比上年增加14 727亿元,增长8.7%。无论是绝对数额还是增长率,2018年都比2017年有一定程度的增加,这是我国在2018年实施积极财政政策的结果。

3.3.2 公共财政支出与收入关系分析

从2018全年来看,公共财政支出增长率高于收入增长率(见表3-12)。财政收入增速较上年进一步下降,而支出增速较上年有一定回升。财政收入增速下降的原因主要是我国经济增长放缓,以及实施减税降费政策带来的影响,致使税收增幅相对较小;预算支出增速回升主要是我国继续实行积极财政政策,各级财政必保支出较多,新增支出需求量大,从而使支出增幅有所上升。从收支差额可以看出,2018 年全年公共财政累计支出 220 906 亿元,增长 8.7%;同期公共财政收入 183 352 亿元,增长 6.2%。从增长率来看,3—5 月及 7、8 月的支出增长率低于收入增长率,其余月份的支出增长率高于收入增长率。2018 年,财政支出累计超过收入 37 554 亿元,比 2017 年高 6 791 亿元。

表 3-12　2018 年 1—12 月财政支出与收入关系分析

月份	财政支出		财政收入		收支差额（亿元）
	金额（亿元）	同比增长率（%）	金额（亿元）	同比增长率（%）	
1—2	29 062	16.7	36 553	15.8	7 491
3	21 935	4.2	13 993	8.4	−7 942
4	14 696	8.2	18 473	11.0	3 777
5	17 003	0.5	17 631	9.7	628
6	28 897	7.0	17 680	3.5	−11 217
7	13 944	3.3	17 461	6.1	3 517
8	15 137	3.3	11 077	4.0	−4 060
9	22 616	11.7	12 963	2.0	−9 653
10	12 031	8.2	15 727	−3.1	3 696
11	16 431	−0.8	10 775	−5.4	−5 656
12	29 154	22.7	11 019	1.8	−18 135
1—12 月累计	220 906	8.7	183 352	6.2	−37 554

注:收支差额根据当月财政收入减去支出得到。
资料来源:根据财政部网站数据并经作者计算整理得到。

另外,从近十年我国财政收入与财政支出增长率的关系来看(见图 3-1),两者都呈现一定的波动性下降趋势。受 2008 年世界金融危机的影响,我国财政收入增长率较前期下降明显。同时,为应对严峻的经济形势,我国实施了积极的财政政策,财政支出增幅较大。到 2011 年,财政收入与财政支出的增长率都达到一个阶段性高点,随后一直呈现双双下滑的趋势,且财政支出增长率一直高于财政收入增长率。财政收入增长率偏低是经济增速放缓和政府减税降费造成的。而财政支出增长率在 2017 年、2018 年增速企稳回升是国家持续实施宽松财政政策,注重供给侧改革、惠民生等方面的投入,注重提高经济发展质量等各项举措的结果。

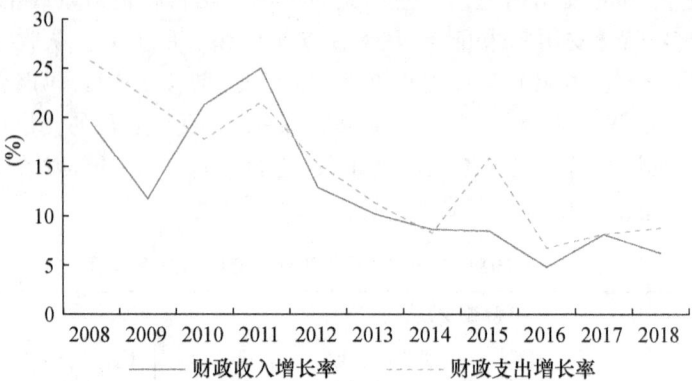

图 3-1　2008—2017 年财政收入增长率与财政支出增长率

3.3.3　公共财政支出与 GDP 关系分析

表 3-13 反映了我国 2008—2018 年公共财政支出增长率、GDP 增长率及公共财政支出占 GDP 比例的情况。

表 3-13　2008—2018 年公共财政支出与 GDP 的关系　　　　单位：%

年份	增长率		公共财政支出占 GDP 比例
	公共财政支出	GDP	
2008	25.74	14.2	19.6
2009	21.90	9.7	21.9
2010	17.79	9.4	21.8
2011	21.56	10.6	22.4
2012	15.29	9.5	23.4
2013	11.32	7.9	23.6
2014	8.25	7.8	23.7
2015	15.87	7.3	25.6
2016	6.75	6.9	25.4
2017	8.17	6.7	24.7
2018	8.77	6.8	24.5

资料来源：根据财政部网站数据和《中国统计年鉴》并经作者计算整理得到。

第一，我国公共财政支出增长率受到经济增长状况的影响，当经济增长趋缓时，财政支出增长率也相应下降。但财政支出增长率的下降存在 1—2 期的滞后，并且下降幅度要远远低于 GDP 增长率下降幅度。相反，当 GDP 增长率上升时，财政支出增速立即回升。

第二,除了 2016 年,我国公共财政支出增长率均超过 GDP 增长率,这主要是因为当经济增长速度放缓时,政府往往趋向于采用扩张性政策刺激经济。当经济增长速度放缓时,财政支出的增长速度反而提高;当经济增长速度提高时,由于财政刚性,财政支出增速即使下降也不会大幅降低。同时,由于棘轮效应的存在,当经济增长较快时,财政支出也无法大幅下降,从而使得在绝大多数年份,公共财政支出增长速度都超过 GDP 增长速度。

第三,公共财政支出占 GDP 的比例不断提高,基本呈逐年增加态势,2008—2018 年,公共财政支出占 GDP 的比例由不足 20% 一度上升到 25% 以上,近两年又降至 24.5%。

3.4　2018 年公共财政支出结构分析

3.4.1　公共财政支出的月度结构

2018 年 1—12 月全国公共财政支出执行情况如表 3-14 所示。从中可以看出,2018 年全国公共财政支出 220 906 亿元,比 2016 年增加 17 576 亿元,增长 8.64%。其中,第 1、2、3 及 4 季度的支出数额分别为 50 997 亿元、60 596 亿元、51 697 亿元和 57 616 亿元,第 1 季度支出额相对较低,这是由人民代表大会批准预算的体制因素造成的,第 2 季度支出额最高,超过 6 万亿元,第 3 季度与第 4 季度的支出额均超过 5 万亿元,第 3 季度的支出额相对第 2 季度有 14.69% 的回落。此外,从各月支出来看,每一季度中最后一个月的支出都比前两个月的支出要大,即在 3 月、6 月、9 月与 12 月都有较大的支出,这 4 个月支出所占比例都是当季最高的,这反映了各预算单位在季末"突击花钱"的现象仍然存在。2018 年 12 月支出数额为 29 154 亿元,占全年总支出的比例为 13.20%,这一比例相比前几年有很大下降[①],这表明年末"突击花钱"的现象虽仍然存在,但已有很大改观。此外,表3-14 还反映了各月支出数额的增加情况,同比 2017 年各月(除 11 月)财政支出额都有不同程度的提高,这主要是由于 2018 年财政支出在住房保障、医疗卫生以及社会保障和就业等民生领域的支出压力较大所致。

---

① 2010—2018 年,各年 12 月支出数额占全年总支出的比例分别为 20.3%、18.6%、16.6%、17.9%、16.7%、14.5%、11.7%、11.69% 和 13.20%,总体呈逐年下降趋势,但 2018 年有所回升。从纵向角度来看,我国财政支出的均衡性趋于提高。

表 3-14　2018 年 1—12 月全国公共财政支出及增长情况

月份	公共财政支出完成额（亿元）	比上年同期增加额（亿元）	同比增长（%）	所占比例（%）
1—2	29 062	4 202	16.90	13.16
3	21 935	878	4.17	9.93
4	14 696	1 060	7.77	6.65
5	17 003	88	0.52	7.70
6	28 897	1 881	6.96	13.08
7	13 944	448	3.32	6.31
8	15 137	490	3.35	6.85
9	22 616	2 370	11.71	10.24
10	12 031	909	8.17	5.45
11	16 431	−135	−0.81	7.44
12	29 154	5 385	22.66	13.20
1—12 月累计	220 906	17 576	8.64	100

资料来源：根据财政部网站数据并经作者计算整理得到。

3.4.2　公共财政支出项目结构分析

"十三五"是我国推进产业结构优化升级、实现经济发展方式转变的关键时期。2018 年是全面贯彻落实党的十九届三中全会精神、全面深化改革的重要一年，财政部门紧紧围绕科学发展主题和加快转变经济方式，继续实施积极的财政政策，着力调整国民收入分配格局，推进财税制度改革，优化财政支出结构。2018 年我国公共财政支出项目结构如表 3-15 所示。

表 3-15　2018 年公共财政支出项目结构

项目	执行数（亿元）	增长率（%）	增长率排名	占比（%）	占比排序
全国财政支出总额	220 906	8.7	—	100.00	—
一般公共服务	—	—	—	—	—
外交	—	—	—	—	—
国防	—	—	—	—	—
公共安全	—	—	—	—	—
教育	32 222	6.7	8	14.59	1
科学技术	8 322	14.5	2	3.77	7
文化体育与传媒	3 522	3.7	9	1.59	10

(续表)

项目	执行数（亿元）	增长率（%）	增长率排名	占比（%）	占比排序
社会保障和就业	27 084	9.7	6	12.26	2
医疗卫生与计划生育	15 700	8.5	7	7.11	5
节能环保	6 353	13.0	3	2.88	9
城乡社区事务	22 700	10.2	4	10.28	3
农林水事务	20 786	9.9	5	9.41	4
交通运输	11 073	3.7	9	5.01	6
资源勘探电力信息等事务	—	—	—	—	—
商业服务业等事务	—	—	—	—	—
金融监管等事务	—	—	—	—	—
地震灾后恢复重建支出	—	—	—	—	—
国土资源气象等事务	—	—	—	—	—
住房保障支出	—	—	—	—	—
粮油物资储备事务	—	—	—	—	—
国债付息支出	7 345	17.1	1	3.32	8
其他支出	—	—	—	—	—

注："—"表示数据未获得。
资料来源：根据财政部网站数据并经作者计算整理得到。

第一，财政部门继续加大对教育、医疗卫生与计划生育、社会保障和就业以及城乡社区事务等民生支出的支持力度。2018年，全国教育支出32 222亿元，同比增长6.7%，占全国财政支出总额的比例高达14.59%，排在首位；全国社会保障和就业支出27 084亿元，同比增速高达9.7%，占全国财政支出总额的比例达12.26%，是仅次于教育的第二大民生支出。民生支出特别是由中低收入群体更多受益的民生支出的加大有助于调整国民收入分配格局，缩小收入分配差距。

第二，国债付息支出增长依然迅猛。2018年，国债付息支出7 345亿元，比上年增长17.1%，是增长率最高的项目。

第三，继续加大统筹城乡发展的城乡社区事务支出。2018年，城乡社区事务支出的增幅较大，达到10.2%，增速排第四位，支出达到10.28%，仅次于教育、社会保障和就业支出，其增幅和占比较高反映了我国政府对解决"三农"问题的高度重视。

综合上述重点支出项目可以看出，2018年，尽管存在经济增速放缓压力，但财政支出结构得到进一步优化，民生支出比例进一步增加，国家财政支出在刺激实体经济、实现经济发展方式转变、调节国民收入分配、实现社会经济可持续发展等方面进行了积极引导。

3.4.3 公共财政支出的上下级结构分析

表 3-16 反映了我国 2001—2018 年中央本级和地方财政的支出数额及比例情况。从中可以看出:无论是中央本级还是地方,财政支出的数额都逐年递增。中央本级财政支出数额由 2001 年的 5 768 亿元增加至 2018 年的 32 708 亿元;同期地方财政支出数额由 13 135 亿元增加到 188 198 亿元。但从中央和地方财政支出占总支出比例来看,2001—2011 年,中央本级财政支出占比持续下降,由 2001 年的 30.5%下降到 2011 年的 15.2%,2012 年之后逐渐趋于稳定;而地方财政支出比例在 2001—2011 年逐年增加,由 69.5%增加到 84.8%。就这一财政支出结构而言,联系财政收入由中央政府占据较大的比例,说明中央对地方的转移支付力度很大,且有不断提升的趋势。中央转移支付力度的加大一方面有利于促进地方之间的平衡,但另一方面也说明中央对财政收入的控制能力不断加强,即"分税制"以来财政的"集权"程度不断加强,这对于地方积极性的提升存在一定的不利影响。

表 3-16 中央本级和地方财政支出数额及比例

年份	绝对数(亿元)			比例(%)	
	全国	中央本级	地方	中央本级	地方
2001	18 903	5 768	13 135	30.50	69.5
2002	22 053	6 772	15 281	30.70	69.3
2003	24 650	7 420	17 230	30.10	69.9
2004	28 487	7 894	20 593	27.70	72.3
2005	33 930	8 776	25 154	25.90	74.1
2006	40 423	9 991	30 431	24.70	75.3
2007	49 781	11 442	38 339	23.00	77.0
2008	62 593	13 344	49 248	21.30	78.7
2009	76 300	15 256	61 044	20.00	80.0
2010	89 874	15 990	73 884	17.80	82.2
2011	108 930	16 514	92 416	15.20	84.8
2012	125 712	18 765	106 947	14.90	85.1
2013	139 744	20 472	119 272	14.70	85.4
2014	151 662	22 570	129 092	14.90	85.1
2015	175 768	25 549	150 219	14.50	85.5
2016	187 841	27 404	160 437	14.59	85.4
2017	203 330	29 859	173 471	14.68	85.3
2018	220 906	32 708	188 198	14.81	85.2

资料来源:根据财政部网站数据和《中国财政年鉴》数据经作者计算整理得到。

3.5　2018年财政支出重点项目分析

2018年,国家财政继续加大民生方面的支出,同时也增加了节能环保和城乡社区事务的支出。对民生领域倾斜力度继续扩大,尤其是对教育、医疗卫生、社会保障等重点支出领域的财政保障力度进一步加大。2018年,全国财政支出用在与人民群众生活直接相关的教育、医疗卫生、社会保障和就业等民生方面的支出安排合计75 006亿元,比上年执行数增长7.66%;用于城乡社区事务的金额为22 700亿元,比上年执行数增长10.2%;用于节能环保的金额为6 353亿元,比上年执行数增长13%,涨幅位列第3。因此,教育支出、社会保障和就业支出、医疗卫生支出、城乡社区事务等民生项目以及节能环保事务是2018年财政支出的重点项目。

3.5.1　教育支出

教育投入是支撑国家长远发展的基础性、战略性投资,是教育事业的物质基础,把教育摆在突出位置予以重点保障是公共财政的重要职能。多年来,各级财政部门积极采取措施进一步增加教育投入,努力拓宽财政性教育经费来源渠道,促进教育改革发展,全国财政性教育经费占GDP比例逐年提高,教育支出已经成为公共财政的第一大支出。各级财政部门落实教育经费法定增长要求,进一步加大财政教育投入。汇总公共财政预算、政府性基金预算中安排用于教育的支出以及其他财政性教育经费,2012年国家财政性教育经费支出占GDP达到4%以上,这是我国自1993年提出国家财政性教育经费支出占GDP比例4%的战略目标后,首次实现这一目标。2018年,用于教育的全国财政支出为32 222亿元,比上年执行数增长6.7%。

2018年的教育支出主要用于以下事项:① 落实好财政教育投入"一个一般不低于、两个确保"要求。2018年中央财政教育领域转移支付84%左右投向中西部地区。② 扩大普惠性学前教育资源,学前教育毛入学率达到81.7%。③ 巩固城乡统一、重在农村的义务教育经费保障机制,九年义务教育巩固率为94.2%,大班额、超大班额比例下降。④ 支持加快发展现代职业教育和推进"双一流"建设。

3.5.2　社会保障和就业支出

完善的社会保障体系是维护社会稳定和国家长治久安的重要保障。近年来,财政部门不断加大对社会保障和就业的支持力度,并取得了良好的效果。例如,出台企业职工基本养老保险基金中央调剂制度,建立城乡居民基本养老保险待遇确定和基础养老金正常调整机制,新型农村社会养老保险覆盖范围扩大到60%以上地区,连续11年提高企业退休人员基本养老金。此外,各地普遍建立了社会救助和保障标准与物价上涨挂钩的联动机制,落实优抚对象等人员抚恤和生活补助政策等。

2018年,全国财政安排社会保障和就业支出27 084亿元,比上年执行数增长9.7%。资金使用方向主要有:① 适当提高退休人员基本养老金标准,建立基本养老金合理调整机制。② 稳步推动基本养老保险制度改革,提高制度覆盖面。在推进各项相关改革工作的基础上,研究制订基本养老保险基金中央调剂制度方案。③ 制订划转部分国有资本充实社保基金实施方案。④ 强化基本养老保险基金收支管理,切实防范基金支付风险。⑤ 加大统筹社会救助资源力度,科学合理确定城乡最低生活保障标准。⑥ 完善特困人员救助供养政策。⑦ 加强困境儿童保障和农村留守儿童关爱保护工作。⑧ 加强对残疾人事业发展的支持,适时研究调整优抚对象等人员抚恤和生活补助标准。⑨ 规范开展长期护理保险制度试点。⑩ 实施更加积极的就业政策,健全就业创业政策措施,着力促进重点群体就业,研究建立终身职业技能培训制度。

3.5.3 医疗卫生支出

医药卫生事业关系亿万人民健康,关系千家万户的幸福,是重大民生问题。自2009年4月启动医改工作以来,各级财政部门优化财政支出结构,不断加大医疗卫生投入,为医改的成功推进提供了强有力的资金保障。通过政策创新和相应的制度安排,确保了医改的顺利实施。2009—2018年,我们国家医疗卫生体制改革与制度创新进展迅猛,我国医疗卫生事业得到快速发展。九年来,国家财政不断增加对医疗卫生的投入,占财政支出的比例从4.4%提高到7.11%,全国财政医疗卫生支出预算安排自2014年首破万亿元大关后,继续保持增长。2018年,全国财政对医疗卫生的投入为15 700亿元,比上年决算数增长8.5%。国家财政在医疗投入方面的效果体现在五个方面:一是人民群众得实惠。我国卫生和计划生育事业发展统计公报显示,个人卫生支出占卫生总费用的比例从2007年的45.2%下降到2018年的28.7%,人民群众有更多的获得感。二是卫生事业得发展。2018年年末,全国医疗卫生机构拥有床位840.4万张,比2008年增长108.1%;全国卫生人员总数达1 230.0万人,比2008年增长99.4%。三是医务人员受鼓舞。从2009年起在公共卫生和基层医疗卫生事业单位实施绩效工资制度,基层医务人员收入得到有效保障;同时,完善内部人事和收入分配机制,一定程度上调动了医务人员的积极性。四是人民健康得改善。我国人均期望寿命从2005年的73岁提高到2018年的77岁,13年间增长了4岁,成绩非凡、国际罕见。孕产妇死亡率、5岁以下儿童死亡率和婴儿死亡率等指标也持续下降。

2018年,全国财政在医疗卫生方面的支出主要用于以下事项:① 健全基本医保稳定可持续筹资和报销比例调整机制,坚持适度保障原则,更加注重保大病。

将城乡居民基本医疗保险财政补助和个人缴费标准均提高40元,分别达到每人每年490元和220元。② 加强基本医保基金预算管理,全面推行以病种付费为主、多种付费方式相结合的医保支付方式改革,控制医疗费用不合理增长。③ 全面推开公立医院综合改革,完善基层医疗卫生机构运行机制。将基本公共卫生服务项目年人均财政补助标准由50元提高到55元,服务项目数量进一步增加。④ 巩固破除以药补医成果,持续深化公立医院综合改革。⑤ 依法支持中医药事业发展。⑥ 适应实施全面两孩政策,支持加强生育医疗保健服务。

3.5.4 住房保障支出

努力让更多的人特别是低收入群体"居者有其屋"是我们党和国家的住房政策。自2008年起,政府加快建设保障性安居工程,并将其作为扩大内需的十项措施之首。特别是在2010年以后,中央财政对住房保障支出的预算数大幅增长,2010年政府新开工建设保障房580万套,2011年为1000万套,2012年为700万套,2013年为630万套,2014年为700万套,2015年为740万套。

2018年,全国财政住房保障支出主要用于:① 大力支持棚户区改造,2018年全年棚户区改造开工626万套,农村危房改造190万户。② 继续推进公租房等保障房及配套设施建设,完善棚改安置和公租房分配方式,推动房地产库存量大的城市提高货币化安置比例。③ 继续推进农村危房改造工作,中央财政补助资金集中用于低保户、农村分散供养特困人员、贫困残疾人家庭和建档立卡贫困户的危房改造,同时适当提高补助标准。

值得一提的是,为规范中央财政城镇保障性安居工程专项资金的使用和管理,提高资金使用效益,财政部、住建部决定从2014年开始,将中央补助廉租住房保障专项资金、中央补助公共租赁住房专项资金和中央补助城市棚户区改造专项资金,归并为中央财政城镇保障性安居工程专项资金。

3.5.5 文化体育与传媒支出

文化是民族的血脉,是人民的精神家园。近年来,我国公共文化服务体系建设呈现良好态势,覆盖城乡的公共文化设施网络基本形成,公共文化服务体系框架基本建立。在提高人民群众科学文化和思想道德素质、促进人的全面发展方面发挥了重要作用。党的十七届六中全会对深化文化体制改革、推动社会主义文化大发展大繁荣做出了重要部署。为支持构建有利于文化繁荣发展的体制机制,促进社会主义文化大发展大繁荣,2018年,财政部门继续加大文化体育与传媒投入,全国财政安排文化体育与传媒支出3522亿元,较上年执行数增长3.7%。资金用于:支持地方落实国家基本公共文化服务指导标准;加强文化遗产保护利用,支持实施中华优秀传统文化传承发展工程;促进文艺作品创作生产,推动中华文化走出去;改善城乡公共体育设施条件,丰富体育服务供给方式。

3.5.6 财政支农支出

"三农"问题是关系到我国经济和社会全面发展的根本问题。财政部门始终把支持解决"三农"问题作为重中之重来抓。2018年的"中央一号"文件连续第十五年聚焦"三农"。财政部门始终把支持解决好"三农"问题作为财政工作的重中之重。多年来,坚决贯彻落实党中央确定的"多予少取放活"的方针,不断完善支持农业农村发展的政策和机制,逐步建立健全财政强农惠农富农政策体系,有力地促进了农村经济社会发展和农民增收。具体来说,主要有以下几个方面:

第一,以促进农民增收为核心,充分调动农民积极性。积极拓宽农民增收渠道,通过取消农业税、实行农业直接补贴、完善粮食收储体系等措施,促进实现农民连年增收。

第二,以转变农业发展方式为主线,支持提高农业综合生产能力。大力支持农业基础设施建设,推动农业科技创新,扶持优势特色产业发展,积极引导社会资金投入现代农业建设,努力提高粮食和农业综合生产能力。

第三,以着力保障农村民生为目标,建设农民幸福生活的美好家园。积极调整支出结构,加大对农村教育、卫生、社会保障和文化等方面的投入,将农村义务教育全面纳入公共财政保障范围,实现新型农村合作医疗制度和新型农村社会养老保险制度全覆盖,支持丰富农村文化生活。建立完善财政综合扶贫政策体系,促进提高农村贫困地区和贫困人口自我发展能力。

第四,以创新体制机制为抓手,为深化农村改革提供财力和政策支撑。积极推进乡镇机构、农村义务教育和县乡财政管理体制改革,支持集体林权制度改革,促进解放和发展农村生产力。

2018年,中央财政用于"三农"的支出安排主要用于:①加快构建现代农业产业体系,促进种植业、林业、农业服务业转型升级和融合发展;②保持土地承包关系稳定并长久不变,第二轮土地承包到期后再延长30年;③深化粮食收储制度和价格形成机制改革,减少对市场的直接干预,保护生产者合理收益;④紧紧围绕促进产业发展,引导和推动更多资本、技术、人才等要素向农业农村流动;⑤改革完善财政补贴政策,优化存量、扩大增量,更加注重支持结构调整、资源环境保护和科技研发等;⑥深入推进农村集体产权制度改革;⑦推动农村基础设施提档升级;⑧加强农村突出环境问题综合治理;⑨深化农村集体产权制度改革,盘活农村集体资产,提高农村各类资源要素的配置和利用效率,多途径发展壮大集体经济;⑩加强农村资源环境保护,大力改善水电路气房讯等基础设施,统筹山水林田湖草保护建设,保护好绿水青山和清新清净的田园风光;⑪坚持农村金融改革,健全适应农业农村特点的农村金融体系,推动农村金融机构回归本源;⑫培育新型职业农民和新型经营主体,健全农业社会化服务体系;⑬ 瞄准贫困人口精准帮扶;⑭ 完善农民闲置宅基地和闲置农房政策,探索宅基地所有权、资格权、使用权"三权分置",落实宅基地集体所有权;⑮ 发展多种形式适度规模经营,实现小农户和现代农业发展有机衔接;⑯ 构建农业对外开放新格局。

3.5.7 扶贫支出

2018年,中央财政安排补助地方专项扶贫资金为1 060.95亿元,比上年增加200亿元,增长23.2%,用于支持落实精准扶贫、精准脱贫基本方略。统筹安排农业、教育、社保、医疗等领域用于扶贫的资金,进一步加大支持打赢脱贫攻坚战的投入力度,切实发挥政府投入在扶贫开发中的主体和主导作用。加快改善贫困地区基础设施和基本公共服务,加大产业、教育、健康扶贫支持力度。全面推进贫困县涉农资金整合试点。开展扶贫资金专项检查。

3.5.8 节能环保支出

2018年,全国财政在节能环保方面支出为6 353亿元。资金主要用于以下几个方面:① 支持打好大气、水、土壤污染防治三大战役,对重点区域解决燃煤污染等大气污染防治工作实施财政奖补,支持重点流域水污染防治,开展土壤污染详查,强化水、土壤污染防治;② 加大重点生态功能区转移支付力度;③ 适时启动第二批山水林田湖生态保护和修复工程试点;④ 深入落实新一轮草原生态保护补助奖励政策,支持新一轮退耕还林还草并扩大规模,实施天然林保护全覆盖政策;⑤ 推进矿产资源权益金制度改革和流域上下游横向生态保护补偿机制建设;⑥ 推动扩大排污权有偿使用和交易试点范围;⑦ 支持国家公园体制试点;⑧ 继续安排新能源汽车补贴,提高技术门槛,完善补贴机制;⑨ 深入实施节能减排财政政策综合示范;⑩ 支持煤层气、页岩气、农村水电等清洁能源资源开发利用和成品油质量升级;⑪ 调整可再生能源发电补贴机制;⑫ 促进循环经济发展和清洁生产;⑬ 进一步支持农村环境突出问题的综合治理。

3.5.9 国防支出

2018年,中央预算安排国防支出为11 069.51亿元,比上年执行数增长8.1%。国防费规模的确定既要适应国家经济社会发展水平,也要适应国防需求。作为经济总量世界第二的大国,我国国防支出总量较低。世界主要国家军费开支一般占GDP的2%—4%,而2016年我国只有约1.28%。当前我国周边环境很不平静,恐怖主义等非传统安全威胁也不容忽视,这些必然要求我国加大国防建设投入,才能持续推进中国特色军事改革,为国家安全提供可靠保障。

3.6 财政支出总结与展望

3.6.1 2018年财政支出总结

回顾过去的一年,根据中央经济工作会议提出的要求,我国继续实施积极的财政政策和稳健的货币政策。财政政策必须更加积极有效,预算安排要适应推进供给侧结构性改革、降低企业税费负担、保障民生兜底的需要。2018年的财政支出呈现以下特点:

第一,公共财政支出总量增速回升,并保持较高强度和较快进度。从支出速度来看,2018年财政支出保持较高强度和较快进度。2018年第一季度、上半年和前三个季度,全国一般公共预算支出进度分别达到24.3%、53.2%、77.8%,各节点均超出或接近历年最快进度。为实施国家重大发展战略、推进重点领域改革、促进实体经济发展等提供了强有力的支持。

第二,公共财政支出力度增加,重点领域支出得到较好保障。从支出方向来看,2018年在脱贫、污染防治、推动科技创新三大攻坚战等重点领域的支出得到较好保障。脱贫攻坚方面,全国扶贫支出达到4 770亿元,增长46.6%。其中,中央财政专项扶贫资金规模1 061亿元,增长23.2%。污染防治攻坚方面,全国污染防治支出、自然生态保护支出分别增长29.6%、17.5%。中央财政支持污染防治及生态环境保护的资金约2 555亿元,增长13.9%,其中大气、水、土壤污染防治投入力度为近年来最大。推动科技创新攻坚方面,全国科学技术支出中的应用研究支出、技术研究与开发支出分别增长11.4%、8.7%,主要用于加大科技研发投入、支持实施国家科技重大专项等。改善社会民生方面,全国财政对基本养老保险基金的补助支出增长11.4%,对基本医疗保险基金的补助支出增长9.4%。

第三,中央对地方转移支付力度持续加大。从转移支付来看,中央对地方转移支付力度持续加大。数据显示,2018年中央对地方转移支付支出61 686亿元,增长8.2%。其中,均衡性转移支付24 442亿元,增长9.2%;重点生态功能区转移支付721亿元,增长15%;老少边穷地区转移支付2 133亿元,增长15.7%;县级基本财力保障机制奖补资金2 463亿元,增长10%。这有效地提升了基层财政保障能力,确保基层保工资、保运转、保基本民生不出问题。

3.6.2 2019年财政支出展望

2018年年末中央经济工作会议再次强调了积极的财政政策和着力改善民生的重要性。与这一目标相配合,2019年应继续适当加大财政支出力度。坚持有保有压,进一步调整优化支出结构,增加对脱贫攻坚、"三农"、结构调整、科技创新、生态环保、民生等领域的投入。大力压减一般性支出,严控"三公"经费预算,取消低效无效支出。提高财政资金使用效益。我们预计 2019 年的财政支出安排有以下特征：

第一，公共财政支出可能呈现一定程度的增幅，财政赤字进一步增加。我国经济运行面临不少困难和挑战，经济下行压力较大，结构调整阵痛显现，企业生产经营困难增多，部分经济风险显现。2019 年公共财政支出增幅可能与 2018 年持平或稍有增加。但从总量来看，2019 年公共财政支出仍将超过财政收入，与 2018 年相比，财政赤字将进一步增加。这主要是因为：受经济增长放缓拖累，2019 年公共财政收入增长应该不会太快，但财政刚性支出增加，特别是要增加保障改善民生支出、巩固农业基础地位、保持对经济增长和结构调整的支持力度，必须增加财政赤字和国债规模。

第二，公共财政支出结构进一步优化，民生支出比例进一步上升。这主要是因为：一方面，公共财政支出将继续向医药卫生、社会保障以及住房保障等民生领域和薄弱环节倾斜。2012 年，我国首次实现国家财政性教育经费占 GDP 的比例达到 4% 的目标，2017 年这一比例达到 4.14%，同比增长 8.95%，已经连续六年保持在 4% 以上。我们可以预计 2019 年这一比例应该不会低于 4% 甚至很可能更高，教育支出总规模会更大。除了教育支出，其他与人民群众生活直接相关的医疗卫生、社会保障和就业、保障性安居工程、文化方面支出的增幅也会比较大，中央预算内投资主要投向保障性安居工程，农业、水利、城市管网等基础设施，社会事业等民生工程，节能减排和生态环境等领域，因此民生支出的比例可能会进一步提高。另一方面，行政管理支出等行政经费占比会下降。2019 年 4 月 2 日，财政部发布了《中央本级"三公"经费 2018 年预算执行和 2019 年预算安排情况》，对中央本级，包括中央行政单位、事业单位（含参照公务员法管理的事业单位）和其他单位 2018 年"三公"经费财政拨款执行数和 2019 年中央本级"三公"经费预算进行了公示，中央部门贯彻落实厉行节约、反对浪费和过紧日子等有关要求，从严控制和压缩"三公"经费支出，做到了只减不增，"三公"经费的透明度得以提高。此外，"三农"支出仍应是 2019 年财政支出的重点项目，这主要是因为：2019 年国家将继续推进农业由增产导向转向提质导向，建设质量兴农政策、评价、考核和工作体系，确保粮食播种面积稳定在 16.5 亿亩。近年来，党中央、国务院始终把解决好"三农"问题作为全党工作的重中之重，出台了一系列强农惠农富农政策。预计 2019 年，我国会进一步加大"三农"投入，在此基础上，用好财政支农资金以强化农业支持保护制度。

第三，转移支付结构将进一步优化，政府预算体系将更加完善。从前五年增加一般性转移支付规模、提高一般性转移支付比例的经验来看①,2019年我国转移支付中一般性转移支付的比例仍会进一步提高,同时应会进一步加大归并和清理专项转移支付的力度,从而使转移支付结构进一步优化。中央对地方转移支付相应地形成地方财政收入,并由地方安排用于保障和改善民生等方面的支出,将有力地促进基本地公共服务均等化和区域协调发展。此外,在政府预算体系方面,党的十八届三中全会明确提出要深化财税体制改革、建立现代财政制度。2014年6月,中央政治局会议审议通过《深化财税体制改革总体方案》,明确2016年基本完成深化财税体制改革重点工作和任务,2020年基本建立现代财政制度。由此我们推测,2019年我国政府将继续深化财税金融体制改革,在推进中央和地方收入划分改革、深化增值税改革等方面有所行动,建立全面规范、公开透明的现代预算制度,建立健全有利于科学发展、社会公平、市场统一的税收制度体系,调整中央和地方政府间财政关系,建立事权和支出责任相适应的制度,为建立现代财政制度打下坚实基础。

主要参考文献

[1] 中华人民共和国财政部网站,http://www.mof.gov.cn/。
[2] 国家统计局:《中国统计年鉴2019》,中国统计出版社2019年版。
[3] 国家财政部:《中国财政年鉴2019》,中国财政杂志社2019年版。

---

① 2007—2018年,一般性转移支付占转移支付总量的比例由2007年的50.8%提高到2018年的61.63%。在2019年预算安排中,一般性转移支付增长7.5%,专项转移支付增长8.1%。

第4章 中国财政经济运行计量分析

4.1 概　　述

本章采用计量经济模型对中国财政经济体系进行分析和评价。虽然由于时间序列数据的不连续、统计口径的不完全一致以及宏观经济变量的时间滞后性等，使得建立一个完整的财政经济计量模型体系存在相当大的困难，但我们仍尝试构建计量模型，力图反映我国财政经济体系主要变量的运动轨迹、变化规律以及它们之间的相互影响关系。

财政的良好运转对国民经济体系和社会发展的作用是巨大的。财政是实现国家宏观调控的重要手段之一，对实现资源的优化配置起着重要作用。国家通过对财政收支数量和方向的控制，有利于实现社会总需求和总供给的平衡及结构的优化，保证国民经济的持续、快速和健康发展。同时，财政也可以有力地促进科学、教育、文化、卫生事业的发展。此外，财政还可以通过税收和社会保障支出，对社会分配进行广泛的调节。可以说，财政问题渗透到一国经济和社会发展的方方面面，仅仅从定性的角度去处理和分析财政问题是不充分的，往往还需要结合现实数据，从定量的角度进行探究和讨论，从而全面把握财政问题。从计量角度连续地对财政体系进行建模分析，可以宏观地描述和预测财政经济体系主要变量的未来取值、范围和趋势，从总体上把握我国财政经济体系的运行规律，为相关财税政策的制定提供理论依据。

在建模的设计中，为便于事后对预测精度进行分析，我们基本保证了所选择的预测指标与同名的官方统计指标有相同的统计口径，在此基础上尽可能准确地确定中国财政计量经济模型的变量。在模型结构设定和行为方程设计上，尽可能遵循中国财政与经济体系运行的客观过程和实际结构。在建模方法上，除了传统的最小二乘法，本章还运用时间序列的协整理论分析。如果数据是平稳的，那么采用传统的最小二乘法；如果数据是单位根过程，那么采用协整估计和等价的误差纠正估计。在预测方面，我们主要采用贝叶斯 VAR 计量方法。

4.2 经济模型构建的基本思路和方法

一般而言,构建经济模型遵循两种思路:一种是基于机理(或理论)的分析,在经济学理论的指导下,运用数理分析方法,对经济系统中关键因素之间所满足的守恒定律或者因果关系予以描述,刻画各种因素之间的关联以及相互影响机制,从而反映经济系统的运行状态;另一种是基于数据(或计量)的分析,主要利用经济系统中关键因素的时间数据或者空间数据,通过时间序列或者面板数据分析等计量工具,描述各个因素之间的相关性和因果律,从而反映经济系统中的关键指标或变量在时间、空间上的变化规律及其相互影响。目前,这两种建模思路有相互融合的趋势,或者说,仅仅依靠机理分析或者数据分析,都不能全面、客观地揭示经济系统的复杂运行机制。

在计量方法的选取上,考虑到时间序列的伪回归及经济惯性,本章采用以下方式处理:为降低数据的波动性,采取对变量的水平值取对数并适当加以差分以消除趋势,运用 ADF 检验法对时间序列进行变量平稳性检验。对平稳序列的处理则采用普通最小二乘法估计,而对非平稳序列的处理则采用线性协整估计,并给出其误差纠正形式。

4.3 数据来源及主要变量的描述统计分析

需要说明的是,由于我国 2007 年度财政支出分类科目进行了大规模的调整,与 2011 年的发展报告一样,对财政支出的计量分析模型中,本章采用了 2007 年以后的月度数据进行分析,此外财政计量分析模型不包含预算外的收入和支出方程。最后,本章的计量建模和数据分析采用了 STATA 14.2 和 Eviews 8.0 软件,数据来源为中国经济信息网统计数据库(详见表 4-1)。

表 4-1　数据来源说明

数据名称(单位:亿元)	数据来源
财政总收入年度数据(1979—2018)	中经网统计数据库
税收总收入年度数据(1979—2018)	中经网统计数据库
中央财政收入年度数据(1979—2018)	中经网统计数据库
地方财政收入年度数据(1979—2018)	中经网统计数据库
国内生产总值(GDP)年度数据(1979—2018)	中经网统计数据库

(续表)

数据名称(单位:亿元)	数据来源
第二产业增加值年度数据(1980—2018)	中经网统计数据库
第三产业增加值年度数据(1980—2018)	中经网统计数据库
工业增加值年度数据(1985—2018)	中经网统计数据库
增值税收入年度数据(1985—2018)	中经网统计数据库
营业税收入年度数据(1985—2018)	中经网统计数据库
关税收入年度数据(1980—2018)	中经网统计数据库
进口总额年度数据(1980—2018)	中经网统计数据库
社会消费品零售总额年度数据(1985—2018)	中经网统计数据库
财政总支出年度数据(1979—2018)	中经网统计数据库
中央财政支出年度数据(1979—2018)	中经网统计数据库
地方财政支出年度数据(1979—2018)	中经网统计数据库
一般公共服务支出月度数据(2007.1—2018.10)	中经网统计数据库
教育支出月度数据(2007.1—2018.10)	中经网统计数据库
科学技术支出月度数(2007.1—2018.10)	中经网统计数据库
社会保障支出月度数据(2007.1—2018.10)	中经网统计数据库
环境保护支出月度数据(2007.1—2018.10)	中经网统计数据库
医疗卫生支出月度数据(2007.1—2018.10)	中经网统计数据库
城乡社区事务支出月度数据(2007.1—2018.10)	中经网统计数据库
农林水事务支出月度数据(2007.1—2018.10)	中经网统计数据库
交通运输支出月度数据(2007.1—2018.10)	中经网统计数据库

对表中的几个主要变量,特别是 GDP 和财政总收入、财政总支出数据,我们分别进行拟合。我国改革开放以来经济持续增长,相应的财政收入和支出也持续增长,这可以从图 4-1 的简单散点图看出,而要进一步准确估计财政收入、财政支出与 GDP 等主要变量之间的关系,还需要进一步的计量实证分析。

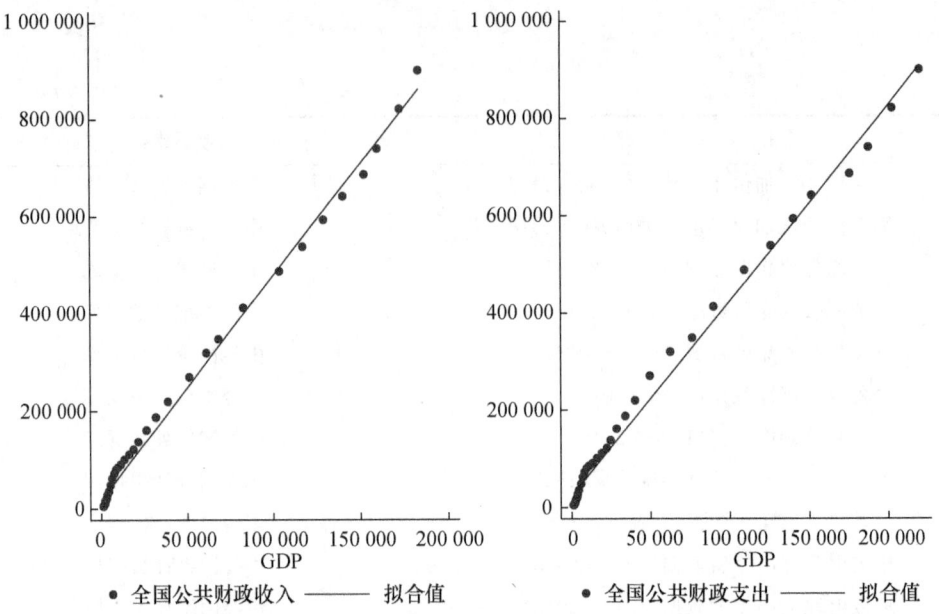

图 4-1　全国财政总收入和财政总支出与 GDP 的关系

4.4　中国财政计量经济模型的设定

4.4.1　财政收入计量经济模型

财政收入计量经济模型包括收入总量模型和收入增长模型。

4.4.1.1　收入总量模型中设计了 4 个方程

(1) ① 财政总收入和税收总收入的关系方程；
　　② 财政总收入增量和税收总收入增量的关系方程。

(2) ① 税收总收入与国内生产总值的关系方程；
　　② 税收总收入增量与国内生产总值增量的关系方程。

(3) ① 增值税收入和工业总产值增量的关系方程；
　　② 增值税收入和最终消费的关系方程。

(4) 关税收入与进口总额的关系方程。

4.4.1.2　收入增长模型中设计了 4 个方程

(1) 中央财政收入增长率与地方财政收入增长率对财政总收入增长率的贡献作用分析方程。

(2) 税收总收入增长率与国内生产总值增长率的关系方程。

(3) 财政总收入增长率与第二产业增加值及第三产业增加值之和的增长率的关系方程。

(4) 财政总收入增长率与营业税收入增长率、增值税收入增长率的关系方程。

4.4.2 财政支出计量经济模型

财政支出计量经济模型包括支出总量模型和支出增长模型。

4.4.2.1 支出总量模型中设计了10个方程

(1) 财政总支出与财政总收入、国内生产总值的关系方程。

(2) 一般公共服务支出与财政收入的关系方程。

(3) 教育支出与财政收入的关系方程。

(4) 科学技术支出与财政收入的关系方程。

(5) 社会保障和就业支出与财政收入的关系方程。

(6) 环境保护支出与财政收入的关系方程。

(7) 医疗卫生支出与财政收入的关系方程。

(8) 城乡社区事务支出与财政收入的关系方程。

(9) 农林水事务支出与财政收入的关系方程。

(10) 交通运输支出与财政收入的关系方程。

4.4.2.2 支出增长模型中设计了2个方程

(1) 中央财政支出增长率与地方财政支出增长率对财政总支出增长率的贡献作用分析方程。

(2) 一般公共服务支出增长率、教育支出增长率、社会保障和就业支出增长率和环境保护支出增长率对财政支出增长率的贡献作用分析方程。

4.4.2.3 经济增长及其构成因素模型中设计了4个方程

(1) 国内生产总值增量与总消费规模增量、全社会固定资产总投资规模增量和进出口差额增量的关系方程。

(2) 财政决算支出增长率滞后量对国内生产总值增长率的贡献作用分析方程。

(3) 第一产业增加值增长率、第二产业增加值增长率和第三产业增加值增长率对国内生产总值增长率的贡献作用分析方程。

(4) 工业总产值增加值增长率和建筑业增加值增长率对第二产业增加值增长率的贡献作用分析方程。

4.5 中国财政税收计量经济模型运行结果分析

4.5.1 财政收入计量经济模型运行结果分析

4.5.1.1 收入总量模型运行结果分析

(1) 财政总收入与税收总收入的关系方程。

当样本取值为1979—2018年时,首先进行财政总收入($\ln \text{rev}_t = \ln(\text{rev}_t)$)与税收总收入($\ln \text{tax}_t = \ln(\text{tax}_t)$)的平稳性单位根检验,其ADF统计量分别为$-1.063$和$-1.041$,而差分后的财政总收入($\Delta \ln \text{rev}_t = \ln \text{rev}_t - \ln \text{rev}_{t-1}$)和税收总收入($\Delta \ln \text{tax}_t = \ln \text{tax}_t - \ln \text{tax}_{t-1}$)的ADF统计量分别为$-3.047$和$-5.629$,均在5%水平上通过平稳性检验①,可知财政总收入与税收总收入均为一阶单整时间序列。要考察二者是否具有共同方式变动,也就是说是否具有协整关系,还需要进行协整关系检验,这里采用Engle and Granger(1987)②的协整检验,其统计量值为-2.993,在5%水平上通过显著检验③,即两者之间存在协整关系。接下来估计这两者之间的协整方程,这里采用Johansen(1995)的极大似然法(MLE)估计其协整关系。

财政总收入($\ln \text{rev}_t = \ln(\text{rev}_t)$)与税收总收入($\ln \text{tax}_t = \ln(\text{tax}_t)$)的协整关系方程为:

$$\text{协整估计式为} \quad \widehat{\ln \text{rev}_t} = -0.4668 + 1.0651 \ln \text{tax}_t$$
$$\qquad\qquad\qquad\qquad (-1.48) \qquad\quad (30.37)$$

按照年度数据测算,长期而言财政总收入对税收总收入的弹性为1.0651,表明税收总收入每增加1%,会使得财政总收入平均增加约1.0651%,这说明全国财政收入超税收增长,对此的一个解释是税收的增加意味着税基的扩大,进而也会使得非税收入(比如一些政府基金)增加,且这些非税收入增长更快。

财政总收入增量($\Delta \ln \text{rev}_t$)与税收总收入增量滞后一期($\Delta \ln \text{tax}_{t-1}$)的关系方程为:

---

① 单位根ADF检验的原假设为序列是单位根过程,拒绝原假设则意味着无法认定原序列具有单位根,相应的ADF统计量1%水平显著的临界值为-3.616,5%水平显著的临界值为-2.941,10%水平显著的临界值为-2.609。下面几个变量的单位根检验临界值都与此相同。

② Engle, R. F. and Granger, C. W. J., "Co-integration and Error Correction: Representation, Estimation and Testing", *Econometrica*, 1987, Vol. 55, pp. 251—76.

③ 两变量的Engle and Granger(1987)的协整检验变量回归的残差的平稳性,采用ADF检验,相应统计量值ADF 1%水平显著的临界值为-3.627,5%水平显著的临界值为-2.946,10%水平显著的临界值为-2.612,若拒绝原假设则为不存在单位根,即存在稳定的协整关系。下面几个协整检验的统计量临界值也都相同。

$$\widehat{\Delta \ln \text{rev}}_t = 0.0843 - 0.0587 \text{ecm}_{t-1} + 0.3101 \Delta \ln \text{tax}_{t-1}$$
$$(6.27) \quad (-1.17) \quad (4.23)$$

上述方程的估计采用的是 Engle and Granger（1987）两步法，即误差修正方法，误差修正项 ecm_{t-1} 的系数反映了对短期偏离长期均衡路径的调整力度，其系数为 -0.0587，即当短期波动偏离长期均衡时，将以 0.0587 的调整力度把非均衡状态拉回到均衡状态，且平均每年对上年的调整幅度大约为 5.87%。

(2) 税收总收入与国内生产总值的关系方程。

当样本取值为 1979—2018 年时，首先对国内生产总值（$\ln \text{gdp}_t = \ln(\text{gdp}_{it})$）进行平稳性单位根检验，其 ADF 统计量为 -2.361，而国内生产总值的一阶差分（$\Delta \ln \text{gdp}_t = \ln \text{gdp}_{it} - \ln \text{gdp}_{it-1}$）单位根 ADF 检验统计量为 -3.397，这表明国内生产总值（$\ln \text{gdp}_t = \ln(\text{gdp}_{it})$）为一阶单整变量。由上文的检验得知税收总收入（$\ln \text{tax}_t$）也为一阶单整变量，接下来考察二者之间是否具有协整关系。首先进行 Engle and Granger（1987）协整检验，检验统计量为 -3.692，显示二者具有显著的协整关系（1%水平），接下来可以放心地进行协整估计。

税收总收入（$\ln \text{tax}_t$）与国内生产总值（$\ln \text{gdp}_t = \ln(\text{gdp}_{it})$）的关系方程为：

$$\widehat{\ln \text{tax}}_t = -2.4274 + 1.0455 \ln \text{gdp}_t$$
$$(-11.62) \quad (56.64)$$

模型运行的结果是：税收总收入除了按自身惯性规律运行，还显著地依赖于国民经济的发展。按照年度数据测算，税收总收入对国内生产总值的长期弹性约为 1.0455，这意味着国内生产总值每增加 1%，税收总收入平均增加 1.0455%，这说明税收总收入与国内生产总值的增长并非同步，经济体所承受的税收负担的增幅仍然略快于国民经济的增幅。税收超 GDP 增长将不利于经济增长。比如说，企业盈利水平越高，所得税增收的幅度越大，净收益增幅相对减少；同样在这种情况下，个人所得税的增收也会降低劳动者的收益增幅。长此以往，将不利于经济的持续发展。这说明我国的税制结构需要进一步调整，给经济体创造一个良好的发展空间。

税收总收入增量（$\Delta \ln \text{tax}_t$）与国内生产总值增量滞后一期（$\Delta \ln \text{gdp}_{t-1}$）的关系方程为：

$$\widehat{\Delta \ln \text{tax}}_t = 0.0818 - 0.1468 \text{ecm}_{t-1} + 0.4702 \Delta \ln \text{gdp}_{t-1}$$
$$(1.71) \quad (-1.54) \quad (1.49)$$

误差纠正方程实证分析的结果是：误差修正项 ecm_{t-1} 的系数反映了对短期偏离长期均衡路径的调整力度，其系数为 -0.1468，即当短期波动偏离长期均衡时，将以 0.1468 的调整力度把非均衡状态拉回到均衡状态，且平均每年对上年的调整幅度大约为 14.68%。

(3) 增值税收入相关的几个方程。

当样本取值为 1985—2018 年时,首先进行增值税收入($\ln \text{vat}_t = \ln(\text{vat}_t)$)与工业总产值增加值($\ln \text{ivi}_t = \ln(\text{incresed value of industry}_t)$)的平稳性单位根检验,其 ADF 统计量分别为 -1.978 和 -2.753,而差分后的增值税收入($\Delta\ln \text{vat}_t = \ln \text{vat}_t - \ln \text{vat}_{t-1}$)和工业总产值增加值($\Delta\ln \text{ivi}_t = \ln \text{ivi}_t - \ln \text{ivi}_{t-1}$)的 ADF 统计量则分别为 -4.552 和 -2.778,通过平稳性检验,可知增值税收入与工业总产值增加值增量均为一阶单整时间序列。而要考察二者是否具有共同方式变动,也就是说是否具有协整关系,还需要进行协整关系检验,这里继续采用 Engle and Granger (1987) 的协整检验,其统计量值为 -2.667,在 10% 水平上通过显著检验,即两者之间存在协整关系。

增值税收入($\ln \text{var}_t = \ln(\text{vat}_t)$)与工业总产值增加值($\ln \text{ivi}_t = \ln(\text{incresed value of industry}_t)$)的关系方程为:

$$\widehat{\ln \text{vat}_t} = -5.0030 + 1.2573 \ln \text{ivi}_t$$
$$(-24.12) \qquad (65.38)$$

模型运行的结果是:增值税收入对工业总产值增加值的弹性为 1.2573,建模过程中发现,增值税与工业总产值增加值的回归系数在 1% 水平上显著,这表明增值税增长快于工业总产值增加值的增长。对此的一个解释是:诸如税收制度、征管水平、经济结构的变化,以及经济和税收在计算、统计口径上的差异等,使得增值税税收收入增长过快。

增值税税收收入增量($\Delta\ln \text{vat}_t$)与工业总产值增加值增量滞后一期($\Delta\ln \text{ivi}_{t-1}$)的关系方程为:

$$\widehat{\Delta\ln \text{vat}_t} = 0.0328 - 0.3630 \text{ecm}_{t-1} + 1.0419 \Delta\ln \text{ivi}_{t-1}$$
$$(0.59) \qquad (-1.92) \qquad (2.91)$$

误差纠正模型实证分析的结果是:误差修正项 ecm_{t-1} 的系数反映了对短期偏离长期均衡路径的调整力度,其系数为 -0.3630,即当短期波动偏离长期均衡时,将以 0.3630 的调整力度把非均衡状态拉回到均衡状态,且平均每年对上年的调整幅度大约为 36.30%。

由于我国税制改革的逐步实施,增值税已由生产型转变为消费型,为此建立相应的分析模型,研究最终消费对增值税收入的长期影响。

当样本取值为 1985—2018 年时,首先进行最终消费($\ln \text{fvc}_t = \ln(\text{final value of consumption}_t)$)的平稳性单位根检验,其 ADF 统计量为 -1.038,而差分后的最终消费($\ln \text{fvc}_t = \ln \text{fvc}_t - \ln \text{fvc}_{t-1}$) ADF 统计量则为 -3.242,可知最终消费 $\ln \text{fvc}_t$ 为一阶单整时间序列,由上文得知增值税 $\ln \text{vat}_t$ 也为一阶单整序列。要考察二者是否具有共同方式变动,也就是说是否具有协整关系,还需要进行协整关系检验,这里继续采用 Engle and Granger(1987)的协整检验,其统计量值为 —5.557,在 1% 水平上通过显著检验,即两者之间存在协整关系。

增值税收入($\ln vat_t$)与最终消费($\ln fvc_t$)的关系方程为:

$$\widehat{\ln vat_t} = -5.2087 + 1.2707\ln fvc_t$$
$$(-14.16) \qquad (37.41)$$

从长期协整关系来看,增值税的最终消费弹性为 1.2707,这表明增值税收入增长快于最终消费增长,也就是说,最终消费增长 1%,增值税收入会增长 1.2707%。

增值税税收入增量($\Delta\ln vat_t$)与最终消费增量滞后一期($\Delta\ln fvc_{t-1}$)的关系方程为:

$$\widehat{\Delta\ln vat_t} = 0.0436 - 0.1384 ecm_{t-1} + 0.9578\Delta\ln fcv_{t-1}$$
$$(0.57) \qquad (-1.22) \qquad (1.87)$$

误差纠正模型实证分析的结果是:误差修正项 ecm_{t-1} 的系数反映了对短期偏离长期均衡路径的调整力度,其系数为 —0.1384,即当短期波动偏离长期均衡时,将以 0.1384 的调整力度把非均衡状态拉回到均衡状态,且平均每年对上年的调整幅度大约为 13.84%。

(4) 关税收入与进口总额的关系方程。

在样本取值为 1980—2018 年时,关税收入($\ln dut_t = \ln(duty\ taxation_t)$)与进口总额($\ln im_t$)这两个变量首先需要进行平稳性单位根检验,其水平值的 ADF 统计量值分别为 —1.792 和 —2.536,差分值的 ADF 统计量值分别为 —6.077 和 —4.177,显示这两个变量都为一阶单整过程。要考察这二者是否具有共同方式变动,也就是说是否具有协整关系,还需要进行协整关系检验,这里继续采用 Engle and Granger(1987)的协整检验,其统计量值为 —6.116[①],在 1% 水平上通过显著检验,即两者之间存在协整关系。

关税收入($\ln dut_t$)与进口总额($\ln im_t$)的关系方程为:

$$\widehat{\ln dut_t} = -0.0776 + 0.6668\ln im_t$$
$$(-0.39) \qquad (32.18)$$

模型运行的结果是:关税收入对进口总额的系数为正值,说明关税收入和进口总额存在同向变化关系,且进口总额每增加 1%,关税收入将增加 0.6668%,关税收入显著依赖于进口总额。

关税收入增量($\Delta\ln dut_t$)与进口总额增量滞后一期($\Delta\ln im_{t-1}$)的关系方程为:

---

① 三变量的 Engle and Granger(1987)的协整检验统计量值 ADF 1% 水平显著的临界值为 —4.872,5% 水平显著的临界值为 —4.071,10% 水平显著的临界值为 —3.687,以下相同。

$$\widehat{\Delta \ln \text{dut}_t} = 0.1082 - 0.1968 \text{ecm}_{t-1} - 0.0034 \Delta \ln \text{im}_{t-1}$$
$$(2.17) \quad (-1.38) \quad (-0.02)$$

误差纠正模型实证分析的结果是：误差修正项 ecm_{t-1} 的系数反映了对短期偏离长期均衡路径的调整力度，其系数为 -0.1968，即当短期波动偏离长期均衡时，将以 0.1968 的调整力度把非均衡状态拉回到均衡状态，且平均每年对上年的调整幅度大约为 19.68%。

4.5.1.2 收入增长模型运行结果分析

(1) 中央财政收入增长率与地方财政收入增长率对财政总收入增长率的贡献作用分析方程。

当样本取值为 1980—2018 年时，财政总收入增长率（rtr_t = rate of total revenue increased)、中央财政收入增长率（rcr_t = rate of central revenue increased）和地方财政收入增长率（rlr_t = rate of local revenue increased）需要进行单位根检验，相应的 ADF 统计量为 -3.22、-6.307 和 -6.478，表明这三个变量都是平稳的，可以进行普通最小二乘法回归。

中央财政收入增长率（rcr_t = rate of central revenue increased）与地方财政收入增长率（rlr_t = rate of local revenue increased）对财政总收入增长率（rtr_t = rate of total revenue increased）的贡献作用分析方程为[①]：

$$\widehat{\text{rtr}_t} = 0.0098 + 0.2073 \text{rcr}_t + 0.6768 \text{rlr}_t + 0.0076 d93 - 0.0114 d09$$
$$(1.32) \quad (14.44) \quad (16.90) \quad (0.85) \quad (-1.33)$$
$$R^2 = 0.9421 \quad DW = 1.3390$$

模型运行的结果是：财政总收入增长率对中央财政收入增长率的依存度为 0.2073。财政总收入增长率对地方财政收入增长率的依存度为 0.6768。这说明财政总收入增长率显著地依赖于中央财政收入增长率与地方财政收入增长率。同时，1993 税改后的虚拟变量回归值和 2009 年增值税转型虚拟变量的回归系数分别为 0.0076 和 -0.0114，并且均不显著。

(2) 税收总收入增长率与国内生产总值增长率的关系方程。

当样本取值为 1980—2018 年时，需要对税收总额收入增长率和国内生产总值增长率进行平稳性单位根检验，其 ADF 统计量分别为 -5.886 和 -3.413，可知这两个变量皆为平稳的，可以进行普通最小二乘法回归。

税收总收入增长率（rttr_t）与国内生产总值增长率（rgdp_t = rate of GDP increased）的关系方程为：

---

① 这里 d93 和 d09 分别为 1993 年和 2009 年的时间虚拟变量，表示 1993 年税改和 2009 年开始的增值税转型改革影响。

$$\widehat{rttr_t} = 0.0102 + 1.0361 rgdp_t$$
$$(0.16) \quad (2.78)$$
$$R^2 = 0.1730 \quad DW = 1.9655$$

模型运行的结果是:税收总收入增长率对国内生产总值增长率的依存度为 1.0361,且在 1% 水平上显著,这说明税收总收入增长率显著高于国内生产总值增长率。在样本取值区间内,税收总收入平均增长率为 16.60%,国内生产总值平均增长率为 15.03%,前者高于后者 1.57 个百分点。值得注意的是,若税收增速远高于国民收入增速,将会对经济产生一系列负面影响。我国经济要长期稳定、均衡发展,应推进税制改革,同时注重实行结构性减税,用减税、退税或抵免的方式减轻税收负担,促进企业投资和居民消费,实行积极财政政策,促进国民经济稳健发展,从而对税收形成良性的影响。

(3) 财政总收入增长率与第二产业增加值及第三产业增加值之和的增长率的关系方程。

当样本取值为 1980—2018 年时,考虑第二产业增加值及第三产业增加值之和的增长率(rfs, = rate of increased value of first and second industry)对财政总收入增长率(rtr_t)的贡献程度。首先进行单位根检验,财政总收入增长率和第二产业增加值及第三产业增加值之和的增长率的 ADF 统计量分别为 -3.088 和 -4.6186,表明二者都为平稳的过程,可以进行普通最小二乘法回归。

财政总收入增长率(rtr_t)与第二产业增加值及第三产业增加值之和(value added first and second industry)的增长率(rfs_t)的关系方程为:

$$\widehat{rtr_t} = 0.0655 + 0.4758 rfs_t$$
$$(2.76) \quad (3.56)$$
$$R^2 = 0.2552 \quad DW = 0.6499$$

模型运行的结果是:第二产业增加值及第三产业增加值之和的增长率对财政总收入增长率的依存度为 0.4758,即第二、三产业增加值之和每增长 1%,将会使得财政收入增长 47.58%,这说明第二产业和第三产业增加值对财政总收入的增长贡献具有很重要的作用。

(4) 财政总收入增长率与营业税收入增长率、增值税收入增长率的关系方程。

当样本取值为 1985—2016[①] 年时,财政总收入增长率(rtr_t)与营业税收入增长率($rtut_t$)及增值税收入增长率($rvat_t$)的 ADF 检验统计量分别为 -3.178、-5.004 和 -4.413,可知这三者都为平稳的,可以进行普通最小二乘回归而不必担心会产生伪回归问题。

---

① 尽管 2016 年 5 月 1 日起开始全面营改增,但作为过渡,我国 2016 年的统计数据仍有营业税。

财政总收入增长率(rtr_t)与营业税收入增长率($rtut_t$)及增值税收入增长率($rvat_t$)的关系方程为：

$$\widehat{rtr_t} = 0.1157 + 0.0508 rtut_t + 0.1349 rvat_t$$
$$(1.013) \quad (2.002) \quad (3.023)$$
$$R^2 = 0.8014 \quad DW = 2.1327$$

模型运行的结果是，营业税收入增长率对财政总收入增长率的依存度为0.0508，增值税收入增长率对财政总收入增长率的依存度为0.1349，这说明增值税的变动对财政收入的影响很大，充分说明增值税作为我国主体税种对财政收入的重要性。

4.5.2 财政支出计量经济模型运行结果分析

财政支出计量经济模型结果分析包括支出总量分析、支出增量分析和经济增长分析三个部分。

4.5.2.1 支出总量模型运行结果分析

（1）财政总支出与财政总收入、国内生产总值的关系方程。

财政总支出除按自身惯性规律运行，显著地依赖于财政总收入和国内生产总值。

当样本数据取值为1979—2018年时，财政总支出的对数值（$\ln exp_t = \ln(total\ fscal\ expenditure)$）需要进行单位根检验，其ADF统计量为$-0.477$，差分值的ADF统计量为$-3.363$，这表明其在5%水平上为一阶单整过程。结合前面的单位根检验结果得知，财政总支出（$\ln exp_t$）与财政总收入（$\ln rev_t$）和国内生产总值（$\ln gdp_t$）都为一阶单整过程，要考察三者是否具有共同方式变动，也就是说是否具有协整关系，还需要进行协整关系检验，这里继续采用Engle and Granger（1987）的协整检验，其统计量值为-3.039，在5%水平上通过显著检验，即三者之间存在协整关系。

财政总支出（$\ln exp_t$）与财政总收入（$\ln rev_t$）、国内生产总值（$\ln gdp_t$）的协整关系方程为：

$$\widehat{\ln exp_t} = -0.1533 + 0.9649 \ln rev_t + 0.0503 \ln gdp_t$$
$$(-2.29) \quad (35.52) \quad (1.84)$$

模型运行的结果是：财政总支出对国内生产总值的弹性为0.0503，说明随着经济的增长，财政支出也随着增加，经济增长对财政支出的需求为正；财政总支出对财政收入的弹性为0.9649，说明财政收入增加也会导致财政支出增加。这财政总支出除按自身惯性规律运行，财政支出还显著地依赖于财政总收入和国内生产总值。

(2) 一般公共服务支出与财政收入的关系方程。

当样本数据取值为 2007 年 1 月至 2018 年 10 月,一般公共服务支出(lrev$_t$)和财政收入(lrev$_t$=ln(rev$_t$))这两个变量需要进行时单位根检验,其 ADF 统计量分别为-8.967 和-3.032,说明这两个变量都是平稳的,可以进行普通最小二乘估计。

一般公共服务支出(lgpe$_t$)与财政收入(lrev$_t$=ln(rev$_t$))的关系方程为:

$$\widehat{lgpe_t} = 2.0320 + 0.5241 lrev_t$$
$$(3.889) \quad (9.159)$$
$$R^2 = 0.3959 \quad DW = 2.5823$$

模型估计结果表明:政府财政收入每增加 1%,相应的一般公共服务支出会增加 0.5241%。由于公共服务支出在财政支出中的比例较小,这就意味着公共服务开支不足,需要进一步加大公共服务支出比例,实现民生财政的转型。

(3) 教育支出与财政收入的关系方程。

当样本数据取值为 2007 年 1 月至 2018 年 10 月时,教育支出(lfee$_t$)的 ADF 统计量为-9.105,说明其是平稳的,结合财政收入(lrev$_t$)也是平稳的,可以进行普通最小二乘估计。

教育支出(lfee$_t$)与财政收入(lrev$_t$=ln(rev$_t$))的关系方程为:

$$\widehat{lfee_t} = -2.3490 + 1.0412 lrev_t$$
$$(-4.14) \quad (16.76)$$
$$R^2 = 0.6869 \quad DW = 2.4905$$

模型的运行结果是:教育支出的财政收入弹性为 1.0412,表明财政收入每增加 1%,将使得教育支出增加 1.0412%。这表明教育支出增长率略高于财政收入增长率,这与近几年国家对教育的财政投入力度加大有关。

(4) 科学技术支出与财政收入的关系方程。

当样本数据取值为 2007 年 1 月至 2018 年 10 月时,科学技术支出(lfes$_t$=ln(fiscal expenditure of science$_t$))的 ADF 统计量为-16.936,表明其是平稳的,结合财政收入(lrev$_t$)也是平稳的,可以进行普通最小二乘估计。

科学技术支出(lfes$_t$=ln(fiscal expenditure of science$_t$))与财政收入(lrev$_t$)的关系方程为:

$$\widehat{lfes_t} = -4.3755 + 1.0889 lrev_t$$
$$(-4.47) \quad (10.16)$$
$$R^2 = 0.4463 \quad DW = 2.1012$$

模型估计结果表明,科学技术支出对财政收入的弹性为 1.0889,即政府财政收入每增加 1%,将使得科学技术支出增加 1.0889%。

(5) 社会保障和就业支出与财政收入的关系方程。

当样本数据取值为2007年1月至2018年10月时,社会保障和就业支出($lfese_t$ = ln(fiscal expenditure of social security and employment$_t$))的ADF统计量为-6.421,通过平稳性检验,结合财政收入($lrev_t$)也是平稳的,可以使用普通最小二乘估计。

社会保障和就业支出($lfese_t$)与财政收入($lrev_t$)的关系方程为:

$$\widehat{lfese_t} = -3.0002 + 1.0853 lrev_t$$
$$(-4.94) \quad (16.30)$$
$$R^2 = 0.6750 \quad DW = 2.0411$$

模型运行的结果显示:社会保障和就业支出对财政收入的弹性为1.0853,即财政收入每增加1%,社会保障支出将会增加1.0853%。这表明在国民经济增长过程中,应该逐步增加民生投入,这一比例比较小,需要进一步增加社会保障支出。

(6) 环境保护支出与财政收入的关系方程。

当样本数据取值为2007年1月至2018年10月时,环境保护支出($lfeep_t$ = ln(fiscal expenditure of environment protection$_t$))的ADF统计量为-2.912,普通说明其是平稳的变量,结合财政收入变量$lrev_t$也是平稳的,可以进行普通最小二乘估计。

环境保护支出($lfeep_t$)与财政收入($lrev_t$)的关系方程为:

$$\widehat{lfeep_t} = -6.3112 + 1.2558 lrev_t$$
$$(-5.64) \quad (10.26)$$
$$R^2 = 0.4511 \quad DW = 1.6293$$

模型运行的结果显示:环境保护支出对财政收入的弹性为1.2558,即财政收入每增加1%,环境保护支出将会增加1.2558%。这说明在经济增长过程中,环保支出投入日益重要。

(7) 医疗卫生支出与财政收入的关系方程。

当样本数据取值为2007年1月至2018年10月时,医疗卫生支出($lfem_t$ = ln(fiscal expenditure of medcine$_t$))的ADF统计量为-2.615,说明其是平稳的变量,结合财政收入变量$lrev_t$也是平稳的,可以进行普通最小二乘估计。

医疗卫生支出($lfem_t$)与财政收入($lrev_t$)的关系方程为:

$$\widehat{lfem_t} = -7.0328 + 1.4488 lrev_t$$
$$(-8.13) \quad (15.30)$$
$$R^2 = 0.6464 \quad DW = 2.2431$$

模型运行的结果显示:医疗卫生支出对财政收入的弹性为1.4488,即财政收入每增加1％，医疗卫生支出将会增加1.4488％。这说明在经济增长过程中，医疗卫生支出投入日益重要。

(8) 城乡社区事务支出与财政收入的关系方程。

当样本数据取值为2007年1月至2018年10月时，城乡社区事务支出（lfecr$_t$＝ln(fiscal exp enditure of city and rural$_t$)）的ADF统计量为－3.214，说明其是平稳的，结合财政收入变量lrev$_t$也是平稳的，可以进行普通最小二乘估计。

城乡社区事务支出（lfecr$_t$）与财政收入（lrev$_t$）的关系方程为：

$$\widehat{lfecr_t} = -5.3025 + 1.2978 lrev_t$$
$$(-5.73) \quad (12.80)$$
$$R^2 = 0.5613 \quad DW = 2.5505$$

模型运行的结果显示：城乡社区事务支出对财政收入的弹性为1.2978，即财政收入每增加1％，城乡社区事务支出将会增加1.2978％。

(9) 农林水事务支出与财政收入的关系方程。

当样本数据取值为2007年1月至2018年10月时，农林水事务支出（lfeafw$_t$＝ln(fiscal exp enditure of agriculture foreign and water$_t$)）的ADF统计量为－3.017，说明其是平稳的变量，结合财政收入变量lrev$_t$也是平稳的，可以进行普通最小二乘估计。

农林水事务支出（lfeafw$_t$）与财政收入（lrev$_t$）的关系方程为：

$$\widehat{lfeafw_t} = -4.4032 + 1.2018 lrev_t$$
$$(-5.58) \quad (13.92)$$
$$R^2 = 0.6021 \quad DW = 1.9086$$

模型运行的结果显示：农林水事务支出对财政收入的弹性为1.2018，即财政收入每增加1％，农林水事务支出将会增加1.2018％。

(10) 交通运输支出与财政收入的关系方程。

当样本数据取值为2007年1月至2018年10月时，交通运输支出（lfet$_t$＝ln(fiscal exp enditure of transportation$_t$)）的ADF统计量为－3.314，这说明其是平稳的，结合财政收入变量lrev$_t$也是平稳的，那么可以进行普通最小二乘估计。

交通运输支出（lfet$_t$）与财政收入（lrev$_t$）的关系方程为：

$$\widehat{lfet_t} = -5.7271 + 1.3011 lrev_t$$
$$(-5.55) \quad (11.51)$$
$$R^2 = 0.5086 \quad DW = 1.6051$$

模型运行的结果显示，交通运输支出对财政收入的弹性为1.3011，即财政收入每增加1％，交通运输支出将会增加1.3011％。

4.5.2.2 财政支出增长模型运行结果分析

(1) 中央财政支出增长率与地方财政支出增长率对财政总支出增长率的贡献作用分析方程。

当样本取值为 1979—2018 年时,首先对中央财政支出增长率(rce_t = rate of increased centural fiscal exp enditure)与地方财政支出增长率(rle_t = rate of increased local fiscal exp enditure)对财政总支出增长率(rte_t = rate of increased total fiscal exp enditure)进行单位根检验,ADF 统计量分别为 -4.106、-4.400 和 -3.278,表明三者均为平稳的,可以进行普通最小二乘法估计。

中央财政支出增长率(rce_t)与地方财政支出增长率(rle_t)对财政总支出增长率(rte_t)的贡献作用分析方程为:

$$\widehat{rte_t} = -0.0083 + 0.5672 rle_t + 0.3970 rce_t$$
$$(1.29) \quad (19.30) \quad\quad (12.26)$$
$$R^2 = 0.9399 \quad DW = 1.2872$$

模型运行的结果是:财政总支出增长率对中央、地方财政支出增长率的依存度分别为 0.3970、0.5672;进一步计算它们在 1979—2018 年这个期间内的平均增长率之后,可得到地方财政支出平均增长率为 16.20%,高于中央财政支出平均增长率 10.92%,这表明财政总支出增长率显著地依赖于中央财政支出增长率与地方财政支出增长率。

(2) 一般公共服务支出增长率、教育支出增长率、社会保障和就业支出增长率和环境保护支出增长率对财政支出增长率的贡献作用分析方程。

当样本数据取值为 2007 年 1 月—2018 年 10 月时,一般公共服务支出增长率、教育支出增长率、社会保障和就业支出增长率、环境保护支出增长率和财政支出增长率都通过了平稳性检验,其 ADF 统计量分别为 -6.970、-7.289、-8.568、-8.530 和 -10.299,表明这些变量皆为平稳的,可以进行普通最小二乘法估计。

财政支出增长率(rte_t)与一般公共服务支出增长率($rgpe_t$)、教育支出增长率($rfee_t$)、社会保障和就业支出增长率($rfese_t$)和环境保护支出增长率($rfeep_t$)的方程为:

$$\widehat{rte_t} = -0.0153 + 0.1816 rgpe_t + 0.3422 rfee_t + 0.1025 rfese_t + 0.1837 rfeep_t$$
$$(-1.86) \quad (4.36) \quad\quad (6.43) \quad\quad (3.14) \quad\quad (9.15)$$
$$R^2 = 0.9261 \quad DW = 2.5592$$

回归结果显示,一般公共服务支出增长率对财政总支出增长率的贡献为 0.1816,教育支出增长率对财政支出增长率的贡献为 0.3422,社会保障和就业支出增长率对财政支出增长率的贡献为 0.1025,环境保护支出增长率对财政支出增长率的贡献为 0.1837。

4.5.2.3 经济增长及其构成因素模型的运行结果分析

(1) 国内生产总值增量与总消费规模增量、全社会固定资产总投资规模增量和进出口差额的关系方程。

当样本数据取值为1980—2018年时,通过平稳性检验,可知国内生产总值增量($dgdp_t$)与总消费规模增量(dtc_t)、全社会固定资产总投资规模增量($difc_t$)和进出口差额增量($dexm_t$)的 ADF 统计量分别为 0.717、1.314、-4.813 和 -1.422,而其差分值的 ADF 统计量值分别为 -7.128、-6.598、-5.691 和 -7.95,表明这几个增量为一阶单整过程。这几个变量之间具有协整关系,其 Engle and Granger(1987) 的协整检验统计量为 -4.599,也就是说长期来看,这四个变量在以相同的方式共同变动。

国内生产总值增量($dgdp_t$)与总消费规模增量(dtc_t)、全社会固定资产总投资规模增量($difc_t$)和进出口差额增量($dexm_t$)的关系方程为:

$$\widehat{dgdp_t} = -2\,436.034 + 2.4631 dtc_t - 0.4053 difc_t + 0.6865 dxexm_t$$
$$(3.56) \quad (-19.06) \quad (5.76) \quad (-3.33)$$

从模型运行结果来看,总消费规模增量和进出口差额增量有助于国内生产总值增加,而全社会固定资产总投资规模增量不利于经济增长。

(2) 财政决算支出增长率滞后量对国内生产总值增长率的贡献作用分析方程。

当样本数据取值为1979—2018年时,国内生产总值增长率($rgdp_t$)和财政决算支出增长率滞后量(rte_{t-1})的 ADF 统计量为 -3.413 和 -3.266,表明两者均为平稳的。

国内生产总值增长率($rgdp_t$)和财政决算支出增长率滞后量(rte_{t-1})的贡献作用分析方程为:

$$\widehat{rgdp_t} = 0.1190 + 0.2219 rte_{t-1}$$
$$(4.64) \quad (1.41)$$

采取一般线性回归分析得知,财政决算支出增长率滞后量对国内生产总值增长率的贡献为 22.19%。

(3) 第一产业增加值增长率、第二产业增加值增长率和第三产业增加值增长率对国内生产总值增长率的贡献作用分析方程。

当样本数据取值为1979—2018年时,第一产业增加值增长率(rfi_t)、第二产业增加值增长率(rsi_t)和第三产业增加值增长率(rti_t)的 ADF 统计量分别为 -3.614、-3.405 和 -3.404,通过平稳性检验。第一产业增加值增长率(rfi_t)、第二产业增加值增长率(rsi_t)和第三产业增加值增长率(rti_t)对国内生产总值增长率

（rgdp$_t$）的贡献作用分析方程为：

$$\widehat{rgdp}_t = 0.0145 + 0.2057 rfi_t + 0.4819 rsi_t + 0.2408 rti_t$$
$$(6.60) \quad (13.96) \quad (26.79) \quad (13.36)$$
$$R^2 = 0.9944 \quad DW = 1.0984$$

模型运行的结果是：国内生产总值增长率对第一产业增加值增长率、第二产业增加值增长率和第三产业增加值增长率的依存度分别为 0.2057、0.4819 和 0.2408。这说明国内生产总值增长率显著地依赖于第一产业增加值增长率、第二产业增加值增长率和第三产业增加值增长率，尤其依赖于第二产业增加值增长率。

（4）工业总产值增长率和建筑业增加值增长率对第二产业增加值增长率的贡献作用分析方程。

当样本取值为 1979—2018 年时，工业总产值增长率（ravi$_t$）和建筑业增加值增长率（rava$_t$）的 ADF 统计量为 -3.477 和 -3.237，通过平稳性检验。工业总产值增长率（ravi$_t$）和建筑业增加值增长率（rava$_t$）对第二产业增加值增长率（rsi$_t$）的贡献作用分析方程为：

$$\widehat{rsi}_t = 0.0003 + 0.8881 ravi_t + 0.1092 rava_t$$
$$(0.59) \quad (172.14) \quad (28.20)$$
$$R^2 = 0.9996 \quad DW = 1.0744$$

模型运行的结果是：第二产业增加值增长率对工业总产值增长率和建筑业增加值增长率的依存度分别为 0.8881 和 0.1092。这说明第二产业增加值增长率显著地依赖于工业总产值增长率和建筑业增加值增长率。

4.5.3　中国财政及宏观经济主要指标预测

结合对中国财政及经济运行规律与机制的理解和把握，并向有关专家咨询后，我们对中国财政及宏观经济主要指标进行短期预测，在财政计量模型估计结果的基础上，在 Eviews8.0 中使用贝叶斯向量自回归 BVAR 指令进行向前两步的预测（见表 4-2）。

表 4-2　中国财政及宏观经济主要指标预测　　　　　　　　单位：亿元

经济变量	2018 年	2019 年	2020 年
财政总收入	183 351.8*	190 134	201 097
税收总收入	156 400.5*	161 420	173 440
财政总支出	220 906.1*	237 475	253 057
国内生产总值	900 309.5*	957 024	1 014 350
国内增值税收入	61 529.0*	71 835	81 562

(续表)

经济变量	2018年	2019年	2020年
中央财政收入	85 447.3*	91 045	97 259
地方财政收入	97 904.5*	100 371	107 552
中央财政支出	32 707.8*	34 361	37 024
地方财政支出	188 198.3*	200 128	212 047
第一产业增加值	64 734.0*	67 089	69 329
第二产业增加值	366 000.9*	383 482	406 734
第三产业增加值	469 574.6*	506 573	534 728
工业增加值	305 160.2*	330 802	352 445

注：带 * 号的数值来自中经网数据库。

表4-2 的预测结果表明，在数据趋势不发生变化的情况下，主要的几个变量，如财政总收入、税收总收入、财政总支出、国内生产总值、国内增值税收入、中央财政收入、地方财政收入、中央财政支出和地方财政支出将在 2019 年和 2020 继续增加，其中国内生产总值、财政总支出、税收总收入的增长速度将会放慢，而增值税由于"营改增"的作用将会增加较多。

主要参考文献

[1] 蒋洪、朱萍、刘小兵：《公共经济学（第三版）》，上海财经大学出版社 2016 年版。

[2] Engle, R. F. and Granger, C. W. J., "Co-integration and Error Correction: Representation, Estimation and Testing", *Econometrica*, 1987, Vol. 55, pp. 251—76

[3] Johansen, S., *Likelihood-Based Inference in Cointegrated Vector Autoregressive Models*, Oxford: Oxford University Press, 1995.

第二篇
政府收入与支出的划分[*]

---

[*] 本篇由付芳副教授(广东外语外贸大学经贸学院)和王超(上海财经大学、浙江财经大学东方学院)共同完成。

第5章 政府收支分类的基本原则

党的十八届三中全会《决定》提出:"财政是国家治理的基础和重要支柱。"这是一个站在历史和理论高度提出的论断,对当前财税体制改革具有十分重要的长期指导意义。为尽快发挥财政作为国家治理基础的功能,中国共产党在十八届三中全会和十九大报告中,反复强调"加快建立现代财政制度"。建立现代财政制度的核心是财政预算制度,全面规范、公开透明的预算制度是国家治理体系与治理能力现代化的基础性制度载体(马蔡琛,2014)。而在财政预算制度的组成要素中,政府收支分类作为一项基础性的技术手段和工具,不仅直接关系到财政预算管理的各方面,如预算的透明度、科学化、规范化(楼继伟,2006),以及预算模式、绩效预算、部门预算等,还与政府会计、国库集中收付、政府审计、政府采购等其他财政制度密切相关,往往是其他一些财政制度进行调整或改革的基础依据。因此,从财政管理角度来看,一套科学合理的政府收支分类体系是现代财政制度建设的基础性条件,将为财政制度改革、政府职能优化乃至国家治理水平提升提供重要支撑。

财政的作用被上升到国家治理基础和支柱这个高度,并不必然表示财政能够真正发挥这一作用,有时由于一些问题的存在,甚至会使现有财政实践成为国家社会经济发展滞后的重要原因(李永友,2016;周克清和马骁,2014)。同样,政府收支分类作为现代财政制度建设的基础性条件,也并不必然表示当前的政府收支分类体系真正发挥了这一作用。虽然我国政府收支分类经历了几次较大的调整及改革,不断修正完善之前存在的问题和缺陷进行,但仍有部分问题未能得到完全解决,或者随着社会经济发展以及政策方针调整,原来看似科学合理的政府收支分类体系不再适应现实需求。因此,基于政府部门调查分析、征求意见,以及相关学者的研究提议等,几乎每年都会对相关政府收支分类的具体科目进行部分调整。然而,对政府收支分类的频繁调整是否真正有利于现代财政制度建设的基础性条件作用的发挥呢?似乎很难给予一个十分肯定的回答。

这是因为,要回答这一问题,首先需要基于相关理论确定一套政府收支类别划分的基本原则,如果原则不清楚或者不合理,就难以判断之前的政府收支分类是否存在问题以及当前的调整或改革是否科学合理。其次,当确定了一套基本原则之后,不仅要结合该原则判断这种调整或改革是否改对了,还要判断是否改全了,如果只对部分问题而不是全部问题进行了合理修改,一方面会使得当期政府收支分类难以充分发挥应有作用,另一方面会出现我国目前所经历的频繁调整的情况。如果对政府收支分类及其科目进行频繁调整,即使每次调整都是科学合理、符合原则的,也会带来较大的负面影响,不仅直接产生前后两期政府收支分类科目的新旧衔接问题,还会对其他相关的财政制度产生影响。例如,政府会计、国库管理等涉及的收支科目均需要根据政府收支分类进行适应性调整,而这种调整往往具有一定的滞后性,并会产生相应成本。由此可见,正是由于政府收支分类的基础性作用,才更需要保证其科学合理性和相对稳定性,当出现问题时,也必须按照科学合理的原则尽量全面地进行修正。而实现上述目标的关键前提就是要明确政府收支划分的基本原则。

实际上,从政府收支分类的相关定义中也可以看出不同学者均对科学合理的划分原则十分重视。如刘小兵(2013)认为政府收支分类是对政府的收入与支出按照一定的原则和方法进行类别和层次的划分,从而全面、准确和清晰地反映政府的收支活动,是编制预决算、组织预算执行、进行会计明细核算的重要依据。刘寒波(2000)将政府收支分类定义为,在政府预算管理中,对政府收支项目进行科学系统的划分,将名目繁多的各项预算收支,按照各自的性质和相互联系进行科学和系统的归并与排列,反映国家一定时期内的路线、方针和政策,为预算的编制、执行和决算服务,从而全面、准确、清晰地反映政府收支活动。那么,政府收支分类的划分原则主要应包括哪些内容呢?根据对相关文献的梳理以及本课题组成员的集中讨论,主要从一般分类、统计管理和财政治理三个视角分别提出相应原则。

5.1 基于一般分类视角的原则

分类是人们认识事物最基本的方法,事物本身存在差别,而分类可以帮助我们更好地认识、辨别和分析这些差别,从而更好地认识事物。人类初期的分类活动完全是自发行为,在经验和教训的不断积累中,自发行为开始升华为一种自觉分类的意识,分类逐渐成为一种普遍的思维习惯和文化传统。

从科学研究的角度考虑,分类同样十分重要。分类是形成概念的先决条件之一,明确的概念界定则是科学研究的前提基础。此外,对事实和事物进行精确分类,其本身也是科学研究方法的一项重要特征。随着对分类重要性认识的不断深化,为了更加科学合理地对各种事物进行分类,分类学作为一门相对独立的学科应运而生。顾名思义,分类学是一门关于如何进行分类的方法与科学。这一术语最早来自生命科学,被用于描述植物或动物的层次化关系。广义分类学即系统学,指分门别类的科学,包括信息分类学、土壤分类学、化学分类学、教育目标分类学、分子分类学、犯罪分类学等。狭义分类学主要以传统的生物分类为主导,如植物分类学、动物分类学、鱼类分类学、昆虫分类学、脊椎动物分类学、种子植物分类学、遗传分类学、进化分类学等。由此可见,政府收支分类实际上属于广义分类学研究和应用的范畴,因此政府收支类别划分的基本原则也必须符合分类学中一般性、普适性的基本原则。

5.1.1 相称与相斥原则

在对事物进行分类的过程中,往往根据不同事物本质特征中的共同点和差异点,先分为较大的类;在此基础上继续寻找差异,把大类划分为若干个小类。根据分类学的常用表述,前者一般称为母项或属概念,后者一般称为子项或种概念,而母项与子项之间,以及不同子项之间必须同时满足相称和相斥两项基本原则。所谓相称原则,是指子项外延之和正好等于母项的外延,通俗点说,就是子项加起来即为母项。如果子项外延之和小于母项外延,就会出现划分不全的现象,表现为遗漏子项;如果子项外延之和大于母项外延,就会出现多出子项的逻辑错误。这两种情况都称为"不相称"。所谓相斥原则,是指子项之间不能是相容或交叉关系,否则就可能出现子项外延重叠,使某些事物难以精准对应于一个子项。实际上,事物分类中母项和子项间的相称与相斥原则,与集合概念中全集和补集间的互补与互斥原则含义类似,即补集与其他子集间必须相互排斥,没有交集,而且补集与其他子集加总正好等于全集的范围。

从政府收支分类来看,相称原则即所有政府收支的具体分类加总起来正好能够系统、完整地反映政府全部收支活动,既没有反映政府收支以外的事项,也没有漏掉政府收支范围内的任何一项;相斥原则即政府收支划分的不同种类之间不能存在内容、范围等方面的交叉,否则会导致某一项收入或支出可以计入不同类别,使得相关类别的分类结果难以有效地单独反映本类别情况,并降低不同类别分类结果之间的横向可比性。

5.1.2 逐级分层原则

对事物进行分类时,往往并不仅将某一事物分为母项和子项两级,而是会对母项所包含的每个子项继续分类,即子项之子项,形成多个子项层级,如一级子项、二级子项、三级子项等,一级子项可视为二级子项的母项,依此类推。逐级分层原则是指不能越级分类,先分层次高(或大)的类别,在此基础上再分层次低(或小)一级的类别。越级分类容易漏掉同级的类项,出现划分错误。

不过,究竟应该将某一事物划分为几个子项层级,需要根据分类细化程度的实际需要谨慎确定。因为划分层级越多,能够使我们对某一事物的认识越清晰,对其分析研究的维度和视角越广阔,但是每一层级的子项划分都要经历一次分类过程,而每次分类过程都存在一定的不合理、有偏差的概率,如难以保证每次分类都能保证完全符合相称及相斥原则。因此,划分层级越多,最终层层汇总所形成的从属关系和对应关系存在更大的偏差可能越大。

从我国目前的政府收支分类情况来看,收入分类有类、款、项、目四级,支出功能分类有类、款、项三级,支出经济分类有类、款两级。而对于目前这种分类层级的合理性及存在的问题,也有一些文献展开了探讨。

5.1.3 划分依据一致原则

在对事物进行分类时,必须尽量保证每次的划分依据都要一样,如果依据不一、标准多样化,那么结果一定是混乱、难以信任和依赖的。这里划分依据一致,具体包括两个维度的要求:第一,相同子项时间纵向的一致,即划分依据要尽量保持时间上的连贯性,保证每一次分类结果的纵向可比性;第二,相同子项各级分层的一致,对于同一母项而言,其子项及二级或者三级子项均应按照相同的标准进行划分。不过需要特别强调,划分依据一致并非要求划分依据"唯一",由于分类对象往往具有多种特征或多重属性,因此可以根据不同的实践及研究需要,从不同视角选择划分依据,甚至可以从多个视角同时进行多种分类(如当前我国政府支出分类包括功能分类和经济分类,即从两个视角进行的分类)。即便如此,从任何一种视角进行分类时,其划分依据也应尽量保持上述两个维度的一致。

不过,事实上,划分依据一致原则往往很难真正实现,主要原因可总结为两点:一是对分类对象本身的本质特征理解有偏差,致使确定划分依据之初便存在标准不合理的情况,当后续认识到这一问题时才进行修正;二是某些事物随着社会经济等客观条件的发展变化,其本质特征也在发生变化,使得原本合理的划分依据不再适应新情况,必须进行调整。对于前者而言,要求我们在确定划分依据时必须真正把握分类对象的本质特征,并认真严谨地确定划分标准,不能随意为之;对于后者而言,当受客观因素影响不得不调整划分依据时,必须考虑好新旧分类之间的衔接问题。从我国政府收支分类实践来看,划分依据确实也在不断调整,且与上述两种原因都有部分关联。因此,政府收支分类的划分依据应该严谨慎重地确定、选择,以确保其科学性及适用性,而一旦确定了科学合理的划分依据,就应尽量保持划分依据的一致。

5.1.4 表述清晰精准原则

分类活动的直接目标,是要用一组明确的"类名"表述每一个类属,据此认识和区分每类具有共同特征的事物。"类名"是分类活动中最重要的思维工具,起到对同类事物概括和对异类事物限制的作用。"类名"往往具有简短精练的特征,如何表述才能使"类名"真正清晰、精准地概括每个子项类别,使人们易于根据不同"类名"对同一事物的不同类别进行识别、分辨,也是分类活动中的一个语言技难点。如果对于某个子项类别的表述不清晰、不精准,即使在分类过程中严格遵循了前述相称与相斥、逐级分层、划分依据一致等原则,也会导致最终表述的"类名"不能真正发挥分类的应有作用。当然,如果在某些特殊情况下确实难以找到清晰精准的"类名"表述,也可以用注释说明的方法加以阐述。

政府收支不同于一般生活中常见常用的事物,很多收支类别及科目的具体表述往往具有较强的专业性和一定的抽象性,而且一些类别及科目之间的具体表述差异很小,甚至存在一定的歧义,从而使一般公众甚至一些专业人员阅读政府收支相关资料时存在理解偏差或难以辨析,这是造成政府收支预决算报告"外行看不懂,内行说不清"的一个重要原因。

5.2 基于统计管理视角的原则

政府收支分类是一国财政统计核算体系中的重要基础和组成部分,而对于财政收支统计信息了解掌握和研究分析的广度与深度,是对政府宏观调控作用发挥的广泛程度、细致程度、效率高低进行评价和改进的关键影响因素,因为政府宏观调控的一个重要手段就是通过财政收支来影响多元经济主体的行为。将"国民经济核算体系"和"政府财政统计体系"有机地结合应用,能够为政府决策和经济分析提供重要依据,这也是发达国家普遍重视这两个统计核算体系的一大原因(刘丽华,2007)。我国政府一直对财政运行状况进行严密监控,每年各地方财政部门及其他政府部门都要向财政部上报各式各样的统计报表,如财政总决算的28张表、地方政府债务统计表、国有资产年度报表、社会保障经费决算报表等,以便及时掌握全国财政运行的总体情况,注意防范可能出现的财政风险。从近些年修订后的上述各种报表中可以看到,大多数报表都已吸取了新收支分类科目体系的内容,可见政府收支分类在财政信息统计方面的重要作用。也有学者特别强调全面、明细支出经济分类对加强政府统计分析的重要作用(楼继伟,2006;门淑莲和颜永刚,2008)。要充分发挥政府收支分类在财政核算统计体系中的重要作用,其划分原则的确定也应考虑到统计管理方面的客观要求。

5.2.1 稳定性与灵活性相统一的原则

科学的政府收支分类应具备较好的稳定性,这种稳定性不仅体现出政府收支的类别划分因科学有效而经得住实践检验,从统计管理的角度,这种稳定性也便于对政府收支历史统计资料进行纵向时序比较。考虑到政府收支分类的调整对相关统计工作中人力、物力、财力等方面所产生的额外成本,这种稳定性也为有效控制统计工作的成本提供了有利条件。但是,由于政府收支涉及各行各业、各类群体,且与各项财政、财务、预算、税收法令、制度有关,随着社会经济的不断发展以及社会主要矛盾的不断变化，政府职能范围及具体政策制度也会因此而调整或改革，为了适应统计管理的需要，政府必须及时对政府收支分类及其具体科目进行适当的补充、修改和调整（邹康，2012）。因此，在尽量维持政府收支分类相对稳定性的同时，还应兼顾灵活性和可拓展性，确保政府收支分类及其具体科目在不得不调整时，也能与之前的政府收支核算指标具有一定的一致性和可比性。

5.2.2 科学细化与适度简化相结合的原则

科学规范、充分细化的政府收支分类及其科目，利于统计部门获取更加丰富完整的收支信息，更多的收支种类和更多的数据资料能够使统计分析更全面、更多元和更深入。然而，从操作角度而言，政府收支分类越细化、收支科目数量越多，意味着耗费的时间成本和经济成本越多，而且有些类别或科目所反映的信息十分有限，将其按照一定的标准划分至其他类别可能并不影响统计结果的理解与分析。因此，应该根据统计分析和便于操作两方面的实际需要，合理确定政府收支分类的细化层级及科目数量，在满足统计分析需要的前提下可以适度简化。

5.2.3 国内一致与国际可比相兼顾的原则

在一国之内，实际的统计工作一般是由基层政府组织开展，然后层层上报汇总得到更高层级的数据信息。因此，不同层级的政府之间以及同一层级的不同地方政府之间，应该适用标准一致的政府收支分类及具体科目。否则，如果不同政府、不同地区间的分类标准不一，汇总工作就难以开展或汇总后的数据不再精准可靠，不同政府及地区间的横向可比性也大打折扣。此外，国内一致原则还要求政府收支分类体系与国民经济核算体系具有一致性，以便更加全面深入地对财政经济进行分析与决策（梅迎春，2010；翟司霞，2012）。通过相关统计资料的国际比较，也可以为一国财政经济的分析决策提供有利借鉴，但前提是要确保统计口径的国际可比性。因此，政府收支分类及其科目设计，还应重视将国际惯例与本国实际相结合，既确保国际可比性，也满足服务本国发展的最终目标。

5.2.4 分类标准与先进技术相适应的原则

"大数据"时代的到来，以及信息技术的不断发展，为财政收支统计及政府预算的信息化应用提供了技术条件，使基层财政收支统计数据来源更加全面、多元，也使统计分析工作实现低成本、便捷化、精准化成为可能，进而不断提高数据质量与决策水平。而且，有效利用"大数据"和信息技术，将有效缓解预算管理与监督中的信息不对称，可以极大地提高预算监督绩效以及绩效预算的精准性，并对预算监督理念、综合绩效预算乃至国家治理现代化产生积极影响（赵术高和李珍，2016）。但是，在利用先进技术服务于财政收支统计及政府预算工作的同时，也应根据客观技术条件的变化，适当调整政府收支分类及其科目设计，以更好地利用和适应当下的技术条件。

以利用"大数据"为例,在通过大数据平台对财政收支及政府预算进行综合管理时,数据来源将涉及很多主体,如教育、科技、民政、环保、央行等相关公共部门,甚至直接来自私人企业或个人,各主体均需先建立自己的数据资源规划和数据资源目录,然后对数据进行分级、分类管理,最后实现不同主体及部门之间的数据交流与共享。而在大数据平台上进行数据交流和贡献,必须使用规范化和标准化的信息数据,因此要充分利用其他主体及部门的数据资源,政府收支分类及其科目的设计就不仅需要考虑财政部门的数据特征,还要考虑本部门数据与其他相关部门数据的关联性和差异性,按照信息标准化的要求调整数据分类情况。

5.3 基于财政治理视角的原则

我们已经从事物分类的一般理论和统计管理的技术要求对政府收支分类提出了相关划分原则,不过这两方面的相关原则并不仅仅单独适用于政府收支分类,而是普遍适用于大部分经济社会领域的分类与统计工作。然而,正如前文所述,政府收支分类作为财政预算管理方面的一项基础性工作,直接影响现代财政制度建设进程,进而对政府职能调整优化及国家治理水平不断提升产生重要作用。政府收支分类的这一基础性作用,并非其他一般的经济社会领域分类统计工作所能比拟的,这就要求我们在提出分类及统计管理的一般性原则的基础上,还必须针对政府收支分类作为现代财政制度建设的基础性技术条件这一重要视角,提出能够体现和发挥其基础性作用的相关原则,为真正实现财政在国家治理中的基础性作用和重要支柱作用提供支撑。

5.3.1 利于反映和规范政府职能及其实现过程的原则

政府收支分类的基本功能就是要能够清晰地描绘每一笔财政资金的来龙去脉,全面、明细地反映政府各项职能活动及其实现过程(刘丽华,2007)。而要真正实现这一基本功能,其实并非易事,必须先搞清楚两个重要的问题:什么是政府?应从哪些维度反映政府的各项职能及其实现过程?

关于第一个问题,如果对政府的概念和内涵不清楚,就无法准确界定哪些收支行为属于政府活动范畴,更无法进行下一步的政府收支分类。用分类理论的语言来讲,如果母项的范围没有界定清楚,那么无法据此进行子项的分类;或者如果母项的范围本身是不合理的(过宽或过窄),那么子项的划分也将毫无意义。因此,进行政府收支分类,必须先要明确界定"政府"这一概念及其内涵。一般意义上,政府即一群实体或单位在履行职责的同时,对经济及社会发挥管理作用;另外,它们还负责提供社会公共服务给社会公众,再分配社会收入及财富。而其他一些学者或机构则将政府概念进一步细化,如国际货币基金组织颁布的 2014 年版《政府财政统计手册》(简称 GFSM(2014)),将政府概念进行细化,分为政府、政府单位、广义政府部门、广义政府分部门、公共部门等,每个概念都有严格的界定,以此作为统计依据。其中,将政府定义为由公共行政部门及其附属机构组成,通过严密的政治程序来设立,在领土范围内行使立法、行政和司法的权力。相对而言,GFSM(2014)关于政府概念的界定更明确、更清晰,也是国际通用的标准。只有在明确政府概念的基础上,才可以进一步梳理政府收支的涵盖范围,为其分类奠定基础。

关于第二个问题,政府各项收支名目繁多,按各自性质和相互关系,可以按多种划分依据进行归并、排列和分类。而究竟应基于哪种依据进行分类,取决于要从哪些维度来反映政府的职能及其实现过程。后者是目的,前者是手段。政府职能及其实现首先要有政府收入作为保障,因此也可以将政府收入看作政府职能实现的前期环节。政府收入应该按照征收主体、缴纳主体、组织形式、收入(课税)基础、收入性质等五个维度进行分类(楼继伟,2002),清楚说明"钱是谁收的、向谁收的、怎么收的、经济来源、收了哪些"。不过,政府职能及其实现过程的直接体现还是在支出领域,这也是为什么很多学者更加关注支出分类,或者直接将支出分类视为政府收支分类的核心(王雍君,2002)。政府支出应该按照支出主体、具体用途、支出对象、支出性质等四个维度进行分类,清楚说明政府的"钱是谁花的、花到了哪里、花给了谁、怎么花的"。依据上述政府收支分类的九个维度,基本上可以将政府全部职能及其整个实现过程进行较为全面细致的描述刻画。

不过,政府收支分类不仅要完成反映政府职能及其实现过程的目的,还要充分发挥其对后者的规范作用,即通过科学合理的政府收支分类来规范和约束政府职能的行使范围及手段。"反映"的是"实然","规范"的是"应然",如果没有根据规范目的进行政府收支的"应然"分类,或者没有严格将"应然"分类作为"实然"分类的标准使二者保持一致,那么将导致"实然"的政府收支分类不能对政府职能优化产生应有作用。换言之,政府收支分类不应根据政府收支的实际情况进行事后分类,而应依据一定的理论基础(如公共产品理论、委托代理理论等)和优化目标,先将政府职能范围及其实现手段进行合理限定,据此形成一个事前的科学合理的分类体系,并将此分类体系作为政府实际履行受托责任的基本框架,避免政府职能的行使及其相应收支活动存在越位、缺位、失位的行为。

5.3.2 利于财政监督的原则

在市场经济条件下,政府的重要职能就是要弥补市场缺陷,满足社会公共需要,用公共之财办公共之事。所以,公共财政应该是"阳光财政",追求公开、透明,政府预算必须反映公共需求并强化公共监督(楼继伟,2006)。政府收支分类是编制政府预决算、组织预算执行以及预算单位进行会计明细合算的重要依据,基于政府收支分类形成的政府预决算报告及相关财政财务会计信息也是政府内部监督与公众外部监督的主要内容(曹艳杰,2007)。因此,政府收支分类是否科学合理、全面清晰,直接影响到财政监督的实际效果。

实际上,前文提到的各种原则均对设计一套优良的政府收支分类体系有利,因此也有利于强化财政监督。但是,如果仅将利于财政监督视为政府收支分类的必然结果,而未将其作为分类设计的考虑因素,则很可能导致最终构建的政府收支分类体系并不能真正实现其利于财政监督的应有作用,即"能够做到"但未"实际做到","有利于"而未"真正实现"(刘小兵,2013)。利于财政监督的原则与其他原则并非相互独立或并列,而是密切联系。具体而言,这一原则是要求从监督主体视角具体应用之前提出的各项原则。比如,按照逐级分层原则,最终应将政府收支分类细化为几层?按照表述清晰精准原则,最终应确定怎样的一组"类名"?按照科学细化和适度简化原则,每一层类别最终应设置多少科目?针对这些问题必须充分结合财政监督主体(特别是公众)的实际需求进行回答和设计,真正实现"外行看得懂,内行说得清"。当然,需要说明的是,即使按照利于财政监督原则进行政府收支分类科目的设计,也并不一定能够真正实现有效的财政监督,因为财政信息的公开透明也是有效监督的必要条件,而且财政是否公开透明并不取决于政府收支分类本身。因此,要真正实现有效的财政监督,必须多管齐下。

5.3.3 利于经济分析与政府决策原则

要评价、预测和改善政府收支行为对国家治理产生的实际影响,真正发挥财政在国家治理中的基础性作用和重要支柱作用,必须基于政府收支分类及据此统计核算的相关数据的经济分析。因此,政府收支分类体系的构建必须有利于财政经济分析,并为政府的相关决策提供客观依据。在政府收入方面,其分类应该有利于分析收入来源结构是否合理、不同群体的税负负担是否适度及公平、中央和地方财政收入分配是否合理等。在政府支出方面,其分类则应为有效开展预算绩效评价提供帮助。预算绩效评价的核心内容即预测和模拟项目信息、描绘项目信息、评价项目信息、优化项目信息,这些都是建立在完善的政府支出分类基础之上的。根据政府支出的功能分类,应该使我们可以对公共资金使用情况进行财务分析,了解整个公共产品和服务的供给情况;通过公共支出的经济分类,应该使我们可以对每项公共产品和服务中的具体资源消耗情况、执行绩效进行分析,采取措施提高某项公共产品和服务的供给效率和水平(樊轶侠,2008)。也有学者提出应该在政府支出分类体系的基础上补充必要的绩效信息,如部门分类科目和部门绩效目标相结合、功能分类科目与项目计划实施相结合、经济分类科目与业务表现指标相结合(陈纪瑜和张宇蕊,2004)。

主要参考文献

[1] 曹艳杰:《政府收支分类改革与重构政府预算监督体系》,《学术交流》2007年第5期。
[2] 陈纪瑜、张宇蕊:《政府支出分类体系和预算绩效评价体系结合形式的探讨》,《中国财政》2004年第9期。
[3] 樊轶侠:《论我国全面预算管理监督制度的构建——基于政府收支分类改革的研究》,《经济经纬》2008年第2期。
[4] 李永友:《国家治理、财政改革与财政转移支付》,《地方财政研究》2016年第1期。
[5] 刘寒波:《政府预算经济学》,中南工业大学出版社2000年版。
[6] 刘丽华:《基于政府收支分类体系改革的支出预算管理研究》,湖南大学硕士学位论文,2007。
[7] 刘小兵:《政府收支分类改革的财政监督效应分析》,《财政监督》2013年第7期。
[8] 楼继伟:《中国政府预算:制度、管理与案例》,中国财政经济出版社2002年版。
[9] 楼继伟:《确保政府收支分类改革顺利推进》,《中国财政》2006年第4期。
[10] 马蔡琛:《现代预算制度的演化特征与路径选择》,《中国人民大学学报》2014年第5期。
[11] 梅迎春:《我国国库集中收付制度改革研究》,财政部财科所博士学问论文,2010。
[12] 门淑莲、颜永刚:《政府收支分类改革及其对我国财政管理的长远影响》,《经济理论与经济管理》2008年第10期。
[13] 王雍君:《公共预算管理》,经济科学出版社2002年版。
[14] 翟司霞:《中央财政预算透明度评价方法及应用研究》,中国科学技术大学博士学位论文,2012。
[15] 赵术高、李珍:《政府预算管理与监督中的大数据思维》,《财政监督》2016年第11期。
[16] 周克清、马骁:《现代国家治理与财政制度建设的价值追求与实现路径》,《经济学家》2014年第10期。
[17] 邹康:《中国政府财政统计体系改革再研究》,西南财经大学博士学位论文,2012。

第 6 章　国际通行做法与主要经验

上一章从分类理论、统计管理与财政治理三个视角较为全面系统地提出了政府收支类别划分的基本原则。不过,原则性的要求只是为政府收支分类提供了基本标准和依据,往往具有一定的弹性空间,要真正形成一套科学合理、具体可行的政府收支分类体系,还需要经历一个长期的、不断应用、检验及修正的过程。换句话说,基于基本原则构建的政府收支分类体系并不一定完美无缺,而需要经过实践检验,发现并修正存在的具体问题,使之不断完善。当然,除基于本国或本地区自身的政府收支分类体系进行实践检验和修改完善外,参照和借鉴其他国家或地区相对成熟、通用的经验做法也是一条重要且相对便捷的途径,而且也符合"国内一致与国际可比相兼顾"原则。

建设现代财政制度的核心要求是建立现代预算制度,科学合理的政府收支分类则是现代预算制度的基本条件,而无论是从理论思想还是从实践经验来看,现代预算制度及相应的政府收支分类均起源并成熟于以英美为代表的西方发达国家。例如,1215年的英国大宪章运动已经孕育了现代预算制度的基本精神,而在经历了1688年的光荣革命以及此后的多次改革之后,英国在19世纪中期确立了现代预算制度。美国20世纪初兴起的现代预算改革运动则标志着美国现代预算制度走向成熟(郭剑鸣和周佳,2013)。受新公共管理运动和政府再造运动的影响,20世纪80年代之后,美国等西方发达国家又对政府预算、绩效管理、政府会计等领域进行了重大改革,对预算编制部门、编制方法、收支分类及科目设计等均进行了调整优化(何晴,2011;于雯杰,2016)。反观我国,自党的十四届三中全会提出建立社会主义市场经济体制以来,随着政府职能的转变,我国财政管理模式也逐渐由计划经济时期的生产建设型财政向公共财政转变,分税制、国库集中收付制和部门预算制度等领域的改革也奠定了中国现代预算制度的基本框架,但从最近二十年中国现代预算制度建设的进程来看,中国的预算制度与真正意义上的现代预算制度相比仍然存在不小的差距,政府收支分类同样如此(郭剑鸣和周佳,2013)。由此可见,对我国而言,参照国际通行做法及一些主要国家的具体经验来构建和调整政府收支分类体系十分重要。

6.1 主要国际组织的分类体系：国民账户体系

目前主要有两套国际通用的标准方法用于核算政府财政活动情况：国民账户体系（SNA）[①]和政府财政统计手册（GFSM）（范立夫、杨仲山和刘昊，2010）。SNA 由联合国、欧盟委员会、经济合作与发展组织、国际货币基金组织及世界银行五大国际组织共同制定并发布，是以参与经济活动的所有单位和个人（即国民）为核算主体，详细核算社会再生产中的各种实际流量、资金流量和存量（葛守中和卞祖武，2000），为决策、分析和研究提供一套全面、一致和灵活的宏观经济账户的统计框架，其设计宗旨在于满足处于不同经济发展阶段的各个国家的需要（联合国等，2008）。而 GFSM 由国际货币基金组织颁布及实施，以政府为核算主体，使用一系列平衡项目生成关于广义政府或公共部门整体表现和财务状况的概要信息，为政府编制预算以及制定财政、税收、社会保障等政策和进行政策分析，提供科学的定量依据，并为关心公共财政对经济活动影响的各市场主体提供一个完整的综合分析框架（国际货币基金组织，2014；葛守中和卞祖武，2000）。GFSM 中的概念定义和基本原则与 SNA 协调一致，是 SNA 在核算政府财政活动方面的拓展和细化。

SNA 和 GFSM 既有联系又有区别，共同为各个国家的经济分析、宏观管理和科学决策服务，而且两套体系均重视基于不断变化的用户需求、经济环境的新近发展和方法论研究领域的进展持续地更新改进，以不断增强两套统计核算体系本身的科学性及其在各个国家的适用性。我国也越来越重视参照和接轨国际通用标准来制定符合本国实际的、包括政府收支分类在内的相关统计核算体系，而从实践来看，SNA 的借鉴应用更为成熟普及，而对 GFSM 的接轨引入则相对滞后。下面首先对最新版本的 SNA(2008)中有关政府收支分类的相关原则及具体做法进行介绍。

6.1.1 SNA(2008)关于政府的界定

正如前文所述，要对政府收支进行分类，首先要明确政府的概念及内涵。SNA(2008)从政治和法律的角度出发进行定义，即政府单位是唯一一类通过政治程序设立的、在特定区域内具有对其他机构单位行使立法权、司法权或行政权的法律实体。政府的根本功能在于：用来自税收或其他收入的资金承担为社会和住户提供货物和服务的责任；通过转移的手段进行收入和财产的再分配；从事非市场生产。广义政府部门主要由如下单位构成：中央政府单位、省级政府单位和省以下的地方政府单位，以及受这些政府单位影响和控制的社会保障基金；受政府和社会保障基金控制的从事非市场生产的 NPI（非营利性机构）；以及不作为公司

[①] 关于 SNA 的中文译名：联合国历次版本一直将 SNA 译为"国民账户体系"，我国则从 1968 年开始一直沿用"国民经济核算体系"的译法，并得到广泛认同。不过 SNA(2008)的中文翻译版遵照联合国相关机构的要求，将译名统一为"国民账户体系"，望读者能够逐渐习惯这一变化。

处理的公共企业。具体可按两种方式将广义政府划分成子部门：一种是共划分为三个子部门，即中央政府、省级政府和地方政府，社会保障基金包括在各层级的政府部门中；另一种是将社会保障基金从各政府层级中排除，并设立一个单独的子部门覆盖所有政府层级上的社会保障基金。选用何种分类取决于社会保障基金是否独立于其运作所处层级的政府。公共部门包含广义政府部门和公共企业。为了识别哪些非营利性机构属于一般政府单位，以及哪些企业作为公共企业、哪些作为广义政府的一部分，需要先明确政府控制的要素条件以及有显著经济意义价格的概念，相关概念在 SNA(2008) 中有具体说明，在此不做介绍。

6.1.2 政府财政报表

SNA(2008) 明确指出，政府部门的收支活动需要用不同于其他所有机构单位和部门账户序列的方式进行报告，即通常使用政府财政报表或公共财政报表（包括存量和流量），以满足某些分析的需要。政府财政报表主要由以下交易组成：由增加资产净值的各种交易得出的、被称为财政收入的总量指标；由减少资产净值的各种交易得出的、被称为财政支出的总量指标。

在政府财政报表中，财政收入概念包括 SNA 中记入经常转移账户的政府的所有来源，以及记入资本账户的应收资本转移，具体分为税收、社会缴款、其他经常性收入和应收资本转移四类。首先，税收和社会缴款等形式的强制性征收是政府财政收入的主要来源，所有的税收都作为财政收入的一个类别反映，并可根据税基的不同做次级划分。特别要指出的是，经常税和资本税可能会在单一项目下反映。其次，其他经常性财政收入包括财产收入、货物与服务销售收入、罚没收入、拨款以外的自愿转移，以及其他未识别的杂项收入。财政收入中只包括货物服务的实际销售收入，或由政府生产但作为实物形式的雇员报酬提供的货物服务（作为实物雇员报酬提供的货物服务，之所以作为财政收入处理，是因为其抵消了支出），而政府将货物服务免费或以没有显著经济意义的价格进行出售的情况则与财政收入的一般理念（作为增加资产净值的一项交易）并不相符，因此不算在内。最后，应收资本转移主要指从一个政府单位向另一个政府单位的转移（通常是中央或省级政府向低一层级政府的转移），是政府收入非常重要的一个来源。政府财政报表允许将所有这样的所得集中到财政收入的一个单独类别下，通常冠以拨款之名。其他转移（包括补贴）的金额一般较小，要单独另反映。财产收入可能是也可能不是财政收入的重要来源，但不管是与否，它都与初始收入分配账户中的相同类别直接关联。

政府财政报表中的财政支出概念包括记入经常转移账户的政府的所有使用，以及记入资本账户的应付资本转移。具体而言，财政支出主要分为六类：生产支出（雇员报酬、中间消耗和固定资本消耗）、应付利息、拨款、社会福利、其他经常支出和应付资本转移。在此，要特别注意政府财政报表与 SNA(2008) 账户序列的区别。比如,从事自用性资本形成活动的雇员报酬会直接归入资本形成的获得,而不是记为雇员报酬。相反,产生实物形式社会福利的雇员报酬会记为雇员报酬,而不会再作为实物形式社会福利的(一部分)支出。政府财政报表使用的某些名称和定义也不同于 SNA(2008)账户序列,同时还引入各种各样的简化方式。比如,间接测算的金融中介服务(FISIM)和保险服务的支出不再与利息和净保费相区分。原则上说,支付给政府雇员的退休金应被视作一项负债的清偿,而不是经常费用的支出;但实践中,政府账户反映的社会福利可能已经包括支付给政府雇员的退休金。如果排除这些养老金负债的交易,相应的社会缴款和养老金权益变化调整项也必须从财政收入和财政支出中去除。

SNA(2008)进一步强调,上述财政支出组成结构主要是依据支出的经济性质进行的分类,而利用联合国《政府职能分类》(COFOG)对开支相关交易进行分类,是政府财政报表不可或缺的一部分。这种分类反映了开支的目的,但这些目的可能和政府的行政职能安排有着显著的不同。比如,负责卫生服务的行政单位可能会从事一些教育目的的活动,比如医疗专业人员的培训。因此,还应该鼓励根据经济本质和功能对政府交易进行交叉分类。

然而,SNA(2008)只是对政府收支分类给出了一些原则性的、概括性的介绍,其目的主要是"概括性地介绍政府账户应如何(比如在 GFSM 中)呈现",其自身并未形成一套单独完整的政府收支分类体系或政府财政报表。因此,关于政府收支分类的进一步解释和讨论需继续参阅 GFSM。

6.2 主要国际组织的分类体系:政府财政统计手册

6.2.1 GFSM(2014)关于政府的界定

最新版本的 GFSM(2014)重点对政府单位、广义政府部门、公共部门,以及广义政府部门和公共企业的子部门的相关概念进行了明确界定。政府单位是依据政治过程设立的一类特殊法律实体,在既定区域内享有对其他机构单位的立法权、司法权和行政权。政府单位的经济职能是:主要在非市场的基础上负责为社会或个别住户提供商品和服务、通过转移的方式重新分配收入和财富,主要从事非市场性生产以及通过税收或其他强制转移为政府活动提供资金。广义政府部门则是由以履行各项政府职能为主要活动的居民机构单位组成的,具体包括所有政府单位,所有由政府单位控制的非市场、非营利性机构单位(NPI),以及依法成立但不符合被视为公司的统计标准的公共企业。① 公共部门是由所有广义政府部

---

① SNA(2008)是在机构单位的基础上界定广义政府部门的。GFSM(1986)则是在功能的基础上界定广义政府部门的,按这种界定方法,广义政府数据包括任何履行政府职能的单位的所有相关交易。不过,为与 SNA(2008)保持一致,GFSM(2014)又对其定义进行了调整。

门的所有单位以及居民公共企业组成的。在此基础上,GFSM(2014)还对中央政府、省级政府(州政府)和地方政府等广义政府部门的子部门,以及公共金融公司和公共非金融公司等公共企业的子部门的相关概念进行了界定。可以看出,GFSM(2014)不仅与 SNA(2008)在相关概念界定上保持了高度一致,还在 SNA(2008)的基础上进行了更加清晰、细化的界定,以此支持为广义政府部门、公共部门及其子部门编制具有国际可比性的统计数据。关于政府单位、广义政府部门与公共部门之间的关系,表6-1和表6-2予以进一步的清晰呈现。

表6-1 机构单位的类型及其与经济体各部门的关系

单位类型 \ 部门	非金融公司部门	金融公司部门	广义政府部门	住户部门	为住户服务的非营利性机构部门
住户				√	
公司	√	√			
非营利性机构	√	√			√
政府单位			√		

注:"√"表示为单位归属部门。
资料来源:国际货币基金组织,《2014年政府财政统计手册》,第17页。

表6-2 公共部门及其经济体与其他机构部门的关系

广义政府部门	非金融公司部门	金融公司部门	住户部门	为住户服务的非营利机构部门
中央政府 省级政府/州政府 地方政府	公共企业	公共企业	私人	私人
	私人公司	私人公司		

注:阴影部门表示为公共部门。
资料来源:国际货币基金组织,《2014年政府财政统计手册》,第19页。

尽管 GFSM(2014)已与 SNA(2008)协调一致,但由于两者的分析目的不同,因此两个统计框架仍然存在一些差异。最重要的差异是,前者的焦点是经济事务对政府财政——税收、支出、借款和贷款的影响,而后者还侧重于商品和服务的生产和消费。因此,GFSM(2014)对政府生产活动的处理方法不同于 SNA(2008)。此外,在政府雇员退休金计划的记录、特定交易类别的覆盖范围等方面,两套体系也可能略有不同。为了说明上述不同情况,GFSM(2014)在相应的标题之后会加上[政府财政统计]的标志,并附上关于两者区别的说明。2007年我国进行政府收支分类体系改革时,以国际货币基金组织(IMF)制定的《政府财政统计手册》(GFSM)1986年版为指导。2014年 IMF 对 GFSM 又进行了修订,将政府统计记录和处理方法进行了系统性改进。GFSM(2014)发布后,市场经济国家根据新的政府财政统计国际标准,相继对本国政府财政统计系统进行了调整,变动内容包括最基础的政府收支分类体系。GFSM(2014)被看作指导市场经济国家建立规范的财政统计体系的国际性指南。

6.2.2 政府收入分类

政府收支分类是从不同的角度,采用一定的标尺对政府收入结构和层次进行科学系统划分。好的收入分类应具备以下几个要点:第一,按归税收特征或法律基础分类;第二,反映收入来源的重要性;第三,按课税基础(如所得、财产)而不是负责征收的行政机构分类(A.普雷姆詹得,1989)。

最主要的收入分类,是按收入取得的方式或形式,将政府收入分为税收收入和非税收入两类。税收收入是国家运用政治权力强制性向居民征收的各种收入;非税收入是政府运用共有产权,或按市场原则以及提供特殊商品或服务所取得的各种收入,如公产或公营事业收入、公债收入、服务收费收入等。

GFSM(2014)中的收入是指由交易带来的净值增加,主要分为税收、社会缴款、赠与和其他收入四大类。税收是政府单位从机构单位应收的强制性无偿金额。应收的税收可能是现金,也可能是实物。社会缴款是社会保险计划应收的实际或推算收入,用以提供应付社会保险福利。社会缴款可能来自雇主代表雇员缴纳的款项、雇员自己缴纳的款项、自营职业者或失业者自行缴纳的款项。赠与是政府单位从其他居民政府单位、非居民政府单位或国际组织应收的不满足税收、补贴或社会缴款定义的转移收入。在编制广义政府部门的统计数据时,来自其他国内政府单位的赠与在合并过程中会被扣除,这样仅有来自外国政府和国际组织的赠与保留在广义政府的账户中。赠与可以划分为资本性赠与和经常性赠与;应收的赠与可能是现金,也可能是实物。其他收入是指除税收、社会缴款和赠与的所有应收收入,主要包括财产收入,商品和服务销售额,罚金、罚款和罚没,未列入其他类别的转移收入,与非人寿保险和标准保障计划相关的保费、收费和赔款。而在此基础上进行细化分类时,应按照收入类型根据不同特点进行。对于税收而言,分类主要由税基决定,即根据税基不同进行分类;税收以外的收入主要按经济流量的性质分类,但在有些情况下,也可按收入来源分类。表6-3对GFSM(2014)中的政府收入分类进行了汇总。

GFSM(2014)的政府收入分类具体划分为五个层次,其中一级类目4个,二级类目16个,三级类目49个,四级类目18个,五级类目5个(5个五级类目全部是在"对商品使用、商品使用许可或开展活动许可征收的其他税收"这一四级类目下,考虑排版问题,未在表中具体展示)。GFSM(2014)对每个类目均进行了非常详细的描述,特别重视说明部分类目与SNA(2008)等其他统计核算体系的异同及适用情况。例如在税收收入方面,GFSM(2014)与SNA(2008)在税收收入的范围、时间选择和计值方面一致,但分类体系不相同。SNA(2008)中,根据税收在经济活动中的作用分为三类:对生产和进口征收的税收;对所得、财富等征收的经常性税收,资本税。因此,对于 GFSM(2014)中的某些税收类别,需要根据其是由生产者还是由最终消费者支付,是经常性税收还是资本税,将其划入 SNA(2008)相应的税收类别中。

表 6-3 GFSM(2014)中的政府收入分类

一级类目	二级类目	三级类目	四级类目
11 税收	111 对所得、利润和资本收益征收的税收	1111 个人应付的税收	
		1112 公司和其他企业应付的税收	
		1113 对所得、利润和资本收益征收的其他税收	11131 广义政府应付的税收
			11132 对所得、利润和资本收益征收的不可分配税收
	112 对工资和劳动力征收的税收		
	113 对财产征收的税收	1131 对不动产征收的经常性税收	
		1132 对净财富征收的经常性税收	
		1133 遗产、继承和赠与税	
		1135 资本捐赠	
		1136 对财产征收的其他经常性税收	
	114 对商品和服务征收的税收	1141 对商品和服务征收的一般税收	11411 增值税
			11412 销售税
			11413 流转税及对商品和服务征收的其他一般税收
			11414 对金融和资本交易征收的税收
		1142 特种消费税	
		1143 财政专营利润	
		1144 对特定服务征收的税收	
		1145 对商品使用、商品使用许可或开展活动许可征收的税收	11451 机动车税
			11452 对商品使用、商品使用许可或开展活动许可征收的其他税收 (注:本四级类目下有 5 个五级类目)
		1146 对商品和服务征收的其他税收	

（续表）

一级类目	二级类目	三级类目	四级类目
11 税收	115 对国际贸易和交易征收的税收	1151 关税和其他进口税	
		1152 对出口征收的税收	
		1153 出口或进口垄断利润	
		1154 汇兑利润	
		1155 汇兑税	
		1156 对国际贸易和交易征收的其他税收	
	116 其他税收	1161 仅企业应付的	
		1162 由非企业应付的税收或不可识别	
12 社会缴款[政府财政统计]	121 社会保障缴款[政府财政统计]	1211 雇员缴款[政府财政统计]	
		1212 雇主缴款[政府财政统计]	
		1213 自营职业者或无业者缴款[政府财政统计]	
		1214 不可分配的缴款[政府财政统计]	
	122 其他社会缴款[政府财政统计]	1221 雇员缴款[政府财政统计]	
		1222 雇主缴款[政府财政统计]	
		1223 推算缴款[政府财政统计]	
13 赠与	131 来自外国政府	1311 经常	
		1312 资本	
	132 来自国际组织	1321 经常	
		1322 资本	
	133 来自其他广义政府单位	1331 经常	
		1332 资本	

（续表）

一级类目	二级类目	三级类目	四级类目
14 其他收入	141 财产收入[政府财政统计]	1411 利息[政府财政统计]	14111 来自非居民
			14112 来自除广义政府以外的居民
			14113 来自其他广义政府单位
		1412 股息	14121 来自非居民
			14122 来自居民
		1413 准公司收入提取	
		1414 投资收入分配产生的财产收入	
		1415 租金	
		1416 外国直接投资的再投资收益	
	142 商品和服务销售额	1421 市场基层单位的销售额	
		1422 行政收费	
		1423 非市场基层单位的零星销售额	
		1424 推算的商品和服务销售额	
	143 罚金、罚款和罚没		
	144 未列入其他类别的转移	1441 未列入其他类别的经常转移	14411 补贴
			14412 未列入其他类别的其他经常转移
		1442 未列入其他类别的资本转移	
	145 非人寿保险和标准化担保计划相关的保费、收费和赔款	1451 应收的保费、收费和经常赔款	14511 应收保费
			14512 标准化担保计划应收费用
			14513 应收经常赔款
		1452 巨额应收赔款	

注：[政府财政统计]表示该类目在 GFSM(2014)与 SNA(2008)两套体系中的界定不同。
资料来源：国际货币基金组织，《2014 年政府财政统计手册》，第 379 页。

6.2.3 政府支出功能分类

除了经济分类,政府支出还可以按政府功能分类,即针对广义政府单位旨在通过各类支出来实现的各种职能或社会经济目标的详细分类,如教育、卫生和环境保护等。在分析政府各部门的资源配置时,功能分类很重要。为了对政府支出进行历史调查,并便于不同年份的比较,必须采用稳定的功能分类方法。联合国政府职能分类体系是最为著名的支出功能分类体系,包括 10 个一级类目、61 个二级类目、127 个三级类目。GFSM(2014)即采用联合国的政府职能分类体系对政府支出进行分类,将一级类目称为"部分"(division),如医疗卫生(第 07 部分)和社会保护(第 10 部分);将二级类目称为"组"(group),如医院服务(第 073 组)以及疾病和残疾(第 101 组);将三级类目称为"类"(class),如疗养院和康复院服务(第 0734 类)和残疾(第 1012 类)。而且每一"类"服务后面均在括号内标注"CS"或"IS",表示其是集体服务(CS)还是个人服务(IS)。集体服务是指同时面向社会所有成员或社会特定部分的所有成员,例如面向居住在特定区域内的所有住户提供的服务。个人服务是指由住户获得、用于满足该住户成员需求或愿望的商品或服务。作这一区分是为了计算国民账户中广义政府和住户部门的最终消费支出和实际最终消费。GFSM(2014)中的政府支出功能分类情况如表 6-4 所示。

表 6-4 GFSM(2014)中的政府支出功能分类

一级类目	二级类目	三级类目
701 一般公共服务	7011 行政和立法机关、金融和财政事务、对外事务	70111 行政和立法机关(CS) 70112 金融和财政事务(CS) 70113 对外事务(CS)
	7012 对外经济援助	70121 给予发展中国家和转轨国家进行经济合作(CS) 70122 通过国际组织安排的经济援助(CS)
	7013 一般服务	70131 一般人事服务(CS) 70132 总体规划和统计服务(CS) 70133 其他一般服务(CS)
	7014 基础研究	70140 基础研究(CS)
	7015 一般公共服务研究和发展	70150 一般公共服务研究和发展(CS)
	7016 未另分类的一般公共服务	70160 未另分类的一般公共服务(CS)
	7017 公共债务交易	70170 公共债务交易(CS)
	7018 各级政府间的一般性转移	70180 各级政府间的一般性转移(CS)

(续表)

一级类目	二级类目	三级类目
702 国防	7021 军事防御	70210 军事防御(CS)
	7022 民防	70220 民防(CS)
	7023 对外军事援助	70230 对外军事援助(CS)
	7024 国防研究和发展	70240 国防研究和发展(CS)
	7025 未另分类的国防事务	70250 未另分类的国防事务(CS)
703 公共秩序和安全	7031 警察服务	70310 警察服务(CS)
	7032 消防服务	70320 消防服务(CS)
	7033 法院	70330 法院(CS)
	7034 监狱	70340 监狱(CS)
	7035 公共秩序和安全研究和发展	70350 公共秩序和安全研究和发展(CS)
	7036 未另分类的公共秩序和安全	70360 未另分类的公共秩序和安全(CS)
704 经济事务	7041 一般经济、商业和劳工事务	70411 一般经济和商业事务(CS)
		70412 一般劳工事务(CS)
	7042 农业、林业、渔业和狩猎业	70421 农业(CS)
		70422 林业(CS)
		70423 渔业和狩猎业(CS)
	7043 燃料和能源	70431 煤和其他固体矿物燃料(CS)
		70432 石油和天然气(CS)
		70433 核燃料(CS)
		70434 其他燃料(CS)
		70435 电力(CS)
		70436 非电力能源(CS)
	7044 采矿业、制造业和建筑业	70441 除矿物燃料外的矿物资源的开采(CS)
		70442 制造业(CS)
		70443 建筑业(CS)
	7045 交通	70451 道路交通(CS)
		70452 水上交通(CS)
		70453 铁路交通(CS)
		70454 空中交通(CS)
		70455 管道和其他交通(CS)
	7046 通信	70460 通信(CS)

(续表)

一级类目	二级类目	三级类目
704 经济事务	7047 其他行业	70471 销售业和仓储业(CS) 70472 旅馆和饭店(CS) 70473 旅游业(CS) 70474 多用途开发项目(CS)
	7048 经济事务研究和发展	70481 一般经济、商业和劳工事务研究和发展(CS) 70482 农林渔猎研究和发展(CS) 70483 燃料和能源研究与发展(CS) 70484 采矿、制造和建筑业研究和发展(CS) 70485 交通研究和发展(CS) 70486 通信研究和发展(CS) 70487 其他行业研究和发展(CS)
	7049 未另分类的经济事务	70490 未另分类的经济事务(CS)
705 环境保护	7051 废物管理	70510 废物管理(CS)
	7052 废水管理	70520 废水管理(CS)
	7053 减轻污染	70530 减轻污染(CS)
	7054 保护生物多样性和自然景观	70540 保护生物多样性和自然景观(CS)
	7055 环境保护研究和发展	70550 环境保护研究和发展(CS)
	7056 未另分类的环境保护	70560 未另分类的环境保护(CS)
706 住房和社会服务设施	7061 住房开发	70610 住房开发(CS)
	7062 社区发展	70620 社区发展(CS)
	7063 供水	70630 供水(CS)
	7064 街道照明	70640 街道照明(CS)
	7065 住房和社会福利设施研究和发展	70650 住房和社会福利设施研究和发展(CS)
	7066 未另分类的住房和社会福利设施	70660 未另分类的住房和社会福利设施(CS)
707 医疗卫生	7071 医疗产品、器械和设备	70711 药品(IS) 70712 其他医疗产品(IS) 70713 治疗器械和设备(IS)
	7072 门诊服务	70721 一般医疗服务(IS) 70722 专科医疗服务(IS) 70723 牙科服务(IS) 70724 辅助医疗服务(IS)

(续表)

一级类目	二级类目	三级类目
707 医疗卫生	7073 医院服务	70731 一般医院服务(IS) 70732 专科医院服务(IS) 70733 医疗和妇产中心服务(IS) 70734 疗养院和康复院服务(IS)
	7074 公共医疗保健服务	70740 公共医疗保健服务(IS)
	7075 医疗保健研究和发展	70750 医疗保健研究和发展(CS)
	7076 未另分类的医疗保健	70760 未另分类的医疗保健(CS)
708 娱乐、文化和宗教	7081 娱乐和体育服务	70810 娱乐和体育服务(IS)
	7082 文化服务	70820 文化服务(IS)
	7083 广播和出版服务	70830 广播和出版服务(CS)
	7084 宗教和其他社区服务	70840 宗教和其他社区服务(CS)
	7085 娱乐、文化和宗教研究和发展	70850 娱乐、文化和宗教研究和发展(CS)
	7086 未另分类的娱乐、文化和宗教	70860 未另分类的娱乐、文化和宗教(CS)
709 教育	7091 学前和初等教育	70911 学前教育(IS) 70912 初等教育(IS)
	7092 中等教育	70921 初中教育(IS) 70922 高中教育(IS)
	7093 中等教育后的非高等教育	70930 中等教育后的非高等教育(IS)
	7094 高等教育	70941 高等教育第一阶段(IS) 70942 高等教育第二阶段(IS)
	7095 无法定级的教育	70950 无法定级的教育(IS)
	7096 教育的辅助服务	70960 教育的辅助服务(IS)
	7097 教育的研究和发展	70970 教育的研究和发展(CS)
	7098 未另分类的教育	70980 未另分类的教育(CS)
710 社会保护	7101 疾病和残疾	71011 疾病(IS) 71012 残疾(IS)
	7102 老年人	71020 老年人(IS)
	7103 遗属	71030 (IS)
	7104 家庭和儿童	71040 家庭和儿童(IS)
	7105 失业	71050 失业(IS)
	7106 住房	71060 住房(IS)
	7107 未另分类的社会排斥	71070 未另分类的社会排斥(IS)
	7108 社会保护研究和发展	71080 社会保护研究和发展(CS)
	7109 未另分类的社会保护	71090 未另分类的社会保护(CS)

资料来源：国际货币基金组织，《2014 年政府财政统计手册》，第 141—164 页。

GFSM(2014)对政府支出功能分类的各个类目进行了详细解释说明,并且强调,尽管其使用的政府职能分类与联合国使用的分类完全一致,但在政府财政统计中适用的概念略有不同。联合国政府职能分类体系中的最终开支是一般意义上的开支,包括赠与、贷款和补贴。而在政府财政统计中,政府职能分类只适用于由费用和非金融资产的净投资组成的支出。对于广义政府部门而言,金融资产和负债的交易常具有可替代性,对这些金融活动按功能分类可能并无太大价值,因此在为政府财政统计报告编制政府职能分类数据时,应将贷款等金融资产和负债的交易排除在外。

此外,从 GFSM(2014)对政府支出功能分类的三级类目的详细设置来看,有三个主要特点:一是将各项开支都科学地归类到不同的政府职能大类下,分类清晰,口径一致,相互不交叉;二是比较注重研发(R&D),每个一级类目都设置有研发的二级类目,主要内容是从事和该项有关的应用研究和实验性开发的政府机构的管理和运作;第三,每个三级类目都区分了 CS(集体服务)和 IS(个人服务),把对集体的支出和对个人的支出区别开,更有利于实务中有效地安排具体的开支。

6.2.4 政府支出经济分类

在 GFSM(2014)中,与收入对应的概念为费用,指交易产生的净值减少。对应上文的政府收入,这里的费用指政府支出。广义政府部门承担两项广泛的经济责任:负责向社会提供选定商品和服务,且主要采取非市场的方式;以转移方式重新分配收入和财富。这种经济责任需要通过费用交易来履行。在政府财政统计中,政府支出的分类主要有两种方式,一是经济分类,二是功能分类。

政府支出的经济分类根据所涉经济过程确定发生费用的类型。当向社会提供商品和服务时,政府单位可以自己生产商品和服务并予以分配,从第三方购买商品和服务并予以分配,或将现金转移给住户以便其直接购买商品和服务。例如,雇员报酬、商品和服务的使用以及固定资本消耗都与政府生产非市场商品和服务而发生的成本有关。补贴、赠与、社会福利、除赠与的转移都与现金或实物转移有关,并且意在重新分配收入和财富。因此,按照经济性质进行分类,政府支出主要包括雇员报酬、商品和服务的使用、固定资本消耗、利息、补贴、赠与、社会福利和其他费用八类。

雇员报酬是指雇主—雇员关系中,因为后者在报告期间完成的工作而应付给个人的现金或实物形式的合计酬劳。

商品和服务的使用包括用于生产市场和非市场商品和服务的商品和服务的价值。

固定资本消耗是指报告期内,由于自然退化、正常报废或正常意外损害,政府单位拥有和使用的固定资产存量现值的减少。

利息是投资收入的一种形式,是某种金融资产(比如特别提款权、存款、债务证券、贷款及其他应收账款)的所有者将该金融资产和其他资源置于其他机构单位处置而应得到的收入。

补贴是政府单位提供给企业的经常性无偿转移,依据企业的生产活动水平,或者企业生产、出售、出口或进口商品或服务的数量或价值而定。补贴只应付给生产者而非最终消费者,且只是经常转移而非资本转移。

赠与是政府单位应付给其他居民政府单位、非居民政府单位或国际组织的不满足税收、补贴或社会缴款定义的转移。

社会福利是住户应收的经常转移,用于满足社会风险所产生的需求,如疾病、失业、退休、住房、教育或家庭情况。

其他费用包括除利息以外的财产费用、未列入其他类别的转移以及在与非人寿保险和标准担保计划相关的保费、收费和赔款方面应付的金额。表 6-5 对 GFSM(2014)中的政府支出分类进行了汇总。

表 6-5　GFSM(2014)中的政府支出分类

一级类目	二级类目	三级类目
21 雇员报酬[政府财政统计]	211 工资和薪金[政府财政统计]	2111 现金工资和薪金[政府财政统计]
		2112 实物工资和薪金[政府财政统计]
	212 雇主社会缴款[政府财政统计]	2121 雇主实际的社会缴款[政府财政统计]
		2122 推算的雇主社会缴款[政府财政统计]
22 商品和服务的使用		
23 固定资本消耗[政府财政统计]		
24 利息[政府财政统计]	241 支付给非居民[政府财政统计]	
	242 支付给除广义政府以外的居民[政府财政统计]	
	243 支付给其他广义政府单位[政府财政统计]	

(续表)

一级类目	二级类目	三级类目
25 补贴	251 支付给公共公司	2511 公共非金融公司
		2512 公共金融公司
	252 支付给私人企业	2521 私人非金融企业
		2522 私人金融企业
	253 支付给其他部门	
26 赠与	261 支付给外国政府	2611 经常
		2612 资本
	262 支付给国际组织	2621 经常
		2622 资本
	263 支付给其他广义政府单位	2631 经常
		2632 资本
27 社会福利[政府财政统计]	271 社会保障福利[政府财政统计]	2711 现金社会保障福利[政府财政统计]
		2712 实物社会保障福利[政府财政统计]
	272 社会救济福利[政府财政统计]	2721 现金社会救济福利[政府财政统计]
		2722 实物社会救济福利[政府财政统计]
27 社会福利[政府财政统计]	273 就业相关社会福利[政府财政统计]	2731 现金就业相关社会福利[政府财政统计]
		2732 实物就业相关社会福利[政府财政统计]
28 其他费用	281 除利息以外的财产费用	2811 股息 注:本三级类目下有 2 个四级类目
		2812 准公司收入提取
		2813 用于投资收入分配的财产费用
		2814 租金
		2815 外国直接投资的再投资收益
	282 未列入其他类别的转移	2821 未列入其他类别的经常转移
		2822 未列入其他类别的资本转移
	283 非人寿保险和标准化担保计划相关的保费、收费和赔款	2831 应付的保费、收费和经常赔款 注:本三级类目下有 3 个四级类目
		2832 巨额应付赔款

资料来源:国际货币基金组织,《2014 年政府财政统计手册》,第 280 页。

GFSM(2014)按照经济性质的政府支出分类具体划分为四个层次,其中一级类目8个,二级类目17个,三级类目29个,四级类目5个(其中"股息"包含2个,"应付的保费、收费和经常赔款"包含3个,考虑排版问题,未在表中具体展示)。GFSM(2014)对上述经济分类的政府支出进行了非常详细的解释,从中能清楚地看到政府开支是以什么样性质的资金花出去的,而且对各费用类别之间的界线进行了清晰划分,并明确指出了相关类别与SNA(2008)标准的联系和区别。例如,专门针对商品和服务的使用与其他支出项目(如雇员报酬、转移或非金融资产的取得等)之间的界线进行详细了解释,具体表述如"雇员报酬不包括那些应付给承包商、自营职业厂外工人和其他工人(不是广义政府或公共部门单位的雇员)的金额。任何此类金额均应记入商品和服务的使用";明确指出政府财政统计中记录的固定资本消耗的金额可能不同于SNA(2008)生产账户中记录的金额,具体表述如"对于自行生产的非金融资产,生产过程相关固定资本消耗在政府财政统计中被记为该固定资产取得成本的一部分,而不是费用"。

6.2.5 支出分类交叉表

正如SNA(2008)鼓励根据经济性质和政府职能对政府支出进行交叉分类,GFSM(2014)也强调对政府支出经济分类的每一类别进行政府职能分类具有分析价值,并形成了一套具体的交叉分类表(见表6-6)。

表6-6 GFSM(2014)政府支出功能分类和经济分类的交叉分类表

支出职能分类 \ 支出经济分类	雇员报酬	商品和服务的使用	固定资本消耗	利息	补贴	赠与	社会福利	其他费用
一般公共服务								
国防								
公共秩序和安全								
经济事务								
环境保护								
住房和社会服务设施								
医疗卫生								
娱乐、文化和宗教								
教育								
社会保护								

资料来源:国际货币基金组织,《2014年政府财政统计手册》,第141页。

功能分类与经济分类,一个是按政府职能对政府支出进行的分类,另一个是按交易性质对政府支出进行的分类,两者从不同侧面、不同环节反映政府支出。从两者的关系来看,每一项功能分类的支出,都要在经济分类中得到细化;每一项经济分类的支出,都包含在某项或多项具体的功能分类中。它们既是两个相对独立的体系,又相互联系。若将两者综合运用,不但可以立体反映政府支出的各个侧面与环节,而且可以大大扩充政府收支分类的信息含量,为政府部门提高宏观决策能力提供有利的信息保障。如 GFSM(2014)指出,这种交叉分类有助于开展以下分析:从投入角度显示政府如何行使职能;从产出角度显示政府正在开展什么工作;分析政府如何行使其公共支出职能以实现各项社会目标;了解为实现具体政策目标,支出结构随时间发生的变化;比较不同政府如何行使具体职能。

6.2.6 GFSM 分类方法的演变

前文重点介绍了 2014 年版 GFSM 中的政府收支分类情况,其实有关编制政府财政统计的国际统计指导始于 20 世纪 70 年代初的一份《政府财政统计手册》草案,通过征求一些国家及国际组织的意见以及组织研讨修订,最终发布了 GFSM(1986),但该版本未能直接与其他宏观经济统计数据保持一致。之后为了支持财政分析的目标,尽可能与国际公认的其他宏观经济统计指导准则的相应标准保持一致,我国颁布了更新的 GFSM(2001),并首次纳入了编制和列报政府财政统计的综合资产负债表方法。而 GFSM(2014)进一步更新了 GFSM(2001)所确立的编制财政分析所需统计数据的国际公认指导准则,主要变化包括广义政府部门的定义及其涵盖范围、记录经济事件的基础、计值方法、资产负债表、流量与存量头寸的统一、分析框架、与其他方法学的协调等。接下来将针对 GFSM(2014)中与政府收支分类相关部分的修订情况进行说明,并结合上一章的政府收支分类原则,分析说明这些变化主要遵循或反映了哪些分类原则,具体如表 6-7 所示。

表 6-7 GFSM(2014)较 GFSM(1986)、GFSM(2001)的部分变化情况

变化内容	遵循原则
1. 政府费用的提法替换为支出——从而解决了与经合组织/联合国分类中使用的"费用"一词混淆的问题,它包括费用、非金融资产取得以及金融资产和负债交易。 2. 详细阐述了租金概念,以解释资源租赁、资产创造、合约、租约和许可或资源出售之间的区别。详细描述了土地租金和地下资产租金两类资源租金,并解释了它们与生产资产租金的界限。	表述清晰精准原则

（续表）

变化内容	遵循原则
1. 对"商品和服务的使用"这一概念进行了重新调整,划清商品和服务的使用与雇员报酬之间的界限;明确商品和服务的使用与转移之间的界限;介绍商品和服务的使用与非金融资产取得交易之间的界限;并厘定与商品和服务的使用有关的其他界线。 2. 澄清了社会缴款这一概念,并对自愿缴款和强制缴款做了区分,介绍了社会缴款与其他税收类别之间的界限。 3. 说明了对商品使用、商品使用许可或开展活动许可征收的税收的范围。解释了这项税收与行政收费、对商业活动征收的税收、其他税收类别以及取得或使用资产之间的界限。	相称与相斥原则、表述清晰精准原则
介绍了收入分类应遵循的依据,论述了汇总分类进行标准化的理由,以及根据分析用途和需要添加子项目的作用。	相称与相斥原则、逐级分层原则
1. 在政府财政统计中,所有交易都是按照经济性质分类,而支出方面的交易也同时按功能分类。 2. 对社会缴款费用的提法更改为雇主社会缴款从而澄清了这个项目的经济性质;与宏观经济统计中所有实体部门的分类一样,重组机构的部门分类应该反映相关实体的基本经济性质。 3. 分别说明了费用的经济分类与费用的功能分类之间的区别。	划分依据一致原则
GFSM(2014)描述了近年来出现的重大国际经济事态发展,介绍了改进后的对近期事态发展和特定事件的处理方法,详细阐述了实际报告中的复杂问题,并考虑了政府财政统计编者和用户的新需求。	稳定性与灵活性相统一的原则
1. GFSM(2001)中的不可分配这一税收类别在GFSM(2014)中更名为对所得、利润和资本收益征收的其他税收,并且还对该类别做了明确细分,以单独识别这些应收税收与广义政府应付的税收和对所得、利润和资本收益征收的不可分配的税收,经此调整,应予合并的其他广义政府单位应付税收便一目了然。 2. 各类其他收入的定义被其他收入这一大类的定义取代,仅提到其中包含的子类别。	科学细化与适度简化相结合的原则
1. 附件《使用政府财政统计进行财政分析》概述了分析人员如何利用政府财政统计数据确定具有国际可比性的财政指标。 2. 修订后的指导准则与SNA(2008)、《国际收支和国际投资头寸手册》(第六版)和《公共部门债务统计:编者和用户指南》等其他宏观经济统计手册和指南中增订的内容一致。 3. GFSM(2014)对广义政府部门的定义与SNA(2008)一致,是在机构单位的基础上界定的。	国内一致与国际可比相兼顾的原则

(续表)

变化内容	遵循原则
1. 经调整,部分附件单独介绍政府职能分类的结构及其应用;个人与集体商品和服务之间的区别;分类单位;确定政府职能方面的问题。 2. 专门介绍了财政政策、广义政府部门和公共部门的定义,对广义政府和公共部门机构单位做了明确划分。	利于反映和规范政府职能及其实现过程的原则
1. 将政府财政统计框架的分析目标扩大至包括评估管理和政策决策以及可持续性和滚动性决策的能力。 2. 在政府财政统计框架中新增了两张补充统计表格,以进一步提高了政府财政统计分析的实用性。	利于经济分析与政府决策原则

资料来源:国际货币基金组织,《2014年政府财政统计手册》,第253—268页。

6.2.7 经验总结

通过对 SNA(2008)和 GFSM(2014)中关于政府收支分类情况的介绍可以看出,两种分类体系既有联系,又有区别。总体而言,GFSM 是以公共财政理论为指导(葛守中和卞祖武,2001),在 SNA 分类体系的基础上,对政府收支分类进行了更加详细、完整和精确的梳理呈现;而且,两种分类体系都根据社会发展客观需求以及对政府收支相关概念的认识深化,不断进行更新修订,使其分类体系具有更强的普适性和时效性。GFSM 历次版本更新的内容及其反映的分类原则更加突出地体现了这一特点。

不过,在将这两种政府收支分类的国际标准应用于具体国家和地区时,还应注意一些问题:第一,借鉴较为成熟、权威的国际标准能够尽量避免对政府收支进行划分的随意性和不合理性,同时也能较好地满足国际可比性的原则,但借鉴国际标准的最终目的是服务于本国(或本地区),因此也应注意将国际标准和本国实际相结合,制定一套真正适合本国发展的政府收支分类体系;第二,这两种国际标准都是以统计核算、经济分析为主要目的,但其核算目标中并未明确提及反映政府受托责任、强化预算管理等方面的财政治理目的(郑春荣和朱海平,2008);第三,虽然 GFSM 强调了会根据国际经济发展情况对政府收支分类体系进行与时俱进的修订,但并未从科技发展(如大数据、信息技术等)的角度提出相应的修订思路及内容。

6.3 主要发达国家的经验介绍：美国

前文已经提到，以美国、英国为代表的西方发达国家经历了较长的预算变革过程，在预算管理方面形成了一套成熟、典型的经验做法，其政府收支分类也大多是根据 GFSM 进行的具体应用，相对更为科学合理。因此，下文重点对美国和英国的政府收支分类进行介绍。

美国各级政府普遍重视预算编制范围的完整性，预算列示的各项收入和支出覆盖所有政府收支，不存在预算之外的资金活动，所有政府性收支都要在政府预算中反映，受到严格的预算约束。例如，美国联邦预算既包括来自所有联邦税收和举债收入安排的国防、外交等联邦政府日常开支以及必要的公共服务支出，也包括来自各种社会保险专项税收安排的社会保障、医疗保险与救助、老年医疗保险制度支出等方面，预算编制较为完整。同时，美国政府预算编制的内容较为细化，能够按照既定的标准，精确到具体的人和物，并且按照不同维度对支出进行分类，有效解决预算专业性强、公众理解难的问题。例如，美国联邦政府每年提交国会审议的年度预算及相关资料多达 8 000 页，十分翔实；弗吉尼亚州蒙哥马利县每年分别编制经营预算、资本预算以及汇总的整体预算，并在审批前和审批后分别向社会公开，内容包括各个部门的预算，非常详细。预算编制的全面、完整和细化，为进一步硬化预算约束、推进预算公开、实施预算绩效考评等奠定了坚实基础。

不过，由于美国是联邦制国家，联邦、州、地方政府独立性较强，州和地方政府在收支方面的自主权较大。因此，美国同一地方政府所有政府收支、所有政府预算单位均使用统一的政府收支分类科目，但不同政府间的收支科目略有不同（肖鹏，2014）。下面主要基于全美财政预算报告中的政府收支分类情况进行详细介绍。

6.3.1 政府收入分类

税收是美国各级政府最大的收入来源。第一次世界大战后，美国联邦政府重新开征了所得税，使美国的联邦税制结构从以关税等间接税为主，过渡到以所得税等直接税为主。

美国各级政府都有一套相对独立的税制体系，除了联邦政府向全国统一征收的税收，并不存在一套统一适用于全国的地方税制度。美国联邦、州和地方政府根据各自的权力、税收征收管理水平和经济发展水平等因素，选择了不同的税种作为各自的主体税种，形成了不同的税制模式，体现了与美国联邦制分税特征相适应的税制特征。美国联邦、州和地方政府主要税种如表 6-8 所示。

表 6-8 美国各级政府的主要税种

联邦政府	州政府	地方政府
个人所得税	个人所得税	个人所得税
公司所得税	公司所得税	公司所得税
社会保障税	社会保障税	社会保障税
消费税	消费税	消费税
/	销售税	销售税
/	财产税	财产税
遗产与赠与税	遗产与赠与税	/
关税	资源税	/

资料来源：肖鹏，《美国政府预算制度》，经济科学出版社 2014 年版，第 35 页。

美国政府收入包括政府获得的所有收入、收益和转移收入等，采用权责发生制记账原则统计政府收支。政府收入和支出包括政府及其所属机构（如公营企业、公共基金等）的收入和支出，被排除在政府收支统计以外的交易包括债务发行、退休金管理、借贷和投资、政府机构内部交易等。美国联邦政府收入包括个人所得税、公司所得税、社会保险收入、消费税及其他收入等；州和地方政府收入大致可分为本级一般收入、政府间转移收入、公共事业收入、专营收入和社会保险信托收入等。其中，一般收入包括税收收入，高等教育、医疗、高速公路等收费收入，利息，出售财产和捐赠等收入；公共事业收入主要包括失业赔偿金、退休金、劳工赔偿金和其他保险信托收入。

非税收入是美国地方政府收入的主要来源。近些年来，美国各级政府税收收入增长困难，财政赤字扩大很快，对非税收入的重视程度日益提高。州和地方政府在政府收入方面有较大的自主权，不同级别的政府可就本级政府拥有的资产、提供的服务以及实施的管制取得非税收入。美国联邦的非税收入包括来自投资收益和收费，投资收益主要是美联储的储备收益和政府特别投资账户收益，收费包括使用费、规费、受益税、损害税等。州政府非税收入主要有交通许可收费、高度教育收费、公立医院收费、利息收入、彩票收入等。地方政府主要就市政服务进行收费。此外，一部分联邦援助直接通过州政府转移给了地方政府。州和地方政府的其他收入包括收费、公共事业收入、保险基金收入。其中，保险基金收入的占比最大。保险基金系统包括政府雇员退休金系统、失业保障系统等（大类分个人所得税、销售税、联邦转移支付、公司所得税、娱乐收入、公共使用费、其他收入等）。

2019 年度美国财政预算报告，将政府财政收入主要划分为个人所得税、公司所得税、社会保险与退休收入（主要包括社会保障工资税、医疗保险工资税、失业保险、其他退休收入）、消费税、遗产与赠与税、关税、美联储资产收益、其他收入八类。不过,在政府收入方面,联邦、州、地方政府具有相对独立的税制体系,并且可以就本级政府拥有的资产、提供的服务以及实施的管制取得不同类型的非税收入,因此州和地方政府的主要税种及收入分类与联邦政府并不完全一致。州和地方政府的主要税种有销售税、财产税、个人所得税等,非税收入一般包括收费收入、罚没收入、投资收入、政府间转移支付收入、各种基金间调剂收入等。预算报告件还列出所有政府基金收入来源,包括一般基金、特殊收入基金和资本项目基金。每项收入来源的详细信息包括所有的税收、收费、联邦政府的拨款、为资本项目的发债收入、数年来每项收入来源的变化趋势、每项收入来源的法律依据和立法过程、每项收入所属的政府基金信息。税收信息包括个人所得税按不同收入水平的纳税人分类缴纳的税收收入分布信息,企业所得税按行业集团分类缴纳的税收收入分布信息。[1]

6.3.2 政府支出分类

美国预算编制中的政府支出主要按照功能(function)、部门(agency)、用途(object)、项目(programs)等多个维度进行类别划分,而且不同维度之间可以交叉呈现。比如政府预算支出报告中,按支出功能分类时,每一个部门的支出被划分为政府经常性支出、对地方政府的补助和资本项目支出三个部分。政府经常性支出是维持政府各部门正常开展工作的支出,它列出了各部门工作人员的总数,并按开展的不同项目进行细分。政府经常性支出按用途划分为人员经费(工资福利支出)、差旅费、设备购置费、合同服务费和设备维护费五个部分。对地方政府的补助是上级政府收入向地方政府的转移支付,可划分为不同的项目,还可以细分到每个具体政府拨款援助项目的金额。资本项目支出是相对于经常性支出而言,这部分支出又被细分为不同的项目,每个项目都有更具体的信息。而在美国预算支出官网上[2],公众可以更加便捷直观地从不同维度查看。该网站将政府支出从"budget function"(支出功能)、"agency"(部门)和"object class"(具体用途)三个维度进行了分类统计,以支出功能分类为例,点击查看显示有五级目录,依次点击进入"budget function"(支出功能)—"budget sub-function"(各支出功能分类子项)—"federal account"(联邦账户)—"program activity"(计划项目)—"object class"(具体用途),其中"federal account"(联邦账户)在支出功能分类的基础上显示该笔支出的责任主体是哪些部门(agency),"program activity"(计划项目)则进一步说明支出具体用于哪些项目上,"object class"(具体用途)则呈现不同经济性

---

[1] 国际司:《美国财政预算公开情况介绍》,http://gjs.mof.gov.cn/pindaoliebiao/cjgj/201309/t20130927_994354.html。

[2] 美国政府支出官方网站,https://www.usaspending.gov/#/explorer。

质的支出情况。通过这种政府支出分类,公众可以从中清楚地看到政府花了多少钱、谁花的、花到了哪里以及怎么花的。上述三种支出分类一级类目由表6-9列出。

表6-9 美国政府支出分类一级类目(分别按功能、部门、经济性质)

功能分类一级目录	部门分类一级目录(政府部门与主要机构)	经济分类一级目录
医疗保险	农业部	补助金及固定费用
社会保障	商务部	合约服务及物料供应
国防	国防部	人员薪酬福利
健康	教育部	资产收购
净利息	能源部	其他
收入保障	卫生和公共服务部	
一般公共支出	国土安全部	
退伍军人福利和服务	住房和城市发展部	
教育、培训、就业和社会服务	内政部	
国际事务	司法部	
交通运输	劳动部	
司法行政	州和美国国际开发署	
自然资源与环境	运输	
社区与区域发展	财政部	
商业和住房信贷	退伍军人事务部	
农业	陆军工兵部队	
基础科学、宇航与技术	环境保护署	
能源	总务管理局	
政府津贴	美国国家航空航天局	
	国家科学基金会	
	中小企业管理局	
	社会保障局	
	其他机构	

资料来源:"Fiscal Year 2019: Efficient, Effective, Accountable: An American Budget", https://fraser.stlouisfed.org/title/54/item/577370;美国政府支出官方网站,https://www.usaspending.gov/#/explorer。

除了上述分类,美国预算部门还按照强制与否将政府支出分为强制性支出(mandatory expenditure)和自主性支出(discretionary expenditure),并直接体现在预算报告中。规定此类支出的目的在于建立一种法定支出稳定增长的机制,防止其他支出挤压法定支出的现象出现。所谓强制性支出是指按照法律规定或者客观实际必须安排的支出,一般具有刚性,如社会保险支出、退伍军人补贴和公务员工资等;自主性支出是指政府可以选择和控制的项目支出,政府和国会对这类支出的调整余地较大,如研制或购买军事武器支出等。这种分类方式一定程度上更利于约束、控制和预测政府支出情况,使支出预算更加科学合理。

上面主要对美国政府收支分类的维度及其相应的一级类目进行了介绍,而基于一级类目细分的次级类目,其类目数量较为合理、内容表述也较为清晰,各级类目之间没有相互交叉的情况。以支出功能分类为例,美国虽然有 20 个支出职能,但是二级、三级类目并不多,类目过多会使职能分散,不能轻易地从一个职能类目中看出独立的支出职能。子类目数量不多,可以使政府预算支出科目在实际业务的使用中更为便捷和准确,不易造成科目之间的混乱和混淆。

6.4 主要发达国家的经验介绍:英国

在收入方面,英国的收入分类相对比较简单。英国政府收入以税收为主,税收分为直接税、间接税和社会保障税三大类,税收结构以直接税为主、间接税为辅。在英国 2018 年政府预算报告中[①],收入主要划分为以下几类:所得税、国民保险税、消费税、公司税、增值税、营业税、市政税、其他税收、其他非税收入等。非税收入主要包括银行附加费、执照费、欧盟排放交易制拍卖费、利息股息收入、总经营盈余、其他收入等。而在支出方面,英国的分类较为全面和完善,目前主要按照部门、功能、经济性质、国家和地区四种方法进行分类,并且这四种方法的分类均有交叉呈现。下面重点基于英国《公共支出统计分析报告 2019》(PESA2019)[②]对其政府支出分类情况进行说明。

6.4.1 支出部门分类

各部门按照部长的职责被分为不同的类别,从而按照类别反映政府收支,而不是分别显示每个部门的收支情况,目前英国支出部门分类情况如表 6-10 所示。

表 6-10 英国政府支出部门分类

类型	具体部门
国防	国防部
单一情报账户	单一情报账户部门
内政	内政部

---

① "HM Treasury, Budget 2018", https://www.gov.uk/government/publications/budget-2018-documents,访问日期 2019 年 9 月 12 日。

② https://www.gov.uk/government/statistics/public-expenditure-statistical-analyses-2019,访问日期 2019 年 9 月 12 日。

（续表）

类型	具体部门
外交和联邦事务	外交和联邦事务部
国际发展	国际发展部
卫生和社会服务	卫生和社会服务部
就业和养老	就业和养老金事务部
教育	教育部门
	资格及考试管理办公室
商业、能源和产业战略	商业、能源和产业战略部
运输	交通部
退出欧盟	欧盟退出部
数字、文化、媒体和体育	数字、文化、媒体和体育部门
住房和社区	住房和社区部
	当地政府
苏格兰	苏格兰政府
威尔士	威尔士政府
北爱尔兰	北爱尔兰行政局
司法	司法部
律政	皇家检控署
	欺诈重案办公室
	英国检察总长和财政律师办公室
环境、食品和农村事务	环境、食品和农村事务部
英国税务和海关总署	英国税务和海关总署
英国财政部门	英国财政部
内阁办公室	内阁办公室
国际贸易	国际贸易部
小型独立机构	慈善委员会
	竞争与市场管理局
	选举委员会
	出口信贷担保部
	食品标准局
	政府精算师部
	下议院
	上议院
	独立议会标准局
	英国地方政府边界委员会
	国家审计署
	国民储蓄和投资

(续表)

类型	具体部门
小型独立机构	北爱尔兰事务办公室
	教育、儿童服务和技能标准办公室
	煤气和电力市场办公室
	铁路和公路局
	议会行政和卫生专员办公室
	英国服务专员办公室
	苏格兰办事处和总检察长办公室
	统计委员会
	英国国家档案馆
	英国最高法院
	威尔士办公室
	水务监督办公室

资料来源：https://www.gov.uk/government/statistics/public-expenditure-statistical-analyes-2019。

在上述部门分类的基础上，各部门的支出被进一步划分成两大类，一类为运行经费，另一类为专项支出。比如国防部的支出，除了运行经费，将其他支出分为20个专项支出。这种按部门进行支出分类的优势在于：第一，为预算管理现代化奠定了基础，给支出部门更大的灵活性和自主权，提高支出部门合理使用资金的积极性；第二，有利于对预算资金实行专项管理，即除了运行经费，各部门的全部支出都按照专项在预算中列明，这样不仅便于明晰说明资金的使用方向和使用目的，也便于监管和评价资金（王淑杰，2014）。

6.4.2 支出功能分类

英国财政部的政府支出功能分类与联合国 COFOG 基本一致，即按一般公共服务、国防、公共秩序和安全、经济事务、环境保护、住房和社区设施、健康、娱乐文化和宗教、教育、社会保护等 10 级政府职能进行分类，子功能分类（即二级类目）也与之类似。不同之处主要有三点：第一，支出功能分类一级类目增加了"欧盟事务"（EU transactions），并附相应的二级类目；第二，"医疗卫生职能"（health function）的二级类目是按照英国财政部的子功能分类，包括"医疗服务"（medical services）、"医学研究"（medical research）和"中央医疗服务"（central and other health services）；第三，二级类目中还以斜体显示了在引入新的功能分类之前所使用的财政部定义的子功能类目名称，虽然这一做法无法使之前的二级类目直接映射到 COFOG 的二级类目，但对纵向可比性提供了有利条件。上述三点不同具体由表 6-11 呈现。

表 6-11 英国与联合国的政府支出功能分类异同

英国一级类目	英国二级类目	联合国二级类目
一般公共服务 (与联合国 COFOG 一致)	行政和立法机关、金融和财政事务、对外事务	行政和立法机关、金融和财政事务、对外事务
	对外经济援助	对外经济援助
	一般服务	一般服务
	基础研究	基础研究
	一般公共服务研究和发展	一般公共服务研究和发展
	未另分类的一般公共服务	未另分类的一般公共服务
	公共债务交易 其中:中央政府债务利息 　　　地方政府债务利息 　　　上市公司债务利息 　　　英格兰银行债务利息	公共债务交易 /
⋮	⋮	⋮
医疗卫生职能 (与联合国 GOFOG 一致)	医疗服务	医疗产品、器械和设备
	医学研究	门诊服务
	中央医疗服务	医院服务
	/	公共医疗保健服务
		医疗保健研究和发展
		未另分类的医疗保健
⋮	⋮	⋮
欧盟事务 (联合国 GOFOG 无该一级类目)	基于增值税和基于国民总收入的捐款(扣除减排和征收费用)	/
	欧盟收据	
	归因援助和共同的外交与安全政策	

资料来源:https://www.gov.uk/government/statistics/public-expenditure-statistical-analyes-2019;https://stats.oecd.org/index.aspx?datasetcode=sna_table11。

英国也非常重视不同支出分类间的交叉分析,在功能分类与部门分类方面,PESA(2019)中有反映不同财政年度按功能划分的政府公共部门服务支出分类交叉表(见 6-12)。

6.4.3 支出经济性质分类

公共支出的经济性质决定了其经济影响,而根据经济性质可将公共支出分为经常性支出和资本性支出,或分为转移性支出和购买性支出。英国财政预算中对支出的经济分类以经常性支出和资本性支出作为一级类目。其中,经常性支出主要包括薪酬、经常性采购总额、商品和劳务销售收入、对个人和非营利性组织的经

表 6-12 英国政府支出功能分类与部门分类交叉表

功能 部门	一般公共服务	其中:公共和通用服务	其中:国际服务	其中:公共部门债务利息	国防	公共秩序与安全	经济事务	…	欧盟事务	公共部门在每个部门的服务支出
国防部										
单一情报账户										
内政部										
外交和联邦事务部										
国际发展部										
卫生和社会服务部										
就业和养老金事务部										
…										
小型独立机构										
地方政府										
公共部门用于每项职能的支出										

资料来源:https://www.gov.uk/government/statistics/public-expenditure-statistical-analyes-2019。

常性资助、海外经常性援助、对私营企业的补贴、对公共企业的补贴、公务员退休金净额、公共部门债务利息。资本性支出主要包括资本补助、资本性采购总额、资本性资产的销售收入。此外，PESA（2019）中还对公共支出的经济性质分类与功能分类进行了交叉呈现。上述各类经常性支出的具体含义简要介绍如下：

薪酬包括工资和薪金、雇主养老金缴纳、英国员工及聘用的海外员工产生的养老金费用，以及雇员对养老金计划的缴款。此外还包括借调员工成本、回收所产生的收入，以及以前被视为采购支出的合同和工作人员费用。

经常性采购总额包括商品和服务购买支出，其中包括私人融资租赁（PFI）和非PFI经营租赁下的租赁服务、机构人员工资和合同费用、咨询和审计费用。

对个人和非营利性组织的经常性资助是对不为资本形成提供资金的这些接受者的付款，主要是社会保障金，还包括对高等教育机构和其他非营利性私营部门机构的赠款。

海外经常性援助主要是国际援助，如减少贫困的计划，还包括表6-11中列出的欧盟事务。

补贴是政府向贸易企业（私营部门和公共公司）支付的费用，以支持当前成本，包括根据欧盟共同农业政策向农民支付的费用，以及给予铁路和公共汽车运营商的补贴。给出这些指标的目的是影响其生产水平、价格或其他因素。

公务员退休金净额是国民账户养恤金的费用，即给予退休人员的付款减去雇主和雇员的缴款收入。

公共部门债务利息反映了支付给私营部门的债务利息，不包括公共部门内部的付款，这些款项不构成部门预算的一部分。

资本补助是向私营部门的转移支付，通常是在接受者将资金用于资本项目的情况下进行的。

资本性采购总额包括固定资产（如土地、建筑物和机械）的购置以及库存的增加，以折旧总额计量。

资本性资产的销售收入是指土地、建筑物和机器等被处置的资产的销售价值。

6.4.4 支出的国家和地区分类

按照国家和地区对公共支出进行分类，主要显示受益于公共支出的个人和企业的所在地。为了提供按国家和地区安排支出的信息，英国财政部要求政府各部门和地方政府每年进行一次统计工作。之后，财政部会根据政府部门和地方政府的支出统计情况进行整理汇总，形成并发布国家和地区的政府支出分析报告。具体分类目录为英格兰（包括东北、西北、约克郡和亨伯河、东米德兰、西米德兰、东部、伦敦、东南、西南）、苏格兰、威尔士、北爱尔兰、本土以外地区。需要注意的是，虽然同属于英国，但不同地区政府及公共部门承担的职能范围不同，比如在苏格兰和北爱尔兰,供水是公共部门职能,而在英格兰和威尔士却属于私人部门职能。这说明其横向可比性存在一定问题,对比时需十分谨慎。

国家和地区分析是在服务支出的总框架内进行的,服务支出大致代表了公共部门的全部经常性支出和资本性支出。就国家和地区分析而言,服务支出又分为可识别支出（identifiable expenditure）和不可识别支出（nonidentifiable expenditure）;大约88%的服务支出是可识别支出,是为特定区域内的个人、企业或社区的利益而支出的,如卫生、教育和社会保障支出;不可识别支出占服务支出总额的12%,被认为是代表英国整体支出的,例如国防和对外事务支出等。由于按照政府支出的国家和地区分类与支出的可识别性紧密联系在一起,因此在PESA(2019)中的国家和地区支出分类表中,同时附上可识别支出和不可识别支出的数据,具体情况如表6-13所示。

表6-13 英国政府支出按国家和地区及可识别性进行分类

	统计数据				
	2013—2014年	2014—2015年	2015—2016年	2016—2017年	2017—2018年
东北					
西北					
约克郡和亨伯河					
东米德兰					
西米德兰					
东部					
伦敦					
东南					
西南					
英格兰（前九个地区加总）					
苏格兰					
威尔士					
北爱尔兰					
英国可识别支出					
本土以外地区					
总可识别支出					
不可识别支出					
公共部门服务总支出					

资料来源:https://www.gov.uk/government/statistics/public-expenditure-statistical-analyes-2019。

在对国家和地区进行分类的基础上,PESA(2019)还将这一分类标准与功能分类、经济分类进行交叉分析,按功能分类的每个一级类目做一张表。表 6-14 是以一般公共服务这一功能类别设计的三个维度的交叉表。

表 6-14 以一般公共服务为功能分类的交叉表

功能分类/经济分类 国家与地区分类	一般公共服务	经常性支出	资本性支出
东北			
西北			
约克郡和亨伯河			
东米德兰			
西米德兰			
东部			
伦敦			
东南			
西南			
英格兰 (前九个地区加总)			
苏格兰			
威尔士			
北爱尔兰			
英国可识别支出			
本土以外地区			
总可识别支出			
不可识别支出			
公共部门服务总支出			

资料来源:https://www.gov.uk/government/statistics/public-expenditure-statistical-analyes-2019。

6.4.5 经验总结

通过对英美两国政府收支分类体系的介绍可以发现,两国政府收支分类都在很大程度上借鉴了 GFSM 的相关标准,并结合本国实际情况进行了适应性调整。从两国有关财政预算或政府收支的报告资料中可以看出,其对每项政府收支类目的说明解释十分详细,各类目之间界限划分较为清晰,较少存在交叉重叠的情况。此外,两国在政府收支分类方面还呈现以下主要特点:

政府收入分类较为简单明了,相对而言更加重视支出分类,从功能、经济性质、部门、地区等多个维度进行分类,并利用多种交叉组合进行呈现,从而更加全面、清晰地说明每一笔支出的使用情况。

十分重视收支分类的国际可比性,特别是对于那些和国际标准(如 GFSM)不一致的情况,不仅会详细说明具体差异及其成因,还会根据一定的标准确定两种分类的对应情况,使得统计分析起码可以在更高一级类目实现可比。

十分重视国内收支分类的时间纵向可比性,每年财政报告中的各类支出数据均进行五年以上的对比分析,且对不同年份收支分类的变化情况及对应关系进行充分说明。

美国实行联邦制,英国的英格兰、苏格兰、威尔士和北爱尔兰四地也相对较为独立,因此两国的中央政府和地方政府,以及地方政府之间的政府收支分类体系并不完全相同,导致国家层面不同地区的横向可比性相对较弱,不利于对不同地区的财政情况及其经济影响等方面进行十分便捷有效的比较分析。

能够充分利用当前先进的技术条件,对政府收支分类通过更加透明、便捷、直观的形式进行呈现,便于社会公众了解和监督政府收支情况。比如前文介绍的美国政府支出网站的操作系统就是将较为成熟的政府收支分类体系嵌入到信息系统进行呈现,这种做法值得学习与借鉴。

主要参考文献

[1] 范立夫、杨仲山、刘昊:《政府财政统计体系(GFS)的比较分析》,《财政研究》2010 年第 7 期。
[2] 葛守中、卞祖武:《GFS 与 SNA 的比较研究》,《财经研究》2000 年第 11 期。
[3] 国际货币基金组织:《2014 年政府财政统计手册》,2014。
[4] 郭剑鸣、周佳:《规约政府:现代预算制度的本质及其成长的政治基础——以中西方现代预算制度成长比较为视角》,《学习与探索》2013 年第 2 期。
[5] 何晴:《政府预算与政府会计研究述评——中美文献比较》,《首都经济贸易大学学报》2011 年第 4 期。
[6] 联合国、欧盟委员会、经济合作与发展组织、国际货币基金组织、世界银行:《2008 国民账户体系(SNA2008)》,中国国家统计局国民经济核算司、中国人民大学国民经济核算研究所译,中国统计出版社 2012 年版。
[7] 王淑杰:《英国政府预算制度》,经济科学出版社 2014 年版。
[8] 肖鹏:《美国政府预算制度》,经济科学出版社 2014 年版。
[9] 于雯杰:《中期预算编制国际比较及借鉴——以英美等发达国家为案例》,《地方财政研究》2016 年第 12 期。
[10] 郑春荣、朱海平:《GFS 收支核算理论的中国财政收支统计制度研究》,《求索》2008 年第 11 期。

第 7 章 中国政府收支分类体系演进历程

财政与国家的兴衰息息相关,财政制度既从属于国家和经济社会的发展变化,又对国家政权巩固、经济发展、社会稳定及公平正义的实现起着至为重要的保障作用。翻开历史长卷,每一次财政改革都是那样的波澜壮阔和惊心动魄,深深地影响着经济社会发展的格局和进程(马金华,2005)。《中国财政通史》一书指出,数千年来,我国不仅经历了丰富多样的财政改革实践,而且记载和保存了有关财政的产生和发展变革、财政体制的演化、财政管理的经验、财政思想的阐述和总结以及财政政策调整等大量、丰富的相关材料,这都是极为宝贵的历史遗产,为我们从历史科学的角度考察、研究财政提供了有利条件。系统、全面地研究中国财政相关制度、政策、思想的发展与演变,具有明显的认识价值和现实意义,有利于我国当今伟大时代的财政工作、财政改革和财政制度的完善。

不管是中国古代还是近现代社会,都有不少重要的财政管理措施值得称道,归纳起来,主要是生财管理、用财管理和监督管理。生财管理主要体现在财政收入来源及其结构管理,用财管理主要体现为财政支出规模及结构管理,而财政收支都需要通过加强财政监督来有效实施。此外,对"数字化管理"和预算管理的重视及此类管理水平的不断提高,也是我国长期以来财政管理的历史趋势。财政收支在历朝历代多有统计,早在商代"殷墟书契"中就有不少关于国家财政收支的记录;而中国历史上封建王朝正式建立国家预算编制制度的时间,也起码能够上溯到唐代前期(陈明光,1995)。不管是从财政收支管理制度还是相关数据统计方面,都必然涉及政府收支分类体系的构建与发展,要重构或改进政府收支分类体系,也应该重视对之前各时期政府收支分类实践的研究和借鉴。因此,本部分将从较长的时间轴对我国政府收支分类情况进行较为全面的梳理介绍。

7.1 中华人民共和国成立前的政府收支分类体系

7.1.1 古代封建时期的政府收支分类

7.1.1.1 我国古代至清前期的政府收支分类

我国的财政范畴产生于虞舜和夏禹时代,最早的财政范畴是贡与赋,如《史记》所载:"自虞夏时,贡、赋备矣。"黄天华(2012)指出,夏王朝的出现标志着原始财政转向国家财政,而贡赋制度的确立,标志着夏代奴隶制国家财政制度的形成。周代之后,对国家的财政收支活动有了系统的文字记载。据《周礼》所载,中央财政的经常性收入和支出分别称为"九赋"和"九式"。"九赋"即九种赋税的名称,分别是邦中之赋、四郊之赋、邦甸之赋、家削之赋、邦县之赋、邦都之赋、关市之赋、山泽之赋和币余之赋,前六项属于地税(即田赋),后三项属于杂税(即工商税)。"九式"即九种用途的开支法则,包括祭祀之式,指祭祀所耗用的财物;宾客之式,即朝聘宴飨费用;丧荒之式,指对丧祀、凶荒的抚恤和救济费;羞服之式,指皇家饮食、服用之费;工事之式,指水利灌溉、官房修建、官府器物制作及其他建筑工程开支;币帛之式,指参加聘问、会盟的财物费用;刍秣之式,指喂养牲畜的粮草费用;匪颁之式,指赏赐群臣费用;好用之式,指皇帝赏赐近臣的开支。周代采用收支对口、专款专用的管理办法,强调支出不能移作他用,以确保收支平衡。可见周代时,财政收支的分类已经引起了重视,也掌握了一定的分类方法。

不过,在奴隶制财政制度中,国家财政与王室财政不分,直到秦汉时期才结束这一状况。

在国家财政与皇室财政分立的体制下,国家财政的主要收入来源包括农民的田租、徭役、算赋、盐铁专卖及盐铁税收、卖官鬻爵赎罪收入、屯田收入和平准收入等;主要支出包括军事支出、官吏俸禄支出、各类经济事务支出、各项行政费用支出、国家负担的社会保障支出等。皇室财政的主要收入来源包括山川、园池、市肆的租税、口赋,山泽税,酒税,关市税,户赋,献费等;主要支出即用于皇帝本人及其亲属的各项消费(齐海鹏和孙文学,2018)。

虽然秦汉时期已经设立了专门的中央财政管理机构和地方财政管理机构,并重视对财政收支统计及预算审计的工作,但目前为止,我国最早的一份国家财政收支总账出现于唐代,即唐人杜佑在所著《通典·食货六·赋税下》摘录的天宝年间度支计账,其中还有"岁入"和"岁出"的预计项目。而且从唐代的典章制度并证之以出土的《仪凤三年度支奏抄、四年金部旨符》等唐代文书残卷,可以看出唐代前期每年都要编制"具有一定法律形式和制度保证的国家年度财政收支计划",陈明光(1995)也由此认为我国正式的财政预算制度起码应追溯至这一时期。唐代的主要财政收入来源还是基于田赋制度、徭役制度、专卖制度和工商税制度进行相关项目的征收。支出也与前朝类似,主要包括军费支出,如养兵费、战争费等;皇室支出,包括宫殿陵寝营建费、皇室生活费用、饮宴赏赐费用等;建设支出,包括农田水利支出、交通运输费用、疏通漕运费用等;赈给支出,包括赈济支出、蠲免赋役等;还有官俸、文化教育科技、宗教活动等支出。

宋代初期,政府采取了轻徭薄赋的政策,工农业生产发展较快。除田赋作为主要收入,工商税的征收范围也逐渐扩大,种目繁杂,如盐、茶、酒专卖制度进一步健全,还有矿税、商税、市舶税、契税等税收收入。充裕的收入为支出的安排带来了便利条件。宋代的主要财政支出包括军费支出(分为兵费、防费、争费)、"岁币"支出(指对辽、西夏、金等入侵者的贡纳和赔款)、皇室支出(分为日常生活费、修治宫室陵墓、郊祀费用、宗室费用)、官俸支出、农田水利工程支出、文化教育支出、救灾赈济支出等(黄天华,2012)。

14—20世纪明清时期的财政制度,覆盖面广、种类繁多、体系完整(岩井茂树,2011)。这在近代前期的国家中是不多见的,是由皇帝和官僚机构高度集权统治决定的。明代之初,政治上强化中央集权,经济上以"阜民生财"为中心,采取轻税政策,复苏了社会经济,出现了洪武、宣德的"百年之治"。万历九年(1581年),在"役归于赋,丁归于田"的指导原则下,张居正在全国推行一条鞭法,对财政形势的好转起了积极作用。一条鞭法将地税、徭役合二为一,按田亩征税,以银交纳,官收官解,简化和整顿了税制,也标志着在我国沿袭了近二千年的赋役平行制向近代租税制转化,是赋税史上的重大转折。

明代财政收入有田赋、徭役(包括里甲、均徭、杂役等)、工商税收入(包括盐茶专卖、矿税、关税、商税、酒税、贡献等);财政支出依旧是皇室支出、军费支出、俸禄支出、河防和水利支出、文化教育支出等。

清代初期,对财政制度考虑得比较全面,专门设户部掌军国支计,有多种统计赋役、稽核和汇编的簿册,体现了清王朝对财政收支的控制及管理相当严密。康熙皇帝首推摊丁入亩的税制改革,在我国赋税制度发展史上具有重要的积极意义。农民得以自由迁徙,直接促进了农业、手工业、商业及城市的繁荣发展。清初财政收入主要以田赋、盐课、关税、杂赋四项为主;财政支出有皇室经费、宗室世职、官吏俸禄、兵饷、驿站经费、教育经费、河工塘工经费等。

7.1.1.2 清后期的政府收支分类

以鸦片战争为标界的清代后期,财政政策有了重大的变化,由前期的"量入为出"转为"量出制入"。鸦片战争以及此后巨额的军费支出、赔款支出、外债支出、洋务费支出等不断增加,尤其是清末最后几年,财政管理混乱,财务亏空严重。为了解决财政危机、开辟财源,清政府运用西方租税理论尝试创设新的税法体系,分别引进了印花税和所得税,并在中央、各省建立了统一的财政机构。1904年,清政府决定创办户部银行(后改名为大清银行),这是我国创办国家银行之始。1910年,清政府决定仿效西方国家,试办全国财政预算。具体为,在统一的全国预算总原则下,正式划分中央与地方两级财政,所有省都要参加全国的总预算。度支部汇总各省部预算,编制成宣统三年岁入岁出总预算表,岁入为八类,岁出为十八类,各分经常门与临时门两部分(见表7-1)。

表 7-1 清朝宣统三年(1911年)岁入岁出总预算   单位：千两白银

岁入			岁出		
项目	经常门	临时门	项目	经常门	临时门
一、田赋	46 165	1 937	一、行政费	26 070	1 258
二、盐茶税	46 312		二、交涉费	3 375	626
三、洋关税	35 140		三、民政费	4 416	1 325
四、常关税	6 991	9	四、财政费	17 904	2 878
五、正杂各税	26 164		五、洋关费	5 748	9
六、厘捐	43 188		六、常关费	1 463	
七、官业收入	46 601		七、典礼费	746	54
八、杂收入	19 194	16 051	八、教育费	2 553	1 042
九、捐输	5 652		九、司法费	6 616	219
十、公债	3 560		十、军政费	83 498	14 000
			十一、实业费	1 604	
			十二、交通费	47 222	7 805
			十三、工程费	2 493	2 023
			十四、官业支出	5 600	
			十五、各省应解	39 121	
			十六、洋关应解	11 263	
			十七、常关应解	1 256	
			十八、边防经费	1 240	
			十九、归还公债	4 773	

资料来源：齐海鹏和孙文学，《中国财政史》(第四版)，东北财经大学出版社2018年版，第175页。

从岁出的具体分类可以看出，支出的内容与之前截然不同，有了洋关费、实业费、交通费、归还公债等新的内容，显示着我国的支出项目在向现代靠近。

虽然这个全国预算并没有实施，但宣统三年的财政预算案是我国历史上第一次尝试建立近代形式的国家预算，改进了传统落后的财政预算方式，财政预算科目在形式上也符合近代国家财政预算体系的要求，自上而下地编制出初具规模的全国财政预算总方案，为后面的财政管理提供了经验教训，有着重要的积极作用。

7.1.2 近代民国时期的政府收支分类

北洋政府沿袭旧制，但军阀割据，各自为政，税制比较混乱。税收和举借外债成为北洋政府的两大财政收入来源，具体有：赋税收入，包括田赋、关税、盐税、矿税、厘金、契税、牙税、当税、烟酒专税、印花税、交易所税等；行政收入，包括船员请领证书登记费、轮船商船注册给照费、烟酒罚金及没收物变价收入、官产验照收入等；官产收入；内债、外债收入等。财政支出有军务费支出、政务费、偿债费等。

国民政府成立后，赋税制度发生了巨大变化，创建了适应近现代市场经济发展需要的税制体系，内容包括：废除牙税、当税等旧税种，代之以国际通行的营业税；取消厘金，代之以统税；正式开征所得税和遗产税两个新税种。国民政府还创建了直接税体系,包括所得税、利得税、遗产税、印花税、营业税,这也是我国税制史上的一大进步。

国民政府实行分税制改革,制定和调整了中央与地方的财政收支结构,初步创建了中国现代财政体制。国民政府在1928—1949年这20年间,其财政体制经历了两级—三级—两级—三级的调整,最终确定了中央、省、县的三级财政体制,中央政府始终把控着主要财源。1946年7月,国民政府修正公布了《财政收支系统法》,重新确立了中央、省及院辖市、县市及相当于县市之局的三级财政体制,各级政府收支分类如表7-2所示。

表7-2 1946年财政系统收支规定

财政层级		财政收入	财政支出
中央		税收收入(营业税、土地税、遗产税、印花税、所得税、特种营业税、关税、货物税、盐税、矿税、独占及专卖收入)、国营工程受益费、罚款及赔偿收入、规费收入、信托管理收入、国有财产售价收入、国有营业盈余及事业收入、收回资本收入、捐献及赠与收入、公债及赊借收入、协助收入、其他收入	政权行使支出、国务支出、行政支出、司法支出、考试支出、监察支出、教育文化支出、经济建设支出、卫生支出、社会救济支出、国防支出、外交支出、侨务支出、财务支出、债务支出、公务人员退休及抚恤支出、损失支出、信托管理支出、补助支出、国营事业基金支出、其他支出、第二预备金
省及院辖市	省	税收收入(营业税、土地税、契税附加)、省工程受益费、罚款及赔偿收入、规费收入、信托收入、省财产孳息收入、财产售价收入、省营业盈余及事业收入、中央补助收入、收回资本收入、捐献赠与收入、公债及赊借收入、其他收入	政权行使支出、行政支出、教育文化支出、经济建设支出、卫生支出、社会救济支出、保安警察支出、财务支出、债务支出、公务人员退休及抚恤支出、损失支出、信托管理支出、协助补助支出、省营业基金支出、其他支出、第二预备金
	院辖市	税收收入(营业税、土地税、契税和契税附加、遗产税、土地改良物税、屠宰税、营业牌照税、筵席及娱乐税),除造产收入,其他收入项目与省相同	财政支出项目与省相同
县市及相当县市之局		税收收入(营业税、土地税、契税、遗产税、土地改良物税、屠宰税、营业牌照税、使用牌照税、筵席及娱乐税、特别课税),其他收入项目与院辖市相同	政权行使支出、行政支出、教育文化支出、经济建设支出、卫生支出、社会救济支出、保安警察支出、财务支出、债务支出、公务人员退休及抚恤支出、损失支出、信托管理支出、协助补助支出、乡镇区临时事业支出、县市局营业及乡镇区造产基金支出、其他支出、第二预备金

资料来源:齐海鹏和孙文学,《中国财政史》(第四版),东北财经大学出版社2018年版,第402—403页。

7.2 中华人民共和国成立后的政府收支分类体系

7.2.1 计划经济模式的收支分类沿用(1949—1970)

7.2.1.1 中华人民共和国成立初期的政府收支分类

中华人民共和国成立初期,我国采取了统一财政经济管理的重大决策,建立了高度集中、统收统支的财政管理体制。而在政府收支分类方面,以苏联政府预算收支分类体系为主要参考,建立了适合当时财政经济形势和管理需要的收支分类体系,具体分为岁入科目和岁出科目,都分为款、项、目三级。预算科目主要根据国家管理机构的变动、预算管理和实际工作的需要进行修订。例如1952年岁出科目按岁出种类及性质分为七大类,包括国防费类、经济建设费类、社会文教费类、党派团体补助费类、行政管理费类、财务费类、其他类等,类下设项。目级科目24个,如工资、公杂费、旅差费等。目级科目类似于现在的支出经济分类科目,并不是项级科目的下属科目,而是独立于款、项级科目的另外一套体系。

1953年,我国进入第一个五年计划时期,开始进行大规模经济建设,财政管理体制中取消大区一级财政,同时成立县(市)一级财政,全国划分为中央、省级和县级三级财政。1954年,预算科目依据财政体制和财政收支系统,分为中央财政收支预算科目和地方财政收支预算科目,以适应各级财政的需要。为了表现国家预算体系的统一与完整,还编制了一套中央总预算汇编科目。1956年,中央预算科目和地方预算科目合并,设立了统一的预算科目。以后,政府预算收支科目均为统一科目。为了便于国家预算的汇编和核算,规定各级财政科目必须统一,收支预算款、项、目等三级科目,中央各部和地方各级预算机关都应遵照执行、不得变更;各目下节级科目,可在统一规定的基础上个别修改变动,并报财政部备案;各项之下适用的目次,可根据实际需要加以增减。

中华人民共和国成立后到1958年前,我国的预算支出分类科目虽然数量不多,但层次分明、分类清晰、说明详细,科目之间名称不同,并且内容也不交叉。

7.2.1.2 1958—1970年的政府收支分类

1958年,我国进入第二个五年计划时期,实行了"以收定支、三年不变(后面又改成五年不变)的财政管理体制",明确划分地方财政的收支范围,进一步扩大地方财政的管理权限。1958年政府预算科目更名为"国家预算收支科目",这个名称一致延续到1996年。1958年国家预算收支科目进行了较大修订。收入科目方面,由于体制规定企业收入实行中央和地方预算分成的制度,国家预算的收入科目增加了相应分项的科目。支出科目在按性质用途分类的基础上,具有一定的灵活性,允许地方对中央规定的科目做适当的变通处理。变通性还体现在,除了中等专业学校、技工学校、科学研究机构和铁道部中小学校等经费仍列入"社会文教费类"有关科目,个别部门的有些零星的文教事业费,开始分别列入"经济建设费类"各款事业费内,使原本清晰不相容的科目出现了交叉,而且这种支出科目交叉现象在之后很长一段时间内成为常态。

  1959年,财政管理体制改为"总额分成,一年一变",方法上有了很大的简化。这种简化也体现在了1959年预算收支科目中,科目合并较多,收入科目由上一年的60个款级科目减少为40个,支出款级科目由62个减少为51个、项级科目由301个减为190个、目级科目由20个减为11个。更为明显的是,将原来单独设置的文教事业费科目分列到经济建设支出的各款科目中,使某些科目不再集中反映其性质。"文化大革命"开始后,国民经济陷入混乱,财政工作受到严重的干扰和破坏,预算管理体制变动频繁,1966年后国家预算收支科目停止修订。

7.2.2 转型过渡时期的收支分类调整(1971—2006)

7.2.2.1 1971—1997年的政府收支分类

  这段时间政府收支分类的调整变化主要体现为三大特点:第一,不论是收入科目还是支出科目,都大量采用按主管部门来划分的分类方式;第二,在以支出性质对政府支出分类的基础上,引入了按支出用途作为划分标准的维度;第三,收支科目增减、调整十分频繁。下面介绍这三个特点的具体表现。

  首先,以主管部门为主要分类标志是这段时间政府收支分类的重要特点。收入科目中的企业收入类款级科目和支出的大部分款级科目都是按照主管部门进行划分的。由于主管部门的设置是不固定的,因此款级科目在不同年份的变动比较大。而由于项级科目是款级科目的具体化,大体按照主管部门的下属部门来进行分类。款和项两级科目构成了详细的按部门分类的分类体系。这种分类方式是与我国长期以来资金的归口管理模式相适应的,在这种模式下,上级主管部门负责从财政主管部门获取资金,下属单位从上级主管部门获取资金,形成以主管部门为主体的资金分配模式。

  其次,随着经济发展及政府职能不断细化,政府支出也逐渐在按支出性质进行分类的基础上,增添了一些反映部门支出用途的类目。从中华人民共和国成立到1970年,我国一直采用按支出性质进行分类,大体上有十大类预算支出科目,如经济建设费、社会科学文教费、国防费、行政管理费等,这些类级科目调整变动不大。按支出用途来划分则是在1971年之后采用的支出分类方式,体现在国家预算支出科目中,由原来十大类猛增到十九类,1986年又增至二十六类。以1976年的分类方式为例,按照这种分类方式将支出划分为基本建设拨款类、企业挖潜改造资金类等十几个类级科目(见表7-3)。采取这种方法的优点有：一是预算指标可以同国民经济计划指标相一致；二是可以综合反映在预算支出中用于生产性支出和非生产性支出的比例，有助于国民经济各部门从宏观上正确分析处理国民收入分配中积累和消费的比例关系，有利于国民经济各部门对预算支出指标的管理和考核。采用这种分类方法虽然有上述优点，但也存在严重的缺陷。一是从预算支出分类上不能综合反映国家的基本职能，不能直接反映以经济建设为中心的社会主义建设这样一个根本任务；二是按支出用途分类不利于国家预算按部门归口管理，因为按支出用途分类，就要把每个完整的部门预算按基本建设投资、事业费、科技三项费等经济内容分割开，这就不利于部门预算的统一安排；三是按支出用途分类，类级科目增加过多，不利于进行历史统计分析。这种支出分类方式自1971年开始采用之后，直到2007年政府收支分类改革才不再使用。

表7-3 两个时期政府预算支出分类框架比较

主要分类标志		示例
1949—1970年	支出性质	经济建设费类、社会文教科学费类、国防费类、行政管理费类、对外援助支出类、债务支出类等①
1971—2006年	支出用途	基本建设拨款类，企业挖潜改造资金类，地质勘探费类，新产品试制费，流动资金类，支援农业支出类，工业、交通、商业等部门的事业费，城市维护费类，城镇人口下乡经费类，文教卫生事业费，抚恤和社会救济类，国防战备费类，行政管理费类，对外援助支出类等②
大体按照主管部门设款		如基本建设类下设冶金工业基本建设拨款、煤炭工业基建拨款、石油工业基建拨款等项目
大体按主管部门的所属单位设项		如文教卫生等部门的基建拨款款级科目下设文化、教育、卫生、体育、科学、地震、海洋等项级科目
反映行政事业经费的支出具体用途		目级科目具有通用性，基本存在于所有的款或项级科目下
用途的具体化		在目级科目工资下，存在业务技术人员工资、行政干部及勤杂人员工资、固定工人工资、编外人员工资等几项节级科目③

最后，在具体收支科目的增减与调整方面，20世纪70年代是我国政府收支科目大简化的时期。1971年国家预算收支科目根据预算管理的要求和力求简化的精神进行修订，收支科目比1966年减少了80%多。1973年预算支出类级科目减少到16个，款级科目减少到54个。1976年增设企业挖潜改造资金类，下设冶金、

---

① 以1962年《政府预算收支科目》为例进行说明。
② 以1976年《国家预算收支科目中的分类》中所列的分类为例。
③ 以1962年《政府预算收支科目》为例进行说明。

煤炭、石油等30个款级科目。为了加强预算管理，贯彻归口管理的原则，各类收支之下一般按部门设明细科目，一是容易从国家预算收支上反映国家的政策和政府活动的范围，二是便于各级财政进行统计和分析。

1978年以后，我国实行了农村以家庭联产承包责任制为中心、城市以国有企业改革为中心、建设有计划的商品经济等一系列重大的经济体制改革，预算管理制度开始恢复正常。这个时期，政府收支分类体系因改革举措而较频繁地取消、增设、调整了许多科目。如之前税收收入只有"各项税收类"一个类级科目，以工商税的相关科目为主要项级科目。改革开放后仅几年的时间，税收收入的类级科目就增加为五个，分别是工商税收类、关税类、农牧业税类、国有企业所得税类、国有企业调节税类，其中工商税收类包括产品税、增值税、营业税、个人所得税、工商统一税、资源税、城市房产税、车船使用牌照税等项级科目。收入相关的科目也有较大的调整。中华人民共和国成立后，我国预算收入科目长期都以企业收入为主，经过国营企业的一系列改革，原来的"企业收入类"分为"国有企业上缴利润类""国有企业所得税类""国有企业调节税类"等三个类级科目。国有企业的收入由全部上缴国家变为上缴利润和依法纳税同时并存。在原有"其他收入类"的基础上，增加"债务收入类"（支出科目对应有"债务支出类"）、"国家能源交通重点建设基金收入类""专款收入类"等类级科目。"其他收入类"的项级科目增加各种罚没收入、事业收入、外事服务收入等科目。1988年，预算收支科目表外科目也列入国家预算收支科目，包括"社会保险基金收入类"和"社会保险基金支出类"两个类级科目（1993年转为预算内科目）。

1992年党的十四大确定了我国经济体制改革的目标是建立社会主义市场经济体制，之后通过了《预算法》和《预算法实施条例》，按照社会主义市场经济发展的要求，开始构建具有公共财政特征的财政运行模式。

1995年之后，财政体制改革重点从理顺财政收入分配关系逐渐转为加强支出管理方面，开始加强支出管理，深化支出改革。《预算法》及实施条例明确将预算划分为政府公共预算、国有资产经营预算、社会保障预算和其他预算。1995年国家预算科目完善了社会保险基金收支科目，增加了企业职工工伤保险基金收支、企业女工生育保险基金收支、医疗保险基金收支等科目，原来的国有企业职工养老保险、待业保险基金收支科目也改为"企业职工基本医疗保险基金收入"（支出）和"企业职工待业保险基金收入"（支出）。

1997年，根据《国务院关于加强预算外资金管理的决定》，设立了基金预算收支科目，包括按国务院文件规定纳入预算管理的13项基金收支，以及地方财政部门按国家规定收取的各项税费附加收支，原来在预算中列收列支的专项收支和社会保险金收支科目等科目。原来的预算收支科目改为"一般预算收支科目"，以区别于"基金预算收支科目"。还取消了不再征收的"国家能源交通重点建设基金收入类"和"国家预算调节基金类"两个类级科目。

7.2.2.2 1998年—2006年的政府收支分类

随着1998年建立公共财政框架这一财政改革目标的确立,财政公共化的目标明确定位于弥补市场失灵,相继展开了部门预算、国库集中支付、政府采购制度、收支两条线等改革和创新。同年,我国政府预算收支分类进行了较大的调整,收支科目名称也由中华人民共和国成立后一直使用的《国家预算收支科目》更名为《政府预算收支科目》,并且重新设置了科目编码。在一般预算收支科目、基金预算收支科目之外,增设债务预算收支科目,以反映债务收入和债务还本付息支出。考虑到国有企业改革的需要,在满足财政体制管理和国库管理分类需要的基础上,再按所有制性质做明细分类。原国有企业上缴利润类级科目改名为国有资产经营收益类级科目,单独设置教育事业费类级科目,将文教事业费中的款级科目教育事业费,连同从各部门事业费中划出来的中等专业学校经费、技工学校经费合并起来。另外,将外交支出从行政管理费类级科目中划出,连同其他支出中的款级科目国际组织支出及偿付国外资产支出、地方外事费,设置为外交外事支出类级科目。根据社会保障改革的需要,增设类级科目社会保障补助支出,下设款级科目帮困解困资金、社会保险经办机构经费、财政对社会保险基金的补贴支出及城镇就业补助费。

我国于2000年选择部分中央部门为试点编制部门预算,细化报送全国人大预算草案的内容,以此为标志,我国的预算制度改革进入全面深化阶段。2002年,中央各部门按照基本支出和项目支出分别编制部门预算,进一步细化中央预算。2005年全国各省本级和计划单列市开始全面推行部门预算改革,与公共预算相适应的部门预算框架初步建立。部门预算改革对政府预算支出分类有着重大的影响,和国库集中收付制度改革、收支两条线改革一起,为政府预算支出分类的全面改革奠定了基础。

2003年10月党的十六届三中全会通过《中共中央关于完善社会主义市场经济体制若干问题的决定》,明确提出了实行全口径预算管理,即将政府收支全部纳入预算,统一进行管理,同时接受各级人大机关和社会公众的监督。2005年,国务院发布《关于深化经济体制改革的意见》,进一步指出,改革和完善非税收入收缴管理制度,逐步实行全口径预算管理。

2004年,财政部完成新的《政府收支分类改革方案》的前期设计工作,2005年3月开始在中纪委、科技部、水利部等中央部委和天津、河北、海南、湖南、湖北等省份试点,并于2007年1月1日起在全国范围内正式实施。

7.2.2.3 传统政府收支分类体系的主要问题

中华人民共和国成立后,我国长期实行计划经济体制,传统的政府收支分类虽然由简到繁、不断地修改完善,但总体框架基本没变,到了21世纪初期,仍然停留在计划经济体制下建设型财政管理体制的基础上,滞后于经济体制改革的步伐,也严重阻碍了公共财政的改革进程。我国传统政府收支分类存在的问题主要体现在以下几个方面(楼继伟,2006):

第一,不适应建立社会主义市场经济体制的要求。市场经济强调市场在资源配置中的基础性作用,进而要求政府转换职能,更加突出政府的公共管理和公共服务职能,而退出经营性、竞争性投资领域,从而使财政收支结构发生很大变化。但作为反映政府职能活动需要的预算收支科目,如基本建设支出、企业挖潜改造支出、科技三项费用、流动资金等仍然是按照过去政府代替市场配置资源的思路设计的。而且传统收支科目在设计上还存在"重公有、轻私有,重中央、轻地方"的现象,即对国有经济和属于中央的税收收入按所有制进行了细化,而对私有经济和属于地方税收收入的相关科目设置较粗糙。这样,既不能体现目前政府职能转变和公共财政的实际,也影响各方面对我国市场经济体制的认识。

第二,分类体系混乱,口径复杂且不够规范和统一。我国传统政府收支科目经历了不同历史时期、不同经济体制的发展过程,由于滞后于同期的其他改革措施,分类体系并不规范、合理。类、款、项科目有的按部门分类,有的按功能分类,有的按经济分类,内容存在交叉重复。财政部门内部各职能机构也是既有按资金性质设置的,也有按部门设置的,造成预算多头管理。对于编制预算的部门和单位来说,需要熟悉财政部门的多个职能机构,同时还要编制几个预算,增加了工作量,也加大了财政管理的难度。此外,这一问题也直接影响到利用财政收支分类数据进行相关政策效应评估、支持政府决策的有效性。

第三,覆盖不全面、分类不透明,没有发挥应有的作用。传统政府收支分类体系只反映财政预算内收支,不包括应纳入政府收支范围的预算外收支和社会保险基金收支等,不利于实现全口径、全覆盖的预算管理。此外,在政府收支分类体系中,支出分类是重点,反映了政府是怎样把取之于民的财政资金花出去的,是否进行了有效的、符合民意的支出。我国传统的政府支出科目是按经费性质进行分类的,不能集中、清晰地反映政府的各项职能活动。例如,各项支出划分为行政费、事业费、基建支出等,政府许多重要的支出(如农业、教育、医疗卫生等)都分散在这些按经费性质划分的科目中,同一职能的支出在多处反映,既不利于了解政府支出活动,也不利于依法实施财政预算监督,而且支出的经济分类本身也存在一定问题。例如,相比于国外的支出经济分类而言,涵盖范围很窄,只能较明细地反映行政事业经费中的人员支出和公用支出;很多需要细化到目级的支出,由于目级科目被经济分类占用而无法细化,只能在项级科目中粗略地反映,影响了政府支出分类的透明和明晰。

第四,和国际通行分类方法不相适应,难以保证数据的准确性和可比性。我国的国民经济核算体系和金融统计指标体系均按国际通行标准进行了调整,与之有密切关系的政府收支分类体系却迟迟未做相应改革,财政部门和统计部门每年都要做大量的口径调整和数据转换工作,但还是不能保证数据的完全对应,也不利于进行国际交流和比较。我国传统政府收支分类体系在收支涵盖范围和分类标准等方面与国外通行做法有较大区别,国内外财政统计口径不衔接、不可比的问题一直无法得到妥善解决。

7.2.3 接轨国际标准的收支分类改革(2007年至今)

针对传统政府收支分类出现的问题,我国于2007年全面实施了政府收支分类改革,按照市场经济体制和公共财政的要求,对政府收支科目进行了类别和层次的重新划分。收支分类改革的目标是"体系完善、反映全面、分类明细、口径可比、便于操作",改革的基本原则是"公开透明、符合国情、便于操作"(楼继伟,2006)。这次政府收支分类改革是中华人民共和国成立以来财政分类统计体系最为重大的一次调整,直接关系到政府预算的公开透明与政府职能的合理转换,对我国的财政预算制度改革产生了重要影响。

而在重新设计我国政府收支分类体系的操作过程中,认真研究和借鉴较为成熟的国际经验,与国际接轨,是非常重要的一条途径。实际上,2007年政府收支分类改革很大程度上就是参照了 GFSM 的相关做法。在借鉴国际通行标准和成熟经验的基础上,与本国实际相结合形成新的政府收支体系,不仅能够有效降低改革成本、保证改革成效,还有利于实现财政统计的国际可比性。

7.2.3.1 2007年政府收支分类改革内容

此次改革的主要内容是将政府收入和支出按国际通行做法进行了分类,新的政府收支分类体系由收入分类、支出功能分类、支出经济分类三部分构成,类级科目如表7-4所示。

收入方面,从分类范围上看,除按国际标准划分收入分类,还纳入了预算外收入和社会保险基金收入,扩大了收入范围。从分类方法上看,原有收入分类只是各种收入的简单罗列,如各项税收、行政事业性收费、罚没收入等,而新的收入分类则按照科学标准和国际通行做法将政府收入划分为税收收入、社会保险基金收入、非税收入、贷款回收本金收入、债务收入及转移性收入(6类),这为进一步加强收入管理和数据统计分析创造了有利条件。从分类结构上看,原有收入科目分类、款、项三级(如增值税—国内增值税—国有企业增值税),改革以后分设类、款、项、目四级(如税收收入—消费税—国内消费税—国有企业消费税),多了一个层次。其中类级科目6个、款级科目49个、项级科目354个、目级科目750个，四级科目逐级细化，以满足不同层次的管理需求（门淑莲、颜永刚，2008）。

表7-4 2007年政府收支类级科目列表

收入分类类级科目		支出功能分类类级科目		支出经济分类类级科目	
编码	名称	编码	名称	编码	名称
101	税收收入	201	一般公共服务	301	工资福利支出
102	社会保险基金收入	202	外交	302	商品和服务支出
103	非税收入	203	国防	303	对个人和家庭的补助
104	贷款回收本金收入	204	公共安全	304	对企事业单位的补贴
105	债务收入	205	教育	305	转移性支出
110	转移性收入	206	科学技术	306	赠与
		207	文化体育和传媒	307	债务利息支出
		208	社会保障和就业	308	债务还本支出
		209	社会保险基金支出	309	基本建设支出
		210	医疗卫生	310	其他资本性支出
		211	环境保护	311	贷款转贷及产权参股
		212	城乡社区事务	399	其他支出
		213	农林水事务		
		214	交通运输		
		215	工业商业金融等事务		
		216	其他支出		
		217	转移性支出		

资料来源：财政部，《2007年政府收支分类科目》。

支出方面，建立了新的政府支出功能分类和支出经济分类体系，对原有科目进行了完善和扩充。支出功能分类主要反映政府活动的不同功能和政策目标，并根据政府职能、单位特点和管理需要，按由大到小、由粗到细的分层原则，设置类、款、项三级科目，其中类级科目17个、款级科目172个、项级科目1 130个。类级科目反映政府主要职能，如一般公共服务、国防、教育等；款级科目反映政府履行某项职能所从事的主要活动，如教育类下的普通教育、特殊教育等；项级科目主要反映款级科目活动下的具体事项，如普通教育款下的小学教育、高等教育等。新的支出功能科目能够清楚地反映政府支出的内容和方向，从根本上解决社会各界所提出的政府支出预算"外行看不懂、内行说不清"的问题。

与政府支出功能分类相对应，新的支出经济分类体系全面、规范、明细地反映了政府各项支出的具体用途。按照简便、实用的原则，支出经济分类科目设类、款两级（如工资福利支出—基本工资），分别为12个类级科目和96个款级科目。类级科目具体包括工资福利支出、商品和服务支出、对个人和家庭的补助、对企事业单位的补贴、转移性支出、赠与、债务利息支出、债务还本支出、基本建设支出、其他资本性支出、贷款转贷及产权参股、其他支出。款级科目是对类级科目的细化,主要体现部门预算编制和单位财务管理等有关方面的具体要求,如资本性支出进一步细分为房屋建筑物购建、专用设备购置、大型修缮、土地资源开发等。全面、明细的支出经济分类是进行政府预算管理、部门财务管理及政府统计分析的重要手段。

这次意义重大的改革建立了较完整、规范的政府收支分类体系,完善了财政信息系统,新的分类体系与部门分类编码、基本支出预算、项目支出预算①相配合,对政府各项收支进行多种属性定位,能够说明政府资金的来源、功能去向与经济去向,为预算管理、统计分析、宏观决策和审计监督等提供了更为全面的政府收支信息(门淑莲和颜永刚,2008;岑国荣,2009)。

7.2.3.2 2007 年政府收支分类改革后的部分调整

2007 年政府收支分类改革后,逐步重视公共财政预算之外的政府收支分类及其统计工作。2010 年和 2012 年分别首次汇总了中央国有资本经营预算和地方国有资本经营预算并上报全国人大审议,2013 年财政部首次向全国人大报送社会保险基金预算。2014 年则发生了更为重大的变化,按照全口径预算管理的要求,初步建立了由公共财政预算、政府性基金预算、国有资本经营预算、社会保险基金预算四类预算组成的全口径政府预算体系(见表 7-5)。

表 7-5 2014 年全口径政府预算收支分类

预算	收入	支出
公共财政预算	税收收入、非税收入、债务收入、转移性收入	一般公共服务、外交、国防、公共安全、教育、科学技术、文化体育和传媒、社会保障和就业、医疗卫生、节能环保、城乡社区、农林水、交通运输、资源勘探电力信息等、商业服务业、金融、援助其他地区、国土海洋气象等、住房保障、粮油物资储备、预备费、国债还本付息、其他、转移性
政府性基金预算	非税收入、转移性收入	教育、科学技术、文化体育和传媒、社会保障和就业、节能环保、城乡社区、农林水、交通运输、资源勘探电力信息等、商业服务业、金融、其他、转移性
国有资本经营预算	非税收入	教育、科学技术、文化体育和传媒、社会保障和就业、节能环保、城乡社区、农林水、交通运输、资源勘探电力信息等、商业服务业、其他、转移性
社会保险基金预算	社会保险基金收入、转移性收入	社会保险基金支出、转移性支出

资料来源:财政部,《2014 年政府收支分类科目》。

---

① 项目支出分类科目设计有其特殊性,应进行具体说明,考虑到行文结构逻辑顺畅性及排版问题,将预算项目支出科目的编制与运用一部分作为附件展示于本章最后。

此后,政府每年都会针对部分内容进行调整。2015年,社会保险基金预算中,原新型农村社会养老保险基金收支、城镇居民养老保险基金收支合并为城乡居民基本医疗保险收支。2016年国有资本经营支出发生重大变化,按功能将支出划分为三个新的大类:社会保障和就业支出、国有资本经营预算支出、转移性支出。这标志着我国国有资本经营预算开始由弥补公共财政预算中的支出缺口,转变为重点弥补社保缺口以及进行自己的资本性支出。同年,将之前使用的公共财政预算更名为一般公共预算。2017年结合预算管理的实际需要,根据政策变化调整了相关科目,主要是完善了社会保险基金收支科目,例如根据最新修订的社会保险基金财务制度,增设了收入类及款级科目的利息收入、委托投资收益科目;根据新预算法的要求,社会保险基金支出按功能分类应当编列到项,因而在某些科目下细化设置了项级科目;调整了对社会保险基金的补助科目。另外还调整完善了经济分类科目及转移性收支科目。2018年,根据预算法和深化预算管理制度改革的需要,对支出经济分类进行了重大改革。改革后的支出经济分类包括政府预算支出经济分类和部门预算支出经济分类。两套科目之间保持对应关系,以便政府预算和部门预算相衔接。政府预算支出经济分类科目包括机关工资福利支出、机关商品和服务支出等15个类级科目。部门预算支出经济分类科目包括工资福利支出、商品和服务支出、对个人和家庭的补助等10个类级科目。

7.2.3.3 当前政府收支分类体系存在的问题

2007年进行的政府收支分类改革,是最重要、意义较为深远的一次调整。但是也要清楚地认识到,现行的政府收支分类体系并不完善,出于历史和现实的种种原因,还存在诸多问题。

(1) 收入分类方面。新的收入分类体系中,行政事业性收费收入的目级科目是根据中央已批准的收费项目设置的,地方审批的收费项目是否设科目中央不做统一规定。地方认为确有必要设立的,由地方财政与国库、主管部门协商一致后增设相应的目级科目。不设科目的,视收费性质分别在各部门其他缴入国库的行政事业性收费或其他缴入财政专户的行政事业性收费两个科目反映;罚没收入在一般罚没收入项下的其他一般罚没收入目级科目反映。但在年终填报决算时,地方自行设置的目级科目也要并入其他目级科目反映。这种分类方式一方面使各省地方间的收入在横向比较上缺乏统一的设置标准,造成省际横向比较的分散现象,给统计工作带来一些困难;另一方面也给一些地方部门的乱收费留下了可乘之机,将国家已明令取消的收费项目或规定已转为经营性收入的收费项目并入上述其他科目继续收取,更有甚者还巧立名目乱收费乱罚款,但这些问题较具有隐蔽性,不宜被察觉。因此,新的收入分类体系在运用法律法规政策控制乱收费行为方面尚需继续完善(梁晓花,2007)。

(2) 支出功能分类方面。第一，政府支出功能分类并未真正反映政府职能。政府预算支出功能分类要求每个科目都能够反映政府的某项职能，但我国 2007 年的预算支出功能分类不管是类级科目还是款、项级科目，都不能清晰地反映独立的政府职能。在设置政府收支分类科目时，更多的是考虑了财政部门和预算单位使用科目的便利性，而相对忽略了公开财政预算信息的需要。如不少类级科目不能独立地反映政府职能，往往需要几个科目合并起来，才能看清楚是属于哪项职能，或者一个科目反映了两级以上的政府职能。类级科目数量过多并且不能反映政府职能，后果和以前的预算支出分类一样，预算依然"看不懂"，没有实现进行政府预算支出功能分类的目的。

第二，科目设置相比国际规范仍有较大差距。我国 2007 年的政府收支分类改革主要参考了 GFSM(1986)和联合国的 COFOG，可以说大体实现了国际政府收支分类标准的对接和整合。然而正如前文所提，GFSM 体系根据国际社会经济发展状况不断更新了 GFSM(2001)和 GFSM(2014)两个版本，对 GFSM(1986)做出根本性的改变。以我国的现实国情，短期内还无法向国际政府财政统计的最新口径靠拢。在政府收支分类科目的总体规划和设置方面，还有较大的改进空间，也可以说还有长远的改革目标要实现。实际上，即使以 GFSM(1986)为标准，我国现行政府收支分类体系也是有差距的，具体表现为以下三个方面：一是形式相似、实质欠缺，收支分类改革只改变了资金的反映渠道和统计口径，并不涉及利益格局的调整，没有触及原来的资金分配格局、管理权限及实务流程，也可以说谨慎有余、步伐不足，对政府向服务型政府转型及预算管理方式的改进作用不是非常明显；二是科目设置还需进一步细化，如收入分类虽然设计到了目级，但是还有数量不少的政府收入没有纳入收入科目；三是支出功能分类的一些科目设置还混乱不清或未对相关科目间的界限解释清楚，易导致操作人员使用错误，如机关服务科目主要反映为本机关提供服务的机关后勤服务中心、医务室、职工培训中心、信息中心等各类附属事业单位的支出，而上述单位的医疗支出应列入医疗卫生类的有关科目，但有些单位所属医务室的医疗支出使用的是机关服务科目（陆丽萍，2012）。

第三，功能科目中其他支出占比偏高，支出用途细化程度不足。我国各级财政公开的预算与决算报表都以支出功能科目形式反映，同时支出功能科目也是财政资金从国库划拨的必备要素。比如 2018 年全国一般公共预算支出类、款、项三级功能分类科目合计近 2 000 个，以尽可能细化政府所有支出，但从近几年全国财政决算报告看，我国支出中不能说明具体用途的其他类支出始终呈现规模大、占比高的特点。自 2014 年按照全口径预算管理要求进行调整后，近五年来，全国一般公共预算支出表（按功能分类）中的类级科目其他支出一项的金额分别为 3 254.53

亿元、3 670.55 亿元、1 899.33 亿元、1 729.31 亿元、2 312.64 亿元,占一般公共预算支出的比例依次为 2.14％、2.09％、1.01％、0.85％、1.05％,总体上占比较低且呈下降趋势。不过,除了类级科目中的其他支出,各类级科目下款、项两级科目中也均有其他类支出,如果将三级类目下的其他支出进行加总,则占一般公共预算支出的比例均超过 25％。以 2018 年为例,一般公共预算支出中的款级其他类支出(如其他一般公共服务支出等)共计 16 330.37 亿元,项级其他类支出(如一般公共服务支出中人大事务下的其他人大事务支出)共计 36 709.32 亿元,将二者与类级科目其他支出加总后共计 55 352.34 亿元,占当年一般公共预算支出的比例为 25.06％,即有超四分之一的支出无法通过现有支出科目说明具体用途。

　　需要说明的是,基于本课题组成员对各级政府财政人员的实地访谈情况,发现导致其他类支出占比偏高的原因中,除了可能与科目设置本身有关,即其他支出科目包含了太多内容,细化程度不足,还有两个非常重要的外部因素:一是与国家频繁的政策变动,因为每年都有不同的政策出台或取消,难以(或没必要)对此类政策涉及的所有收支都单独列出,所以将其放入其他支出;二是相关工作人员的能力或责任心,即可能是因为相关工作人员能力有限,无法精准辨析哪些应放入其他支出科目,哪些不能,或因为相关人员主观责任心不足,为减少工作量及失误风险,将不清楚的支出项目直接放入其他支出科目,而没有认真考虑或咨询学习(刘晓嵘,2018)。

　　(3)支出经济分类方面。存在与支出功能分类中分类层级不够细化、科目表述或界限不够清晰等类似的问题。例如支出经济分类只有类、款两级,没有继续分至项、目,难以详细、清晰地体现支出去向;部分科目内容存在交叉、内涵界定不清的情况,如涉及工资福利待遇方面的工资福利支出、对个人和家庭补助在核算管理内容上存在重复之处,类级科目商品和服务支出涵盖的内容有些宽泛等(肖刚,2014;王凌智,2017)。除了科目设计的问题,还存在基层使用人员实际操作时使用科目不规范、串用科目的情况,之所以出现这样的错误,可能与操作人员自身能力或主观行为有关。前者主要是因能力不足而未能充分理解和辨析相关科目;后者则是为了平衡决算报表,不负责任地填报数字(陆丽萍,2012)。

　　(4)其他相关问题。除了认识和分析当前新的政府收支分类体系及具体科目本身存在的问题及原因,还应注意和解决与政府收支分类改革相关的其他重要问题,主要包括缺乏不同分类维度的交叉分析、新旧科目衔接不畅、其他相关统计核算制度调整滞后、相关人员学习培训欠缺等。具体而言,首先,我国政府支出分类虽然有功能分类和经济分类两个维度,但并没有据此形成明确的分类交叉表,更没有将部门分类纳入进来考虑三重交叉,这样就难以真正发挥政府收支分类改革在财政收支统计核算、经济分析、利于监督等方面的应有作用。其次,新旧科目衔接是政府收支分类改革的重点和难点，对新分类体系的推进以及保持统计数据时间纵向可比性等都有重要影响。为顺利实现新旧科目的平稳过渡，保证改革前后年度间预算、执行数据可比，财政部在编写《政府收支分类问题解答》的同时，专门制作了新旧科目对照表和相关报表数据转换对应关系表，但一些地区和部门仍会出现错误和不衔接问题，需加以重视解决（梅迎春，2010）。再次，政府收支分类体系与总预算会计制度、行政单位会计制度、事业单位会计制度、国库统计分析、财政审计等相关统计核算制度关系密切，而且政府收支分类往往是相关制度的重要基础。因此，为保证不同统计核算制度下的数据统计结果能够保持一致可比，需要在政府收支分类改革后对其他相关统计核算制度进行及时的调整完善，但从实际情况来看，这种调整完善往往具有一定的难度，且存在明显的滞后性，抑制了政府收支分类改革的总体成效（胡立平，2008；周长军，2016；曹阳，2008；岑国荣，2009）。最后，新的政府收支分类的有效推进落实，有赖于相关工作人员不断学习和更新知识内容，能够在充分理解掌握的基础上正确使用新的分类方法，但从本课题组的实地调研情况来看，部分基层相关工作人员对当前政府收支分类及其具体科目的理解存在偏差或困惑，且缺乏定期的、有效的培训或答疑，在实际统计数据时，有些指标存在随意或不合理填报的情况，不仅导致政府收支统计数据存在偏差，也大大影响了不同地方间数据的横向可比性。

主要参考文献

[1] 曹阳：《政府收支分类改革与事业单位预算管理适应性变更》，《财会月刊》2008 年第 15 期。

[2] 岑国荣：《政府收支分类改革对审计工作的影响和对策》，《经济研究参考》2009 年第 58 期。

[3] 陈明光：《中国财政史上何时建立"国家预算"》，《厦门大学学报（哲学社会科学版）》1995 年第 1 期。

[4] 付芳：《我国政府预算支出分类体系研究》，上海财经大学博士学位论文，2020。

[5] 胡立平：《财政与国库支出统计数据差异性分析：邵阳个案》，《经济研究参考》2008 年第 58 期。

[6] 黄天华：《中国财政制度史纲》，上海财经大学出版社 2012 年版。

[7] 梁晓花：《政府收支分类改革实践中的几点思考》，《山西财经大学学报（高等教育版）》2007 年第 S1 期。

[8] 刘晓嵘：《我国政府支出分类科目改革历程及管理优化》，《地方财政研究》2018 年第 11 期。

[9] 楼继伟：《确保政府收支分类改革顺利推进》，《中国财政》2006 年第 4 期。

[10] 陆丽萍：《政府收支分类改革在预算执行中存在问题及建议》，《中国财政》2012 年第 20 期。

[11] 马金华：《财政制度与社会经济发展——中国财政学会财政史专业委员会理论研讨会综述》，《中国经济史研究》2005 年第 4 期。

[12] 梅迎春:《我国国库集中收付制度改革研究》,财政部财科所博士学位论文,2010。
[13] 门淑莲、颜永刚:《政府收支分类改革及其对我国财政管理的长远影响》,《经济理论与经济管理》2008年第10期。
[14] 齐海鹏、孙文学:《中国财政史》(第四版),东北财经大学出版社2018年版。
[15] 王凌智:《完善政府支出经济分类科目设置的思考》,《预算管理与会计》2017年第12期。
[16] 肖刚:《加强支出经济分类科目管理 助力部门预算管理制度改革》,《中国财政》2014年第19期。
[17] 岩井茂树:《中国近代财政史研究》,社会科学文献出版社2011年版。
[18] 周长军:《国库与财政支出统计差异问题探究》,《财政科学》2016年第9期。

第8章 中国政府收支分类下一步改进方向

根据上一章的分析可以看出,虽然中国政府收支分类体系通过不断的改革调整进行完善,但目前仍存在不少问题亟待解决。同时,前文也多次强调,政府收支分类是财政预算制度乃至相关领域统计核算制度的基础性工具,其改革调整既有十分重要的基础性作用,又存在"牵一发而动全身"的连带效应。因此,在后续的改革调整中,一定要充分考虑到政府收支分类这种基础性、全局性的重要作用,严谨科学地确定改进方向和具体方案,既要推动政府收支分类体系不断改进完善,又要保证其具备基本的系统性和稳定性,避免在基本原则和目标不明确的情况下频繁调整收支分类。

本章将首先梳理政府收支分类改革的基本原则和思路,再针对当前中国政府收支分类中的重点问题提出一些有针对性的改进方案。由于本书后续部分会针对一般公共预算、政府性基金预算、国有资本经营预算和部门预算等具体问题展开详细讨论,为避免交叉重复,本部分将侧重对改进原则、方向和框架方面进行简要阐述,不对具体科目的设计与调整进行讨论。

8.1 改进政府收支分类的基本思路

8.1.1 遵循政府收支分类的基本原则

第5章即从一般分类视角、统计管理视角和财政治理视角三个方面,较为系统、全面地提出了构建政府收支分类体系的基本原则,适用于不同国际组织、国家或地区的政府收支分类设计。因此,中国政府收支分类的改进,也应将这套基本原则作为首要参照,通过比较现行政府收支分类与基本原则来查找不足,并据此明确改进方向,进而设计具体改进方案。这种做法能够使得问题的查找更根本、更全面,并具有较为稳定的参照标准,能够尽量避免随意、频繁甚至错误的调整改革。

上述三个视角的原则相辅相成,对政府收支分类的设计或改进具有不同侧重的指导。但是需要指出,一般分类视角和统计管理视角的相关原则具有较强的明确性和客观性,主要是为政府收支分类提供技术层面的标准,相对容易操作和实现。财政治理视角原则的以公共财政、政府治理等相关理论为基础,更能反映政府收支分类的根本目的和要求,另外两个视角相关原则的具体标准也应最终服务于财政治理视角的相关原则。特别是从我国强调财政在国家治理中的重要地位之后,财政治理视角的原则应用就更为重要。但是,与财政治理视角的重要性相对应的是其内涵的复杂性和抽象性,比如政府职能边界到底如何划定、怎样的分类才能最大限度地实现有效监督等问题并不容易回答。正如上一章所指出的,频繁出台或取消不同的政策措施,是导致功能支出分类中"其他类"支出占比偏高的一个重要原因,而政策变动背后反映的是我国对政府职能界定是否清晰。如果未能明确政府职能,没有思考清楚哪些事情应该(或不应该)由政府做,就必然导致政府行为与政策制定等方面的随意性和不合理性,也就难以从根本上解决由此带来的政府收支分类操作中的具体问题。

因此,在政府收支分类的基本原则中,财政治理视角的相关原则应该得到更多的重视和思考。

8.1.2 借鉴国外科学合理的分类做法

前面已经对一些国际组织和发达国家在政府收支分类方面的经验做法进行了介绍和分析,可以发现有很多方面值得我们学习并应用于中国的政府收支分类改进工作中。比如,GFSM(2014)十分重视对广义政府部门、政府职能等基本概念和内涵的研究说明;对政府收支分类科目的解释十分详尽,特别是专门针对一些容易混淆的科目进行区别界定;GFSM版本持续更新,基本是15年左右更新一次,而且每次更新都会清晰说明此次更新的基本原则,并详细说明新版本与之前历次版本间的具体差别与对应关系;等等。英美两国的政府收支分类体系也有很多方面值得借鉴,比如非常重视国际可比性,会详细说明本国政府收支分类与GFSM、联合国COFOG等相关财政统计核算和政府职能分类体系的具体差异及对应关系;支出分类维度较为全面,且十分重视不同分类标准间交叉表格的设计,比如英国按照部门、功能、经济性质、国家和地区四种分类标准划分支出,并对不同分类标准进行双重甚至三重交叉分析;善于利用先进的信息技术条件,将基于政府收支分类体系的财政收支统计数据及时、透明地同社会公众公布;等等。

国外比较成熟、标准的政府收支分类做法是经过很长时间的不断改革、修订而形成的,前文中的分析也表明,其改进过程基本上遵循本书提出的相关原则,较为科学合理。因此,借鉴国外成熟的政府收支分类体系,是我国改进现有收支分类体系的重要且相对便捷的途径。但是,从中国政府收支分类的改革实践来看,虽然自2000年前后开始,我国就开始重视和提倡与国际接轨来改进分类体系,但这种接轨或借鉴步伐仍较为滞后,需要在后续改进中不断调整。

8.1.3 结合中国实际国情及需求

不论是遵循基本原则还是借鉴国外经验,最终目的都是服务于我国的实际发展需求。基本原则具有较强的一般性但相对缺乏针对性,先进国际组织或发达国家的经验做法虽然较科学、成熟,但也会因实际国情的差异而使得某些做法无法直接适用于中国。例如,美国联邦制下的各级政府收支分类存在一定的差异,这种情况在美国正常且合理,在中国则应尽量避免,以保证各级政府以及同级政府不同地区间的财政数据横向可比。因此,对于基本原则和国外经验,一定要结合中国实际国情以及国家治理现代化的重要导向加以应用和借鉴。

8.2 现行政府收支分类的改进方案

当前我国政府收支分类体系主要包括"收入分类""支出功能分类"和"支出经济分类"。不管是从国际经验还是从我国实践来看,收入分类一般较为简明清晰,问题也相对较少。支出分类则是各国更加重视的方面,且分类维度和具体科目普遍较多,存在的问题和争论也更多。因此,本节重点针对我国目前的"支出功能分类"和"支出经济分类"提出初步的改进方案。

8.2.1 支出功能分类改进方案

从类级科目来看,目前该级科目数量较多,适当合并会使支出的职能更为突出,但大类合并不是重点,使职能独立、不相互交叉才更为重要。长远目标是大致按联合国 COFOG 的 10 项职能设置类级科目,短中期目标是分几步走,适当合并或拆分,或者单独设置,使类级科目逐渐反映独立功能。

款级和项级科目也都需要进行改革,总的方案是:要使政府职能清晰化,不能反映本项职能的应调出去,在其他科目中反映本项职能的需调入本科目,最终使款、项级科目能反映对应的类级科目职能。今后政府预算收支科目表里应有详细的科目说明以确定口径,不仅说清楚哪些活动计入本科目,还要说清楚哪些不包括在里面。在支出的细目中,发达国家按照惯例都要标上是集体消费还是个人消费,我国也可以参照这种方法,既能使预算管理更加科学,也便利了受益公众。

8.2.2 支出经济分类改进方案

在支出经济分类反面,总体改进方案是:应该在政府预算支出经济分类和部门经济分类相互独立、各有侧重、统分结合的经济分类体系基础上,完善经济分类科目并进行详细说明,加强某些重点项目的管理,强化监督,增强支出的透明度。具体可以从以下四方面开展工作(肖刚,2014):

(1)切实提高对支出经济分类科目重要性的认识。支出经济分类科目是政府收支分类科目体系的重要组成部分,是编制部门预算、单位会计核算和编制政府财务报告的基础。支出经济分类科目始终贯穿于部门预算管理的全过程,在部门预算管理制度改革过程中发挥着穿针引线的作用,各级预算管理部门要树立功科目和经济科目并重的观念,切实加强和规范支出经济分类科目的管理和使用。

（2）完善支出经济分类科目体系。首先是进一步细化科目说明,清晰划分科目之间的界限,明确课题研究经费、审计费等一些经常性支出应当使用的科目;接着是在满足财政管理需要的前提下对部分科目进行适当简化归并,取消专门为少数部门设置的科目,体现财政管理重点。最后是参照固定资产国标分类重新设置资本性支出科目。

（3）将部门预算全部细化到支出经济分类科目。在现有部分支出已按支出经济分类科目编制的基础上,将部门预算全部支出细化到经济科目,依据相关支出标准、数量和管理要求科学、合理地编制部门预算,强化预算约束,规范支出行为。

（4）完善支出标准制度,提高透明度。在"三公"经费、会议费、差旅费等相关经费管理已取得明显成效的基础上,认真总结经验,继续研究制定和完善其他科目经费管理办法,为全面实现支出有标准、预算有依据、执行有控制的部门预算管理目标提供制度基础。要加强内部监督,实现部门预算、单位会计核算、财务报告等有关系统的一体化闭环运行,减少科目使用的随意性,同时要加强对支出经济分类科目使用合规性的审计和外部监督。要顺应财政改革和社会发展需要,将部门预决算逐步公开到支出经济分类科目,为外部监督创造条件。

8.3 相关配套改进措施

政府收支分类作为财政管理工作的一种基础性的技术手段,其效应的发挥和目标的实现,与相关工作人员的实际使用情况、相关制度的衔接调整及运转情况,以及公共财政体制建设的顶层设计有关。

8.3.1 加强对相关工作人员的培训

政府收支分类体系的改进固然重要,但如果没有较高业务素质和业务水平的工作人员正确使用,也无法达到预期效果。因此,应采取有力措施,进一步加大对政府收支分类科目使用人员的培训力度,让相关人员真正吃透新科目内涵,正确使用新科目(陆丽萍,2012)。特别是某些地区或单位"重功能科目,轻经济科目"的问题比较普遍,建议财政部门组织专门的培训讲座,制定有针对性的管理办法。

8.3.2 及时开展相关制度的衔接工作

正如前文所说,国库统计、预算会计制度、行政(事业)单位会计制度等均与政府收支分类体系关系密切,当政府收支分类发生调整时,其他相关制度均应及时进行调整衔接。具体而言,可以通过建立国库与财政部门支出科目对账制度、建设财政信息一体化数据平台等方式实现这一目的。特别是在当前具备良好的信息技术条件下,可以通过财政信息一体化数据平台,实现总预算会计账务系统、国库集中支付系统、单位财务系统三者间无缝对接财政资金的收支结余数据,即单位的财政资金支出的经济分类与功能分类科目与总账系统、国库集中支付系统中的数据即时保持一致(广西财政厅课题组,2016)。

8.3.3 坚定公共财政体制建设的信心与决心

改进政府收支分类的重要目的在于要利于财政监督和公共财政体制建设,进而为实现财政的国家治理职能提供保证。刘小兵(2013)指出,政府收支分类改革的目标未能如期实现。表面上看是出于这样那样的原因在执行中出了问题,但本质上还是当初做顶层设计时没有考虑周全。发挥政府收支分类促进财政监管的效应,实现提高财政透明、防范财政风险和加强财政监督的改革目标,已不仅仅是政府收支分类本身的顶层设计,而是财政信息公开到什么程度、财政风险揭示到哪个水平、财政监督加强到何种地步的执行决心了。只有坚定了建设公共财政体制的决心与自信,政府收支分类改革的财政监督效应才能得到真正充分的发挥,政府收支分类改革的目标才能逐步得到实现。

主要参考文献

[1] 广西财政厅课题组:《广西按经济分类编制财政总决算的工作思考》,《经济研究参考》2016年第5期。

[2] 刘小兵:《政府收支分类改革的财政监督效应分析》,《财政监督》2013年第7期。

[3] 陆丽萍:《政府收支分类改革在预算执行中存在问题及建议》,《中国财政》2012年第20期。

[4] 肖刚:《加强支出经济分类科目管理 助力部门预算管理制度改革》,《中国财政》2014年第19期。

附录 A 预算项目支出科目的编制与运用

A.1 中国预算项目支出管理的现实需求

A.1.1 中国预算项目支出管理的改革背景

自 2000 年起,财政部根据国务院的指示,开始在中央本级改变传统的预算编制模式,推行独立部门预算编制,并将部门预算资金按照性质和用途分为基本支出和项目支出,分别采取不同的管理模式。预算项目支出管理改革就此拉开帷幕。2001 年,财政部发布实施《中央部门项目支出预算管理试行办法》,明确实行项目库滚动管理模式。2002 年,对《中央部门项目支出预算管理试行办法》进行修订,发布《中央本级项目支出预算管理办法(试行)》。同年,财政部发布《中央本级项目库管理规定(试行)》。2004 年,将《中央本级项目支出预算管理办法(试行)》和《中央本级项目库管理规定(试行)》合并为《中央本级项目支出预算管理办法(试行)》。2007 年,对项目支出预算管理办法进行了第三次修订,印发了《中央本级项目支出预算管理办法》。随着项目支出预算管理相关制度的颁布,项目支出预算管理体系也逐步建立起来。

在建立这一制度框架的基础上,开始针对重点领域进行攻关。2009 年,财政部制定《中央本级项目定额标准管理暂行办法》,正式提出编制项目定额标准,由财政部和中央部门分工负责,并对标准编制的依据、原则、方法、程序等给出了指导意见。同时,还制定了《中央本级项目支出定额标准体系建设实施方案》,提出了标准体系建设的基本目标和实施进度。标准体系建设预计到 2020 年完成,大致可分三个阶段:顶层设计和试点阶段(2009—2010 年)、全面推进阶段(2011—2015 年)和完善提高阶段(2016—2020 年)。2014 年,国务院印发《国务院关于深化预算管理制度改革的决定》,明确提出要加快推进项目支出定额标准体系建设,充分发挥支出标准在预算编制和管理中的基础支撑作用,进一步强化项目支出定额标准编制工作的重要意义。为贯彻落实新预算法和《国务院关于深化预算管理制度改革的决定》有关精神,2015 年财政部又出台了《关于加快推进中央本级项目支出定额标准体系建设的通知》,部署了项目支出定额标准编制的重点工作,并鼓励各部门采取政府购买服务的方式,将标准编制工作委托给行业协会、中介组织等专业机构。

A.1.2 目前的预算项目支出标准化建设现状

当前中央部门项目支出标准体系建设工作仍处于摸索阶段。作为财政主管部门,财政部率先制定过一些较为通用的项目支出定额标准,如《中央国家机关会议费管理办法》《中央国家机关和事业单位差旅费管理办法》《在华召开国际会议财务管理暂行规定》《临时出国人员费用开支标准和管理办法》等。各中央部门也从加强自身预算管理能力的目标出发,制定本部门内部使用的项目支出定额标准。如水利部实施的《水利工程维修养护定额标准》《水文业务经费定额标准》。中国气象局制定的综合性定额指标有150多项,涵盖经常性专项业务费支出的80%。其他中央部门也有类似的规定。

目前在实践中应用的标准主要有:中央国家机关会议费标准有关规定,中央国家机关和事业单位差旅费标准有关规定,临时出国人员费用开支标准有关规定,接待外宾费用开支标准有关规定,在华举办国际会议费用开支标准有关规定,出国实习培训人员费用开支标准有关规定,举办援外培训班费用开支标准有关规定,公务员奖励开支标准有关规定,普通本科高校、高等职业学校国家奖学金、励志奖学金、助学金管理有关规定,普通高中国家助学金管理有关规定,中央级普通高校捐赠收入财政配比资金管理有关规定,财政性投资评审费用及委托代理业务补助费付费管理有关规定;以及资产配置方面的标准,如党政机关办公用房建设标准有关规定、中央行政单位通用办公设备家具购置费预算标准有关规定,这两项主要针对行政机关在资产占用及使用方面进行规定。

项目支出中的通用支出(定额)标准建设取得的成绩相对较大,相当一部分的通用类支出已有标准可以参考。但对于部门的专业及专项业务,项目支出标准建设面临较大的困难和挑战,进展较为缓慢。目前,大部分中央部门还没有制定出相应的项目定额标准。一些试点的支出标准还不够科学和合理,覆盖面窄,远不能满足预算编制和项目审核需要。在地方层面,只有浙江等少数省级财政部门进行了改革尝试。

A.1.3 预算项目支出标准化体系建设的前提

项目支出标准化体系建设是预算项目支出管理改革的重点,而支出标准的前提又是如何构建预算项目支出科目体系,以真实、完整、准确地反映项目内容。

相对于项目支出,基本支出具有较为成熟的科目体系和支出标准。从已建成的标准来看,这些基本支出标准较为详细和明确,对项目中的每一项具体开支都做出了明确的界定,并充分考虑数量、金额、类型等多方面因素。这些标准对预算编制和预算执行起到了重要作用,目前的预算评审也参考这些标准。

但是,区别于基本支出,项目支出数量繁多、内容庞杂、形式多样,不同于基本支出内容相对较少、范围明确且具有较强的共性特征,项目支出大多属于部门专项业务,具有很强的多样化、专业化与个体性特征。极其丰富的项目内容,不仅使得支出标准的制定存在较大的难度,而且给项目支出的预算编制和预算审核带来极大的不便。如果采用"项目"本位的支出科目和支出标准,那么预算编制、预算审核和项目评估将会耗费大量的人力、物力和时间,难以适应大规模的预算评审任务。这一方式只适宜在少量的项目抽查评审中使用。

为了推动预算项目支出标准化建设和预算项目支出绩效管理改革,一个前提要求是构建一套科学、合理的预算项目分类体系,以此为基础建立相应的预算项目支出科目体系。合理的预算项目分类体系不仅有助于明确标准编制的任务目标,推动标准编制的进程,还可以防止重复标准编制,减少标准编制的工作任务量——不同部门的项目虽然差别较大,但从基本属性和性质角度来看具有相似性。对性质相似的项目,可以合理归类、合并编制,也可以避免各部门重复编制。此外,通过将同一类别的项目进行比较,也可以极大地推动支出标准的确定。使用类比法作为标准编制方法,通过项目分类,将具有相似活动内容和支出要素属性的同一类别项目进行可比性分析,能更加准确地确定支出标准并实施绩效管理。

目前,由于缺乏合理的预算项目分类体系,直接导致支出标准编制的具体目标尚不明确。财政部出台的制度和实施方案中并没有明确指出需编制哪些标准,也不可能将标准编制工作在各个部门中明确分工,导致现有的标准编制主要根据实践经验,总结出一些较为相似的标准类型(如会议标准、培训标准、信息化运行标准),但在标准编制方面缺乏系统的安排和统一的依据。

A.2 预算项目支出科目编制与运用的理论框架

A.2.1 预算项目支出科目体系的设计原则

在预算项目分类体系的要求下,对预算项目支出科目进行编制,其目的在于能够按照可比原则,真实、可靠、完整、准确地反映项目内容。预算项目支出科目体系的设计原则包括以下四个方面:

第一,费用要素的明晰化。为确保预算项目支出标准体系的功能,使得财政部门能够真正发挥成本控制、政策评估、风险防控与绩效管理的作用,预算项目支出标准体系需要做到费用要素的统一,即不同行业、不同部门、不同地区所实行的预算项目支出能够按照一个要素统一的框架展开,从而为建立科学、准确的预算项目支出标准体系提供相应的前提与依据。

第二,政府活动的标准化。预算项目支出标准体系中,应当能够对不同行业、不同部门、不同地区的政府活动加以准确反映。这就要求不能局限于政府预算支出的功能分类框架,而要从政府活动所涉及的共性内容入手,能够凝练与把握具有共性特征的政府活动,进而从政府活动与费用要素二维角度入手,细分与挖掘应该标准化的预算项目支出内容,为精细化、科学化的预算管理提供进一步的依据。

第三,标准要素的科学化。应当认识到,预算项目支出标准体系并不是为了"一刀切",也不是为了取代市场机制,而是在遵循市场经济规律的前提下,给政府部门预算支出提供一个"闸门",从而更好地发挥财政部门的功能。因此,在标准要素的识别与选取上,应当准确考虑不同项目支出的专业特征、供需状况、资产特性、商品与服务供给的市场化程度以及不同项目的成本和需求差异因素,通过科学规范的统计研究方法和技术路线,准确甄别造成不同部门支出标准存在差异的客观因素,从而为建立科学的预算支出标准要素提供坚实基础。

第四,标准管理的制度化。建立科学的项目支出标准体系,并不只是财政部门独自承担的重任。应当意识到预算标准支出体系的建设,是财政部门与行业主管部门进一步加深良性互动和协同治理的一个契机。在制定项目支出标准体系中,通过支出标准项目库建设,实现标准管理的大数据分析;通过绩效问卷、绩效说明等预算信息集成制度建设,加深部门协同与合作;通过支出标准公示制度,引入外部监督约束与社会参与;等等。总而言之,预算支出标准体系建设有望成为提升财政预算管理成效和发挥财政治理能力的有力途径。

A.2.2 预算项目支出科目框架

统筹考虑现有的预算收支分类(经济性质分类和功能分类)的特点,按照预算项目支出所涉及的项目支出要素(如人员、商品与资产、服务、转移)与项目支出所反映的政府活动内容(管理与运行/运营、建设与开发等)二分式框架,将预算项目支出予以细化,如表 A-1 所示。①

---

① 本部分内容引自上海财经大学公共经济与管理学院与财政部预算评审中心的合作研究课题——预算项目支出标准体系建设。

表 A-1 预算项目支出科目体系框架(交叉表)

项目支出要素归类 (项目支出经济性质) 项目活动内容归类	购买性支出			转移性支出	
	人员经费	商品与资产	服务	资金	商品或服务
1. 会议、培训类活动					
2. 宣传、交流类活动					
3. 工作调查、调研、规划类活动					
4. 信息化运行维护类活动					
5. 执法办案类活动					
6. 大宗印刷类活动					
7. 房屋建筑物租赁使用活动					
8. 其他经常性活动					
9. 房屋建筑物购建活动					
10. 公共基础设施购建活动					
11. 信息网络购建类活动					
12. 修缮类活动					
13. 设备购置类活动					
14. 土地征收活动					
15. 土地开发活动					
16. 其他资本性活动					

上述交叉表的行表示按照经济性质分类的支出内容和支出科目,反映了项目支出要素分类体系。对应于每一类政府活动,列表示的支出要素分类确立了相应的支出方式和支出类型。例如,购买性支出大类中的人员经费支出包括与项目相关的咨询费、劳务费、津贴补贴、奖励金、社会保障缴费、退休金、伙食及伙食补助费及其他。

购买性支出大类中的商品购置与使用支出包括日常办公用品、水、电、燃料、专用设备、专用设施、储备物资、房屋建筑物、交通工具以及其他商品与资产的购买、租赁支出。

购买性支出大类中的服务购买支出则包括计划与协调服务、预算管理服务、物业管理服务、通信服务、交通服务、生产、建造、采购、销售、修理修配、加工等专业技术服务、生活服务、财务服务、市场推广与营销服务、公共管理服务、会计与审计服务、法律服务、计算机服务、无形资产服务及其他。

转移性支出包括企业政策性补贴、事业单位补贴、政府间转移支付、居民家庭补助、财政贴息、赠与及其他。

交叉表的行是按照特定的政府活动内容进行归类的科目体系。一级科目包

括活动类型1—8,涵盖项目管理与运行/运营大类和项目建设与开发大类,其具体内涵如下:

会议、培训类活动:与本项目相关的会议培训类活动,包括行政事业单位、社会组织与团体为履行职责,或受托召开的与项目支出相关的各类型会议。根据党章、法律法规和其他有关规定定期召开的会议,以及组织本单位以外人员的培训活动。

宣传、交流类活动:与项目相关的宣传、交流项目活动。

工作调查、调研、规划类活动:与本项目相关的工作调查、调研、规划、研究活动。

信息化运行维护类活动:与项目相关的、为保证行政事业单位计算机网络和业务信息化系统的正常运行和信息安全,按有关规定用于硬件设备维护、软件维护和数据更新等方面的技术服务、专用通信网络服务、零配件费用支出活动。

执法办案类活动:政法部门和具有执法依据的专设执法机构,为履行职能和项目需要,在基本支出范围外支出的执法服装费、准备费、罚没物品的仓储物品保管和销毁费用,以及举报奖励等支出活动。

大宗印刷类活动:与本项目相关的、为履行特定职能而发生的图书、杂志、资料等印刷、制作支出,以及因特定工作任务而发生的印刷、制作活动。

房屋建筑物租赁使用活动:行政事业单位按有关规定承租宿舍、办公业务场所的使用活动。

其他经常性活动:其他与项目相关的经常性活动。

而活动类型9—16可归结为项目建设、开发活动大类,所涉及的活动和内容如下:

房屋建筑物购建活动:与项目相关的、按照基本建设制度规定允许用于购买、自行建造办公业务用房、仓库、职工生活用房、教学科研用房、学生宿舍、食堂等建筑物(含附属设施、电梯、通信线路、水气管道)的支出等活动。

公共基础设施购建活动:与项目相关的、提供给社会公众使用或享用的公共设施或装备,包括教育、医疗卫生、文化娱乐、交通、体育、社会福利与保障、行政管理与社区服务、邮政电信和商业金融服务等项目的支出活动。

信息网络购建类活动:与项目相关的、行政事业单位按照有关规定运用于电子政务工程、信息化网络新建与新增等项目的支出活动。

修缮类活动:按照财务会计制度和国家有关规定允许资本化的各类设备、建筑物、公共基础设施等各类型修缮的支出活动。

设备购置类活动:与项目相关的、行政事业单位按照有关规定允许为特定行政工作和事业发展目标或开发所发生的交通工具购置、办公设备购置、专用设备购置及储备物资购置项目的支出等活动。

土地征收活动:与项目相关的、按照有关规定为完成特定行政工作和事业发展目标发生的土地补偿、安置补助、地上附着物和青苗补偿、拆迁补偿等支出的活动。

土地开发活动:与项目相关的、按照有关规定为完成特定行政工作和事业发展目标而发生的、使其具备或部分具备给水、排水、通电、通路、通信、通暖气、通天然气或煤气以及达到场地平整要求的开发支出活动。

其他资本性活动:与项目相关的、按照有关规定为完成特定行政工作和事业发展目标发生的产权参股、贷款转贷、利息等支出活动。

可以看出,上述分类仅仅是一个框架,为了明确预算项目支出内容,需针对具体的政府活动展开分析,进一步明确究竟是一级活动,还是细分的某些特定类型的二级乃至三级活动。由此导致的问题是,预算项目支出中,按照政府活动区分的项目分类体系应该包括几个层次? 或者说,应该具体到几级科目? 理论上,科目的设置需要考虑不同的层次,科目越是明细,越能反映具体支出内涵及相应的支出标准,并充分考虑支出的个性化特征;越是综合,越能反映每一项目的平均支出水平,可以方便快捷地确定某一项目的合理支出额度,适用于大规模、快速高效的项目审核。总量控制也有利于项目实施过程的适度调整,避免预算管得太严太死而影响支出效果。但是,过于宽泛的分类设置和过度综合的科目和支出标准设置,也可能会失去成本审查和绩效管理的参考价值。因此,应当在对政府活动进行理论分类的基础上,结合部门之间的信息反馈与实地调研,特别是基于项目支出数据库的统计分析进行寻优并动态调整,才能确立二维项目支出科目体系的具体架构。

不难看出,对于任何一个项目,如果能够通过按上述支出科目体系构建的预算文书加以反映,就会使得浩如烟海的项目支出由表及里、以一种通用的财政"语言"描述各自的项目。这不仅能够对项目支出的标准进行审查,还能够对项目的支出内容进行更为全面、深入的评价,进而为相应的支出标准体系建设奠定前提依据,同时也构成项目审核、成本分析、风险评估和绩效管理的技术前提。

A.2.3 基于预算项目支出科目体系的支出标准化要素与方法

在上述项目支出科目体系的基础上,对照我国预算项目支出标准化体系的要求,可以使用可比性分析思路与方法构建相应的支出标准体系。

可比性分析的核心是:在信息不充分、不对称的情形下,对不同项目支出按照交易类型、交易资产或劳务的特性、合同条款及经济环境上的差异进行比较分析,对不同项目支出方案展开评估,以达到成本审查、支出控制、绩效管理与风险防控的功能。

例如，由两个不同职能机构提交且内容迥异的预算支出项目，但是均涉及某一商品或有形资产的购置。那么，购置的这一商品或有形资产是否可作为标准化的对象？在考虑其对应的标准化要素时，应考虑的要素包括：第一，购买过程，包括交易的时间与地点、交货条件、交货手续、支付条件、交易数量、售后服务的时间和地点等；第二，购买方式，包括批发环节购买、零售环节购买、集中或分散购买等；第三，购买商品，包括品名、品牌、规格、型号、性能、结构、外形、包装等；第四，购买环境，包括功能需求、消费者偏好，以及财政、税收和外汇政策等。

如果项目涉及使用某项商品与有形资产，那么针对这一标准化对象可考虑的标准化要素包括：第一，资产的性能、规格、型号、结构、类型和折旧方法；第二，商品使用的时间、期限、地点，第三，资产所有者对资产的投资支出、维修费用等；第四，资产的受益情况，包括受益人数和影响范围。

如果支出标准涉及的对象是一项特定的无形资产的购置和使用，那么考虑的标准化要素包括无形资产的类别、用途、适用行业、预期收益、开发投资、转让条件、独占程度、受有关国家法律保护的程度及期限、受让成本和费用、功能风险情况、可替代性等。

如果项目涉及的是劳务提供、服务购买与供给，那么考虑的标准化要素包括业务性质、技术要求、专业水准、承担责任、付款条件和方式、直接和间接成本、受益范围和程度、有效性等。

如果涉及的标准化对象涉及资本性支出，那么考虑的项目支出标准化要素包括融资金额、币种、期限、担保、融资人资信、还款方式、计息方法等。

A.3 预算项目支出科目编制与运用的制度建设

A.3.1 支出标准项目库建设

预算项目支出标准体系是建立在对项目进行程序化、动态化和大数据分析的基础之上的。科学的支出项目库作为不可或缺的数据库系统，具有明细的项目库管理规章制度、细致深入的项目数据资料、高水平的计算机应用软件和信息平台，从而为可比性分析提供了坚实依据。

因此，可以由预算主管部门建立基于二维项目支出科目编制的制式文书，将其作为提交部门预算和项目申报材料的附带材料和基础文档。这不仅是构成项目支出的依据，同时随时间积累形成具有标准格式和统一架构的项目库，能够为二维预算项目支出科目体系的具体设计、标准化要素、标准化方法以及支出标准的建立与运用提供越来越充分的前提，最终将会"反哺"预算管理，成为科学高效的项目审核、成本分析、风险评估和绩效管理的重要平台与载体。

A.3.2 预算项目支出信息集成

项目支出信息集成既是为了保障与发挥财政部门的预算管理权限和绩效管理职责,又能够充分发挥与调动其他部门的专业优势和信息优势。

一方面,在要求提供以二维项目预算支出科目体系为基础的项目预算书、实施支出标准审查的同时,财政部门通过绩效问卷的形式向其他部门明确公共资金的投入、使用、产出与效果,实现从单纯的成本控制型预算管理向绩效导向的预算管理转型。另一方面,建立围绕项目支出的绩效指导制度,以充分发挥财政部门绩效管理的职责和功效。预算部门通过发布绩效指导文书,向各职能部门提出与项目相关的绩效管理的基本框架和要求,以顺畅的信息反馈和部门互动信息公开等为制度保证,明确任务和结果,从而为建立绩效指标体系和实现绩效预算管理奠定基础。

A.3.3 围绕项目支出的预算协调

预算协调作为一项基本的预算环节,不同于预算规划或预算准备,是一个更加一体化、以解决共性矛盾为目的的进程。实践中,它以整体目标和预算总额为重点。具体问题的分析与讨论是在一个更加注重矛盾权衡及更加关注共性问题的框架下展开的,而不像预算规划或预算准备那样更多地体现各个预算部门的显著特征。

围绕项目支出科目和标准展开预算协调,可以有效地增进财政部门与行业主管部门之间的沟通与协调,提高预算效率。其目标在于项目化管理中实现财政部门与其他主管部门之间的良性互动与合作,向"授权与课责相统一"的赋权型预算管理模式转型。

A.3.4 项目支出科目与支出标准公示

通过预算项目支出科目体系与支出标准的公示,不仅能够有效地引入外部监督,同时能够发挥对其他部门和下级政府的引领与导向作用。从深层次来看,预算公开这颗种子,在法治的土壤里强劲地萌发,将会引发公众和社会参与政府治理的浪潮,推动形成利益相关主体共同治理的财政民主化进程,最终实现利益相关主体的责任分担与利益共享。

主要参考文献

财政部预算评审中心:《预算项目支出标准研究与实践》,中国财经出版传媒集团 2017 年版。

第三篇
一般公共预（决）算[*]

---

[*] 本篇由付芳副教授（广东外语外贸大学经贸学院）和王超（上海财经大学、浙江财经大学东方学院）共同完成。

一般公共预（决）算，是指将以税收为主体的财政收入，安排用于保障和改善民生、推动经济社会发展、维护国家安全、维持国家机构正常运转等方面的收支预（决）算。它是对按照法定程序编制的全面反映各级政府年度预算收支计划及执行结果的综合报告。现行的一般公共预（决）算分别按收入分类、支出功能分类和支出经济分类反映政府一般公共收支全貌。一般公共预（决）算在全口径政府预算体系中居于核心地位，改革和完善其收支分类，对于保障政府预算的顺利编制和执行、提高财政预算管理的透明度、加强社会对政府经济活动的监督、引导其他三类预算科学规范地设置收支分类等，具有格外重要的意义。

第9章 政府收入分类

9.1 一般公共预(决)算收支分类的改革历程

目前的一般公共预(决)算收支分类是1997年后,为了区别于首次单独列入国家预算收支科目的"基金预算收支科目",由原来的预算收支科目改名而来,在这之前,我国财政预算内收支只有一套科目。本篇所研究的一般公共预(决)算收支分类,是指财政部制定的1997年前的国家预算收支科目及目前政府预算体系中的"一般公共预算收支科目","政府性基金预算科目""国有资本经营预算收支科目"和"社会保险基金预算收支科目"不在研究范围内。

表 9-1 历年政府预算收支科目的名称及组成部分

年份	名称	组成部分
1952—1953	各级财政岁入岁出统一预算科目	岁入之部 岁出之部 岁出之部目的统一规定及说明
1954—1955	各级财政统一预算科目	国家总预算汇编科目 中央财政收支预算科目 地方财政收支预算科目
1956	各级财政收支预算科目	各级财政收入预算科目 各级财政支出预算款项科目 支出各目的统一规定
1958—1996	国家预算收支科目	国家预算收入科目 国家预算支出科目 国家预算支出目级科目
1997	国家预算收支科目	一般预算收支科目 基金预算收支科目 国家预算支出目级科目
1998—2006	政府预算收支科目	一般预算收支科目 基金预算收支科目 债务预算收支科目

(续表)

年份	名称	组成部分
2007—2008	政府收支分类科目	收入分类科目 支出功能分类科目 支出经济分类科目 (附录:一般预算收支科目 　　　基金预算收支科目 　　　债务预算收支科目)
2009—2010	政府收支分类科目	收入分类科目 支出功能分类科目 支出经济分类科目 (附录:一般预算收支科目 　　　基金预算收支科目 　　　债务预算收支科目 　　　国有资本经营预算收支科目)
2011	政府收支分类科目	收入分类科目 支出功能分类科目 支出经济分类科目 (附录:一般预算收支科目 　　　政府性基金预算收支科目 　　　债务预算收支科目 　　　国有资本经营预算收支科目)
2013—2014	政府收支分类科目	收入分类科目 支出功能分类科目 支出经济分类科目 (附录:公共财政预算收支科目 　　　政府性基金预算收支科目 　　　债务预算收支科目 　　　国有资本经营预算收支科目)
2014—2015	政府收支分类科目	公共财政预算收支科目 政府性基金预算收支科目 国有资本经营预算收支科目 社会保险基金预算收支科目 支出经济分类科目
2016年至今	政府收支分类科目	一般公共预算收支科目 政府性基金预算收支科目 国有资本经营预算收支科目 社会保险基金预算收支科目 支出经济分类科目

资料来源:根据1952—2020年财政部制定的政府预算收支科目整理。

中华人民共和国成立70年以来,我国政府预算收支科目的名称及组成部分经过了多次变更。中华人民共和国成立后,政府预算收支延续了成立前的名称及内容,如1952年度的《各级财政岁入岁出统一预算科目》,财政收入预算科目称为"岁入之部",财政支出预算科目称为"岁出之部",还包括了岁出目级科目的规定和说明。1954年更名为《各级财政统一预算科目》,内容主要包括财政收入和支出预算科目。1958年预算收支科目的名称变更为《国家预算收支科目》,包括国家预算收入、预算支出科目及预算支出目级科目,之后的几十年都没有变化。1997年根据预算管理的需要,将一些预算外收支科目归入预算内管理,政府预算收支科目自此开始包括基金预算收支科目。1998年之后《国家预算收支科目》更名为《政府预算收支科目》,包括一般预算收支科目、基金预算收支科目和债务预算收支科目等三部分。2007年实施了政府收支分类改革,《政府预算收支科目》改为《政府收支分类科目》,具体包括收入分类科目、支出功能分类科目和支出经济分类科目,附录包括一般预算收支科目、基金预算收支科目和债务预算收支科目。2009年,国有资本经营预算收支科目也列入了附录中。2014年按全口径预算管理的要求,收支科目分为公共预算、政府性基金预算、国有资本经营预算和社会保险基金预算四类预算科目。2016年开始,"公共财政预算收支科目"改为"一般公共预算收支科目"。

从政府预算收支科目的变迁可以看出,我国政府预算收支科目的改革过程完全跟随预算管理制度的改革,而政府预算管理制度体现了国家财政和经济的重要发展方向,同时依据外在环境与内在改革的要求而不断发展变化。按照《国家预算管制》和《预算法》的要求,1997年开始,一般预算收支有了独立的科目体系。发展至今,我国已经建立起以一般公共预算收支科目为核心,以政府性基金预算收支科目、国有资本经营预算收支科目、社会保险基金预算收支科目为辅的全口径预算收支科目体系。政府预算收支科目今后改革的方向,是更好地适应社会主义市场经济,继续服务于预算管理和实务工作,推动预算制度不断向现代预算制度迈进。

接下来将对政府预算体系中的"一般公共预算"收支科目进行深入探讨,分为收入分类、支出功能分类和支出经济分类三部分,这里的"一般公共预算"收支科目是指政府预算收支科目内的科目,在全口径政府预算体系中仅指"一般公共预算收支科目"。

9.2 我国政府收入分类的现状和问题

9.2.1 我国政府收入分类的改革历程

我国政府收入分类的改革历程分为四个阶段:

(1) 利税并存,以利为主阶段(1949—1980年)。中华人民共和国成立后,财政收入主要是公粮和城市税收,还有中央和地方所经营的企业应上缴的利润及折旧金。随着国民经济的恢复,我国开始了有计划的社会主义建设和改造。1952年年底,中共中央提出了过渡时期的总路线,第一个五年计划由此产生。通过开展土地改革、农业合作化、全行业公私合营、定息制度等运动或措施,农业生产和企业生产完成改造,转而服务于社会主义建设。

这个阶段的收入分类按收入来源的经济性质,基本上分为税收类收入、企业类收入、公债收入、其他收入、调拨收入等类级科目。中华人民共和国成立初期,财政收入的主要来源是农业部门。随着工业化程度的不断提高,国营企业在国家财政收入中所占比例不断提高,地位越来越重要。1959年之后,企业类收入成为最主要的收入分类,包括国营企业上缴利润和折旧基金,以及各部门事业收入等。直到1986年,经过两步利改税改革后,工商税收类收入才重新回到收入第一大类的位置。

几个收入大类内容在这个时期比较稳定。企业类收入的调整,主要是由于项级科目是按主管部门设置,国务院管理机构一有调整,相关科目就会随之发生变动。税收类收入的类级和款级科目随着不同时期税制的不同而变化,稍微大一些的调整是1971年的收入科目,在大环境的影响下力求简化,企业类收入和税收类收入的款级科目都进行合并,科目数量大为减少。1976年后预算收入的款级科目逐渐恢复到应有的数量,但是收入的基本分类没有大的变化。

(2) 适应改革开放需要阶段(1981—1993年)。改革开放后,国营企业改革成为经济体制改革的中心环节和难点,改革企业收入分配和税收制度,是改革国家和企业财政分配关系的核心。国营企业相继进行了企业基金、利润留成、利润包干、利改税、经营承包责任制、股份责任制等改革,国营企业的利润留存比例不断提高,强化了企业的自主经营权。1988年开始试点的"税利分流",也为1994年工商税制的全面改革奠定了基础。为了适应新形势的需要,国家对税收制度进行了较大幅度的改革和完善,利改税既是企业收入分配制度改革,也是税收制度改革。经过这个阶段的税制改革,税收的国库功能和经济调节功能受到了重视,初步建立了一套以流转税、所得税为主,其他税相结合的多税种、多环节、多层次的复合税收体系。使得财政收入有了规范、稳定的收入来源。另外,1981年开始发行国债,债务收入逐步成为重要的收入来源。税收科目的变动在这段时期比较频繁,主要是增加了一些税种,类级科目和款级科目都有较大变化,1993年的税种达到了37种。

对企业的放权让利理顺和规范了国家和国营企业的利润分配关系,并且以法律的形式将国家与企业的分配关系固定下来,扩大了企业自主权,增强了企业活力,使税收入成为国家财政收入的主要来源。

(3) 建立和完善市场经济体制阶段(1994—2006年)财政体制在1994年进行了具有里程碑意义的"分税制"改革,即以事权为基础划分中央与地方政府间的财政支出,按税种的归属来明确中央与地方政府间财政收入的范围,同时以转移支付制度为辅助。这是一次全面的工商税制改革,实行了以增值税为主体,消费税、营业税并行,内外统一的流转税制,企业所得税、个人所得税、资源税、土地增值税、车船税、证券交易税等都在改革的范围里,之后根据经济社会发展需要及税制运行中出现的问题,陆续对一些税收制度进行了必要的调整和完善。1998年,考虑到国有企业改革的需要,税收收入科目在满足财政体制和国库管理分类需要的基础上,再按所有制性质做明细分类。在这之后,各个税种都单独设置了类级科目。

其他收入方面,从1994年起,原"国营企业"都改为"国有企业",相关类级科目因而改为"国有企业上缴利润类""国有企业计划亏损补贴类",款级科目的名称也相应更改。从1996年开始,我国开始全面治理整顿收费项目,推进税费制度改革,将公共收费逐步纳入政府非税收入管理,"收支两条线"成为基本的管理模式。

(4) 完善公共预算制度阶段(2007年至今)。2007年政府收支分类改革的内容之一就是对政府收入进行了较为规范的分类。考虑我国政府收入的构成情况,结合国际通行的分类方法,将政府收入分为类、款、项、目四级。由上年32个类级科目,减少为6个类级科目、48个款级科目。类级科目分别为税收收入、社会保险基金收入、非税收入、贷款转贷回收本金收入、债务收入及转移性收入。由于政府收支科目改革的重点逐渐转向支出科目,政府收入分类相对比较稳定,只有一些小的调整。即使2014年实行了全口径政府预算体系,原有的收入分类科目也没有受到太大影响,基本全部转入公共财政预算收入科目,只是将属于其他三类预算的科目调入对应收入分类中。

在这之后,政府收入分类的体系大致不变,仅个别科目根据财税体制改革和政策的需要进行了调整。比如2008年新增了"税收收入"类下的"烟叶税"款级科目,2009年取消了"非税收入"类下的"彩票资金收入"款级科目,2014年删除了"税收收入"类下的"固定资产投资方向调节税",2016年在"非税收入"类下增设了"捐赠收入"款级科目,2017年在"非税收入"类下增设了"政府住房基金收入"款级科目,2019年在"税收收入"类下增设了"环境保护税"款级科目,等等。

总而言之,政府收入分类改革紧跟着税费改革和国有企业改革,经过这些年的改革和完善,基本理顺了税收收入与非税收入的关系。一方面能够发挥税收收入调节经济的作用;另一方面通过清理整顿收费和基金项目,抑制了非税收入的扩张,形成了以税收收入为主、非税收入为辅的收入格局。

9.2.1.1 税收收入

税收收入是指政府按照预定标准,向经济组织和居民无偿地征收实物或货币所取得的一种财政收入。税收收入是政府收入的重要来源。我国的税收收入科目改革大致分为五个阶段。

(1)第一阶段,中华人民共和国税收制度建立阶段(1949—1958年)。中华人民共和国成立之后,为了保证国家财政收入、全面恢复国民经济,立即着手整顿改造旧税制,统一和建设新税制。当时税收是指农业税以外的一切税收,农业税仍习惯性地称为"公粮"。

中华人民共和国成立初期,预算收入科目按照收入种类及性质,分款、项、目进行编制。以1952年为例,第一款至第十一款为税收类,其中第一款至第六款为比例调剂收入,第七款至第九款为中央税收入,第十款为地方税收入。1954年和1955年依据财政体制及财政收支系统,分为中央财政收支预算科目和地方财政收支预算科目,1956年后又合并为一套。社会主义改造时期,在清理旧税制的基础上,我国建立了一套以多种税、多次征为特征的复合税制(见表9-2)。

表 9-2 中华人民共和国税收制度建立阶段的税收收入科目

年份	类	款级科目
1950	税收类	公粮、工商业税、货物税、印花税、屠宰税、关税、盐税等
1951	税收类	农业税、工商业税、货物税、印花税、关税、盐税等
1952	税收类	农业税、货物税收入、工商营业税收入、工商所得税、印花税收入、利息所得税收入、关税收入、盐税收入、统销税收入、地方税收入
1954—1955	各项税收类	(中央)商品流通税收入、货物税收入、工商业营业税收入、工商业所得税收入、盐税收入、关税收入、农业税收入、牧业税收入 (地方)印花税收入、利息所得税收入、屠宰税收入、牲畜交易税收入、城市房地产税收入、文化娱乐税收入、车船使用牌照税收入、农业税收入、牧业税收入、契税收入、工商业营业税收入、工商业所得税收入、货物税收入、商品流通税收入
1956—1958	各项税收类	商品流通税、货物税、工商业营业税、工商业所得税、印花税、利息所得税、屠宰税、牲畜交易税、城市房地产税、文化娱乐税、车船使用牌照税、盐税、关税、农业税和牧业税

资料来源:根据1952年各级财政岁入岁出统一预算科目、1954年各级财政统一预算科目、1956年各级财政收支预算科目、1958年国家预算收支科目整理。

(2)第二阶段,简化税制阶段(1959—1980年)。1958年我国实施了大规模的税制改革,主要内容是简化税制,即将货物税、商品流通税、印花税和工商业税中的营业税部分合并为工商统一税,还一度在城市国营企业试行"税利合一"(将税收与利润合并上缴),在农村人民公社试行"财政包干"(将上缴财政的各种收入包干上缴)。

1959 年后,收入科目按款、项编制,取消了目级科目。税制简化后,款级科目由原来的十几个简化为 4 个。1960 年,"工商税收"款分为"工商统一税""工商业所得税"和"其他工商各税"等三个款,"其他工商各税"款再包括其余工商税收。1958 年,农业税由全国人民代表大会常务委员会立法征收。1959 年停征了利息所得税,文化娱乐税在"文化大革命"期间停征,集市交易税在 1962 年进入"其他工商各税"款级科目。社会主义改造基本完成后的二十多年间,由于受到"极左"思想及苏联经济理论、财税制度的影响,我国税制片面简化,大大缩小了税收在经济领域中的活动范围和税收在社会政治、经济生活中的影响,严重妨碍了税收职能的发挥(见表 9-3)。

表 9-3 简化税制阶段的税收收入科目

年份	类	款级科目
1959	各项税收类	工商税收(项级:工商统一税、工商业所得税、屠宰税、牲畜交易税、城市房地产税、文化娱乐税、车船使用牌照税)、盐税、关税、农业税和牧业税
1960—1980	各项税收类	工商统一税、工商业所得税、其他工商各税〔项级:屠宰税、牲畜交易税、城市房地产税、文化娱乐税(1966 年停征)、车船使用牌照税、集市交易税(1962 起)、打击投机补税罚款收入(1971—1979)〕、盐税、关税、农业税和牧业税

资料来源:根据 1959—1980 年国家预算收支科目整理。

(3) 第三阶段,全面税制改革阶段(1981—1997 年)。改革开放后,中国的税制建设进入了一个崭新的历史时期。为了配合经济体制改革、财政体制改革的需要,经过酝酿、起步、试点、推广等阶段,推出了一系列税制改革的具体政策和措施。例如,根据新形势的需要,从流转税、所得税到财产税,初步建立了一套比较完整的涉外税收制度;为提供公平有序的税收环境,征收了集体企业所得税、城乡个体工商户所得税等;按照现代税收制度的税制结构,增加了增值税、营业税、个人所得税等税种。

这个时期税收科目的变动比较频繁,主要是根据需要增加或更改了一些科目的名称(见表 9-4)。就税收收入的类级科目而言,1984 年增加了"国有企业所得税类"一个类级科目,1986 年新增"关税类""农牧业税类""国有企业调节税类"等三个类级科目。1994 年我国进行了一次根本性的财税体制改革,初步统一了货物和劳务税制度、企业所得税制度及个人所得税制度,建立了以增值税、消费税和营业税为主的间接税体系,与市场经济相适应的税制基本形成,初步形成了规范中央和地方财政关系的分税制财政管理体制框架。税收的职能得以加强和重视,税收收入持续稳定增长,宏观调控作用明显增强,对于贯彻国家的经济政策,调节生产、分配和消费,起到了积极的作用。

表 9-4 全面税制改革阶段的税收收入科目

年份	类级科目	款级科目
1981—1983	各项税收类	工商税、工商所得税、**中外合资经营企业所得税**、**个人所得税**、**增值税**、**外国企业所得税**、其他工商税(项级:车船使用牌照税、城市房地产税、屠宰税、牲畜交易税、集市交易税)、**烧油特别税**、**烧油特别税减征退税**、**契税**、税款滞纳金补税罚款收入、盐税、关税、农牧业税
	国营企业所得税类	冶金工业、有色金属工业、煤炭工业、石油工业所得税等
1984	各项税收类	工商税、增值税、专项调节税、工商所得税、中外合资经营企业所得税、外国企业所得税、个人所得税、其他工商税(项级:车船使用牌照税、城市房地产税、屠宰税、牲畜交易税、集市交易税)、**建筑税**、烧油特别税、烧油特别税减征退税、盐税、关税、农牧业税、契税、税款滞纳金补税罚款收入
	国营企业所得税类	冶金工业、有色金属工业、煤炭工业、石油工业所得税等
1985	各项税收类	**产品税**、增值税、**营业税**、**资源税**、专项调节税、盐税、工商所得税、其他工商税(项级:车船使用牌照税、城市房地产税、屠宰税、牲畜交易税、集市交易税)、**工商统一税**、中外合资经营企业所得税、外国企业所得税、个人所得税、**国有企业奖金税**、建筑税、烧油特别税、烧油特别税减征退税、盐税、关税、农牧业税、契税、税款滞纳金补税罚款收入
1986—1993	工商税收类	产品税、增值税、营业税、资源税、专项调节税、盐税、工商统一税、**集体企业所得税**、**城乡个体工商业户所得税**、**私营企业所得税**、车船使用牌照税(1987年后改为**车船使用税**)、城市房地产税(1987年后改为**房产税**)、**城市维护建设税**、屠宰税、牲畜交易税、集市交易税、中外合资经营企业所得税、外国企业所得税(1992年后改为**外商投资企业和外国企业所得税**)、个人所得税、**个人收入调节税**、国营企业奖金税、**国营企业工资调节税**、**事业单位奖金税**、**集体企业奖金税**、建筑税、烧油特别税、烧油特别税减征退税、**中央资源税**、**城镇土地使用税**、盐税、**印花税**、**筵席税**、**特别消费税**、**出口产品退特别消费税**、**固定资产投资方向调节税**、工商税款滞纳金和补税罚款收入
	关税类	关税、进口调节税
	农牧业税类	农牧业税、**农林特产税**、**耕地占用税**、契税
	国营企业所得税类	冶金工业、有色金属工业、煤炭工业、石油工业所得税等
	国有企业调节税类	冶金工业、煤炭工业、石油工业调节税等

(续表)

年份	类级科目	款级科目
1994—1997	工商税收类	增值税、营业税、**消费税**、专项调节税、个人所得税、**证券交易税**、**遗产税**、**土地增值税**、外商投资企业和外国企业所得税、城市维护建设税、**车船税**（1995年后改为**车船使用税**）、房产税、屠宰税、资源税、**土地使用税**（1995年后改为**城镇土地使用税**）、印花税、固定资产投资方向调节税、工商税款滞纳金和补税罚款收入
	关税类	关税
	农牧业税和耕地占用税	农牧业税、农林特产税、耕地占用税、契税
	企业所得税类	国有冶金工业、国有有色金属工业、国有煤炭工业所得税等

注：黑体字为新增或更名的税收收入科目。
资料来源：根据1981—1997年国家预算收支科目整理。

（4）第四阶段，初步建立适应社会主义市场经济的税制阶段（1998—2006年）。《预算法》《预算法实施条例》出台后，1998年财政改革的目标明确为构建与社会主义市场经济体制相适应的公共财政框架。为适应预算管理的新需要，原来的国家预算收支科目更名为"政府预算收支科目"，收入和支出科目都有较大的变化。税收收入科目最大的变化是按税种设置了类级科目，再按所有制性质作明细分类。

税收收入的类级科目由原来的4个增加为23个，款、项级科目也进行了较大的调整。总的来说，适应社会主义市场经济的税制体系已经基本建立起来，因而这个时期税收收入科目只有少量调整。例如，1999年车船使用税更名为"车船使用和牌照税"，2001年和2002年分别新增了"船舶吨税"和"车辆购置税（费）"类级科目。2003年以后进行了新一轮的税制改革，以增值税转型和统一企业所得税等为改革重点，更注重优化税制结构，规范中央和地方的财政分配，公平各类经济主体的税收负担，以更好地平衡各方面的利益关系。但是从税收收入科目的角度来看，并没有很大的变化。2005年和2006年分别取消了牧业税、农业税和屠宰税，推进了农村税费改革（见表9-5）。

表 9-5　初步建立适应社会主义市场经济税制阶段的税收收入科目

年份	类级科目
1998—2006	增值税、消费税、营业税、企业所得税、企业所得税退税、外商投资企业和外国企业所得税(1999年后取消)、个人所得税、资源税、固定资产投资方向调节税、城市维护建设税、房产税、印花税、城镇土地使用税、土地增值税、车船使用税(1999年后更名为**车船使用和牌照税**)、**船舶吨税**(2001年后增加)、**车辆购置税(费)**(2002年后增加)、屠宰税、宴席税(2007年取消)、关税、农业税、农业特产税、牧业税、耕地占用税、契税

注：黑体字为新增或更名的税收科目。
资料来源：根据1998—2006年政府预算收支科目整理。

(5) 第五阶段，完善税收制度阶段(2007年至今)。2007年政府预算收支科目改革是迄今为止最大的一次预算收支科目方面的改革，原政府预算收支科目也因而更名为"政府收支分类科目"。新的政府收入分类扩展了涵盖范围，整合了科目结构，细化了反映内容。改革后的收入分类设置了类、款、项、目四级，比原来的三级设置更加清晰和明细。类级科目由原来按税种分类，改变为所有税种都归入"税收收入"一个大类，按税制设置款级科目，项级和目级科目按照收入来源、所有制结构、行业及企业名称设置，使税收科目简易易懂、一目了然。

2008年，国务院修订了增值税暂行条例、消费税暂行条例和营业税暂行条例，初步实现了增值税从"生产型"向"消费型"的转变，结合成品油税费改革调整了消费税，自2009年起施行。2008年，税收收入科目增加了"烟叶税"类级科目。除了对个人所得税、企业所得税、财产税相关税法进行一定程度的修改，2013年以后加快了对增值税、消费税、房地产税、资源税的改革，税制改革进入全面深化的改革。2016年推行了"营改增"改革，为下一步继续深化增值税改革和增值税立法奠定了基础。通过这些改革，我国的税制进一步简化和规范，税负更加公平并有所减轻，增强了税收的宏观调控作用，促进了经济和税收收入持续稳步增长。2018年9月，国家税务总局印发《关于进一步落实好简政减税降负措施更好服务经济社会发展有关工作的通知》，之后实施了一系列减税降费政策，在经济下行的压力下，通过降低经济主体的税费负担，稳住投资和就业，巩固供给侧结构性改革的成效，促进经济的可持续、高质量发展。2019年新增"环境保护税"类级科目，有利于构建促进经济结构调整、发展方式转变的绿色税制体系，形成有效的约束激励机制(见表9-6)。

表 9-6 完善税收制度阶段的税收收入科目

年份	类级科目	款级科目
2007—2020	税收收入	增值税、消费税、营业税(2019年取消)、企业所得税、企业所得税退税、个人所得税、资源税、固定资产投资方向调节税(2014年后取消)、城市维护建设税、房产税、印花税、城镇土地使用税、土地增值税、车船使用和牌照税、船舶吨税、车辆购置税、关税、耕地占用税、契税、**烟叶税**(2008年后增加)、**环境保护税**(2019年后增加)、其他税收收入

注：黑体字为新增或更名的税收收入科目。
资料来源：根据 2007—2020 年政府收支分类科目整理。

9.2.1.2 非税收入

非税收入是指除税收和政府债务收入的财政收入，是由政府部门和单位依法利用政府权力、政府信誉、国家资源、国有资产或提供公共服务、准公共服务所取得的财政性资金。这个概念是 2001 年在《财政部关于深化收支两条线改革进行进一步加强财政管理意见的通知》里正式提出的。从管理模式上，非税收入的核心要义是纳入预算统一管理和实行"收支两条线"管理。本章所涉及的非税收入科目，即指一般公共预算中除了税收和债务收入的收入科目，是一个小口径的非税收入。由于预算调拨收入科目比较固定，也不在本篇所分析的非税收入中反映。

我国非税收入科目的改革大致分三个阶段：

（1）第一阶段，企业利润为主阶段（1949—1980 年）。在高度集权的计划经济体制下，我国预算收入以国营企业上缴的收入为主，预算内其他的非税收入较少，主要是规费、罚没、公产收入等。收入分类在设置时，也以企业收入为主，款、项、目级科目较为齐全，其他科目基本集中在"其他收入"款级科目中，下设的项级科目相当稳定，性质也较为清晰（见表 9-7）。

表 9-7 企业利润为主阶段的非税收入科目

年份	类	款级科目	项级科目
1956—1958	国营企业及事业收入类	重工业收入、第一机械工业、第二机械工业等	利润、基本折旧基金、固定资产变价、缴回多余流动资金
	其他收入	其他收入	契税收入、规费收入、罚没收入、公产收入、积压物资变价收入、专卖收入、公用事业附加收入

（续表）

年份	类	款级科目	项级科目
1959—1975	企业收入类	冶金工业收入、化学工业收入、机械工业收入等	企业上缴收入、利润、基本折旧基金、专业收入
	人民公社上交收入（仅1959年）	农村人民公社上交收入、城市人民公社上交收入	
	其他收入	其他收入	规费收入、罚款及没收品变价收入、公产收入、杂项收入、以前年度支出收回
1976—1980	企业收入类	冶金工业收入、煤炭工业收入、石油工业收入、化学工业收入等	
	其他收入类	其他收入	规费收入、国家资源管理收入、公产收入、基本建设其他收入、罚没和追回赃款、赃物收入、以前年度支出收回

资料来源：根据1956年各级财政收支预算科目、1958—1980年国家预算收支科目整理。

在20世纪80年代经济体制改革实施前，我国预算内的非税收入相当长的时间都没有大的调整。虽然同一时期预算外资金的规模不断扩大，但预算内的非税收入并没有受到影响，这和我国统收统支的财政体制有着莫大的关系。

（2）第二阶段：非税收入飞速发展阶段（1981—2006年）。随着经济体制改革的不断深入，社会分配格局发生了很大变化。国家实行的"放权让利"政策，调动了各部门和单位组织收入的积极性，使得行政事业单位的收费和项目数量越来越膨胀。这些资金大部分放在预算外管理，脱离人大和财政监督，弱化了政府宏观调控能力和财政分配职能。在利益的刺激下，未经批准乱收费、乱设基金的问题较为严重。在此背景下，为了约束预算外资金的进一步扩张，一些原本在预算外管理的收入被纳入预算内；再加上随着经济形势的好转，行政执法部门的收费也水涨船高，预算内的非税收入在较短时间内迅速增长，成为每年预算收入科目调整的重要对象。

这个段段的类级科目不断增加，1981年设置"企业上缴基本折旧基金类"，1982年新增"国家能源交通重点建设基金收入类"，1985年设置"专款收入类"，1997年"罚没收入、行政性收费类"从"其他收入类"中调出单独设类，下一年又分为两类，1998年"土地和海域有偿使用收入"单独设置类级科目。款级科目的变动也较为频繁，原来列在"其他收入"款级科目之下，之后纷纷独立设款，使"其他收入类"下一个款级科目变成十几个。从1996年开始，财政部逐步将预算外管理的收费、基金纳入财政预算管理，以解决财政资金体外循环的问题。"收支两条线"是推进非税收入规范化管理的重大改革举措。1998年开始推动"税费改革"，这同样是加强非税收入管理的重要措施。2000年之后，财政部门通过实施收支两条线、部门预算、国库集中收付等财政改革,将预算外管理的非税收入统一纳入国库单一账户体系和部门预算管理,进一步推动了规范非税收入管理的进程。同时,各级财政部门按照健全社会主义市场经济体制和完善公共财政制度的要求,逐步将国有资源(资产)有偿使用收入、国有资本经营收益、彩票公益金、以政府名义接受的捐赠收入等纳入财政管理,拓宽了非税收入管理的范围和领域。2004年,财政部印发了《关于加强政府非税收入管理的通知》,首次明确了非税收入的概念和管理范围,构建了非税收入管理的制度体系(见表9-8)。

表 9-8 非税收入飞速发展阶段的非税收入科目

年份	类级科目	款级科目	项级科目
1981—1982	企业收入类	冶金工业利润、煤炭工业利润、石油工业利润等	
	企业上缴基本折旧基金类(1981年起)	企业上缴基本折旧基金	工业企业、建工企业、交通企业等
	其他收入类	其他收入	规费收入、国家资源管理收入、公产收入、基本建设其他收入、罚没和追回赃款赃物收入、**国际组织援助捐赠收入**、其他杂项收入
	基本建设贷款归还收入		
	对外贷款归还收入		
1983—1984	企业收入类	冶金工业收入、煤炭工业收入、石油工业收入等	
	企业上缴基本折旧基金类	企业上缴基本折旧基金	
	国家能源交通重点建设基金收入类(1982—1996年)	国营企业、行政事业单位、地方财政、部队系统、城镇集体、其他单位上缴的收入	
	其他收入类	其他收入	规费收入、国家资源管理收入、公产收入、基本建设其他收入、国际组织援助捐赠收入、其他杂项收入
		海关罚没收入、工商罚没收入、政法罚没收入、其他罚没收入、追回赃款和赃物变价款收入、基本建设贷款归还收入、对外贷款归还收入、**收回国外资产款收入、非贸易外汇差价收入、征收排污费收入、征收城市水环境费收入、非法提价没收收入**	

(续表)

年份	类级科目	款级科目	项级科目
1985	企业收入类	冶金工业收入、有色金属工业收入、煤炭工业收入等	
	国家能源交通重点建设基金收入类	国营企业、行政事业单位、地方财政、部队系统、城镇集体、其他单位上缴的能源交通基金、能源交通基金罚款和滞纳金收入	
	专款收入类（1985年起）	改烧油为烧煤专项收入、征收排污费收入、征收城市水资源费收入	
	其他收入类	其他收入	规费收入、国家资源管理收入、公产收入、基本建设其他收入、国际组织援助捐赠收入、其他杂项收入
		海关罚没收入、工商罚没收入、政法罚没收入、其他罚没收入、追回赃款和赃物变价收入、基本建设贷款归还收入、对外贷款归还收入、收回国外资产收入、非贸易外汇差价收入	
1986—2006	国营企业上缴利润类（1998年后改为国有资产经营收益）	冶金工业利润、有色金属工业利润、煤炭工业利润等	
	国营企业计划亏损补贴类	冶金工业亏损补贴、有色金属工业亏损补贴、煤炭工业亏损补贴等	
	国家能源交通重点建设基金收入类	中央国营企业、地方国营企业、中央行政事业单位、地方行政事业单位、地方财政、部队系统等上缴的能源交通基金、能源交通基金罚款和滞纳金收入	

(续表)

年份	类级科目	款级科目	项级科目
1986—2006	专款收入类	改烧油为烧煤专项收入、征收排污费收入、征收城市水资源费收入、天津港收入、铁道专项收入、国有育林基金收入、国有企业职工待业保险基金收入、教育费附加、煤炭开发基金收入、三峡建设基金收入、煤炭城市建设附加费收入、民航基础设施建设基金、出口商品发展基金收入	
	其他收入类	事业收入、外事服务收入	
		其他收入	规费收入、国家资源管理收入、公产收入、基本建设其他收入、国际组织援助捐赠收入、审计地方财政违纪罚没收入、其他杂项收入
		海关罚没收入、工商罚没收入、物价罚没收入、政法罚没收入、其他罚没收入、追回赃款和赃物变价收入、基本建设贷款归还收入、公有住房出售收入（1989年起）、对外贷款归还收入、收回国外资产收入、新增粮食调拨经营费收入	
	基本建设贷款归还收入类	基本建设贷款归还收入	
	国有企业承包收入退库类		
	罚没收入、行政性收费收入类（1997年设类，1998年后分为两个类级科目行政性收费收入和罚没收入）	海关罚没收入、工商罚没收入、缉毒罚没收入、政法罚没收入、物价罚没收入、缉私罚没收入、其他罚没收入、追回赃款和赃物变价款收入、司法行政性收费收入、公安行政性收费收入、民政行政性收费收入、工商行政性收费收入、劳动行政性收费收入、海关行政性收费收入、外经贸行政性收费收入、其他行政性收费收入	

(续表)

年份	类级科目	款级科目	项级科目
1986—2006	**土地和海域有偿使用收入**（1998年起）	**国有土地使用权有偿使用收入**（1991年起）	土地出让金（1992年起）、土地收益金或土地增值费（1992年起）
		陆上石油矿区使用费	
		海上石油矿区使用费	海域出让金、海域转让金、海域租金

注：黑体字表示新增科目。
资料来源：根据1981—1997年国家预算收支科目、1998—2006政府预算收支科目整理。

（3）第三阶段：非税收入规范管理阶段（2007年至今）。2007年政府收支分类改革之后，收入分类主要分为税收收入和非税收入，将之前不属于税收收入、债务收入、转移性收入的收入都归并到"非税收入"一个类级科目之下，使非税收入与其他收入之间的界限较为明确和清晰，易于管理和监督。

2011年之后按预算外资金管理的收入被全部纳入预算管理，有些纳入一般公共预算管理，有些纳入政府性基金预算管理，还有些纳入财政专户管理，预算外资金管理制度成为历史。党的十八大和十八届三中全会之后，加强收入管理、提高财政收入质量成为财税改革的重要内容之一，除了税收收入，非税收入今后的改革动向也引起广泛关注。目前非税收入类级和款级科目基本保持稳定，在2014年进行全口径预算体系管理之后，"政府性基金收入"移到政府性基金预算中，不再属于一般公共预算收入。2016年"捐赠收入"从"非税收入"的"其他收入"款级科目中移出，单独设置款级科目。2017年"政府住房基金收入"从"政府性基金收入"类中调整到"非税收入"类中，单独增设款级科目。

表9-9　非税收入规范管理阶段的非税收入科目

年份	类级科目
2007—2013	政府性基金收入、专项收入、彩票资金收入（2009年后转为款级）、行政事业性收费收入、罚没收入、国有资本经营收入、国有资源（资产）有偿使用收入、其他收入
2014年至今	专项收入、行政事业性收费收入、罚没收入、国有资本经营收入、国有资源（资产）有偿使用收入、**捐赠收入**（2016年新增）、**政府住房基金收入**（2017年新增）、其他收入

资料来源：根据2007—2020年政府收支分类科目整理。

9.2.2 我国政府收入分类的现状

9.2.2.1 税收收入

根据2019年政府收支分类科目,我国目前税收收入包括18个税种,按类、款、项、目四个级次设置科目,在"税收收入"类级科目下有20个款级科目。

第一,增值税款级科目。下设5个项级科目,即国内增值税、进口货物增值税、进口货物退增值税、改征增值税、改征增值税出口退税,其中国内增值税项下主要按企业所有制性质设置目级科目。

第二,消费税款级科目。下设3个项级科目,即国内消费税、进口消费品消费税、出口消费品退消费税,其中国内消费税主要按企业所有制性质设置目级科目。

第三,企业所得税款级科目。按照国有企业行业及企业所有制性质设置项级科目,共有48个项级科目,分别为国有冶金工业所得税、国有有色金属工业所得税、国有煤炭工业所得税、国有电力工业所得税、国有石油和化学工业所得税、国有机械工业所得税、国有汽车工业所得税、国有核工业所得税、国有航空工业所得税、国有航天工业所得税、国有电子工业所得税、国有兵器工业所得税、国有船舶工业所得税、国有建筑材料工业所得税、国有烟草企业所得税、国有纺织企业所得税、国有铁道企业所得税、国有交通企业所得税、国有邮政企业所得税、国有民航企业所得税、国有海洋石油天然气企业所得税、国有外贸企业所得税、国有银行所得税、国有非银行金融企业所得税、国有保险企业所得税、国有文教企业所得税、国有水产企业所得税、国有森林工业企业所得税、国有电信企业所得税、国有农垦企业所得税、其他国有企业所得税、集体企业所得税、股份制企业所得税、联营企业所得税、港澳台和外商投资企业所得税、私营企业所得税、其他企业所得税、分支机构预缴所得税、总机构预缴所得税、总机构汇算清缴所得税、企业所得税待分配收入、跨市县分支机构预缴所得税、跨市县总机构预缴所得税、跨市县总机构汇算清缴所得税、省以下企业所得税待分配收入、分支机构汇算清缴所得税、企业所得税税款滞纳金/罚款和加收利息收入。项下按企业性质或具体企业名称设置目级科目。

第四,企业所得税退税款级科目。按照国有企业行业及企业所有制性质设置项级科目,共有37个项级科目,分别为国有冶金工业所得税退税、国有有色金属工业所得税退税、国有煤炭工业所得税退税、国有电力工业所得税退税、国有石油和化学工业所得税退税、国有机械工业所得税退税、国有汽车工业所得税退税、国有核工业所得税退税、国有航空工业所得税退税、国有航天工业所得税退税、国有电子工业所得税退税、国有兵器工业所得税退税、国有船舶工业所得税退税、国有建筑材料工业所得税退税、国有烟草企业所得税退税、国有纺织企业所得税退税、国有铁道企业所得税退税、国有交通企业所得税退税、国有邮政企业所得税退税、国有民航企业所得税退税、海洋石油天然气企业所得税退税、国有外贸企业所得税退税、国有银行所得税退税、国有非银行金融企业所得税退税、国有保险企业所得税退税、国有文教企业所得税退税、国有水产企业所得税退税、国有森林工业企业所得税退税、国有电信企业所得税退税、其他国有企业所得税退税、集体企业所得税退税、股份制企业所得税退税、联营企业所得税退税、私营企业所得税退税、跨省市总分机构企业所得税退税、跨市县总分机构企业所得税退税、其他企业所得税退税。项下按企业性质或具体企业名称设置目级科目。

第五，个人所得税款级科目。下设2个项级科目，即个人所得税和个人所得税税款滞纳金、罚款收入。个人所得税项下设3个目级科目，即储蓄存款利息所得税，军队个人所得税、其他个人所得税。

第六，资源税款级科目。按照资源性质下设4个项级科目，即海洋石油资源税、水资源税、其他资源税和资源税税款滞纳金、罚款收入。

第七，城市维护建设税款级科目。按照企业所有制性质设置11个项级科目，即国有企业城市维护建设税、集体企业城市维护建设税、股份制企业城市维护建设税、联营企业城市维护建设税、港澳台和外商投资企业城市维护建设税、私营企业城市维护建设税、中国铁路总公司集中缴纳的铁路运输企业城市维护建设税待分配收入、其他城市维护建设税、城市维护建设税税款滞纳金、成品油价格和税费改革金、罚款收入。

第八，房产税款级科目。按照企业所有制性质设置8个项级科目，即国有企业房产税、集体企业房产税、股份制企业房产税、联营企业房产税、港澳台和外商投资企业房产税、私营企业房产税、其他房产税和房产税税款滞纳金、罚款收入。

第九，印花税款级科目。下设3个项级科目，即证券交易印花税、其他印花税和税款滞纳金、罚款收入。

第十，城镇土地使用税款级科目。按照企业所有制性质设置8个项级科目，即国有企业城镇土地使用税、集体企业城镇土地使用税、股份制企业城镇土地使用税、联营企业城镇土地使用税、私营企业城镇土地使用税、港澳台和外商投资企业城镇土地使用税、其他城镇土地使用税和城镇土地使用税税款滞纳金、罚款收入。

第十一，土地增值税款级科目。按照企业所有制性质设置8个项级科目，即国有企业土地增值税、集体企业土地增值税、股份制企业土地增值税、联营企业土地增值税、港澳台和外商投资企业土地增值税、私营企业土地增值税、其他土地增值税和土地增值税税款滞纳金、罚款收入。

第十二，车船税款级科目。下设 2 个项级科目，即车船税和车船税税款滞纳金、罚款收入。

第十三，船舶吨税款级科目。下设 2 个项级科目，即船舶吨税和船舶吨税税款滞纳金、罚款收入。

第十四，车辆购置税款级科目。下设 2 个项级科目，即车辆购置税和车辆购置税税款滞纳金、罚款收入。

第十五，关税款级科目。下设 5 个项级科目，即关税、特别关税、反补贴税、关税退税和特别关税税款滞纳金、罚款收入。

第十六，耕地占用税款级科目。下设 3 个项级科目，即耕地占用税、耕地占用税退税和耕地占用税税款滞纳金、罚款收入。

第十七，契税款级科目。下设 2 个项级科目，即契税和契税税款滞纳金、罚款收入。

第十八，烟叶税款级科目。下设 2 个项级科目，即烟叶税和烟叶税税款滞纳金、罚款收入。

第十九，环境保护税款级科目。下设 2 个项级科目，即环境保护税和环境保护税税款滞纳金、罚款收入。

第二十，其他税收收入款级科目。

9.2.2.2 非税收入

非税收入反映各级政府及其所属部门和单位依法利用行政权力、政府信誉、国家资源、国有资产或提供特定公共服务征收、收取、提取、募集的除税收和政府债务收入的财政收入。目前非税收入类下共有八个款级科目。

第一，专项收入款级科目，反映纳入一般公共预算管理的有专项用途的非税收入。按照专项用途下设 13 个项级科目，即教育费附加收入、铀产品出售收入、三峡库区移民专项收入、场外核应急准备收入、地方教育附加收入、文化事业建设费收入、残疾人就业保障金收入、教育资金收入、农田水利建设资金收入、森林植被恢复费、水利建设专项收入、油价调控风险准备金收入、其他专项收入。

第二，行政事业性收费收入款级科目，反映依据法律行政法规、国务院有关规定、国务院财政部门会同价格主管部门共同发布的规章或者规定以及省、自治区、直辖市的地方性法规、地方规章或者规定,省、自治区、直辖市的人民政府、政府财政部门会同价格主管部门共同发布的规定所收取的各项收费收入。按照部门设置56个项级科目,即公安行政事业性收费收入、法院行政事业性收费收入、司法行政事业性收费收入、外交行政事业性收费收入、商贸行政事业性收费收入财政、行政事业性收费收入、税务行政事业性收费收入、海关行政事业性收费收入、审计行政事业性收费收入、国管局行政事业性收费收入、科技行政事业性收费收入、保密行政事业性收费收入、市场监管行政事业性收费收入、新闻出版广电部门行政事业性收费收入、安全生产行政事业性收费收入、档案行政事业性收费收入、港澳办行政事业性收费收入、贸促会行政事业性收费收入、宗教行政事业性收费收入、人防办行政事业性收费收入、中直管理局行政事业性收费收入、文化行政事业性收费收入、教育行政事业性收费收入、科技行政事业性收费收入、体育行政事业性收费收入、发展与改革(物价)行政事业性收费收入、统计行政事业性收费收入、自然资源行政事业性收费收入、建设行政事业性收费收入、知识产权行政事业性收费收入、测绘行政事业性收费收入、生态环境行政事业性收费收入、旅游行政事业性收费收入、海洋行政事业性收费收入、铁路行政事业性收费收入、交通运输行政事业性收费收入、工业和信息产业行政事业性收费收入、农业行政事业性收费收入、水利行政事业性收费收入、卫生健康行政事业性收费收入、药品监管行政事业性收费收入、民政行政事业性收费收入、人力资源和社会保障行政事业性收费收入、证监会行政事业性收费收入、银监会行政事业性收费收入、保监会行政事业性收费收入、电力市场监管行政事业性收费收入、仲裁委行政事业性收费收入、编办行政事业性收费收入、党校行政事业性收费收入、监察行政事业性收费收入、外文局行政事业性收费收入、南水北调行政事业性收费收入、国资委行政事业性收费收入、其他行政事业性收费收入。

第三,罚没收入款级科目,反映执法机关依法收缴的罚款(罚金)、没收款、赃款、没收物资和赃物的变价款收入。按照罚没收入性质设置4个项级科目,即一般罚没收入、缉私罚没收入、缉毒罚没收入、罚没收入退库。其中,一般罚没收入项下按照执法机关名称设置22个目级科目,即公安罚没收入、检察院罚没收入、法院罚没收入、新闻出版罚没收入、税务部门罚没收入、海关罚没收入、药品监督罚没收入、卫生罚没收入、检验检疫罚没收入、证监会罚没收入、保监会罚没收入、交通罚没收入、铁道罚没收入、审计罚没收入、渔政罚没收入、银行监督罚没收入、民航罚没收入、电力监管罚没收入、交强险罚没收入、物价罚没收入、市场监管罚没收入、其他一般罚没收入。

第四，国有资本经营收入款级科目，反映各级人民政府及其部门、机构履行出资人职责的企业（即一级企业）上缴的国有资本收益。根据收入性质下设8个项级科目，即利润收入、股息股利、股息收入、产权转让、收入清算、收入国有资本经营收入退库国有企业计划亏损补贴、烟草企业上缴专项收入、其他国有资本经营收入。

第五，国有资源（资产）有偿使用收入款级科目，反映有偿转让国有资源（资产）使用费而取得的收入。根据资源（资产）性质下设20个项级科目，即海域使用金收入、场地和矿区使用金收入、特种矿产品出售收入、专项储备物资销售收入、利息收入、非经营性国有资产收入、出租车经营权有偿出让和转让收入、无居民海岛使用金收入、转让政府还贷道路收费收入、石油特别收益金专项收入、动用国家储备物资上缴财政收入、铁路资产变现收入、电力改革预留资产变现收入、矿产资源专项收入、排污权出让收入、航班时刻拍卖和使用费收入、农村集体经营性建设用地土地增值收益调节金收入、新增建设用地土地有偿使用费收入、水资源费收入、国家留成油上缴收入。

第六，捐赠收入款级科目，反映按《财政部关于加强非税收入管理的通知》规定以政府名义接受的捐赠收入，下设2个项级科目，即国外捐赠收入和国内捐赠收入。

第七，政府住房基金收入款级科目，反映按《住房公积金管理条例》等规定收取的政府住房基金收入。按照收入性质下设5个项级科目，即上缴管理费用、计提公共租赁住房资金、公共租赁住房租金收入、配建商业设施租售收入、其他政府住房基金收入。

第八，其他收入款级科目，反映除上述各款收入以外的其他收入，下设7个项级科目，即主管部门集中收入、免税商品特许经营费收入、基本建设收入、差别电价收入、债务管理收入、南水北调工程基金收入、其他收入。

9.2.3 我国政府收入分类的问题

在GFSM(2014)中，财政收入是指能增加政府净财富的交易收入，可分为四大类；我国政府收入也分为四大类，还要加上GFSM(2014)不计入政府实际收入、单独统计的社会保险基金收入。两者的分类方式对比如表9-10所示。

表 9-10 我国政府收入分类和 GFSM(2014)的对比

我国政府收入分类 \ GFSM(2014)政府收入分类	税收收入	社会缴款	赠与收入	其他收入
税收收入	我国税收收入包含 20 个款级科目,GFSM(2014)中包含 6 个款级科目,分类形式差别较大			
社会保险基金收入(在社会保险基金预算内)		我国社会保险基金收入包含 9 个款级科目,GFSM(2014)包含 2 个款级科目		
非税收入			我国政府非税收入分为 7 个款级科目,其中 6 个款级科目属于 GFSM(2014)中的其他收入,仅有捐赠收入属于 GFSM(2014)中的赠与收入	
债务收入 转移性收入	GFSM(2014)不认为这两项使政府净值增加,因此不作为政府收入的组成部分			

资料来源:根据《2019 政府收支分类科目》和 GFSM(2014)整理。

我国政府收入分类不同于 GFSM(2014)中的政府收入分类,这些不同之处体现了政府财政统计体系的差异,也反映我国政府收入分类存在的一些总理及今后完善的方向。

第一,统计方法不同,政府收入的范围也不同。在我国的政府财政统计体系中,债务收入也是政府收入,一直都是收入的一个类级科目。因为债务收入并没有实际增加政府净财富,GFSM(2014)没有将其列入收入范畴;同理政府间的转移性收入也不作为 GFSM(2014)定义的政府收入的组成部分。因此,我国政府收入实际包括税收收入、非税收入、债务收入、转移性收入四个类级科目,反映政府能够动用的资金。GFSM(2014)的政府收入实际包括税收收入、赠与收入和其他收入 3 个类级科目,反映政府净收入的增加。

第二,政府收入科目设置不同。除了类级科目的区别,款级科目也有较大的差别。GFSM(2014)相关科目的类、款、项、目级次根据内容设置，界限十分清晰明确，科目内容不重合、不重复。比如税收收入，GFSM(2014)分为所得税、工资税、财产税、商品税、进出口5个款级科目；我国政府收入分类分为增值税、消费税、企业所得税等20个款级科目，并未像其他国家那样，将税种繁多的税收收入按类别归集。不归大类的问题是，一个科目应集中反映的职能被分散到不同的科目中，难以得到全面的信息。我国收入科目和支出科目的设置都有类似的问题，这就是我国的预算"外行看不懂，内行说不清"的主要原因。同样是四个级次的科目，我国税收收入科目并未更细致地体现收入内容，因为款下的项级科目有时是按企业性质或具体企业名称来设置的，相当于科目事先限定了使用者；或者根据具体使用者来设置科目，当使用者众多时，必须设置较多数量的同级科目，这样做的好处或许是更加便于管理，但从设置的科学性方面来说并无必要。例如增值税，GFSM(2014)的设置是这样的：(类级)税收收入—(款级)一般商品和服务—(项级)对商品和服务征收的普通税收—(目级)增值税，目级只有一个科目，所有增值税的纳税人都使用这个科目。我国政府收入分类的设置是这样的：(类级)税收收入—(款级)增值税—(项级)国内增值税—(目级)国有企业增值税/集体企业增值税/股份制企业增值税，不同所有制性质的企业使用不同的目级科目，因而目级科目的数量大大增加，如"国内增值税"项下有23个目级科目(2019年)。

我国的"捐赠收入"是"非税收入"类下的款级科目，GFSM(2014)则根据捐赠收入性质特点，单独设置类级科目，使"其他收入"类保持独立的功能。由于我国的公有制性质，国家资源、国家资产及行政权力机关的数量相对庞大，"非税收入"类在收入中的地位与作用和GFSM(2014)的"其他收入"类相比有很大的不同，其中"专项收入"款和"其他支出"款的大多数内容都不是GFSM(2014)"其他收入"类所反映的。

GFSM(2014)政府收入中的社会缴款也和我国有很大的不同，GFSM(2014)有2个款级科目，其中一个是社会保障税，社会保障税并不统计在政府收入里，在另外的基金中反映。我国的社会保险基金收入包括9个款级科目，同样性质的资金，分类却比较分散，其中"五险"更应该合并为社会保障税。

第三，政府收入分类的结构不同。大多数市场经济国家的政府收入中，税收收入占绝对比例。从GFSM(2014)的收入分类可以看出，税收收入的地位首屈一指，其他收入占比较低。但在我国现行政府收入体系中，税收之外的政府强制性收入大量存在。具有税收性质、面向社会无偿征收的政府性基金和行政事业性收费由特定部门专款专用，立法权却不在人大。非税收入规模的扩大，会出现"费挤税"现象，影响税收收入在政府收入体系中的主导地位，导致收入结构失衡。我国目前一般公共预(决)算收入分类中，非税收入所涉及的部门和不同名目的项目远远超过其他国家。税收收入是最具稳定性、可预测性和可持续性的收入，税收收入所占比例在一定程度上也反映预算收入体系的法治程度，在当前减税降费的大趋势下，更要注意使这种法治程度不被弱化。

9.3 政府收入分类的改革建议

第一，优化收入结构，缩小非税收入的范围。规范政府收入机制，优化收入结构，重点是进行税费改革，完善非税收入体系。目前一般公共预算的非税收入体系包括专项收入、行政性收费、罚没、基金、国有资源有偿使用、捐赠等。税费改革的基本思路是：① 取消政府实施公共管理和提供普遍性公共服务而收取的费用，以减少不必要的行政性经费；② 符合税收特点的一些基金和收费项目，改为以税收形式筹集资金，如在教育、电力、基础设施等方面设立的一些基金，应逐步由税收取代；③ 清理归并税费项目，对一些长期征收的专项收入和基金进行归并简化科目，如城建税、教育费附加收入、地方教育附加收入可以合并为地方附加税，水资源费归入资源税等；④ 改革和规范国有资源性和资本性收入，对分散在几类预算中涉及国有资源、资产的收入（如海域使用金、探矿权、采矿权使用费、排污权出让收入、国有土地使用权出让收入等）进行统一归集，转入国有资本经营预算，并改为国有资源和国有资本经营预算；⑤ 提高各类政府收入的立法级次，积极推进税收立法，条件成熟时将现行以"暂行条例"形式存在的税收实体法规逐步由人大审议立法，提高各类专项收入和政府性基金的立法层级，在税费综合改革的基础上，对于确需面向社会征收的临时性基金要经过立法机构审批并向社会公开，同时要明确规定征收期限并定期编报预算。

第二，优化税制，使中央和地方政府都有稳定的收入来源。国务院印发的《实施更大规模减税降费后调整中央与地方收入划分改革推进方案》将进一步理顺中央和地方的收入分配关系，推动下一步的财税体制改革，也为今后的地方税改革指明方向。中央和地方政府稳定合理的收入划分，能够使政府收入分类保持相对稳定，避免频繁变动。加快地方税制度改革的步伐，要以培育壮大地方税税源为目的。首先应当明确地方税制度改革的指导思想、基本原则和总体目标，据此确定改革方案的基本框架、具体内容和实施步骤。在税制设计方面，要合理设置税类和税种：① 完善房产税，深化财产税改革既是完善地方税体系的客观需要，也是促进社会公平、建设和谐社会的必然要求，房产税具有调节社会财富的功能，能够增强地方政府提供公共服务的能力，最有可能成为地方政府新的主体税种，今后还可配套开征物业税及房屋空置税；② 改革车船税、车辆购置税和资源税，车船税是具有调节收入功能的财富税，车辆购置税有利于节约能源、保护环境、改善交通，资源税能引导经济结构调整、提高资源利用效率，这几个税种能为地方政府提供稳定可靠的财源；③ 立法开征遗产税和赠与税，遗产税和赠与税可以辅助调节收入分配，缩小贫富差距，实现社会公平，目前已经具备开征条件，只要制度设计合理，就能给地方政府带来稳定的收入，从长远看有利于建立以财产税为中心的地方税收体系。

第三，改进收入分类方法，使其更加科学合理。长期的实践中，我国在政府收支科目设置方面已经有了自己的习惯方法，为了便于预算管理和统筹的需要，在设置科目时，更多考虑的是使用是否方便，而不是科目的设置是否科学合理。往往主管部门名称一改变，相关科目就要调整一次。在历次的预算科目改革中，主要变动的是类级科目的名称，款、项级科目的内容并没有改变，即"换汤不换药"。改进收入分类方法，必须打破习惯的障碍。科学的分类原则是分类相称、划分依据一致、子项相互排斥、按属种逐级进行，我国按照这个标准，对政府收入进行重新分类。① 类级科目，按收入来源划分。GFSM（2014）将收入划分为税收收入、社会缴款、赠与收入、其他收入，就因为这四种收入来源不同。税收收入来自强制性的税款收入，社会缴款来自为了获得某些社会福利而自愿或强制性的缴款，赠与收入来自政府单位从另一个政府单位或国际组织那里得到的非强制性转移收入，其他收入为除前三项之外的所有收入，主要包括财产收入、出售商品和服务收入及杂项收入。考虑到我国国情和体制的不同，若把非税收入款改为"其他收入"类，则收入来源过于复杂，也不符合后者所定义的内容。将捐赠收入单独作为类级科目，因实务较少也没必要。因此，我们建议保持原有的类级科目，即类级科目还是税收收入、非税收入、债务收入、转移性收入。② 款级科目。建议参考 GFSM（2014）的设置方法，按照我国的税种分类，将税收收入类分为商品税、所得税、财产税、行为税、资源税 5 个款级科目，这样分的好处是便于按税种类别进行管理和统计。③ 项级科目，按税种设置，即商品税款下有增值税、消费税、关税、烟叶税 4 个项级科目，所得税款下有企业所得税、企业所得税退税、个人所得税 3 个项级科目，财产税款下有房产税、车船税、契税 3 个项级科目，资源税款下有资源税、土地增值税、城镇土地使用税、耕地占用税 4 个项级科目，行为税款下有城市维护建设税、印花税、车辆购置税、船舶吨税、环境保护税、其他税收收入 6 个项级科目。④ 目级科目，根据需要设置，增值税、企业所得税、城建税、房产税、城镇土地使用税、土地增值税等原按企业所有制形式设下一级科目的税种，建议按国民经济部门设置目级科目，其他税种按原项级科目设置。

主要参考文献

[1] 叶振鹏、赵云旗:《新中国 60 年财政转型之研究》,《中国经济史研究》2009 年第 3 期。

[2] 国际货币基金组织,《2014 年政府财政统计手册》。https://www.imf.org/external/Pubs/FT/GFS/Manual/2014/GFSM_2014_CHI.pdfhttps://www.imf.org/external/pubs/ft/gfs/manual/chi/consc.pdf。

[3] 左春台、宋新中:《中国社会主义财政简史》,中国财政经济出版社 1988 年版。

[4] 财政部财政科学研究所:《60 年来中国财政发展历程与若干重要节点》,《改革》2009 年第 10 期。

[5] 刘薇:《财政收入改革》,《经济研究参考》2009 年第 2 期。

[6] 张弛、冯利红:《改革开放四十年政府预算制度改革回顾与展望》,《财政科学》2018 年第 8 期。

[7] 财政部办公厅:《中华人民共和国财政史料 第一辑——财政管理体制(1950—1980)》,中国财政经济出版社 1982 年版。

[8] 王晓晨、奉公:《我国政府非税收入的规范化管理研究》,《经济社会体制比较》2018 年第 7 期。

[9] 高培勇、汪德华:《步入"十三五"的财税改革》,社会科学文献出版社 2016 年版。

[10] 王雍君:《公共预算管理(第二版)》,经济科学出版社 2010 年版。

[11] 杨志勇:《政府预算管理制度演进逻辑与未来改革》,《南京大学学报》2009 年第 5 期。

[12] "深化财税体制改革"课题组:《进一步深化我国财税体制改革的研究(上)》,《经济研究参考》2009 年第 26 期。

第 10 章 支出功能分类

政府支出功能分类,是对政府实现的职能或社会经济目的的详细分类,反映政府各项职能活动及其政策目标。根据新《预算法》的规定,我国一般公共预算支出按照功能分类,包括一般公共服务支出,外交、公共安全、国防支出,农业、环境保护支出,教育、科技、文化、医疗卫生、体育支出,社会保护及就业支出和其他支出等。

在 2007 年政府收支分类改革之前,我国政府支出并非按功能分类,而是根据不同时代的政府支出管理需要确定相应的分类方法。我国政府预算支出分类大致可以分为按用途和目的划分的支出分类(1949—1970 年)、按经费性质划分的支出分类(1971—2006 年)、按功能划分的支出分类(2007 年至今)。目前我国的支出分类主要反映政府活动的不同职能和政策目标,根据政府职能,由大到小、由粗到细分层次设置。其中,类级科目反映政府主要职能,款级科目反映政府履行某项职能所从事的主要活动,项级科目主要反映这些活动下的具体事项。

下文将对一般公共服务、教育、医疗卫生、社会保护等十个支出功能展开具体分析。

10.1 一般公共服务

10.1.1 一般公共服务的内涵

德国社会政策学派的代表人物瓦格纳最早提出公共服务(public services)这个概念,他认为政府除了具有维护市场经济支出运作的传统职能,在增强社会文化和公众福利方面,还有着私人部门无法起到的作用。他说,如果我们考虑财政经济中国家以及其他消费所需的支出经济的话,那就必须筹划国家需要中所支付的工资乃至薪俸,或直接用于公共服务的,或为获得其他财货而必须预先筹措的财货或货币的部分。在整个国家需要中,这一部分叫作"财政需要"。

对于公共服务的内涵,理论界并没有给出统一的定义。一般有这样一些理解:

(1) 从政府的性质上定义。政府的权力来自公众,政府的所有资金都来自社会,提供公众所需的公共服务是政府的职责所在。在市场经济条件下,政府还要为市场提供服务,从这个角度看,政府做的所有事情都是在提供公共服务。之所以要构建服务型政府,原因就在于政府有责任、有义务为公众提供他们需的公共服务。

(2)从公共产品角度分析。公共服务在经济学上即公共产品,具有受益的非竞争性和消费的非排他性。从广义的角度出发,可以说公共服务和公共产品没有本质上的差异,公共服务可以等同于公共产品。公共服务因此也可以分为维护性、经济性和社会性公共服务。

从有形与无形的角度定义。无形的是服务,有形的是产品,政府为公众提供的那些无形的消费服务就叫公共服务,而政府提供的有形的服务被称为公共产品。公共产品和公共服务是有区别的。一般来说,公共产品属于资本密集型,而公共服务属于劳动密集型。公共产品也可分为实物性的公共产品和服务性的公共产品,实物性的公共产品表现为一定的物质实体,如公路、公用设施等;服务性的公共产品以劳务、信息等服务形式存在,如农业科技、农业气象服务等。

从公法的角度定义公共服务的范围。早期国家理论认为,公法(主要指宪法和行政法)的主要作用在于明确界定和保护个人权利,国家只负责履行主权方面的职能,如司法、警察、国防、税收等。后来,国家的使命逐渐扩大到教育、公共工程、卫生、就业、城市规划等方面,作为行政法基础的公共权力被公共服务的概念替代。法国公法学者狄骥(1999)这样定义公共服务:"对一项公共服务可以给出如下定义:任何因与社会团结的实现与促进不可分割而必须由政府加以规范和控制的活动,就是一项公共服务,只要它具有除非通过政府干预,否则便不能得到保障的特征。"

公共服务的范围和政府的职能随着经济发展与社会的变迁而不断扩大,政府的职能从最初提供维护的公共服务,到介入经济领域、弥补市场失灵和促进经济增长,再到社会领域,为公众提供教育、医疗卫生、社会保障等的社会服务。目前,社会性公共服务已经超越维护性公共服务和经济性公共服务,成为政府公共服务最主要的内容。

基本公共服务(general public services),广义的基本公共服务等同于前文的公共服务,狭义的基本公共服务的概念在各国所包含的范围不同。基本公共服务包含的范围越广,政府所担负的支出责任越大,财政支付的成本就越高。各个国家在选择本国政府所提供的基本公共服务项目时,都会根据自身的财力做出相应的调整,不同的城市化发展过程,基本公共服务的项目和规模投入的数量不同。

一般来说,城镇化水平越高、财政能力越强的国家,其公共服务投入的项目越多和规模越大。西方发达国家在城市化稳定发展的阶段实施基本公共服务均等化政策时,城镇化水平已经达到60%左右。美国、英国、德国、日本的基本公共服务范围包含社会保险、公共教育、公共卫生、社会救济、公共文化等方面;但是在南非,狭义的基本公共服务仅指基本教育、初级医疗;而在印度尼西亚,包括初等教育、公路设施;在巴西,包括教育、医疗卫生;在加拿大,包括教育、医疗和社会服务(王薇、陈旭佳,2015)。

我国2012年公布的《国家基本公共服务体系"十二五"规划》里包含基本公共教育、社会保险、劳动就业服务、基本社会服务、人口和计划生育、基本医疗卫生、基本住房保障、基本公共文化体育等多个方面,预计到2020年达到西方发达国家60%左右的城镇化水平。就我国目前的财政能力相对于我国的人口和城镇化水平来说,要全面保障社会成员在教育、医疗卫生乃至社会保障方面的需求,还有漫长的道路要走。如果参照其他发展中国家的经验,在我国当前阶段,可以把基础教育和医疗卫生首先列入基本公共服务的范围,其他如社会保障等领域的完善可以随着我国经济的发展、财政能力的增强慢慢地附加上来。

一般公共服务与前面有关公共服务的概念不同,在这里是指一个财政统计上的指标,属于政府职能分类中的一项职能,反映政府提供的一般性的公共服务。按国际规则,一般公共服务通常情况下包括:和政府的组织、运作相关的支出,如和国会、国家首脑、选举活动有关的支出;筹集税收和管理公共基金(即公共债务);援助发展中国家、消除贫困、获得可持续发展;对国际组织进行捐赠和外事服务等。

10.1.2 一般公共服务支出分类的国际经验

10.1.2.1 联合国COFOG对一般公共服务支出的分类

联合国《政府职能分类》(COFOG)中对政府一级职能进行二级和三级类目的详细分类,为其他国家设置一般公共服务职能分类提供了建议性的分类细则。

表10-1 COFOG根据政府职能对一般公共服务的分类

一级类目	二级类目	三级类目
701 一般公共服务	7011 行政和立法机关、金融和财政事务、对外事务	70111 行政和立法机关(CS) 70112 金融和财政事务(CS) 70113 对外事务

(续表)

一级类目	二级类目		三级类目	
	7012	对外经济援助	70121	与发展中国家和转轨国家进行经济合作
			70122	通过国际组织安排的经济援助
	7013	一般服务	70131	一般人事服务
			70132	总体规划和统计服务
			70133	其他一般服务(CS)
	7014	基础研究	70140	基础研究(CS)
	7015	一般公共服务研究和发展	70150	一般公共服务研究和发展(CS)
	7016	未另分类的一般公共服务	70160	未另分类的一般公共服务(CS)
	7017	公共债务交易	70170	公共债务交易(CS)
	7018	各级政府间的一般性转移	70180	各级政府间的一般性转移(CS)

资料来源：联合国《政府职能分类》(COFOG)。

从表中可以看出，COFOG对政府支出职能分类的第一个类目一般公共服务，设置了8个二级类目，分别为行政和立法机关、金融和财政事务、对外事务，对外经济援助，一般服务，基础研究，一般公共服务研究和发展，未另分类的一般公共服务，公共债务交易，各级政府间的一般性转移。各细目的内容如下：

第一，行政和立法机关、金融和财政事务、对外事务。下设3个三级类目，具体包括行政和立法机关的管理、运作和支持，金融和财政事务和服务的行政管理，公共资金和公共债务的管理，课税计划的运作，国库或财政部、预算办公室、国内收入局、海关当局、会计和审计服务部门的运作，有关资料、技术文件和统计数字的制作和传播，对外事务和服务的行政管理，外交部及派驻国外或国际组织办事处的外交和领事使团的运作，供在国外分发的信息和文化服务的运作或支持，设在国外的图书馆、阅览室和参考资料服务单位的运作或支持，定期赠与和特别捐款以支付国际组织的一般业务费。

第二，对外经济援助。下设2个三级类目，具体包括与发展中国家和转轨国家进行经济合作，派驻外国政府的经济援助特派团的运作，技术援助方案、培训方案及研究金和奖学金计划的运作或支持，赠与或贷款形式的经济援助，通过国际组织安排的经济援助的管理，对国际、区域或其他多国组织管理的经济发展基金的现金或实物捐助。

第三，一般服务。本组涵盖通常由各级政府中央办公室进行的服务，下设3个三级类目，具体包括一般人事的行政管理和运作、制定并执行一般人事政策和程序，总体经济和社会规划服务及总体统计服务的管理运作，其他一般服务的管理和运作，比如中央供给和采购服务、政府记录和档案的保管和储存、政府拥有或占用的建筑的管理等。

第四,基础研究。基础研究是实验和理论性的工作,主要目的是获得关于各种现象和可观察到事实的基本原理的新知识,但难有任何具体的应用或用途。包括从事基础研究的政府机构的管理和运作;提供赠与、贷款或补贴以支持从事基础研究的非政府机构,如研究所和大学。

第五,一般公共服务的研究和发展。应用研究是种旨在获得新知识的创造性研究,但主要针对具体的实际目的或目标,例如生产新材料、产品和器械,设置新流程、系统和服务,实质性改善已经生产或安置的东西。

第六,未另分类的一般公共服务。包括一般公共服务的管理、运作或支持,如选民登记、举行选举和全民投票、非自治领土和托管领土的管理,等等。

第七,公共债务交易。包括政府贷款的付息及包销和债券发行费用,不包括公共债务管理的行政费用。

第八,各级政府间的一般性转移。包括各级政府间不能划归某一种特定职能的一般性转移。

联合国COFOG中对一般公共服务这个职能进行了具体的分类,8个二级类目都与一般公共服务职能有关,相互之间的子职能不交叉。一般公共服务职能一般认为政府基于自身的行政管理职责,向社会和公众提供有关行政管理的公共需要。这个分类并不是完美无缺的,其实没有任何一种分类是无可挑剔的,COFOG的一般公共服务分类和各国实际中的此项分类有差别的地方,主要是对外事务、金融和财政事务两个子目,有的国家并没有将其列入"一般公共服务"这个大类。

10.1.2.2 发达国家对一般公共服务支出的分类

各国参照联合国COFOG对一般公共服务的分类建议,根据实际需要设置本国的细目,但职能内容和范围大致相同,如表10-2所示。

表10-2 美国、澳大利亚、加拿大一般公共服务的二级和三级类目

国家	二级类目 (美国为一级类目)	三级类目 (美国为二级类目)
美国	一般行政支出	立法职能、行政指导和管理、中央财政活动、一般财产和登记管理、中央人事管理、一般目的的财政援助、其他行政支出
	对外事务	国际发展和人道援助、国际安全援助、外交事务、外国信息和交流活动、国际金融项目
	科学、空间和技术服务	科学和基础研究、太空航行研究和支持活动

(续表)

国家	二级类目 （美国为一级类目）	三级类目 （美国为二级类目）
澳大利亚	立法和行政	国会和议会、政府长官、选举、立法机关、为立法机关服务的图书馆和参考资料服务部门、立法机关设立或以其名义设立的常设或特设委员会
	金融和财政事务	筹集税收、管理公共资金和公共债务、部门监督和制定财政金融政策、编制和审查政府预算
	对外事务和对外援助	外交部及派驻国外或国际组织办事处的外交和领事使团的运作、供在国外分发的信息和文化服务的运作或支持、对国际组织的捐赠和对外交支出的支持
	一般研究	和增长科学知识及发现新领域直接相关的研究，不和某项特定职能相关
	一般行政服务	不和某项特定职能相关的经济社会计划和统计服务，和编制、协调、监督经济社会计划项目相关的办公室、局或项目单位，发展和实施一般人事政策和程序，集中不能分割和分配给某个特定职能的供给和购买服务，维持中央调控
	政府退休福利	根据贡献方案军队人员和其他政府雇员的退休和养老金计划；根据国防部队退休人员和死亡福利费方案的支付；根据联邦、州和地方政府退休福利的支付
加拿大	一般公共服务	行政和立法、一般行政服务、其他一般公共服务
	保护公民和财产	国防、法院、改造罪犯服务、警察、消防、监管措施、其他保护公民和财产的服务
	对外事务和国际援助	促进其他地区经济发展和社会进步的捐赠等、加拿大国际发展署的支出

资料来源：美国联邦网站、澳大利亚政府网站、加拿大政府网站。

根据 COFOG 对一般公共服务的建议范围，美国政府属于一般公共服务职能的有一般行政支出、国际事务、科学、空间和技术服务 3 个单独职能。澳大利亚政府有单独的一般公共服务职能，包括立法和行政、金融和财政事务、国际事务和对外援助、一般研究、一般行政服务、政府退休福利等。加拿大政府也有单独的一般公共服务职能，包括一般公共服务、保护公民和财产、对外事务和国际援助 3 个子功能。英国政府预算支出的职能分类基本按照 COFOG 的设置（除了"医疗卫生"子功能不同），也包括 3 个二级类目，一是行政和立法机关、金融和财政事务、对外事务；二是对外经济援助；三是一般服务、基础研究、一般公共服务研究和发展、未另分类的一般公共服务、公共债务交易、各级政府间的一般性转移等。

从几个发达国家的一般公共服务职能的内容来看,这些国家除了美国政府根据自己的需要设置了和COFOG不同的功能,其他国家大致按COFOG所建议的此项职能设置一般公共服务的子功能,其中英国的一般公共服务子功能和COFOG的完全一样。但也有些国家在一般公共服务职能中设置了符合本国国情的子功能,如澳大利亚将"政府退休福利"、加拿大将"保护公民和财产"这两个不属于一般公共服务的支出项目放入了一般公共服务职能中,作为其中一项子功能。

几个发达国家一般公共服务支出职能分类的共同特点如下:

第一,分类较为清晰,有明确详细的分类细目解释。清晰的类目说明使一般公共服务职能的内容较为确定,没有含糊不清的地方,各级三级类目的职能范围明显,没有相互交叉的情况。这些国家的支出分类特别注明哪些是包括(include)在这项类目里的,哪些不包括(exclude)。如澳大利亚一般公共服务的第三个子功能"对外事务和对外援助",除了标明三级类目45个,还在不包括(exclude)中注明不属于这个类目的项目:对国际广播的文化资料产品在"广播和电影产品"中[①]、军事援助[②]、维护国际和平的援助、属于某个特定职能的人事和其他一般服务。

第二,一般公共服务职能子目的设置比较简单。美国虽然有20个支出职能,但是二级和三级类目并不多,类目过多会使职能分散,不能轻易地从一个职能类目中看出独立的支出职能。子目数量不多,可以使政府预算支出科目在实际使用中更为便捷和准确,不易造成科目之间的混乱和混淆。

10.1.3 我国一般公共服务支出分类的现状与问题

10.1.3.1 我国一般公共服务支出分类的演进

中华人民共和国成立后,我国按照苏联的预算收支管理模式,对预算收支进行了分类,政府预算支出科目主要按支出性质和目的划分,并非按职能进行分类。但是为了便于比较,根据2007年政府收支分类改革后对一般公共服务的分类范围,将我国不同时期属于一般公共服务的支出项目归入此职能。虽然在正常情况下,根据经济政策和预算管理的需要,我国每年都会对预算收支科目进行或多或少的调整,科目名称也会有一定的变化,但是基本上可以根据科目所反映的内容进行归类(见表10-3)。

---

① 属于一级职能"娱乐和文化"。
② 一般在一级职能"国防"中。

表 10-3 我国一般公共服务支出科目的变化

年份	类级科目	款级科目
1952—1997	行政管理费类	行政支出（项：国家机关支出、行政业务费、干部训练费、其他行政支出等）
		外交支出（项：驻外机构经费、出国费、招待费、国际组织会费、捐赠支出、其他外事费等）
		党派团体补助（1988年开始）（项：党派补助费、政协经费、人民团体补助费）
	对外援助支出类	对外援助支出（1957年开始）
1998—2006	行政管理费类	人大经费、政府机关经费、政协经费、共产党机关经费、民主党派机关经费、社会团体机关经费
	外交外事支出类	外交支出、国际组织支出及偿付、地方外事费
	对外援助支出类	对外援助支出
2007年至今	一般公共服务类	人大事务、政协事务、政府办公厅（室）及相关机构事务、发展与改革事务、统计信息事务、财政事务、税收事务、审计事务、海关事务、人事事务、纪检监察事务、人口与计划生育事务、知识产权事务、工商行政管理事务、食品和药品监督管理事务、质量技术监督与检验检疫事务、国土资源事务、海洋管理事务、测绘事务、地震事务、气象事务、民族事务、宗教事务、港澳台侨事务、档案事务、共产党事务、民主党派及工商联事务、群众团体事务、彩票事务、国债事务、其他一般公共服务支出（项：行政运行、一般行政管理事务、机关服务等）
	外交类	外交管理事务、驻外机构、对外援助、国际组织、对外合作与交流、对外宣传、边界勘界联检、其他外交支出

资料来源：根据1952—2020年政府预算收支科目整理。

一般公共服务职能包括的支出科目主要是一般行政事务和对外事务，我国与之对应的支出科目是行政管理费、外交和对外援助。中华人民共和国成立之后，一直到1998年我国预算收支科目有了较大变动之前，我国一般公共服务相关科目分类没有很大的变化。比如1998年之前，行政管理费类都是主要包括行政支出和外交支出两个款级科目；1988年"党派团体补助"才单独设款，这三个款级科目下的项级科目也相对稳定，变化不大。对外援助支出类科目自1957年设立后，在2007年政府收支分类改革之前一直没有变动过，改革之后并入"外交"大类中。1998年，将外交外事支出单独设类管理，行政管理费类的项级科目有了明显变化，将原国家机关支出扩展为政府、政协、共产党、民主党派、社会团体机关等。2007年政府收支科目改革后，一般公共服务正式成为政府一个独立的职能，分成了32

个子目,大致反映了政府机关支出科目的全貌。外交事务作为一个独立的类级科目,反映了政府外交事务方面的职能(见表10-4)。

表10-4 2007年后"一般公共服务"类下款级科目的变化

年份	原科目	变化
2009	人事事务	人力资源事务
	食品和药品监督管理事务	转入"医疗卫生"类
2011	共产党事务	分为6个款级科目:党委办公厅(室)及相关机构事务、组织事务、宣传事务、统战事务、对外联络事务、其他共产党事务支出
	国土资源事务、海洋管理事务、测绘事务、地震事务、气象事务	转入新类"国土资源气象等事务"
	彩票事务	转入"其他支出"类
2015	人口与计划生育事务	转入"医疗卫生"类,改名为"医疗卫生与计划生育"类
2019	工商行政管理事务、质量技术监督与检验检疫事务	二者合并,改名为"市场监督管理事务"款
		增加"网信事务"款

资料来源:根据2007—2020年政府收支分类科目整理。

2007年收支分类的改革,基本按国际规范建立起了政府收支分类体系的框架,但由于我国的特殊国情、特殊的管理方式,决定了这不是一次彻底的分类改革,在改革的道路上还要继续前行。2007年之后,对一般公共服务类下的款级科目进行了一些调整,有些随着国家部委机关名称的改变而更改,有些进行了细分或者进行类合并,而有些调整则涉及"一般公共服务"职能的体现。比如"食品和药品监督管理事务"和"人口与计划生育事务"转入"医疗卫生"类,"彩票事务"转入"其他支出"类,但其主管机关的性质并未发生变化,将这些科目调出"一般公共服务"类是否必需,是否影响到"一般公共服务"职能的全面反映,还有待商榷。

10.1.3.2 我国一般公共服务支出分类的现状

2019年我国"一般公共服务"类级科目下共有27个款级科目,分别为人大事务、政协事务、政府办公厅(室)及相关机构事务、发展与改革事务、统计信息事务、财政事务、税收事务、审计事务、海关事务、纪检监察事务、人力资源事务、商贸事务、知识产权事务、民族事务、港澳台事务、档案事务、民主党派及工商联事务、群众团体事务、党委办公厅(室)及相关机构事务、组织事务、宣传事务、统战事务、对外联络事务、其他共产党事务支出、网信事务、市场监督管理事务、其他一般公共服务支出。

每个款级科目下又设项级科目。比如政府办公厅(室)及相关机构事务款级科目下设行政运行、一般行政管理事务、机关服务、专项服务、专项业务活动、政务公开审批、信访事务、参事事务、事业运行、其他政府办公厅(室)及相关机构事务支出等10个项级科目。

与2018年相比,2019年一般公共服务支出的变化主要有:将"工商行政管理事务"款与"质量技术监督与检验检疫事务"款进行合并,归入新款"市场监督管理事务",反映市场监督管理事务方面(包括工商管理、质量技术监督、药品、医疗器械、化妆品)的支出,下设16个项级科目,分别是行政运行、一般行政管理事务、机关服务、市场监督管理专项、市场监管执法、消费者权益保护、价格监督检查、信息化建设、市场监督、管理技术支持、认证认可监督管理、药品事务、医疗器械事务、化妆品事务、其他市场监督管理事务等。

2019年增加了一个款级科目"网信事务",反映中国共产党网信部门的支出,下设5个项级科目,分别为行政运行、一般行政管理事务、机关服务、事业运行、其他网信事务支出等。

10.1.3.3 我国一般公共服务支出分类的问题

我国一般公共服务和COFOG相比,最大的问题是统计口径不是非常明确,职能相互交叉,科目的文字说明也比较简单,没有严格限定此项职能或子职能的范围。COFOG在支出功能分类的内容限定方面做得很严密,能够保证各项职能都保持独立,在某个科目中出现的科目绝不会在其他地方出现,稍微有混淆的地方都配合文字说明,细目非常清晰。我国没有这样细致的统计技术规定,原因大致是我国预算编制中部门预算的影响过大,在设置预算科目时,为了部门预算的方便,不少科目是根据部门设置的,有可能一些科目只有某个部门会频繁地使用,其他部门很少用到。这样做直接导致我国不管是职能大类还是子目细目,科目数量都过多,这可能方到了科目使用者,但是在统计或监督时不容易看出问题,即所谓的"看不懂"。

就一般公共服务支出而言,可以对类似的科目进行比较,COFOG科目是款级科目行政和立法机关,我国对应的是行政运行(见表10-5)。

表 10-5　我国和 COFOG 对一般公共服务支出科目的说明和比较

	类级	款级	项级	说明
我国	一般公共服务	政府办公厅（室）及相关机构事务	行政运行	反映行政单位（包括实行公务员管理的事业单位）的基本支出
COFOG	一般公共服务	行政和立法机关、金融和财政事务、对外事务	行政和立法机关（CS）	各级政府行政首长办公室——君主、总督、总统、总理、州长、市长等的办公室，各级政府的立法机关——议会、众议院、参议院、立法会议、市议会等；行政长官和立法机构属下的咨询、行政和政党工作人员，主要为行政和立法机关服务的图书馆和其他参考资料服务单位，提供给行政长官、立法机构及其助理的有形福利设施，行政长官或立法机构设立或以其名义设立的各种常设或特设委员会（不包括部长办公室、地方政府部门首长办公室、同某项具体职能有关的部门间委员会等（按职能分类））

资料来源：2019 年政府收支分类科目和联合国 COFOG。

国际组织或发达国家的政府预算支出科目，基本上会对某个细目做具体的说明，因为它是事务中最常用到的科目。比如 COFOG 在需要说明的地方都详细地给出文字解释，一般会有"包括……"及"不包括……"。另外，三级科目，也就是我国的最小层次的项级科目，都会被注上是 CS（集体消费）还是 IS（个人消费），这给预算管理带来了方便。

总的来说，我国一般公共服务支出分类主要有以下几个问题：

第一，款级科目设置过多，造成项级科目名称重复。COFOG 在"一般公共服务"类级科目下有 8 个款级科目，分别是行政和立法机关、金融和财政事务、对外事务，对外经济援助，一般服务，基础研究，一般公共服务研究和发展，未另分类的一般公共服务，公共债务交易，各级政府间的一般性转移等。这些科目的名称不同，反映的内容也互不交叉，各自独立于其他同级科目。我国有 28 个款级科目，远远超过 COFOG 的数量，从一定程度上说明我国款级设置的科目数量较多。更重要的是内容上的区别，COFOG 的每个款级科目反映的是政府在某一方面的职能，有确定的范围，互不交叉，所有的小职能合计起来，反映政府在"一般公共服务"大职能方面的支出。而我国在一般公共服务下设的款级科目，如人大事务、政协事务、政府办公厅（室）及相关机关机构事务、发展与改革事务等，基本上是对应各国家部委的管理范围，把本应相同的行政和立法机关的职能切块到不同的部门。这样设置款级科目的后果是，项级科目重复设置，几乎每个款级科目都下设

行政运行、一般行政管理事务、机关服务,而每个行政运行项,仅反映自己部门的机关行政运行支出,和其他部门的一般公共服务职能没有明显的区别。

第二,目前的一般公共服务支出科目并不能反映一般公共服务的职能。如前文所述,2007年我国政府支出开始按功能进行分类,这些年在此基础上进行了一定的调整。比如食品和药品监督管理事务,设置两年后即调出"一般公共服务",彩票业务几年后也调出,这两项事务主管部门的相关支出也不再在"一般公共服务"类中反映。除了这两个科目,还有其他不少科目本是国家机关运行开支,应反映"一般公共服务"职能,却归入其他类级科目中,使得包括"一般公共服务"在内的不同职能出现交叉现象。目前在功能分类的其他类中,比如"教育支出"类下有款级科目"教育管理事务",反映的就是政府在教育方面的行政机关的相关支出,按照COFOG的分类应属于"一般公共服务"职能。除了教育支出,还有科学技术支出、社会保障和就业支出、卫生健康支出、节能环保支出、城乡社区支出、金融支出等,都存在类似的情况。

第三,各个层次的具体科目说明过于简单。这个问题不仅仅存在于"一般公共服务"的科目中,我国政府收支科目普遍存在类似的问题。对于支出单位尤其是政府机关单位来说,科目说明不具体就缺乏了明确的指示,造成了使用者的困惑和不便,容易造成科目的混用,不利于提高资金使用效率,也会使"一般公共服务"科目反映的职能受到影响。

10.1.4 我国一般公共服务支出分类的改革建议

2007年政府支出功能分类的改革,由于条件限制,改革进行得并不彻底,还需要继续将功能分类改革深入下去,将不同的支出功能真正各归其位。因而功能分类的改革,并不是某一项功能需要改革的问题,而是所有的功能都需要仔细地考量、科学地划分。在此基础上,有些科目需要在类内合并和简化,出现职能错位和交叉的科目,则需要在不同的类级科目中进行调整。就"一般公共服务"而言,改革建议如下:

(1) 一般公共服务是个独立的职能,科目内容应完整地予以反映。首先,要明确一般公共服务的职能范围。职能的大、中、小层次要细分,大职能要完整,中职能相互独立不交叉,小职能体现具体的业务运行。目前政府的所有支出中,哪些属于一般公共服务,哪些不属于,先要清晰明确,才能进行下面的工作。其次,要把性质和内容上属于这项职能的科目都归并到"一般公共服务"类下,不在其他类中体现。现有的一般公共服务科目,基本上体现了一般公共服务的职能,要做的是把分散在其他类中却反映一般公共服务职能的科目,收回到"一般公共服务"类下。具体要收回的有教育支出、科学技术支出、社会保障和就业支出、卫生健康支出、节能环保支出、城乡社区支出、金融支出、其他支出等类级科目中属于政府行政机关管理方面的支出。需要明确的是,只是科目名称的变化,并不是对政府各部委的管理范围进行调整。最后,要确定科目调整的原则。对于一般公共服务来说,相比其他支出,政府机关行政管理方面的支出有一定的稳定性,没有充分的理由经常调整。确定科目的调整原则之后,符合条件的才可以调整,不符合条件的不做变动,尽量避免因科目的调整而干扰行政事务。

(2) 合理地设置一般公共服务的款、项级科目。从分类学的角度,设置时要尽量符合分类原则。对款级科目而言,目前按部门设置,等于是每个部门只使用对应的科目,其他科目均不适用。科目的分类并不是分配,科目应具有普适性,应根据具体的支出业务而不是支出单位来设计科目。根据我国的实际情况,一般公共服务包含的对外事务和对外经济援助,可以继续在"外交支出"类中反映,公共债务和政府间转移支付,也可以在目前的大类科目中保持不变。款级科目要重新设置,建议按政府行政机关的不同职能设下列5个款级科目:"立法事务",反映各级立法机关及所属机构的支出;"政府管理事务",反映各级政府办公厅(室)及相关机构的支出;"共产党事务",反映共产党各级机构、所属各级办事机构的支出;"一般行政事务",反映一般行政单位及相关机构的支出;"其他一般公共服务支出",反映上述项目未包括的一般公共服务支出。这样,款级科目反映的子功能各自独立,不会相互混淆。项级科目可以根据上述各机关的业务特点设置,以各自的行政运行、一般行政管理、其他业务为主。

(3) 要有清晰、明确、详细的科目说明。一般公共服务支出科目必须清晰地反映这个职能,各个层次科目的解释要详尽具体,不能出现分不清属于哪个科目的情况。三级类目的说明要反映不同层次的职能范围,互斥不相交。可以借鉴发达国家一般公共服务支出科目的解释说明,注明哪些包括在本科目里,最好还要注明哪些不包括在此科目中,方便科目使用者的使用,并且能够统一各科目的口径,避免统计上出现较大误差。

10.2 教　育

教育是一个财政统计上的指标,属于政府职能分类中的一项重要职能,反映政府提供的教育服务。按国际规则,教育职能通常包括:学前教育、初等教育、中等教育、高等教育、无法定级的教育等机构的支出、管理和监督;教育的辅助服务;有关教育事务和服务的研究等。

政府介入教育的理由有三点:外部性、资本市场的缺陷和不完全信息(桑贾伊·普拉丹,2000)。外部性是指教育除了使个人受益,还会使其他人获益。资本市场的缺陷和不完全信息是指在资本市场上(尤其是发展中国家),学生一般很难

获得没有担保的信贷,无法基于教育所取得的未来生命期的收入进行借款,在评价个人因接受教育而获得收入时,市场也面临较大的信息约束。其中,外部性是政府对教育尤其是基础教育进行支出的主要理由。

教育虽然是一种准公共产品,却具有竞争性和排他性的特征,这意味着它也可以是私人产品。当教育资源有限时,受教育者的数量如果超过一定限度,将会带来"拥挤成本",导致受教育者享受的教育数量减少、质量降低,因而教育服务是一种具有外溢性的俱乐部产品。既然具有混合公共产品的属性,教育的供给主体理论上就应该是多元化的,即政府机制与市场机制和自愿供给机制并举,政府补助与收费相结合,以弥补成本,保证充分供给,并做到优势互补。教育虽然与受教育者本人将来的发展密切相关,但更多的是体现为一种社会效益,它可以为社会经济的发展、综合国力的增强提供强大的智力支持,提供人力资本储备,并且会使全社会从经济发展、社会文明进步中受益,涉及一国未来可持续发展的潜力。尤其是义务教育,它具有公共产品的性质,决定了政府必须担负起主要资金投入者的责任,通过税收支付义务教育的实施成本。

教育可以分为普通型、专业型和研究型,根据教育外部效应的分类,可以大致确定政府对教育的支出范围。表 10-6 表明了这三类教育的外部效应。

表 10-6 教育的外部效应分类

教育类别	主要功能	核心作用机制	外部性类型	外部性程度
普通型教育	内化、养成和建构与社会制度和价值相容的观念与行为	减少学习和试错成本,降低交易费用	稳定外部性	强
专业型教育	积累直接用于生产过程的人力资本要素	改变有形资本、技能型劳动和普通劳动的要素比例结构	工资外部性	弱
研究型教育	增加研究型人力资本,创新基础性知识与技术	产生知识外溢,促进技术的进步,使生产过程收益递增	增长外部性	强

资料来源:宗晓华,《公共教育时政制度的经济分析》,中国财政经济出版社 2012 年版,第 97 页。

在普通型教育领域,受教育者通过内化、养成和建构与特定社会制度和社会价值相容的观念及行为,减少了自然成长过程过高的学习和试错成本,减少了个体与社会的摩擦、背离和冲突,降低了整个社会的交易费用。因而,普通型教育具有强大的稳定外部性。

研究型教育的主要功能是创造新的知识与技术,增加研究型人力资本。由于知识和技术具有很强的外溢性,基础性的知识又是典型的公共产品,因此研究型教育具有较强的外部性。

专业型教育的主要功能是生产个体参与劳动力市场所需的生产性人力资本,人力资本的私有产权清晰,实证研究也没有十分支持这种教育的外部性。理论上,个体的专业型教育投资可以改变有形资本、技能型劳动和普通劳动的要素比例,可以对其他人的工资收入产生一定的外在效应,称为工资外部性。

根据外部性的强弱,政府主要对普通型教育和研究型教育承担支出责任。

10.2.1 教育支出分类的国际经验

10.2.1.1 联合国COFOG对教育支出的分类

政府的教育支出向来为社会和公众所关注。教育支出由于财政预算统计口径有可能不同,在国际尤其是发展中国家间进行比较时,往往不容易轻易得出结论。发达国家对教育分类的依据和方法大致已达成共识,即教育的细分以联合国教学、科学及文化组织(教科文组织 UNESCO)1997年发布的《国际标准教育分类》(ISCED-97)中的级类为依据。参照这个分类标准,联合国 COFOG 对教育支出进行了较为细致的分类(见表10-7)。

表 10-7 COFOG 根据政府职能对教育的分类

一级类目	二级类目		三级类目	
709 教育	7091	学前教育和初等教育	70911	学前教育(IS)
			70912	初等教育(IS)
	7092	中等教育	70921	初中教育(IS)
			70922	高中教育(IS)
	7093	中等教育后的非高等教育	70930	中等教育后的非高等教育(IS)
	7094	高等教育	70941	高等教育第一阶段(IS)
			70942	高等教育第二阶段(IS)
	7095	无法定级的教育	70950	无法定级的教育(IS)
	7096	教育的辅助服务	70960	教育的辅助服务(IS)
	7097	教育的研究和发展	70970	教育的研究和发展(CS)
	7098	未另分类的教育	70980	未另分类的教育(CS)

资料来源:联合国《政府职能分类》(COFOG)。

联合国的教育职能分类具体规定如下:集体教育服务涉及的事项有拟定和管理政府政策,制定并执行标准,教育机构的管理、发照和监督,与教育事务和服务有关的应用研究和试验性开发。但是与一组学校和学院等的管理或运作有关的间接费用被视为个别开支,酌情划归 7091—7096 组。需要说明的是,教育部门包括课程设置类似非军事院校的军事院校、除提供警察训练还提供一般教育的警察学院以及由电台和广播电视提供教育,这方面产生的费用酌情划归 7091—7095 组。

教育职能分为 8 个二级子目,分别如下:

第一,学前教育和初等教育。包括:提供 ISCED-97 0 级学前教育及其学校和其他机构的管理、检查、运作或支持,提供 ISCED-97 1 级初等教育及其学校和其他机构的管理、检查、运作或支持。

第二,中等教育。初中教育提供 ISCED-97 2 级初中教育及其学校和其他机构的管理、检查、运作或支持,提供奖学金、赠与、贷款和津贴以支持学生接受 ISCED-97 2 级初中教育,以成年人和青年为对象的校外初中教育。高中教育提供 ISCED-97 3 级高中教育及其学校和其他机构的管理、检查、运作或支持,提供奖学金、赠与、贷款和津贴以支持学生接受 ISCED-97 3 级高中教育,提供以成年人和青年为对象的校外高中教育。

第三,中等教育后的非高等教育。提供 ISCED-97 4 级中等教育后的非高等教育及其学校和其他机构的管理、检查、运作或支持,提供奖学金、赠与、贷款和津贴以支持学生接受 ISCED-97 4 级中等教育后的非高等教育,提供以成年人和青年为对象的中等教育后的非高等教育。

第四,高等教育。高等教育第一阶段提供 ISCED-97 5 级高等教育及其学校和其他机构的管理、检查、运作或支持,提供奖学金、赠与、贷款和津贴以支持学生接受 ISCED-97 5 级高等教育。高等教育第二阶段提供 ISCED-97 6 级高等教育及其学校和其他机构的管理、检查、运作或支持,提供奖学金、赠与、贷款和津贴以支持学生接受 ISCED-97 6 级高等教育。

第五,无法定级的教育。提供无法定级的教育(即一般以成年人为对象、不需要任何特定学历的教育方案,特别是职业教育和文化发展),提供无法定级的教育的机构的管理、检查、运作或支持,提供奖学金、赠与、贷款和津贴以支持学生接受无法定级的教育。

第六,教育的辅助服务。为教育提供辅助服务,提供交通、食品、住宿、医疗保健和牙齿护理及有关辅助服务的管理、检查、运作或支持。不包括学校医疗保健检测和预防服务(70740),支付辅助服务费用的奖学金、赠与、贷款和现金津贴(7091、7092、7093、7094 或 7095)。

第七,教育的研究和发展。从事与教育有关的应用研究和试验性开发的政府机构的管理和运作,提供赠与、贷款和补贴以支持研究所和大学等非政府机构从事与教育有关的应用研究和试验性开发。不包括基础研究 70140。

第八,未另分类的教育。总体教育政策、计划、方案和预算的拟定、管理、协调和检测等活动的管理、运作或支持;制定并执行与提供教育有关的法律和标准,包括教育机构的发展;制作并分发与教育有关的一般资料、技术文件和统计数字。不包括不能划归前 7 项分类的教育事务和服务。

COFOG 对教育的职能分类较为规范,从传统教育的角度,将教育职能主要界定为在传统学校接受的教育机构的管理、检查、运行、支持,以及为学生提供的奖学金、津贴等货币补助,还包括教育的辅助服务。可能和其他国家不同的地方是没有对培训做出单独的分类或定位,而随着市场经济的发展,面对劳动力市场逐渐增大的竞争压力,越来越多的国家开始加强针对就业市场的培训教育。

10.2.1.2 发达国家对教育支出的分类

大多数国家的基本教育支出按 COFOG 的标准分类设置科目,但是根据自己国家的需要会有些许不同。比如美国在传统教育的基础上,为了促进劳动和就业,较看重后期的培训,相关二级税目就有培训和就业、其他劳务服务、社会服务等。澳大利亚也有专门的"职业和其他教育"科目,加拿大则有特殊培训服务,这些专门针对培训的科目有别于 COFOG 里的教育分类(见表 10-8)。

表 10-8 美国、澳大利亚、加拿大教育支出的二级和三级类目

国家	二级类目	三级类目
美国	小学、中学和职业教育;高等教育;研究和一般教育辅助;培训和就业、其他劳务服务、社会服务	
澳大利亚	高等教育	管理、检查、支持和运作大学第一级学位、研究生学位和其他高等教育学历,不包括国防高校
	职业和其他教育	中等教育最后一年的职业和技术培训、特殊教育、移民教育项目、其他不属于教育等级的教育项目,不包括学徒项目
	非政府和政府的学校	学前教育、初等和中等教育
	学生援助	青年津贴、本地学生援助、非全日制学生的补充受益金、学生交通补助
	一般管理	和教育职能有关的管理运行成本
	学校特殊教育基金	针对特殊倡议项目或特定团体的福利

(续表)

国家	二级类目	三级类目
加拿大	初等和中等教育	从幼儿园到高中预科的教育支出；中等学校的技术和职业培训；学生交通、课本、电力设备和教学中的资源供给；给老师的津贴；对学生、建筑和教育项目运行的支出；残疾人学校、印第安人学校、因纽特人学校；对私人初级和中级学校的转移支付
	中等教育以上	教师进修学校；高级技术培训所；指导和训练艺术家的音乐学校；大学提供的护理教育；奖学金、助学金及其他金融援助
	特殊培训服务	包括提升个人技能的支出；失业救济金领取者的在职培训；给工作中接受培训的工人和个人的现金津贴和补贴；为鼓励公司和其他机构的员工系统性培训的税收抵免。不包括警察培训
	其他教育	部门教育的一般管理支出；和教育相关的统计和研究活动；学徒培训；夜校相关课程；大学附属机构（如书店和咖啡厅）

资料来源：美国白宫网站、澳大利亚政府网站、加拿大政府网站。

发达国家非常重视教育，教育支出的相关指标较多，教育支出所占比例也比较大，是非经营性支出中重要的一类支出。发达国家的教育支出分类比较接近，一般包括初等、中等和高等教育、职业培训教育等。对教育支出的三级类目都有较为详细的说明。

10.2.2 我国教育支出分类的现状与问题

10.2.2.1 我国教育支出分类的演进

中华文化源远流长，教育在我国一直较受重视，在古代教育支出就是个经常性的支出项目。中华人民共和国成立后，我国的教育支出在"社会文教费类"里作为重要的款级科目出现。改革开放前，我国教育财政体制的变化可分为两个阶段，1950—1953 年实行"统收统支、三级管理"，1954—1979 年实行"条块结合、以块为主"。"条块结合"是指教育经费预算分为中央和地方两级，实行两级分级管理；"以块为主"是指在财政部下达的经费控制范围内，各地方政府有权结合自己的财力、物力动用预备费，对预算进行统筹安排。改革开放后，教育财政体制发生了很大变化。1985 年开始实施基础教育"由地方负责、分级管理"的教育政策，使得基础教育得到稳定发展，但是各地经济发展的不平衡导致地区间基础教育发展也极其不平衡。为了改变基础教育的状况，1986 年中央出台了《义务教育法》，1992 年发布了《义务教育法实施细则》，将义务教育列入了法律保障，明确了义务教育的实施步骤、管理体制、管理与监督等，初步形成了多渠道、地方负责的义务教育财政体制。1995年,我国首次提出科教兴国战略,把科技和教育摆在经济社会发展的重要位置,在构建新型教育财政体制方面取得了一定的发展,并且形成和逐步完善了以国家财政拨款为主、多渠道多元化筹措高等教育经费的财政拨款体制。之后出台了一系列法律规章,有力地推动了我国教育经费筹措与管理的规范化。中华人民共和国成立后,我国的教育支出一直以文教科卫大类下款级科目的形式出现。1995年第八届全国人大第三次会议通过了《中华人民共和国教育法》,其中规定,"各级人民政府的教育经费支出,按照事权与财权相统一的原则,在财政预算中单独列项"。1998年之后,教育支出都是独立的类级科目(见表10-9)。

表10-9 我国教育支出科目的变化

年份	类级科目	款级科目	项级科目
1952—1997	文教卫生事业费类	教育事业费	高等学校经费、留学生经费,中学经费,小学经费,幼儿教育经费,职业教育经费,中等专业学校经费,高等业余教育经费,普通业余教育经费,教师进修培训经费,民办教师补助费,特殊教育经费,广播电视教育经费,其他教育事业费
1998—2001	教育事业费	高等学校经费、留学生经费,中学经费,小学经费,幼儿教育经费,职业教育经费,中等专业学校经费,成人高等教育经费,普通业余教育经费,教师进修及干部培训经费,特殊教育经费,广播电视教育经费,其他教育事业费	
2002—2006	教育支出	普通教育	学前教育、小学教育、初中教育、高中教育、高等教育、其他高等教育
		职业教育	初等职业教育、中专教育、技校教育、职业高中教育、高等职业教育、其他专业教育支出
		成人教育	成人初等教育、成人中等教育、成人高等教育、成人广播电视教育、其他成人教育支出
		广播电视教育	广播电视学校、教育电视台、其他广播电视教育支出
		留学教育	出国留学教育、来华留学教育、其他留学教育支出

(续表)

年份	类级科目	款级科目	项级科目
2007年至今	教育	教育管理事务（新增）	行政运行、一般行政管理事务、机关服务、其他教育管理事务支出
		教师进修、干部教育、其他教师进修及干部继续教育支出	教师进修及干部继续教育（新增）
		教育费附加支出、地方教育费附加支出、地方教育基金支出、其他教育附加及基金支出	教育附加及基金支出（新增）

注：这个类级科目名称多次更改，如1952年是"社会文教费类"，1959年更名为"社会文教科学费类"，1971年后为"文教卫生事业费类"，1979年又更名为"文教科学卫生事业费类"，1987年变为"文教卫生事业费"，1996年改为"文教事业费类"，1998年独立出来成为"教育事业费"，2002年改为"教育支出"，2007年更名为"教育"，2014年又改为"教育支出"。

资料来源：根据1952—2020年政府预算收支科目整理。

从表10-9中可以看出中华人民共和国成立后至今，我国教育支出的类级、款级科目的变化情况。1998年科目改革之前，我国的教育支出一直和文化、卫生、科学等在一个综合大类里，主要是传统教育的内容，如小学教育、中学教育、高等教育、中专教育、业余教育、教师培训等。虽然在不同的时期，高等教育由于主管部门的变动，经常从"教育事业费"中分出，成为独立的"高等教育事业费"款级科目，但教育支出范围基本上没有大的变化。1998年之后，根据《教育法》的要求，教育事业费成为类级科目，原来的项级科目变为款级科目，总的科目体系并没有发生改变。2002年之后，我国的教育支出科目才按照国际惯例进行分类，分为普通教育、职业教育、成人教育等，建立起较为合理的教育支出分类体系。2007年政府收支科目改革将教育支出相关科目进行了简化合并，对教育支出有较大的影响，使原有教育支出口径有了一定的改变。之后，教育支出的科目体系大致保持不变，只是个别科目有小的调整。

10.2.2.2 我国教育支出分类的现状

根据我国2019年政府收支分类表，我国教育支出大类下，共有10个款级科目，分别为：教育管理事务、普通教育、职业教育、成人教育、广播电视教育、留学教育、特殊教育、进修及培训、教育费附加安排的支出、其他教育支出。

第一，教育管理事务，反映教育管理方面的支出。包括4个项级科目，分别为行政运行，反映行政单位（包括实行公务员管理的事业单位）的基本支出；一般行政管理事务，反映行政单位（包括实行公务员管理的事业单位）未单独设置项级科目的其他项目支；机关服务，反映为行政单位（包括实行公务员管理的事业单位）

提供后勤服务的各类后勤服务中心、医务室等附属事业单位的支出；其他教育管理事务支出，反映除上述项目以外其他用于教育管理事务方面的支出。

第二，普通教育，反映各类普通教育支出。包括8个项级科目，分别为：学前教育，反映各部门举办的学前教育支出；小学教育，反映各部门举办的小学教育，政府各部门对社会中介组织等举办的小学的资助，如各类捐赠、补贴等也在本科目反映；初中教育，反映各部门举办的初中教育支出，政府各部门对社会中介组织等举办的初中教育的资助，如捐赠、补贴等也在本科目反映；高中教育，反映各部门举办的高中教育支出，政府各部门对社会中介组织等举办的高级中学的资助，如捐赠、补贴等也在本科目反映；高等教育，反映经国家批准设立的中央和省、自治区、直辖市各部门所属的全日制普通高等院校（包括研究生的支出），政府各部门对社会中介组织等举办的各类高等院校的资助，如捐赠、补贴等也在本科目反映；化解农村义务教育债务支出，反映化解农村义务教育债务支出；化解普通高中债务支出，反映化解公办普通高中债务支出；其他普通教育支出，反映除上述项目以外其他用于普通教育方面的支出。

第三，职业教育，反映各部门举办的各类职业教育支出。包括6个项级科目分别为：初等职业教育，反映各部门举办的初等职业教育支出；中专教育，反映各部门举办的各类中等专业学校的支出；技校教育，反映工业、交通、劳动保障等部门举办的技工学校支出；职业高中教育，反映各部门举办的职业中学、农业中学（含普通高中改制的）、半工（农）半读中学的支出或补助费；高等职业教育，反映经国家批准设立的高等职业大学、专科职业教育等方面的支出；其他职业教育支出，反映除上述项目以外其他用于职业教育方面的支出。

第四，成人教育，反映各部门举办函授、夜大、自学考试等成人教育的支出。包括5个项级科目，分别为：成人初等教育，反映各部门举办各类成人初等教育的支出；成人中等教育，反映各部门举办各类成人中等教育的支出；成人高等教育，反映各部门举办函授、夜大、高等教育自学考试等方面的支出；成人广播电视教育，反映各部门举办成人广播电视教育的支出；其他成人教育支出，反映除上述项目以外其他用于成人教育方面的支出。

第五，广播电视教育，反映广播电视教育支出。包括3个项级科目，分别为：广播电视学校，反映各部门举办广播电视学校的支出；教育电视台，反映教育电视台的支出；其他广播电视教育支出，反映除上述项目以外其他用于广播电视教育方面的支出。

第六，留学教育，反映经国家批准，由教育部门统一归口管理的出国、来华留学生支出。包括3个项级科目，分别为：出国留学教育，反映资助出国留学生以及为出国留学生举办的专门学校的支出；来华留学教育，反映资助来华留学生支出；

其他留学教育支出,除上述项目以外其他用于留学教育方面的支出。

第七,特殊教育,反映各部门举办的盲童学校、聋哑学校、智力落后儿童学校、其他生理缺陷儿童学校和工读学校支出。包括3个项级科目,分别为:特殊学校教育,反映各部门举办的盲童学校、聋哑学校、智力落后儿童学校、其他生理缺陷儿童学校的支出;工读学校教育,反映各部门举办的工读学校的支出;其他特殊教育支出,反映除上述项目以外其他用于特殊教育方面的支出。

第八,进修及培训,反映教师进修及干部培训等方面的支出。包括5个项级科目,分别为:教师进修,反映教师进修、师资培训支出;干部教育,反映各级党校、行政学院、社会主义学院、国家会计学院的支出,包括机构运转、招聘师资、举办各类培训班的支出等;培训支出,反映各部门安排的用于培训的支出,教育部门的师资培训、党校、行政学院等专业干部教育机构的支出,以及退役士兵、转业士官的培训支出不在本科目反映;退役士兵能力提升,反映退役士兵技能培训支出,以及转业士官待分配期间培训支出;其他进修及培训,反映除上述项目以外其他用于进修及培训方面的支出。

第九,教育费附加安排的支出,反映用教育费附加安排的支出。包括6个项级科目,分别为:农村中小学校舍建设,反映教育费附加安排用于农村中小学校舍新建、改建、修缮和维护的支出;农村中小学教学设施,反映教育费附加安排用于改善农村中小学教学设施和办学条件的支出;城市中小学校舍建设,反映教育费附加安排用于城市中小学校舍新建、改建、修缮和维护的支出;城市中小学教学设施,反映教育费附加安排用于改善城市中小学教学设施和办学条件的支出;中等职业学校教学设施,反映教育费附加安排用于中等职业学校教学设施的支出;其他教育费附加安排的支出,反映除上述项目以外的教育费附加支出。

第十,其他教育支出,反映除上述项目以外,其他用于教育方面的支出。

10.2.2.3 目前我国教育支出分类的问题

我国的教育支出较为宽泛,几乎包括所有层次的教育。与COFOG及其他国家的教育支出分类相比,我国的"教育"职能显然是不同的,出现问题的根源也在于此。教育支出是个重要的统计指标,体现出政府对国民教育承担的责任大小,如果口径不准确,则容易隐藏一些信息,不能反映真实的教育支出。

我国教育支出分类的首要问题是,教育支出职能没有准确界定。联合国《政府职能分类》(COFOG)界定的教育职能是传统教育,以学前、初等、中等、高等教育为主,以及不需要学历的职业教育和文化发展,即包括学历教育和促进个人长期发展的职业培训。我国的教育职能范围更为宽泛,除了普通教育,还包括职业教育、成人教育、广播电视教育、留学教育、特殊教育、进修及培训等。和COFOG及其他国家相比,多出来的是广播电视教育、留学教育和进修及培训。广播电视教育其实承担了部分教育功能,便于没有条件接受正规教育的公众获取知识和技能,虽然和其他国家不同,但是这项支出有一定的理由列在教育支出中。与之相比,留学教育和进修与培训的一部分内容在教育中支出的理由就有些牵强。"留学教育"在发达国家比较少见,接受国外教育或外国人到中国接受教育,属于个人行为,政府没有相应的支出责任,即使发生实际支出也应该列入普通教育支出,没有必要专门设这个教育支出分类。另外,在目前的"进修与培训"中,只有"教师进修"属于教育职能,"退役士兵能力提升"反映退役士兵或转业士官的培训支出,而"干部教育"和"培训支出"基本上是为行政机关服务的,在2007年科目改革之前,这项支出称为"干部训练事业费"或"干部训练支出",不在教育支出中列支,在教育事业费单独设类之前,它和教育事业费同为款级科目,属于"文教卫生事业费"中的一项事业费。而教育支出中的"教师进修及干部教育"说明一直是"反映教育部门举办的教师进修、师资培训和教育系统在职干部事业培训经费"(2006年政府收支分类科目),和目前的"干部教育"和"培训支出"科目说明有明显的区别。行政机关或事业单位干部的培训支出,应在其部门中开支,列入教育支出,将会放大教育职能,和其他国家教育支出口径相比也会有较大差别。

此外,还存在教育支出科目设置不合理的问题。如"教育费附加安排的支出"款级科目,下面的项级科目如农村中小学校舍建设、农村中小学教学设施等支出内容,和普通教育中的中小学教育内容相重合。这个款级科目列入教育支出的目的,应该是说明支出经费来自教育费附加,但这和其他款级科目的划分依据不同,其他款级科目是按照教育类别划分的,将不同划分依据的两个科目并列起来,会造成科目之间关系的混乱。另外,在市场经济条件下,我国目前的教育分类体系还缺少针对劳动力市场的培训支出,这是发达国家近年来比较重视的一项支出。这不是对政府机构的人员进行培训,而是为了提高劳动力的技能,促进就业和经济稳定发展,对失业者或想寻求更好的发展机会的就业者开展的短期培训计划。在我国的教育体系中,职业教育以职业学校教育为主,还缺乏相关的培训支出。

10.2.3 我国教育支出分类的改革建议

我国的教育支出应反映完整独立的教育职能,教育支出口径不宜偏离国际标准过多。针对前文中出现的问题,建议对现有教育支出科目进行相应调整。

第一,准确界定教育职能。参考其他国家教育支出的分类,再根据我国的传统和实际情况对教育职能进行界定。界定清晰之后,使教育支出真实地反映完整的教育职能,不属于该职能的,即使是短期调整也不应列入教育支出;属于这项职能的,就应在教育支出中反映出来。这样才能保持教育支出口径的稳定性和合理性。

第二,调整"留学教育"款级科目。留学教育并不是标准的教育分类,不应和其他的教育分类并列在款级。可以将相关的支出并入"普通教育"中的"高等教育"或其他等级的教育,或者调出教育支出,列入其他支出类中。例如,为吸引其他国家学生来华学习,一些优惠的支出政策可以作为宣传费用列入有关部门的开支。

第三,调整"教育费附加安排的支出"款级科目。教育费附加安排的支出并不是教育的分类,不应设款级科目,应将其对应并入普通教育款的小学教育项和初中教育项或职业教育款的相关项级科目。今后类似的科目如果要调入教育支出,应按现有分类调入对应款级科目,作为项级科目。款级科目设置必须额外慎重,要保持其他款级科目之间的平级关系。

第四,设置"职业培训"项级科目。将此科目列在职业教育款级科目之下,和其他职业教育的项级科目平级。职业培训项的设置有一定的必要性,不仅依据发达国家的分类经验,而且此科目的设置可以促进政府建立完善的多层次的公共就业培训计划体系,更好地履行公共服务职能。设置这个科目后,相关的支出就有了对应的科目。在市场经济条件下,这个科目的设置也具有一定的稳定性。

10.3 医疗卫生

10.3.1 医疗卫生的内涵

医疗卫生(health)是一个财政统计上的指标,属于政府职能分类中的一项重要职能,反映政府提供的医疗、卫生、保健等服务。按国际规则,医疗卫生职能通常包括:医疗产品、器械和设备服务,门诊服务,医院服务,公共医疗保健服务,医疗卫生事务和服务的研究和发展等。

医疗卫生需要政府介入的一个重要理论依据就是,医疗服务市场存在严重的市场失灵,必须由政府来支持和规制。市场失灵主要表现在以下几个方面:

第一,由信息不对称导致的市场失灵。按照诺贝尔经济学奖得主阿罗的分析,医疗卫生服务和一般的产品或服务相比,存在供需双方信息的严重不对称性。信息不对称在任何市场中都存在,但与一般产品市场相比,医疗服务市场的信息不对称更为严重。这主要是因为服务的提供者和需求者对于医疗服务的内容、效果、价格等信息的了解程度有很大的差别。医生对医疗服务信息的掌握程度远远超过患者,当医生的收入受到其提供服务量的影响时,他向患者提供的信息就会出现偏差,病人可能会对医疗服务和药品进行过度消费。

第二,由垄断竞争引起的市场失灵。在完全竞争市场,厂商生产同质产品,买方和卖方人数众多。但是医疗服务市场并不相同,医疗服务并非同质,甚至存在很大差异。从服务的提供者来看,不同水平和能力的医生提供的服务质量不同;

从服务的需求者看,患者的病情病因也有很大不同。医疗服务较难满足商品同质的要求,因而限制了患者的选择范围,形成了医疗服务市场垄断竞争的格局。由于"无知性"和搜寻的高成本,与其他垄断市场相比,医疗服务市场失灵的现象更为严重。

第三,由道德风险引起的市场失灵。在医疗保险市场上,第三方付费促使了道德风险的产生。一般来说,在医疗服务市场上,医生是服务提供者,患者是服务需求者,第三方是保险公司或政府。如果医疗费用大部分由第三方承担了,患者就只需支付很小比例的费用。在第三方付费情况下,医疗服务的供需双方为了共同的利益,有可能会合谋,患者希望获得昂贵而不必要的医疗服务,而医院和医生也愿意提供多余的医疗服务,最终会导致第三方支付的费用越来越高,市场出现失灵现象。

10.3.2 医疗卫生支出分类的国际经验

10.3.2.1 联合国COFOG对医疗卫生支出的分类

医疗卫生职能是一个非常重要的政府支出职能,反映政府在医疗和保健方面的职能。联合国COFOG对此有详细的分类(见表10-10)。

表10-10 COFOG根据政府职能对医疗卫生的分类

707 医疗保健	7071 医疗产品、器械和设备	70711 药品(IS)
		70712 其他医疗产品(IS)
		70713 治疗器械和设备(IS)
	7072 门诊服务	70721 一般医疗服务(IS)
		70722 专科医疗服务(IS)
		70723 牙科服务(IS)
		70724 辅助医疗服务(IS)
	7073 医院服务	70731 一般医院服务(IS)
		70732 专科医院服务(IS)
		70733 医疗和妇产中心服务(IS)
		70734 疗养院和康复院服务(IS)
	7074 公共医疗保健服务	70740 公共医疗保健服务(IS)
	7075 医疗保健研究和发展	70750 医疗保健研究和发展(CS)
	7076 未另分类的医疗保健	70760 未另分类的医疗保健(CS)

资料来源:联合国《政府职能分类》(COFOG)。

政府的医疗卫生支出包括向个人提供的服务和向集体提供的服务的支出。向个人提供服务的支出被划归7071—7074组,向集体提供服务的支出列在7075组和7076组之下。

集体医疗卫生服务涉及的事项有拟定和管理政府政策,制定并执行与医务人员和医务辅助人员及医院、诊所、手术室等有关的标准,医疗卫生提供者的管理和发照,有关医疗和医疗卫生事项的应用研究和试验性开发。但是与一组医院、诊所等的管理或运作有关的间接费用被视为个别开支,酌情划归 7071—7074 组。

COFOG 将医疗卫生职能划分为 6 个二级子目,分别为:

第一,医疗产品、器械和设备。本组涵盖个人和住户持处方或不持处方而通常从药剂师、配药师或医疗设备供应商取得的药物、假体、医疗器械和设备以及与医疗卫生有关的其他产品。这些物品供人们在医疗卫生设施或机构以外的地方使用。医生、牙医和护理医生直接提供给门诊病人,或者医院等提供给住院病人的这些产品列在门诊服务 7072 或医院服务 7073 之下。

第二,门诊服务。本组涵盖医生、牙医、护理医生和辅助人员提供给门诊病人的医疗、牙医和医务服务。这些服务可在家中、药房或医院的门诊所或通过个别或集体咨询设施等提供。门诊服务包括医生、牙医、护理医生和辅助人员直接向门诊病人提供药物、假体、医疗器械和设备以及与医疗卫生有关的其他产品。

第三,医院服务。医院的定义是病人在治疗期间住宿医院,医院日间护理和在家接受医院治疗及晚期病人收容所包括在内。本组涵盖一般和专科医院服务,主要提供住院服务的医疗中心、产科中心、疗养院和康复院提供的服务,军事基地医院提供的服务,以医疗监测作为基本内容的老年人服务机构提供的服务,以治疗病人而非以提供长期支持为目的提供住院医疗卫生和康复治疗的康复中心提供的服务。其中,一般医院和专科医院提供一般和专科医院服务,医疗和妇产中心提供医疗和妇产中心服务及管理、检查、运作或支持,疗养院和康复院提供疗养院和康复院服务及管理、检查、运作或支持。

第四,公共医疗保健服务。包括提供公共医疗卫生服务及管理、检查、运作或支持血库运作、发现疾病、预防、监测、流行病数据收集、计划生育服务等,制作并分发关于公共医疗卫生问题的资料。

第五,医疗保健研究和发展。从事与医疗卫生有关的应用研究和试验性开发的政府机构的管理和运作提供赠与、贷款或补贴以支持研究所和大学等非政府机构从事与医疗卫生有关的应用研究和试验性开发。

第六,未另分类的医疗保健。下列活动的管理、运作或支持:总体医疗保健政策、计划、方案和预算的拟定、管理、协调和监测;制定并执行与提供医疗卫生服务有关的法律和标准,包括向医疗单位及医务人员和辅助医务人员发照;制作并分发与医疗卫生有关的一般资料、技术文件和统计数字。

10.3.2.2　发达国家对医疗卫生支出的分类

发达国家政府医疗卫生职能范围大致相同,虽然科目不同,但内容和 COFOG 差异不大,基本上分为医疗服务、医院服务、药品服务、保健服务等(见表 10-11)。

表 10-11　美国、澳大利亚、加拿大医疗卫生支出的二级和三级类目

国家	二级类目	三级类目
美国	卫生保健服务、健康研究和培训、消费者及职业健康和安全	
澳大利亚	医疗服务和福利	医疗福利,根据医疗保险支付医院外医疗服务的费用,以及向接受私人医疗服务的病人提供的费用;退伍军人和家属,当地医生、专科、辅助医疗和牙科提供的服务,外科手术辅助器材的供应和维护以及差旅和其他方面的费用;私人健康保险激励
	医院服务	病房住宿和治疗;免费门诊;公立医院发生的意外和紧急治疗;退伍军人和家属在退伍军人事务部签订合同的公立医院或私立医院接受治疗
	国家医疗专项用途	向各州支付所提供的医疗服务
	药品福利和服务	医院外提供的药品
	原住民和托雷斯海峡岛民	健康服务,使原居民受益,包括精神健康、性健康和听力服务
	保健服务	为提供血液和血液制品、人口健康方案和发展、心理健康护理政策建立基金;对医疗保健、医学和健康科学的研究;健康促进和疾病预防,如健康促进运动、职业健康和安全计划、食品标准法规、环境卫生、营养服务、传染性疾病监测和控制及流行病学
	一般管理	与医疗保健功能的管理相关的成本
	对老年人的医疗帮助	主要为 65 岁及以上的人提供常规的基本护理
加拿大	医院服务	包括各种形式的医院服务,如一般医院;公共医疗诊所;急性病、康复、隔离、精神病医院;医院的护理学校;几乎所有的医院(私人、公立、宗教)的支出都包括,不包括教育部下设的护理学校、国防和退伍军人医院
	医疗服务	一般医疗服务;药品供应;牙科服务;家庭护理;门诊服务;医院、公共家庭护理机构、WCBs 和其他公共医疗卫生和社会服务机构提供的医疗服务,对私人家庭护理机构和其他医疗卫生和社会服务机构的转移支付
	预防服务	预防疾病发生和减轻影响的支出,包括公共医疗诊所;传染病控制服务,包括不在医院的免疫、治疗、隔离和检疫;食品药品监管;医院为病人提供的预防服务
	其他医疗卫生服务	
英国	医疗服务、医疗研究、中央和其他健康服务	

资料来源:美国白宫网站、澳大利亚政府网站、加拿大政府网站、英国政府网站。

美国医疗卫生支出的二级科目并不多,只有三个,但是覆盖面比较广,包括卫生保健服务、健康研究和培训、消费者及职业健康和安全。在每个二级科目下,有较多的三级科目,但三级科目的名称没有统一规定,各地方都不同。

澳大利亚分得较细,参照联合国医疗卫生职能的分类法,将医疗、医院、药品、保健分开,对65岁及以上的老年人提供常规的医疗基本护理,另外对原住民托雷斯海峡岛民提供专项的健康服务。澳大利亚在医疗服务和福利、医院服务、保健服务等二级科目下,设置了较详细的三级科目,可以看出政府对医疗卫生支出的覆盖范围较广。

加拿大的二级科目主要包括医院服务、医疗服务、预防服务等。其中,医院服务几乎包括所有医院的支出;医疗服务也包括一般医疗服务、药品供应、牙科服务、家庭护理、门诊范围,以及公共家庭护理机构、社会服务机构等提供的医疗服务等;预防服务包括诊治、传染病控制、食品药品监管等。

英国根据本国的情况,将医疗卫生分为医疗服务、医疗研究、健康服务,对二级科目下的三级科目有详细的设置。英国是典型的福利国家,政府对每个国民都提供了广泛的医疗和保健服务,卫生服务体系由初级服务、社区服务和专科服务三个部分组成。初级服务由全科医生提供,社区服务由当地政府组织提供,专科服务由国立医院提供,全都纳入政府医疗卫生支出体系。

10.3.3 我国医疗卫生支出分类的现状与问题

10.3.3.1 我国医疗卫生支出分类的演进

中华人民共和国成立后开启了公共卫生体系建设的初创阶段。1952年推行了惠及国家机关、事业单位、大学生的公费医疗制度,不仅包含免费的医疗服务,还涉及预防保健等延伸的福利项目,公费医疗和劳保医疗制度得以建立。在全国范围内开展了基层预防机构建设,包括传染病中心、防疫站、卫生站等。1965年开始将卫生工作重点向农村倾斜,农村合作医疗体系初步建立。改革开放后,公共卫生体系建设开始全面恢复。1984年十二届三中全会之后,改革的重点由农村转移到城市。1985年,医疗卫生改革全面启动,注重政策支持而忽略财政投入,将医院的管理权与经营权大幅下放,鼓励医疗机构自主创收,从一定程度上破坏了公共卫生的公共性,政府不再承担主要责任。1997年和1998年分别通过了关于医疗卫生改革的重要决定,建立了城镇职工基本医疗制度。2002年后实施的新农合制度,使得农民在失去农村合作医疗制度后重新获得可靠的医疗保障。这两项制度的确立,旨在缓解民众的医疗卫生需求,扩大医疗卫生服务面。

2005年7月确定的医疗改革重点是提高医疗服务的质量,使公立医院回归公共卫生的公共性,同时加强医院管理,增加医疗卫生服务的供给。2009年4月国务院《关于深化医疗卫生体制改革的意见》出台,标志着新一轮医改的全面启动。新医改最大的亮点是把基本医疗卫生制度作为公共产品提供给全民,鼓励人人享有基本医疗卫生服务。经过三年改革,以职工基本医疗保险、城镇居民基本医疗保险、新型农村合作医疗为主体,城乡医疗救助制度为兜底,商业健康保险及其他多种形式医疗保险为补充的中国特色医保制度体系初步形成。

  从医疗卫生分类方面来看,中华人民共和国成立之后,卫生支出是在社会文教费类下的款级科目,包括医院、门诊部、休养院、防疫、妇幼保健、公费医疗等项级科目。随后逐渐扩大了范围,分为卫生事业费、中医、公费医疗等方面。1979年卫生支出款改为卫生事业费款,公费医疗经费从之前的项级科目升为款级科目。1987年,原在卫生事业费款下的中医事业费变为款级科目。1997年根据有关政策的规定,卫生支出从原文教卫生事业费类中独立出来,成为卫生经费类,下设3个款级科目,即卫生事业费、中医事业费和公费医疗经费。1998年国家药品监督管理局成立后,1999年在卫生经费类下增设药品监督管理事业费款级科目。

  2002年政府支出科目有了较大的变化,卫生经费类也改为医疗卫生类,下设4个款级科目,即卫生、中医、食品和药品监督管理及行政事业单位医疗,其中卫生款包括医院、卫生服务中心、乡镇卫生院、防治防疫、妇幼保健、农民医疗等项级科目。这次医疗卫生支出的分类总的来说较为合理。2006年,在卫生款下增加了新型农村合作医疗项,新农合第一次进入了政府支出科目。

  2007年政府支出按功能分类后,所有的支出科目都有不小的变化。医疗卫生类下的款级科目由原来的4个增加为10个,加进了医疗卫生管理事务等款。2007年食品和药品监督管理事务款调入一般公共服务后,2009年又转回医疗卫生类。2010年新增公共卫生款。近几年随着卫生政策的变化,款级科目的变动较频繁。2013年3月国家卫生部更名为国家卫生和计划生育委员会后,2015年医疗卫生支出更名为医疗卫生和计划生育支出,人口与计划生育事务由一般公共服务支出类中调出,改为医疗卫生和计划生育支出类下的计划生育事务款级科目。2017年取消原社会保障款,改为行政事业单位医疗款。2017年还新增医疗救助、优抚对象医疗、财政对基本医疗保险基金的补助等款。2018年3月,国务院机构又一次改革,组建国家卫生健康委员会,不再保留国家卫生和计划生育委员会。2019年医疗卫生支出大类因而更名为卫生健康支出,原医疗卫生与计划生育管理事务款改为卫生健康管理事务款,另外新增医疗保障管理事务和老龄卫生健康支出2个款级科目(见表10-12)。

表 10-12　我国医疗卫生支出科目的变化

年份	类级科目	款级科目
1952—1996	文教卫生事业费	卫生事业费(项级：医院经费、中医医院经费、区/公社卫生院补助费、防治防疫事业费、药品检验机构经费、妇幼保健事业费、科学研究费、中等专业学校经费、干部训练费)
		公费医疗经费(项级：中央级公费医疗经费、地方公费医疗经费)
1997—2001	卫生经费类	卫生事业费、中医事业费、公费医疗经费、药品监督管理事业费(1999 年增加)
2002—2006	医疗卫生	卫生、中医、食品和药品监督管理、行政事业单位医疗
2007—2009	医疗卫生	医疗卫生管理事务、医疗服务、社区卫生服务、医疗保障、疾病预防控制、卫生监督、妇幼保健、农村卫生、中医药、食品和药品监督管理事务(2009 年转入)、其他医疗卫生支出
2010—2014	医疗卫生	医疗卫生管理事务、公立医院、基层卫生医疗机构、公共卫生(新增)、医疗保障、中医药、食品和药品监督管理事务、其他医疗卫生支出
2015—2018	医疗卫生和计划生育支出	医疗卫生与计划生育管理事务、公立医院、基层卫生医疗机构、公共卫生、医疗保障(2017 年取消)、中医药、计划生育事务(2015 年新增)、食品和药品监督管理(2019 年取消)、行政事业单位医疗(2017 年新增)、财政对基本医疗保险基金的补助(2017 年新增)、医疗救助(2017 年新增)、优抚对象医疗(2017 年新增)、其他医疗卫生与计划生育支出
2019 年至今	卫生健康支出	卫生健康管理事务、公立医院、基层卫生医疗机构、公共卫生、中医药、计划生育事务、行政事业单位医疗、财政对基本医疗保险基金的补助、医疗救助、优抚对象医疗、医疗保障管理事务(新增)、老龄卫生健康事务(新增)、其他卫生健康支出

资料来源：根据 1952—2020 年政府预算收支科目整理。

10.3.3.2　我国医疗卫生分类的现状

根据 2019 年政府收支分类科目，目前我国和医疗卫生职能相关的科目为卫生健康支出，反映政府卫生健康方面的支出，包括 13 个款级科目，即卫生健康管理事务、公立医院、基层医疗卫生机构、公共卫生、中医药、计划生育事务、行政事业单位医疗、财政对基本医疗保险基金的补助、医疗救助、优抚对象医疗、医疗保障管理事务、老龄卫生健康事务、其他卫生健康支出等。

第一，卫生健康管理事务，反映卫生健康、中医等管理方面的支出。包括 4 个项级科目:行政运行,反映行政单位(包括实行公务员管理的事业单位)的单位支出;一般行政管理事务,反映行政单位(包括实行公务员管理的事业单位)未单独设置项级科目的其他项目支出;机关服务,反映为行政单位(包括实行公务员管理的事业单位)提供后勤服务的各类后勤服务中心、医务室等附属事业单位的支出;其他卫生健康管理事务支出,反映除上述项目以外的其他用于卫生健康管理事务方面的支出。

第二,公立医院,反映公立医院方面的支出。包括12个项级科目:综合医院,反映卫生健康、中医部门所属的城市综合性医院、独立门诊、教学医院、疗养院和县医院的支出;中医(民族)医院,反映卫生健康、中医部门所属的中医院、中西医结合医院、民族医院的支出;传染病医院,反映卫生健康、中医部门所属的专门收治各类传染病人医院的支出;职业病防治医院,反映卫生健康、中医部门所属的专门从事职业病防治医院的支出;精神病医院,反映专门收治精神病人医院的支出;妇产医院,反映卫生健康、中医部门所属的专门从事妇幼保健医院的支出;儿童医院,反映卫生健康、中医部门所属的专门从事儿童疾病治疗医院的支出;其他专科医院,反映卫生健康、中医部门所属的除传染病医院、职业病医院、精神病医院、妇产医院、儿童医院以外的其他专科医院的支出;福利医院,反映政府举办的为贫困人群提供基本医疗服务的支出;行业医院,反映除卫生健康、中医部门外的各部门、国有企业所属医院的支出;处理医疗欠费,反映拨给卫生健康、中医部门处理医疗欠费的支出;其他公立医院支出,反映除上述项目以外的用于公立医院方面的支出。

第三,基层医疗卫生机构,反映用于基层医疗卫生机构的支出。包括3个项级科目:城市社区卫生机构,反映用于城市社区卫生机构的支出;乡镇卫生院,反映用于乡镇卫生院的支出;其他基层医疗卫生机构支出,反映除上述项目以外的其他用于基层医疗卫生机构的支出。

第四,公共卫生,反映公共卫生支出。下设11个项级科目:疾病预防控制机构,反映卫生健康部门所属疾病预防控制机构的支出;卫生监督机构,反映卫生健康部门所属卫生监督机构的支出;妇幼保健机构,反映卫生健康部门所属妇幼保健机构的支出;精神卫生机构,反映卫生健康部门所属精神卫生机构的支出;应急救治机构,反映卫生健康部门所属应急救治机构的支出;采供血机构,反映卫生健康部门所属采供血机构的支出;其他专业公共卫生机构,反映上述专业公共卫生机构以外的其他专业卫生机构的支出;基本公共卫生服务,反映基本公共卫生服务支出;重大公共卫生专项,反映重大疾病预防控制等重大公共卫生服务项目支出;突发公共卫生事件应急处理,反应用于突发公共卫生事件应急处理的支出;其他公共卫生支出,反映除上述项目的其他用于公共卫生方面的支出。

第五,中医药,反映中医药方面的支出。下设2个项级科目:中医(民族医)药专项,反映中医(民族医)药方面的专项支出;其他中医药支出,反映除中医(民族医)药专项支出的其他中医药支出。

第六,计划生育事务,反映计划生育方面的支出。包括3个项级科目:计划生育机构,反映计划生育机构的支出;计划生育服务,反映计划生育服务支出;其他计划生育事务支出,反映除上述项目的其他用于计划生育管理事务方面的支出。

第七,行政事业单位医疗,反映行政事业单位医疗方面的支出。包括4个项级科目:行政单位医疗,反映财政部门安排的行政单位(包括实行公务员管理的事业单位,下同)基本医疗保险缴费经费,未参加医疗保险的行政单位的公费医疗经费,按规定享受离休人员、红军老干部待遇人员的医疗经费;事业单位医疗,反映财政部门安排的事业单位基本医疗保险缴费经费,未参加医疗保险的事业单位的公费医疗经费,按国家规定享受离休人员待遇的医疗经费;公务员医疗补助,反映财政部门安排的公务员医疗补助经费;其他行政事业单位医疗支出,反映除上述项目的其他用于行政事业单位医疗方面的支出。

第八,财政对基本医疗保险基金的补助,包括3个项级科目:财政对职工基本医疗保险基金的补助,反映财政对基本医疗保险基金的补助支出;财政对城乡居民居民基本医疗保险基金的补助,反映财政对城乡居民基本医疗保险基金(包括尚未整合的新型农村合作医疗基金、城镇居民基本医疗保险基金)的补助支出;财政对其他基本医疗保险基金的补助,反映财政对其他基本医疗保险基金的补助支出。

第九,医疗救助,反映医疗救助方面的支出。包括3个项级科目:城乡医疗救助,反映财政用于城乡困难群众医疗救助的支出;疾病应急救助,反映财政用于疾病应急救助基金的补助支出;其他医疗救助支出,反映上述项目以外的其他用于医疗救助方面的支出。

第十,优抚对象医疗,反映优抚对象医疗方面的支出。包括2个项级科目:优抚对象医疗补助,反映按规定补助优抚对象的医疗经费;其他优抚对象医疗支出,反映优抚对象医疗补助以外的其他优抚对象医疗支出。

第十一,医疗保障管理事务,反映医疗保障管理方面的支出。包括8个项级科目:行政运行,反映行政单位(包括实行公务员管理的事业单位)的基本支出;一般行政管理事务,反映行政单位(包括实行公务员管理的事业单位)未单独设置项级科目的其他项目支出;机关服务,反映为行政单位(包括实行公务员管理的事业单位)提供后勤服务的各类后勤服务中心、医疗室等附属事业单位的支出;信息化建设，反映医疗保障部门用于信息化建设、开发、运行维护和数据分析等方面支出；医疗保障政策管理，反映医疗保障待遇管理、医药服务管理、医药价格和招标采购管理、医疗保障基金监管等支出；医疗保障经办事务，反映医保基金核算、精算、参保登记、权益记录、转移接续等医疗保障经办支出；事业运行，反映事业单位的基本支出；其他医疗保障管理事务支出，反映上述项目以外的其他用于医疗保障管理事务方面的支出。

第十二，老龄卫生健康事务，反映老龄卫生健康事务方面的支出。

第十三，其他卫生健康支出，反映上述项目以外的其他用于卫生健康方面的支出。

10.3.3.3 我国医疗卫生分类的问题

我国的医疗卫生支出科目在 2007 年收支分类改革前，分类比较合理，基本能够独立、完整地反映医疗卫生职能。2007 年政府支出按职能分类后，这项职能反而不那么清晰了。目前医疗卫生支出科目分类和联合国 COFOG 中的医疗保健分类相比，有以下不同之处。

第一，和其他职能一样，我国的医疗卫生职能缺乏准确的界定。其他国家和 COFOG 界定的医疗保健职能差别不大，主要包括医疗、门诊、保健等方面的服务。目前我国的"卫生健康支出"类级科目下设的科目，除了上述服务，还包括卫生健康管理事务、行政事业单位医疗、医疗保障管理事务、医疗保障管理事务、计划生育事务、医疗救助、优抚对象医疗、老龄卫生健康事务、财政对基本医疗保险基金的补助等款级科目。可见，我国的医疗卫生职能范围更广，而且这几年不断地增加新的款级、项级科目。这项职能到底应该包括哪些支出，不应该包括哪些支出？目前还没有详尽的说明和解释。

第二，科目分类不合理。一级科目下设二级科目是否合理，是科目设置的关键；二级科目设置不合理，三级科目也容易出问题。2007 年之前，医疗卫生支出的款级科目分为卫生、中医、食品和药品监督管理、行政事业单位医疗等 4 个，下设的项级科目也各归其位。目前的款级科目有 13 个，数量多出了 9 个，也间接地反映了其实并没有按照分类原则进行分类。除了两个行政机关的支出，医疗救助款和优抚对象医疗款都是 2017 年增加的，它们的性质接近，都具有社会保护职能的特点，应该合并成一个科目列入社会保障和就业类。2019 年新增的老龄卫生健康事务款既不属于医疗，也不属于门诊和公共卫生，应属于社会保护职能范围。2017 年新增的财政对基本医疗保险基金的补助款，是在不同科目之间进行资金转移的科目，并且我国已经有了社会保险基金预算，应列入相关科目中。行政事业单位医疗款主要反映财政安排的行政事业单位的公费医疗经费或基本医疗保险缴费经费，按照国际规范，不应列入医疗保健职能，但是公费医疗从 20 世纪 50 年代起就一直列在医疗卫生支出,在没有新的改革政之前,可以暂时保留原科目。同样的情况还有计划生育事务款,也一直在医疗卫生中列支,考虑到我国的特殊国情,这个项目也可以保留原科目。另外,公立医院款和基层医疗卫生机构款都属于医疗服务,2007年之前反映在同一个科目中,它们性质相同,应该归入一个款级科目。

10.3.4 我国医疗卫生支出分类的改革建议

目前来看,我国的医疗卫生职能没有反映它的独立性职能,和教育支出一样,医疗卫生支出中有些科目不适宜放在这项职能里,有些科目则需要整理。总的改革原则是,大类中的科目应能体现医疗卫生职能,不能反映医疗卫生职能的科目则要调出。

第一,界定医疗卫生职能的范围。如果不做界定,今后就很可能还像从前一样,随意地调入新科目,使大类科目不能反映真实的职能。根据标准分类,应调出一部分科目,除了上述两个的行政机关的支出,还需调出医疗补助款、优抚对象医疗款和老龄卫生健康事务款,应将其调入社会保障和就业类级科目,这个科目下本就有与优抚及救助相关的科目,应将其归入社会保险基金预算的相关科目中。

第二,整理现有科目。按照一直以来的惯例,在不清楚今后政策如何变化之前,可以暂时保留计划生育事务款和行政事业单位医疗款,虽然这两个款级科目实质上不应反映在医疗卫生职能中,尤其是后者,大多数发达国家都是在专门的基金中进行管理。公立医院款和基层医疗卫生机构款的性质相同,都属于医疗服务,在2007年之前它们均是卫生款下的项级科目,按照国际惯例的分类法,二者也应该属于同一个款级科目。另外两个科目(公共卫生和中医药),可以保留原款级科目。

第三,参考医疗卫生职能的国际分类标准,对现有科目进行分类。将现卫生健康支出类级科目下设6个款级科目,分别为医院与医疗、公共卫生、中医药、计划生育事务、行政事业单位医疗、其他卫生健康支出。

10.4 社会保护

10.4.1 社会保护的内涵

社会保护(social protection)是一个财政统计上的指标,属于政府职能分类中的一项重要职能,反映政府提供的社会保护方面的服务。按国际规则,社会保护职能通常包括:对疾病、残疾者的保护,对老年人的保护,对遗属的保护,对儿童的保护,对失业者的保护,对住房的补助,社会保护事务和服务的研究和发展等。

20世纪90年代以来,在国际劳工组织(ILO)、世界银行(WB)、经济合作组织(OECD)和亚洲开发银行(ADB)等国际机构的推动下,社会保护被越来越多的国家、政府机构及学术机构认同,有逐渐取代社会保障(social security)这个20世纪80年代之前被广泛接受和使用的概念的趋势。在联合国COFOG中,社会保护作为单独的一级科目出现,在各国政府预算支出中占据重要的地位。比如英国2015—2016年政府预算中社会保护功能支出额为2642亿英镑,占预算总支出的37.8%,相当于GDP的14.1%(英国政府网站)。

从不同组织和学者对社会保护的定义来看,虽然有些微不同,但总的来说内容大致相同。国际劳工组织将社会保护定义为:通过不断的政府行动和社会对话而实现的一系列政策措施,其目的是确保所有的男人和女人都能享有尽可能安全的工作环境,获得充分的社会服务和医疗服务;并且在因疾病、失业、生育、伤残、丧失家庭主要劳动力或年老而造成收入丧失或减少时,能够得到足以维持生计的保障待遇。英国海外发展研究所(ODI)对社会保护的定义是:社会保护是指为了应对脆弱、风险以及社会无法容忍的剥夺而采取的一种公共行为。世界银行对社会保护的界定也很具体,但角度不尽相同:仅在遭遇风险时向低收入者提供临时性的救助和津贴是远远不够的,应该对人力资本投资(如对教育和医疗卫生投资)的主张进行公共干预,帮助个人、家庭和社区更好地管理风险;对受到社会剥夺的低收入者提供支持,创造更多的就业机会。

社会保护的政策手段大致可以分为两类:一类是政策性手段,另一类是社会性手段。政策性手段主要包括社会保险、社会救助、劳动力市场项目、小型或地区计划、儿童项目等。社会性手段包括健康营养服务、食物分配和救济、教育与培训、借债与贷款、环境建设等。两类手段不相兼容,而且各国际组织的侧重点不同。例如,经济合作组织国家的社会保护框架是积极的社会政策,世界银行是风险管理,而国际劳工组织则强调社会投资等,但社会保险、社会救助和对劳动力市场的干预是所有框架中都包括的内容(徐月宾等,2007)。

整体上看,社会保护的手段可分为(Sabates Wheeler,2008):第一,供给手段(provision measures)。供给手段意在提供救济,以安全为目标,帮助人们摆脱贫困和匮乏。供给手段主要提供社会援助给长期贫困、没有劳动能力、无法维持生计的人,与主流的社会福利较为接近。社会援助项目包括残疾人福利、单亲家庭津贴、公共筹资的社会养老金等。其他社会服务主要是满足贫困的个人和需要特殊照顾的群体的需求,包括建设孤儿院和遗弃儿童接收中心,免除贫困家庭的教育、医疗费用等基本服务。第二,预防手段(preventive measures)。预防手段直接解决贫困减轻的问题,包括面向经济脆弱群体的社会保险。因为这些群体已陷入或可能陷入贫困,也许需要社会保险的支持以应对震荡的生活。这与生活安全网很相似。社会保险项目包括养老、医疗、生育、失业保险金,通常由雇主、雇员与国家三方筹资。第三,促进手段(promotive measures)。促进手段旨在提高人们的真实收入,如加强个人能力建设。促进手段通过一系列以家庭和个人为目标的家庭扶助计划(比如在校伙食补贴和个人理财)来实现目标。促进手段受到的批评大多是关于它的内容远超过社会保护最初的概念意义。促进手段并非将保护范围拓宽到所有的发展性事项上来,而是聚焦于至少以收入稳定为目的之一的事务。第四,变革性手段(transformative measures)。变革性手段关注社会公正和社会排斥,比如剥削工人或者歧视少数民族等。变革性手段包括为争取工人权利而展开的集体性行动,为防止社会脆弱群体遭受虐待而进行的管理结构变革,以及感化运动和增强社会公正的主张等。

10.4.2　社会保护支出分类的国际经验

10.4.2.1　国际性组织对社会保护支出的分类

社会保护已经发展成为一个涉及较广的针对社会领域而构建的保护机制,它的内涵比社会保障更为宽泛,被世界各地众多机构引用。如果将社会保护的支出分类进行比较,就可以看出它和传统社会保障范畴的区别。表 10-13 对欧洲委员会、经济合作组织和联合国 COFOG 所给出的社会保护的外延进行比较,传统的社会保障范畴是社会保护与社会保障的内容相同,非传统的社会保障范畴表明社会保护的外延超出社会保障的项目。

表 10-13　国际组织对社会保护支出的分类

组织	传统的社会保障范畴	非传统的社会保障范畴
欧洲委员会	疾病/医疗服务保护、残疾保护、老年保护、遗属保护、家庭/儿童保护、失业保护	住房保护、其他未分类的社会排斥保护
经济合作组织	老年保护、遗属保护、丧失劳动能力保护、家庭保护、失业保护	积极的劳动力市场项目、住房保护、其他社会政策领域
联合国	(健康保障)、疾病和伤残保护、老年保护、遗属保护、家庭和儿童保护、失业保护	住房保护、其他未分类的社会排斥保护、社会保护研究和开发、其他未分类的社会保护

资料来源:国际劳工局,《世界社会保障报告(2010—2011)——危机期间和后危机时代的社会保障覆盖》,中国劳动社会保障出版社 2011 年版,第 24—26 页。

从联合国 COFOG 对社会保护支出的分类中可以看出,对社会保护的分类有广义和狭义两种。广义的分类是将社会保护分成两个独立的主要功能,即健康保障和社会保护,健康保障在一级功能支出(医疗保健)里进行统计。狭义的分类只是社会保护,包括9个二级科目,分别为疾病和伤残、老年人、遗属、家庭和儿童、失业、住房、未另分类的社会排斥保护、社会保护研究和发展、未另分类的社会保护(见表10-14)。

表10-14 COFOG根据政府职能对社会保护的分类

710 社会保护	7101	疾病和残疾	71011	疾病(IS)
			71012	残疾(IS)
	7102	老年人	71020	老年人(IS)
	7103	遗属	71030	(IS)
	7104	家庭和儿童	71040	家庭和儿童(IS)
	7105	失业	71050	失业(IS)
	7106	住房	71060	住房(IS)
	7107	未另分类的社会排斥	71070	未另分类的社会排斥(IS)
	7108	社会保护研究和发展	71080	社会保护研究和发展(CS)
	7109	未另分类的社会保护	71090	未另分类的社会保护(CS)

资料来源:联合国《政府职能分类》(COFOG)。

政府的社会保护支出包括向个人和住户提供服务和调动而产生的支出,以及在集体基础上提供服务的支出。用于个人服务和调动的支出划归7101—7107组;集体服务的消费支出列在7108组和7109组之下。集体社会保护服务涉及的事项包括拟定和管理政府政策,制定并执行关于提供社会保护的法律和标准,有关社会保护事务和服务的应用研究和试验性开发。

社会保护职能及其定义以欧共体统计处(Eurosat)欧洲综合社会保护统计体系(ESSPROS)为依据。在ESSPROS中,社会保护包括医疗卫生,但是本部门不包括医疗卫生,医疗卫生包括在部门707中。因此接受7101—7107组所列现金和实物福利的人所获的医疗物品和服务酌情划归7101组、7102组或7103组。

COFOG将社会保护职能分为9个子目,分别为:

第一,疾病和残疾。疾病包括:提供现金福利或实物福利形式的社会保护,以全部或部分取代因疾病或受伤而暂时丧失工作能力造成的收入损失;社会保护计划的管理、运作或支持;现金福利,如为帮助因病或伤暂时不能工作的人而提供的杂项付款;实物福利,如协助因病或伤暂时不能工作的人料理日常生活。

残疾包括:向完全丧失或部分丧失从事经济活动或正常生活能力者提供现金

福利或实物福利形式的社会保护及其管理、运作或支持;向不到标准退休年龄但工作能力受影响的残疾人、老工人提供伤残养恤金或退休福利;实物福利,如为残疾人提供住宿、膳食,协助残疾人料理日常生活,为促进残疾人的职业和社会康复而提供的职业和其他培训等。

第二,老年人。针对与老年人有关的风险(丧失收入、收入不足、缺乏独立料理日常生活的能力、参加社会和社区生活次数减少等)而提供的现金福利和实物福利形式的社会保护;社会保护计划的管理、运作或支持等;支付给退休者的养老金,支付未到退休年龄的预期养老金,在标准退休年龄之前或之后支付给继续工作但工时减少的老工人的部分退休金、护理津贴;实物福利,如给老年人提供住宿、膳食,协助老年人料理日常生活,支付给老年人照顾者的津贴等,包括军事人员和政府雇员的养老金计划。

第三,遗属。向死者家属(配偶、前配偶、子女、孙子孙女、父母或其他亲属)提供现金福利或实物福利形式的社会保护;社会保护计划的管理、运作或支持;现金福利,如遗属养老金、死亡抚恤金、付给遗属的其他定期或一笔总付款项;实物福利,如支付丧葬费等。

第四,家庭和儿童。向有受抚养子女的家庭提供现金福利或实物福利形式的社会保护;社会保护计划的管理、运作或支持;现金福利,如产妇补贴、生育补助、育儿假福利、家庭或儿童津贴等;实物福利,如在白天或白天部分时间为学龄前儿童提供住所和膳食,提供财务援助以聘请看护照顾儿童,向儿童或家庭提供长期住所和膳食(孤儿院、寄养家庭等),在家有儿童或照顾儿童者提供物品或服务。不包括计划生育服务。

第五,失业。向有能力工作、可参加工作但找不到适当工作的人提供现金福利或实物福利形式的社会保护;社会保护计划的管理、运作或支持;现金福利,如全部或部分失业福利,失业或裁员而在标准退休年龄之前退休的老工人的提前退休福利,为参加发展就业潜力培训计划的特定人群发放的津贴;裁员补偿,如提供给失业者特别是长期失业者的其他定期或一笔总付款项;实物福利,如调动和重新安置付款,为无工作者或可能失去工作者提供职业培训,为失业者及其家庭提供住所、实物或衣物。

第六,住房。提供旨在补助住户支付住房费用的现金福利或实物福利形式的社会保护;社会保护计划的管理、运作或支持;实物福利,如帮助房客支付房租费用的暂时或长期付款,减轻自有住房者当前住房费用的付款,提供低成本或社会住房。

第七,未另分类的社会排斥。向遭受社会排斥或可能遭受社会排斥者(如穷人、低收入者、移民、土著人民、难民、酗酒和药物滥用者、刑事暴力的受害者等)提供现金福利或实物福利形式的社会保护;社会保护计划的管理、运作或支持;现金福利,如为济贫或协助克服困难而提供给穷人和易受伤害者的补助和其他现金付款;实物福利,如提供给穷人和易受伤害者的短期和长期住房和膳食;酗酒和药物滥用者的康复,帮助易受伤害者的服务和物品,如咨询、白天收容、帮助料理日常生活、食品、衣物、燃料等。

第八,社会保护的研究和发展。从事与社会保护有关的应用研究和试验性开发的政府机构的管理和运作;提供赠与、贷款和补贴,以支持研究所和大学等非政府机构从事与社会保护有关的应用研究和试验性开发。

第九,未另分类的社会保护。总体社会保护政策、计划、方案和预算的拟定、管理、协调和监测等活动的管理、运作或支持;制定并执行与提供社会保护有关的法律和标准;制作并分发与社会保护有关的一般资料、技术文件和统计数字。包括:和平时期向火灾、洪水、地震和其他灾难的受害者提供现金福利和实物福利形式的社会保护;购买并储存粮食、设备和其他用品供和平时期遇灾时应急。

政府预算支出的社会保护职能已经成为现代国家普遍接受并实行的重要支出职能之一。COFOG 对社会保护职能的分类是较为标准规范的分类,将社会保护职能的主要内容都考虑进支出范围,其他国家大都按照 COFOG 对社会保护职能的分类框架设置自己国家的支出职能子目。

10.4.2.2 发达国家对社会保护支出的分类

美国没有社会保护职能,比较接近的职能有收入保障、社会保障、退伍军人事务等。澳大利亚与社会保护职能对应的一级支出科目是社会保障和福利(social security and welfare),加拿大对应的一级科目是社会服务(social services)。

一般来说,发达国家较为重视社会保护职能,二级科目和三级科目都有详细的分类。美国在"收入保障"类下设置了一般退休和伤残保险(不包括社会保障)、联邦雇员退休和伤残、失业津贴、住房援助、食品和营养援助、其他收入保障等二级科目;在"社会保障"类下设置了"社会保障"款的二级科目,"退伍军人事务"单独列为一类,下设退伍军人收入保障、退伍军人教育培训和康复、退伍军人住院和治疗、退伍军人住房、其他退伍军人福利。美国社会保护职能的三级科目非常详细,不断细化各个子功能的有关支出。澳大利亚有社会保护职能的专门科目"社会保障和福利"类,之下详细地设置了8个款级科目,将社会职能分为老年人、退伍军人、残疾人、儿童、失业者和患病者等子功能,每个款级科目下都划分有较细致的项级科目。加拿大对应社会职能的是"社会服务"一级科目,下设社会援助、工人的补偿津贴、养老金、退伍军人津贴、机动车事故赔偿、其他社会服务等6个二级科目,下设更为详细的三级科目(见表10-15)。

表10-15 美国、澳大利亚、加拿大社会保护支出的二级和三级类目

国家	二级类目	三级类目
美国	收入保障(一级)	一般退休和伤残保险(不包括社会保障)、联邦雇员退休和伤残、失业津贴、住房援助、食品和营养援助、其他收入保障(二级)
	社会保障(一级)	社会保障(二级)
	退伍军人事务(一级)	退伍军人收入保障、退伍军人教育培训和康复、退伍军人住院和治疗、退伍军人住房、其他退伍军人福利(二级)
澳大利亚	对老年人的援助	对老年人及其家属的收入支持;对无法在家中生活但不需要密集护理的老年人的护理院照顾;向不适合住宿的老年人和残疾人提供社区护理
	对退伍军人及其供养人的援助	以养老金的形式对退伍军人及其家属提供收入支持和补偿
	对残疾人的援助	向残疾人或其配偶、家长和其他照料者提供收入支持;援助与残疾人就业相关的交通费用;改善残疾人的独立性和就业机会
	援助有儿童的家庭	向家庭支付的收入援助,无论家庭成员是否有收入;包括按每个儿童的固定标准支付的家庭津贴,以及向儿童支付的残疾津贴
	援助失业者和患病者	支付失业救济金给因失业而收入受损的人;对暂时丧失工作能力而无法工作,且其他保障有限的人给予收入支持
	其他福利项目	对特殊情况下的人提供收入支持;对于面临额外费用的人给予收入补贴;向低收入者和无家可归者提供住宿机会;通过慈善机构向处于金融危机中人的提供紧急救济金
	未分类的原住民促进	未分类的原住民和托雷斯海峡岛民的促进方案
	一般行政管理	与社会保障和福利相关的管理成本

(续表)

国家	二级类目	三级类目
加拿大	社会援助	向处于逆境的人提供普通福利金；低中收入个人或家庭可退还税收抵免及退税；与缴费型计划相关或无关的支出，如 CPP 和 QPP 以及老年保障；家庭津贴和儿童税收优惠；就业保险福利、租金补贴、配偶津贴、盲人和残疾人津贴；与这些计划相关的行政费用
	工人的赔偿津贴	包括管理和津贴的支出；与工人赔偿计划有关康复和医疗
	养老金津贴和其他服务	养老金计划支付的养老金和其他福利，列入政府预算框架；非自动支付的养老金和其他福利；雇员/雇主对非自动养老金计划的贡献加上计划的投资收入和本期间支付的福利之间的差额
	退伍军人津贴	养老金、津贴以及行政费用和补助金；退伍军人医院的管理；提供医疗用品的费用和假肢器具；提供医疗、教育和社会福利服务；根据"退伍军人土地法"提供的贷款
	机动车事故赔偿	包括由政府汽车保险计划提供的对身体伤害受害者的赔偿
加拿大	其他社会服务	和老年人、因身体或精神损害而无法正常生活的人、因疾病而暂时无法工作的人、需要抚养子女的家庭、配偶或子女死亡的人及其他有需要的人有关的支出；提供社会服务的公共机构（医院、护理院、其他卫生和社会服务机构）的直接支出和向私人组织（如护理院）的转移支付

资料来源：美国白宫网站、澳大利亚政府网站、加拿大政府网站。

10.4.3 我国社会保护支出分类的现状与问题

10.4.3.1 我国社会保护支出分类的演进

在我国，社会保护是一个使用频率比社会福利、社会保障、社会保险低得多的概念。随着经济和社会的进步与发展，无论是出于政府财政预算统计的需要，还是出于政府进行社会管理、提供公共物品以满足公共需要的社会责任所在，社会保护势必引起越来越多的关注和重视，将其主要内容列入我国支出功能，让公众能享受到经济发展的成果，让受排斥与被边缘化的群体能够重申自己的权利，让社会中的弱势群体受到确实的保护，是政府预算支出分类进步的标志之一。

我国预算支出中没有单独的社会保护职能，涉及的科目有优抚支出、社会救济、社会福利、抚恤等。中华人民共和国成立后，我国没有专门对应社会保护支出的科目，而是在"社会文教费类"下设置两个款级科目来反映相关支出。一个是"优抚支出"，反映对军人及其家属所提供的各种优待、抚恤和补助费；另一个是"社会福利和社会救济"，反映对社会福利机构、自然灾害、生活困难群众的支出。

1971年单独设抚恤和社会救济费类,独立地反映政府在这方面的支出,多了自然灾害救济支出的款级科目。1981年更名为抚恤和社会福利救助费类,将退休费款也列入这个类级科目,1983年后,"离休费"也列入这个类级科目。

1997年之后,反映社会保护职能的类级科目由1个增加到3个,即抚恤和社会福利救济费类、行政事业单位离退休经费类和社会保障支出补助,内容也越来越庞杂,不再是之前单纯的对抚恤、救济和社会福利的支出。1999年增加了国有企业下岗职工基本社会保障和再就业补助。2007年政府收支分类改革中,之前的3个类级科目合并为社会保障和就业类级科目,由劳动和社会保障部主管,科目有了较大变化,款级科目数量大大增加。2008年,人力资源和社会保障部成立,因而2009年之后,科目的名称有了变化。近年来,社会保障和就业类中反映的内容越来越多(见表10-16),和其他国家社会保护职能的内涵有着较大的差别。

表 10-16 我国社会保护支出科目的变化

年份	类级科目	款级科目	项级
1952—1996	抚恤和社会福利救助费类①	抚恤支出	牺牲病故抚恤费、烈军属复员军人补助费、残废抚恤费、优抚事业单位经费、其他抚恤费等
		社会福利和社会救助	农村社会救济事业费、城镇社会救济费、精简退职老弱残职工救济费、社会福利事业单位经费、火葬场事业费、假肢事业费、其他救济福利事业费等
		自然灾害救济事业费(1971年增加)	
		退休费(1981年增加)	
		离休费(1983年增加)	
		特大自然灾害救济补助费(1993年增加)	
		特大自然灾害灾后重建补助费(1995年)	
	类级科目	款级科目	
1997—2006	抚恤和社会福利救助费类	抚恤事业费、军队移交地方安置的退休人员费用、社会救济福利事业费、救灾支出、残疾人事业费(1998年增加)、其他民政事业费	
	行政事业单位离退休经费类	行政单位、公检法、事业单位离退休经费	
	社会保障补助支出	帮困解困资金、财政对社会保险救济对补贴支出、社会保险经办机构经费、城镇就业补助费、其他社会保障救助支出、国有企业下岗职工基本生活保障和再就业补助(1999年增加)	

---

① 1971年之前为社会文教费类,下设2个款级科目,即抚恤支出、社会救济和福利支出。

(续表)

	类级科目	款级科目
2007—2008	社会保障和就业	社会保障和就业管理事务、民政管理事务、财政对社会保险基金的补助、补充全国社会保障基金、行政事业单位离退休、企业关闭破产补助、就业补助、抚恤、退役安置、社会福利、殡葬、残疾人事业、城市居民最低生活保障、其他城镇社会救助、农村社会救济、自然灾害生活补助、红十字事业、其他社会保障和就业支出
2009年至今	社会保障和就业	人力资源和社会保障管理事务、民政管理事务、财政对社会保险基金的补助、补充全国社会保障基金、行政事业单位离退休、企业改革补助、就业补助、抚恤、退役安置、社会福利、残疾人事业、城市居民最低生活保障、其他城镇社会救助、农村最低社会保障、自然灾害生活补助、红十字事业、其他农村社会救济、其他社会保障和就业支出
		(2010增加)保障性住房支出、大中型水库移民后期扶持基金支出、小型水库移民扶助基金支出
		(2011增加)补充交通道路事故社会救助基金、残疾人就业保障金支出
		(2015增加)临时救助、特困人员供养
		(2017增加)财政对基本医疗保险基金的补助、财政对其他社会保险基金的补助
		(2019增加)退役军人管理事务
		(2020增加)财政代缴社会保险费支出

资料来源:根据1952—2020年政府预算收支科目整理。

10.4.3.2 我国社会保护支出分类的现状

根据2019年政府收支分类科目,社会保护职能对应的科目是社会保障和就业支出类级科目,反映政府在社会保障和就业方面的支出,下设20个款级科目,即人力资源和社会保障管理事务、民政管理事务、补充全国社会保障基金、行政事业单位离退休、企业改革补助、就业补助、抚恤、退役安置、社会福利、残疾人事业、红十字事业、最低生活保障、临时救助、特困人员救助供养、补充道路交通事故社会救助基金、其他生活救助、财政对基本养老保险基金的补助、财政对其他社会保险基金的补助、退役军人管理事务、其他社会保障和就业支出等。

第一,人力资源和社会保障管理事务,反映人力资源和社会保障管理事务支出。下设13个项级科目,即行政运行、一般行政管理事务、机关服务、综合业务管理、劳动保障监察、就业管理事务、社会保险业务管理事务、信息化建设、社会保险经办机构、劳动关系和维权、公共就业服务和职业技能鉴定机构、劳动人事争议调解仲裁、其他人力资源和社会保障管理事务支出。

第二，民政管理事务，反映民政管理事务支出。下设7个项级科目，即行政运行、一般行政管理事务、机关服务、民间组织管理、行政区划和地名管理、基层政权和社区建设、其他民政管理事务支出。

第三，补充全国社会保障基金，反映用于补充全国社会保障基金的支出。下设1个项级科目，即用一般公共预算补充基金。

第四，行政事业单位离退休，反映用于行政事业单位离退休方面的支出。下设8个项级科目，即归口管理的行政单位离退休、事业单位离退休、离退休人员管理机构、未归口管理的行政单位离退休、机关事业单位基本养老保险缴费支出、机关事业单位职业年金缴费支出、对机关事业单位基本养老保险基金的补助、其他行政事业单位离退休支出。

第五，企业改革补助，反映财政用于企业改革的补助。下设3个项级科目，即企业关闭破产补助、厂办大集体改革补助、其他企业改革发展补助。

第六，就业补助，反映财政用于就业方面的补助支出。下设9个项级科目，即就业创业服务补贴、职业培训补贴、社会保险补贴、公益性岗位补贴、职业技能鉴定补贴、就业见习补贴、高技能人才培养补助、求职创业补助、其他就业补助支出。

第七，抚恤，反映用于各类优抚对象和优抚事业单位的支出。下设7个项级科目：死亡抚恤，反映按规定用于烈士和牺牲、病故人员家属的一次性和定期抚恤金以及丧葬补助费；伤残抚恤，反映按规定用于伤残人员的抚恤金和按规定开支的各种伤残补助费；在乡复原、退伍军人生活补助，反映在乡退伍红军老战士（含西路军红军老战士、红军失散人员）、1954年10月31日前入伍的在乡复员军人、按规定办理带病回乡手续的退伍军人的生活补助；优抚事业单位支出，反映民政部门管理的优抚事业单位支出、对集体优抚事业单位的补助、对烈士纪念设施的维修改造和管理保护支出，以及全国重点军供站设施维修改造和设备更新支出；义务兵优待，反映用于义务兵优待方面的支出；农村籍退役士兵老年生活补助，反映1954年11月1日试行义务兵役制后至《退役士兵安置条例》实施前入伍、年龄在60周岁以上（含60周岁）、未享受到国家定期抚恤补助的农村籍退役士兵的老年生活补助；其他优抚支出，反映除上述项目以外其他用于优抚方面的支出。

第八，退役安置，反映用于退役士兵的安置和军队移交政府的离退休人员安置及管理机构的支出。下设6个项级科目，即退役士兵安置、军队移交政府的离退休人员安置、军队移交政府离退休干部管理机构、退役士兵管理教育、军队转业干部安置、其他退役安置支出。

第九，社会福利，反映社会福利事务支出。下设6个项级科目：儿童福利，反映对儿童提供福利服务的方面的支出；老年福利，反映对老年人提供福利服务方面的支出；假肢矫形，反映民政部门举办的假肢康复中心、假肢厂（站）的支出；殡葬，反映财政对民政及其他部门举办的火葬场等殡仪事业单位的补助支出等；社会福利事业单位，反映民政部门举办的社会福利事业单位的支出，以及对集体社会福利事业单位的补助费；其他社会福利支出，反映上述项目以外的其他用于社会福利方面的支出。

第十，残疾人事业，反映政府在残疾人事业方面的支出。下设8个项级科目，即行政运行、一般行政管理事务、机关服务、残疾人康复、残疾人就业和扶贫、残疾人体育、残疾人生活和护理补贴、其他残疾人事业支出。

第十一，红十字事业，反映政府支持红十字会开展红十字社会公益活动等方面的支出。下设4个项级科目，即行政运行、一般行政管理事务、机关服务、其他红十字事业支出。

第十二，最低生活保障，反映城乡最低生活保障对象的最低生活保障金支出。下设2个项级科目，即城市最低生活保障金支出、农村最低生活保障金支出。

第十三，临时救助，反映城乡生活困难居民的临时救助等支出。下设2个项级科目：临时救助支出，反映用于城乡生活困难居民的临时救助支出；流浪乞讨人员救助支出，反映用于生活无着的流浪乞讨人员的救助支出和救助管理机构的运转支出。

第十四，特困人员救助供养，反映特困人员救助供养支出。下设2个项级科目，即城市特困人员救助供养支出、农村特困人员救助供养支出。

第十五，补充道路交通事故社会救助基金，反映通过财政补助安排给道路交通事故社会救助基金的支出。下设2个项级科目，即交强险增值税补助基金支出、交强险罚款收入补助基金支出。

第十六，其他生活补助，反映在最低生活保障、临时救助、特困人员供养、自然灾害生活救助以外的用于城乡生活困难居民生活救助的其他支出。下设2个项级科目：其他城市生活补助，反映在低生活保障、临时救助、特困人员供养以外的用于城市生活困难居民生活救助的其他支出；其他农村生活救助，反映最低生活保障、临时救助、特困人员供养、自然灾害生活补助以外的用于农村生活困难居民生活救助的其他支出。

第十七，财政对基本养老保险基金的补助，反映财政对基本养老保险基金的补助支出。财政对机关事业单位基本养老基金的补助，不在此科目反映。下设3个项级科目，即财政对企业职工基本养老保险基金的补助、财政对城乡居民基本养老保险基金的补助、财政对其他基本养老保险基金的补助。

第十八，财政对其他社会保险基金的补助，反映财政对其他社会保险基金的补助支出。政对基本养老保险基金和基本医疗保险基金的补助，不在此科目反映。下设 4 个项级科目，即财政对失业保险基金的补助、财政对工伤保险基金的补助、财政对生育保险基金的补助、其他财政对社会保险基金的补助。

第十九，退役军人管理事务，反映退役军人事务管理支出。下设 7 个项级科目，即行政运行、一般行政管理事务、机关服务、拥军优属、部队供应、事业运行、其他退役军人事务管理支出。

第二十，其他社会保障和就业支出，反映上述项目以外的其他用于社会保障和就业方面的支出。下设 1 个项级科目，即其他社会保障和就业支出。

10.4.3.3 我国社会保护支出分类的问题

我国社会保护支出分类最主要的问题是，并没有界定社会保护职能应有的范围，造成目前社会保障和就业支出类级科目所包含的内容实际上是大杂烩，脱离了这个名称应有的内容。1998 年之前，科目的内容和性质还比较接近社会保护职能；1998 年之后，由于改革产生的一些其他性质的支出都归入此类科目，这个科目的职能越来越复杂。下文按照我国的科目设置惯例，结合 COFOG 对社会保护职能的界定及其他国家的经验，找出目前的社会保障和就业支出类科目的问题。

第一，一些科目不应该反映在社会保护支出中。在目前社会保障和就业支出类中，如企业改革补助款，源于企业改革，1999 年在社会保障补助支出类中增加了国有企业下岗职工基本生活保障和再就业补助款，2002 年又增加了企业关闭破产补助款，对国有企业的补助支出不应体现在政府的社会保护职能中。行政事业单位离退休款，自 1958 年起就反映在社会文教费类的优抚支出①款中，其实严格地说并不属于优抚的范围，只是习惯性地列在这个科目。按照国际惯例，退休金应列入专门的基金管理，今后应随着行政事业单位离退休制度的改革，或者并入社会保险基金预算，或者成立单独的基金进行管理。退役安置款，最初是 2002 年在抚恤和社会福利救济类中单独设置安置款，反映退伍军人安置和移交地方安置的军队离退休人员经费，参考国际经验，在社会保护支出中，对退伍军人的支出基本上是以退休金、津贴、退伍军人康复医院等辅助机构支出的形式，临时性质的安置基本上没有反映在大类科目中。另外，补充全国社会保障基金款、财政对基本养老保险基金的补助款、财政对其他社会保险基金的补助款等相关支出的科目，前一个款级科目是否该列入还有待商榷，后两个款级科目对应社会保险基金预算，按道理应该列入。

第二，没有重视具有真正社会保护职能的支出的分类。按照 COFOG，社会保护职能应包括的二级科目分别为疾病和伤残、老年人、遗属、家庭和儿童、失业、住

---

① 1960 年后改为抚恤支出款，1976 年后又更名为抚恤事业费款，2001 年后改为抚恤和社会救济费类，2007 年后和社会保障补助支出类合并为社会保障和就业类。

房、其他未分类的社会排斥保护、社会保护研究和开发等,从二级科目的名称中就可以看出相应的职能应体现在哪些科目中。我国目前社会保护支出分类中完全缺失的是家庭和儿童,也缺乏对一些社会弱势群体保护的科目,根据我国目前的经济社会发展情况,完全有能力设置相关科目。与疾病相关的支出列在卫生健康支出类和社会保险基金预算中,但对特殊人群,如儿童、老年人或其他弱势群体的疾病,还没有单独的支出科目。现有支出中有 20 个款级科目,真正反映社会保护职能的只有抚恤款、社会福利、残疾人事业、最低生活保障、临时救助、特困人员救助供养、其他生活救助等,不管是款级科目的数量,还是在实际支出金额中所占比例,都不能体现该项职能在社会保障和就业支出中的应有地位。在上述款级科目中,后 4 个款级科目性质是一样的,都属于生活保障和救助,应归入一类,否则它们的支出范围会产生一定的混淆。另外,有的科目没有根据保护或保障的性质分类,公平地体现社会保护职能。比如最低生活保障款、特困人员救助供养款、其他生活救助款,其下的项级科目是按城市和农村进行设置的,具体的金额支付时可能有地区间的差异,但以城乡为依据进行分类并无必要。

第三,支出的形式有待改进。我国社会保障和就业支出类中相当部分的科目是以集体消费的形式支出(即按国际惯例支出科目后标注 CS),而 COFOG 等社会保护职能大多是对以个人消费的形式支出(即 IS),具体为疾病和伤残(IS)、老年人(IS)、遗属(IS)、家庭和儿童(IS)、失业(IS)、住房(IS)、其他未分类的社会排斥保护(IS)、社会保护研究和开发(CS)、其他未分类的社会保护(CS)。集体社会保护服务涉及的事项是最后两项,主要包括拟定和管理政府政策、制定并执行相关法律和标准、应用研究和试验性开发等。总的来说,我国社会保障和就业以集体支出为主,个人支出的科目不多,而且个人补助费总额并不高,主要体现为现金形式,缺乏实物形式的补助。COFOG 中的个人消费包括现金福利和实物福利,每个科目应该包括的具体福利也有非常清晰的建议,我国可以以此为参考,建立更完善的个人福利形式。

10.4.4 我国社会保护支出分类的改革建议

我国社会保护职能对应的支出科目是社会保障和就业支出类,既然按支出功能分类,就应该在这个类级科目中独立完整地反映社会保护职能。目前社会保障和就业类下的科目还是有比较多的问题需要解决,具体为:

第一,界定清楚科目的职能,整理相关科目,重新分类。2007 年我国政府收支分类是参照国际货币基金组织 1986 年版的《政府财政统计手册》(GFSM)进行改革的,GFSM 对政府支出的职能分类又完全参照 COFOG 的分类方法,目前世界上大多数国家也是按照 COFOG 的政府职能对支出进行分类的。我国也应该借鉴国际经验,对政府职能进行清晰的界定,在此基础上再设计每项职能下的分级科目。目前我国的社会保障和就业类体现的政府职能比较混乱,如果按 COFOG 的社会保护职能定位这个类级科目所对应的政府职能,就需要重新设计和分类。首先,界定清楚社会保护职能的范围。根据标准分类,应调出一部分科目,除上述的行政机关的支出外,还需调出企业改革补助款、退役安置①款、财政对基本养老保险基金的补助款、财政对其他社会保险基金的补助款等和社会保护职能不完全相符的支出科目。其次,整理现有科目。能体现社会保护职能的应继续列在本类中,如抚恤、社会福利、残疾人事业、就业补助等,按照传统上的科目名称或能清晰表明科目内容的名称,保留在大类科目中;性质相近的应合并,将最低生活保障款、特困人员救助供养款、其他生活救助款并为一个款,如生活救助款。最后,按现有情况对社会保障和就业支出类进行重新分类,可分为抚恤、社会福利、残疾人事业、就业补助、生活补助、行政事业单位离退休、补充全国社会保障基金、其他社会保障和就业支出 8 个款级科目,今后随着社会进步和经济发展情况,可以再增加对儿童(或未成年人)、产妇、老年人、其他弱势群体的保护性质的科目。

第二,在具体支出时,增加实物支出的比例。和其他的政府支出不同,社会保护职能旨在资助社会中的弱势群体或生活出现临时性困难的人,这些人有时面临生存危机,需要必需的生活资料,在施以救助时,可以辅助一些实物补贴,如食品券、衣物被服券等,在指定的地点凭券购买指定的物品。COFOG 的社会保护职能的每项支出都有相应的实物福利,如提供给穷人和易受伤害者的短期和长期住房和膳食、酗酒和药物滥用者的康复、帮助易受伤害者的服务和物品,还有咨询、白天收容、帮助料理日常生活、食品、衣物、燃料等。

10.5 其 他 职 能

联合国的《政府职能分类》(COFOG)共包括政府的十个职能分类,除了前面所分析的一般公共服务、教育、医疗卫生、社会保护职能,还包括经济事务、国防、公共秩序与安全、住房与社区服务、环境保护、文化宗教等职能。

10.5.1 经济事务

经济事务(economic affairs),是指政府在经济事务方面的职能。主要包括:一般经济、商业和劳工事务;农业、林业、渔业和狩猎业;燃料和能源;采矿业、制造业和建筑业;交通、通信;其他行业,等等。

10.5.1.1 经济事务的科目设置

根据联合国《政府职能分类》,经济事务有一个类级科目,下设 7 个款级科目,

---

① "退役安置"款下的"军队移交政府的离退休人员安置"和"军队移交政府的离退休干部管理机构",属于离退休支出,应并入"社会保障和就业支出"类下的"行政事业单位离退休"款里。

款级下再根据需要设置项级科目。

（1）一般经济、商业和劳工事务款，下设 2 个项级科目。① 一般经济和商业事务，管理一般经济和商业事务和服务；管理或支持一般经济和商业活动，如整个进出口贸易、商品和证券市场、收入的总体控制、一般贸易促进活动、对垄断的一般管制和对贸易及进入市场等的其他限制、监督银行业；从事以下方面工作的机构的运作或支持：专利、商标、版权、公司登记、天气预报、标准、水文测量、大地测量等；提供赠与、贷款或补贴，以促进一般经济和商业政策，包括消费者教育和保护工作，不包括某一特定行业的经济和商业事务。② 一般劳工事务，管理一般劳工事务和服务；旨在便利劳工流动，减少性别、种族、年龄和其他方面的歧视，降低灾区或不发达地区的失业率，促进处境不利的群体或其他高失业群体的就业等的一般方案或计划的运作或支持，职业介绍所的运作，仲裁和调解的运作或支持；制定并分发有关一般劳工事务和服务的一般资料、技术文件和统计数字；提供赠予、贷款或补贴，以促进一般劳工政策和方案，不包括某一特定行业的经济和商业事务；以现金和实物形式向失业者提供社会保护。

（2）农业、林业、渔业和狩猎业款，下设 3 个项级科目。① 农业，反映农业事务和服务的管理；洪水控制、灌溉和排水系统的建设或运作；旨在稳定或提高农产品价格和农业收入的方案和计划的运作或支持；制作并分发有关农业事务和服务的一般资料、技术文件和统计数字；向农民提供与农业活动有关的补偿、赠与、贷款或补贴。不包括多用途开发项目。② 林业，反映林业事务和服务的管理；进行或支持重新造林工作、病虫害控制、林火扑灭和预防服务及向林业从业者提供推广服务；制作并分发有关林业事务和服务的一般资料、技术文件和统计数字；提供赠与、贷款或补贴，以支持商业性林业活动，包括除木材以外的林业作物。③ 渔业和狩猎业，反映捕鱼和狩猎事物和服务的管理；进行或支持鱼苗孵化厂、推广服务、放养和剔除活动等；制作并分发有关渔业和狩猎事务和服务的一般资料、技术文件和统计数字；提供赠与、贷款或补贴，以支持渔业和狩猎活动，包括鱼苗孵化厂的建设或运作，不包括控制近海和远洋捕鱼；自然公园和保留地的管理、运作或支持。

（3）燃料和能源款，下设煤和其他固体矿物燃料、石油和天然气、核燃料、其他燃料、电力、非电力能源 6 个项级科目。包括各项燃料和能源事务和服务的管理、养护、发现和合理开发，管理和监督开采、加工、分配和使用；制作并分发有关燃料和能源事务和服务的一般资料、技术文件和统计数字；提供赠与、贷款或补贴，以支持各燃料和能源工业。一般不包括固体矿物燃料运输事务。

（4）采矿业、制造业和建筑业款，下设除矿物燃料外的矿物资源的开采、制造业、建筑业 3 个项级科目。包括事务和服务的管理；制作并分发有关事务和服务的一般资料、技术文件和统计数字;提供赠与、贷款或补贴,以支持相关活动。

(5) 交通款,下设道路交通、水上交通、铁路交通、空中交通、管道和其他交通5个项级科目。包括同各项交通系统和设施的运作、使用、建造和维修有关的事务和服务的管理;监督和管理各项交通使用者(登记、发照和检查、安全条例等),交通系统的运作及建造和维修;非企业型道路交通系统和设施的建设或运作;制作并分发同交通系统的运作和建造活动有关的一般资料、技术文件和统计数字;提供赠与、贷款或补贴,以支持交通系统和设施的运作、建造、维修或改善。

(6) 通信款,下设通信1个项级科目。包括同通信系统(邮政、电话、电报、无线电和卫星通信系统)的建设、扩展、改善、运作和维修有关的事务和服务的管理;通信系统运作(颁发特许证、频率分配、拟服务的市场的说明和收费规定等)的管理;制作并分发有关通信事务和服务的一般资料、技术文件和统计数字;提供赠与、贷款或补贴,以支持通信系统的建设、运作、维修或改善,不包括水上交通和空中交通的无线电和卫星导航辅助设施;电台和电视广播系统。

(7) 其他行业款,下设销售业和仓储业、旅馆和饭店、旅游业、多用途开发项目4个项级科目。包括同其他行业有关的事务和服务的管理;监督和管理;制作并分发有关事务和服务的一般资料、技术文件和统计数字;提供赠与、贷款或补贴,以支持其他行业的建设、运作、维修或改善。

(8) 经济事务的研究和发展款,下设7个项级科目:一般经济、商业和劳工事务的研究和发展;农业、林业、渔业和狩猎业的研究和发展;燃料和能源的研究和发展;采矿、制造和建筑业的研究和发展;交通的研究和发展;通信的研究和发展;其他行业的研究和发展,包括从事同这些事务有关的应用研究和试验性开发的政府机构的管理和运作;提供赠与、贷款或补贴,以支持研究所和大学等非政府机构从事同这些事务有关的应用研究和试验性开发,不包括基础研究。

(9) 未另分类的经济事务款,下设未另分类的经济事务1个项级科目。包括同不能划归到上面各款有关的一般和部门经济事务的管理、运作或支持活动。

10.5.1.2 我国经济事务的科目设置

在2007年之前,我国预算支出科目不是按照功能分类的。中华人民共和国成立后,预算支出科目按用途和目的设置,经济事务的科目集中在"经济建设费类"一个类级科目中反映,款级科目有几十个。每年的款级科目都有不同程度的调整,类级科目一直都没有改变过。款级科目主要是随着主管部门的改变而调整,主要包括冶金工业、化学工业、建筑材料工业、机械工业等支出。1971年,预算支出科目改为按经费性质分类,大大增加了类级科目的数量,经济事务相关的科目也分散在十余个大类中,如基本建设支出、企业挖潜改造资金、地质勘探费、科技三项费用、流动资金、支援农村支出、水利和气象支出、工业交通部门的事业费、流通部门事业费、城市维护费、国家物资储备支出等。改革开放后,类级科目的名称和内容稍有调整,但总的分类方法没有改变。

2007年,我国预算支出科目开始按照功能分类,经济事务的科目主要反映在"农林水事务""交通运输""工业商业金融等事务"等三个类级科目中。之后类级科目经过多次调整,主要是科目的拆分和科目名称的变化。2009年后经济事务的类级科目主要包括农林水支出、交通运输支出、资源勘探信息等支出、商业服务业等支出、金融支出、粮油物资储备支出等。还有些零散的经济事务科目反映在"援助其他支出地区支出"和"灾害防治及应急管理支出"类级科目中。如表10-17所示。

表10-17 我国经济事务支出科目的变化

年份	类级	款级
1952—1970	经济建设费类	冶金工业支出、化学工业支出、建筑材料工业支出、机械工业支出、电机制造工业支出、煤炭工业支出、电力工业支出、石油工业支出、轻工业支出、食品工业支出、地方工业支出、地质支出、建筑工程支出、农垦支出、农业支出、森林工业支出、林业支出、水利支出、气象支出、国家测绘支出、铁道支出、交通支出、邮电支出、民用航空支出、粮食支出、商业支出、城市服务支出、水产支出、对外贸易支出、物资储备支出、城市公用事业支出、其他经建支出等
1971—2006	基本建设支出	冶金工业基建拨款、煤炭工业基建拨款等
	企业挖潜改造资金	工业企业挖潜改造资金、施工企业挖潜改造资金等
	地质勘探费	地质勘探费
	科技三项费用	工业部门科技三项费用、施工企业科技三项费用等
	流动资金	工业企业流动资金、交通企业流动资金、农林企业流动资金、商业企业流动资金、物资部门流动资金、文教卫生企业流动资金、其他企业流动资金、银行信贷资金
	支援农村支出	农垦事业费、农场事业费、农业事业费、畜牧事业费、林业事业费、水利事业费、水产事业费、气象事业费、农机事业费、支援农村人民公社投资等
	水利和气象支出	水利行业管理、防汛岁修抗旱、水文水质水土水资源管理、水利建设、气象支出、南水北调工程管理
	工业交通部门的事业费	冶金工业事业费、有色金属工业事业费、煤炭工业事业费等
	流通部门事业费	商业事业费、供销社事业费、粮食事业费、外贸事业费
	城市维护费	城市维护费
	国家物资储备支出	国家物资储备支出

（续表）

年份	类级	款级
2007—2008	农林水事务	农业、林业、水利、南水北调、扶贫、农业综合开发、其他农林水事务支出等7款
	交通运输	公路水路运输、铁路运输、民用航空运输、其他交通运输支出等4款
	工业商业金融等事务	采掘业、制造业、建筑业、电力、信息产业、旅游业等18款
2009—2019	农林水支出	农业、林业、水利、南水北调、扶贫、农业综合开发、农村综合改革、其他农林水事务支出
	交通运输支出	公路水路运输、铁路运输、民用航空运输、石油价格改革对交通运输的补贴、邮政业支出、车辆购置税支出、其他交通运输支出
	资源勘探信息等支出	资源勘探开发和服务支出、制造业、建筑业、电力监管支出、工业和信息产业监管支出、安全生产监管、国有资产监管、支持中小企业发展和管理支出、其他资源勘探电力信息
	商业服务业等支出	商业流通事务、旅游业管理与服务支出、涉外发展服务支出、旅游发展基金支出、其他商业服务业等事务支出
	金融支出	金融部门行政支出、金融部门监管支出、金融发展支出、金融调控支出、农村金融发展支出、其他金融监管等事务支出
	粮油物资储备支出	粮油事务、物资事务、能源储备、粮油储备、重要商品储备

资料来源：根据1952—2019年政府预算收支科目整理。

10.5.1.3 我国经济事务支出科目的问题及改革建议

中华人民共和国成立后，由于经济发展水平极其低下，为了保证有足够的人财物投入到经济建设中，我国建立了高度集中的计划经济体制来调控和指挥经济活动。政府主要用行政手段配置资源，因而政府经济职能的范围和强度不断扩大，直至控制了社会经济生活的各个方面。在传统的计划经济体制下，政府通过指令性计划直接控制生产和贸易，主要目标是优先发展重工业。改革开放之后政府逐渐放弃了对生产和贸易的直接控制，开始利用市场机制发挥市场在资源配置和经济激励方面的作用，逐渐形成了多种经济成分并存和市场机制发挥基础性调节作用的经济体制框架，政府的经济职能也发生了巨大改变。为配合政府经济职能的消减，国务院分别于1982年和1988年进行了两次大的机构改革，对机构进行了适当的调整合并，为建立一个适应经济体制和政治体制改革的新的行政管理体系打下了基础。1992年之后，中央文件中开始提出转变政府经济职能，明确政府经济职能主要限于通过间接手段为主的宏观调控体系对市场失灵进行干预。

2003 年开始,政府经济管理职能主要是为市场主体服务和创造良好发展环境。目前来看,我国政府经济职能的转变仍然滞后于市场化的进程,政府行使经济职能时还会出现"越位""缺位"及"错位"现象。

由于我国政府支出科目传统上就有按部门设置的习惯,政府经济职能的转变及机构的调整都会对支出科目造成较大的影响。中华人民共和国成立后,为了方便预算管理和财务会计核算,许多支出科目都是按照部门名称设置的,等于是一个部门对应一个科目。1971 年支出按经费性质分类后,职能的统一性被打破,同一个职能分散在不同的类级科目中。2007 年之后,支出科目按职能分类,和之前相比在支出分类方面取得了很大的突破,较完整、直观地反映了政府的经济职能。但是和成熟的市场经济国家的经济事务科目相比,还是有不小的差距。具体问题如下:① 科目变动较为频繁。2007 年支出职能分类改革后,经济事务的支出科目经常进行调整和变动。如 2009 年类级科目增加"采掘电力信息等事务"和"粮油物资储备及金融监管等事务",取消"工业商业金融等事务",款级和项级科目也有较大变化。2010 年新增"金融监管等事务支出"和"地震灾后恢复重建支出"类级科目。2011 年新增"商业服务业等事务"类级科目,原"采掘电力信息等事务"类更名为"资源勘探电力信息等事务"类,"粮油物资储备管理等事务"类分为"粮油物资管理事务"和"储备事务支出"两个类级科目。2012 年粮油物资管理和储备事务又合并为"粮油物资储备事务"类。2014 年"金融监管等事务支出"类更名为"金融支出"类。2015 年原"资源勘探电力信息等事务"更名为"资源勘探信息等支出"。2016 年"农林水支出"类下新增"普惠金融发展支出"款级科目。2019 年将"商业服务业等支出"类下的"旅游业管理与服务支出"款级科目调入"文化旅游体育与传媒支出"类。类级科目频繁地变动,说明对经济职能及其子职能还缺乏清晰的认识。② 不能完整反映经济事务。在联合国《政府职能分类》经济事务的款级科目中,"一般经济、商业和劳工事务"并没有在我国经济事务科目中体现,只是在主要的款级科目下设置了"行政运行""一般行政管理事务""机关服务"等项级科目来反映行政管理机关支出的科目,总的来说目前还属于各子职能分别管理,缺乏对一般经济、商业和劳工事务进行统一管理的科目。在"农业、林业、渔业和狩猎业"中,农业和林业已有相关科目来反映,但是渔业和狩猎业在科目中并没有单独的科目。在"燃料和能源"中,煤和其他固体矿物燃料、石油和天然气都有科目反映,但是核燃料、其他燃料、非电力能源等没有相关科目,2015 年之后电力也不再以单独的款级或项级科目反映。总的来说,经济事务的款、项级科目还缺乏更细致的设置。

对我国经济事务支出科目的改革建议如下:① 明确经济职能的支出范围。经济发展新阶段的到来对政府经济职能提出了一系列新的要求,要求政府在经济职能定位、职能范围以及职能方式等方面进行调整和创新。政府经济管理职能要逐渐转到为市场主体服务和创造良好发展环境上来,在经济事务中要清晰准确地定位,属于政府职能范畴内的事务,就应设置相应科目来履行政府的职责,不属于职能范畴里的经济事务,则不能设置相关科目。在设置科目时,还要考虑到未来将会发生的变化,尽量使科目保持稳定性,避免短期内频繁地调整。② 类、款、项级科目设置要科学合理。首先,类级科目的设置要准确,在此基础上款、项级科目的设置才会更加合理,减少经常变动的可能性。如在目前的类级科目中,缺乏燃料和能源的独立科目,在适当的时候应设置相关科目以反映这个重要的子职能。其次,款级和项级科目的设置要简明准确。现有经济事务支出的一些科目过于笼统,不能体现清晰的具体经济事务,不利于准确反映不同的经济事项。有些款、项级科目内容近似,从名称和说明上不能明显辨别,应进行适当的合并和简化。最后,某些和其他职能有交叉的科目需要调出。如"农业"款和"林业和草原"款下的"执法监管""统计检测与信息服务""防灾救灾"等项级科目,和其他类级科目反映的职能有一定的交叉,应界定清楚,根据需要进行调整,尽量使政府的每项职能都在自己的科目中完整反映,避免职能的分散。

10.5.2 国防

国防(defence),是指政府在国防方面的职能。主要包括军事防御、民防、农业、对外军事援助、研究和发展等。

10.5.2.1 国防的科目设置

根据联合国《政府职能分类》(COFOG),国防有一个类级科目,下设 5 个款级科目,款级下再根据需要设置项级科目。

(1) 军事防御款,下设军事防御 1 个项级科目。反映军事防御事务和服务的管理;陆、海、空和空间国防部队的运作;工程、运输、通讯、情报、人员和其他非战斗国防部队的运作;国防机构后备和辅助部队的运作和支持,包括派驻国外的武官处;野战医院,不包括军事援助团;基地医院,课程类似非军事院校的军事院校,即使入学者仅限于军人及其家属;军事人员养恤金计划。

(2) 民防款,下设民防 1 个项级科目。反映民防事务和服务的管理;拟订应急计划;组织涉及文职机构和民众的演习;民防部队的运作和支持,不包括平民保护服务;供和平时期遇灾时应急的粮食、设备和其他用品的采购和储备。

(3) 对外军事援助款,下设对外军事援助 1 个项级科目。反映对外军事援助的管理和派驻外国政府或辅助国际军事组织或联盟的军事援助特派团的运作;以赠与(现金或实物)、贷款(无论利息高低)或借用设备形式提供的军事援助;对国际维持和平行动部队做出贡献,包括派出人员。

(4) 国防的研究和发展款,下设国防的研究和发展 1 个项级科目。反映同国防有关的应用研究和试验性开发的政府机构的管理和运作；提供赠与、贷款或补贴，以支持研究所和大学这样的非政府机构从事同国防有关的应用研究和试验性开发，不包括基础研究。

（5）未另分类的国防事务，下设未另分类的国防事务1个项级科目。反映管理进行或支持以下活动：有关国防的总体政策、计划、方案和预算的拟定、管理、协调和监测；制定并执行同国防有关的法律；制作并分发有关国防的一般资料、技术文件和统计数字等。包括不能划归其他科目的国防事务和服务，不包括退伍军人事务管理。

10.5.2.2 我国国防的科目设置

和政府的其他职能相比，我国国防科目的设置较为简单，国防职能一直都反映在一个类级科目中。中华人民共和国成立后到1970年，类级科目为"国防费类"，包括国防支出和专项支出2个款级科目。1971年后类级科目变更为"国防支出类"，下设国防费款。1976年，类级科目的名称改为"国防战备类"，下设国防费、民兵建设事业费、国防科委事业费、人民防空经费等4个款。1985年，类级科目"国防支出类"下设4个款级科目。1995年款级科目增加了"动员预编经费"和"招飞事业费"2个款级科目。2007年政府支出按功能分类后，国防的类级科目为"国防"，款级科目包括现役部队、预备役部队、民兵、国防科研事业、专项工程、国防动员、其他国防支出等。2014年后，原款级科目"预备役部队"和"民兵"变更为项级科目（见表10-18）。

表 10-18 我国国防支出科目的变化

年份	类	款
1952—1970	国防费类	国防支出、专项支出
1971—1975	国防支出类	国防费
1976—1984	国防战备费类	国防费、民兵建设事业费、国防科委事业费、人民防空经费
1985—1994	国防支出类	国防费、国防科研事业费、民兵建设费、专项工程和其他支出
1995—2006	国防支出类	国防费、国防科研事业费、民兵建设费、动员预编经费、招飞事业费、专项工程和其他支出
2007—2013	国防	现役部队、预备役部队、民兵、国防科研事业、专项工程、国防动员、其他国防支出
2014—2019	国防支出	现役部队、国防科研事业、专项工程、国防动员、其他国防支出

资料来源：根据1952—2019年政府预算收支科目整理。

10.5.2.3 我国国防科目的问题及改革建议

国防是政府为了维护领土完整、维护国家主权、获取安全的外部环境、达到国家目标而实施的所有防务行为的支出，包括国家防务中的物资支出和人力资源支出的总和。国防是一个国家维护主权安全和开展对外斗争的重要支撑力量,是政府的一项主要职能。由于国防属于纯公共品,加之自身具有的特殊属性,国防无法由私人市场供应,唯有通过强制性的税收手段来由政府集中统一供给。

国防职能较为单一完整,支出科目的设置相对简单,目前我国国防科目没有职能交叉或不完整的问题。和国际规范及其他国家的国防科目相比,缺陷如下:① 子职能不明晰。我国在国防类级科目下有5个款级科目,分别为现役部队、国防科研事业、专项工程、国防动员、其他国防支出,看上去较为合理,但是"国防动员"款下的项级科目有兵役征集、经济动员、人民防空、交通战备、国防教育、预备役部队、民兵、边海防、其他国防动员支出等9个项级科目,真正属于"国防动员"子职能的只有兵役征集、经济动员、国防教育等3个科目,人民防空、交通战备、预备役部队、民兵、边海防等5个科目并不反映此子职能。② 科目设置较为简单。如"现役部队"款,2007年前此款为"国防费",是国防支出类级科目下最主要的款,但是在此子职能下没有设置更细的职能,没有反映此科目具体支出在哪些方面。相比而言,其他国家一般都会设置更细的项级科目,如美国在"国防"类下设置了军备、原子能防御活动和防御相关活动等3个款级科目,在"军备"款下设置了军事人员、运行和维护、采购、研发及测评、军队工程、家庭住房、其他等7个项级科目。我国在"现役部队"这个最主要的款级科目下,也应设置必要的项级科目。

我国国防科目的改革建议如下:① 设置更清晰合理的子职能。国防职能作为母职能,下面应设置合理的子职能及更细的职能,各级职能应能准确完整地反映本职能,职能之间不能交叉和混淆。② 调整"国防动员"款下的项级科目。目前的"国防动员"款下有些项级科目并不准确反映此子职能,应再设置其他子职能,将调出的项归入其下。在"国防动员"款下保留兵役征集、经济动员、国防教育和其他国防动员支出等4个项级科目,另外设置"民防"款级科目,将人民防空、交通战备、预备役部队、民兵、边海防等5个项级科目调入其中。③ 在"现役部队"款下设置更合理的项级科目。如可以按照军种设置总部经费、陆军经费、空军经费、海军经费、二炮经费等项。也可以参考其他国家,设置人员经费、设备经费、运行和维护费、军队工程和建设费、家庭住房等项级科目。

10.5.3 公共秩序和安全

公共秩序和安全(defence),是指政府在维持公共秩序和保护国民生命和财产安全方面的职能。主要包括警察服务、消防服务、法院、监狱、公共秩序和安全的研究和发展。

10.5.3.1 公共秩序和安全的科目设置

联合国《政府职能分类》(COFOG)中,公共秩序和安全职能有一个类级科目,下设6个款级科目,款级下再根据需要设置项级科目。

(1) 警察服务款,下设警察服务1个项级科目。反映警察事务和服务的管理,包括外侨登记,向移民签发工作和旅游证件,保管逮捕记录和与警察工作有关的统计,交通管理和管制,防范走私及控制近海和远洋捕鱼;正规和辅助警察部队、港口、边防和海岸警卫队、公共当局维持的其他特殊警察部队的运作;警察实验室的运作;警察训练方案的运作或支持,包括交通警察,不包括除提供警察训练之外还提供一般教育的警察学院。

(2) 消防服务款,下设消防服务1个项级科目。反映防火和灭火事务和服务的管理;正规和辅助消防队及公共当局维持的其他防火和灭火服务的运作;防火灭火训练方案的运作或支持,包括平民保护服务,如登山救援、海滩监视、洪水地区人员的疏散工作等,不包括民防;经过特殊训练并拥有特殊装备的扑火或预防森林火灾的部队。

(3) 法院款,下设法院1个项级科目。反映民事和刑事法院及司法系统的管理、运作或支持,包括执行法院判处的罚款和法律解决及假释和保释制度的运作;代政府提出法律陈述和咨询意见或政府提供现金或实物代其他人提出法律陈述和咨询意见,包括行政法庭、调解员等,不包括监狱管理。

(4) 监狱款,下设监狱1个项级科目。反映监狱和拘留或改造犯人的其他场所,如监狱农场、管教所、感化院、青少年犯教养所、犯罪精神病患者收容所等场所的管理、运作或支持。

(5) 公共秩序和安全的研究和发展,下设公共秩序和安全的研究和发展1个项级科目。反映从事同公共秩序和安全有关的应用研究和试验性开发的政府机构的管理和运作;提供赠与、贷款或补贴,以支持研究所和大学等非政府机构从事同公共秩序和安全有关的应用研究和试验性开发,不包括基础教育。

(6) 未另分类的公共秩序和安全,下设未另分类的公共秩序和安全1个项级科目。反映管理进行或支持以下活动;有关公共秩序和安全的总体政策、计划、方案和预算的拟定、管理、协调和监测;为维护公共秩序和安全制定并执行法律和标准;制作并分发有关公共秩序和安全的一般资料、技术文件和统计数字,包括不能划归其他公共秩序和安全的事务和服务。

10.5.3.2 我国公共秩序和安全的科目设置

我国公共秩序和安全科目的调整较为频繁,类、款、项级科目都处于经常变动中。中华人民共和国成立后,这个职能反映在"行政管理费类"中,款级科目为"公安及司法检察支出"。1956年,"公安、司法、检察支出"由原来的款级科目改变为类级科目,下设公安支出、司法支出和检察支出等3个款级科目。1958年又调入"行政管理费类"中,重新回到款级科目。1959年科目进行了大简化,公共秩序和安全科目并入"行政支出"款中。1963年开始,除了"行政管理费类"的相关科目,监狱和劳改的支出反映在了"其他支出类"和"经济建设费类"中。1971年科目又一次简化,公共秩序和安全科目反映在"行政管理费类"和"其他支出类"中。1981年原"公安支出"项从"行政支出"款中调出,作为独立的款级科目。1983年,"武装警察部队经费"成为单独的类级科目,"司法检察支出"成为单独的款级科目。1986年,相关科目合并为"公安、安全、司法检察支出"款级科目。1987年,由于主管机构的变更,原科目名称改为"政法支出"。1988年设置"公检法支出类",下设公共安全支出、司法检察支出和武装警察部队支出等3个项级科目。1991年原"司法检察支出"款分为司法支出、法院支出和检察院支出等3个款级科目,"武装警察部队支出"又由款级科目变为类级科目。1998年设置"公检法司支出类"类级科目,下设公安支出、国家安全支出、司法支出、法院支出、检察院支出、监狱支出、劳教支出等7个款级科目。

2007年科目改革后,公共秩序和安全职能集中反映在"公共安全"类级科目中,下设武装警察、公安、国家安全、检察、法院、司法、监狱、劳教、国家保密、缉私警察、其他公共安全支出等11个款级科目。2015年后更名为"公共安全支出",增加了"强制隔离戒毒"款级科目。2018年3月,中共中央印发《深化党和国家机构改革方案》,将原武装警察部队的边防、消防、警卫退出现役,不再列武警部队序列,公安边防部队、公安警卫部队现役编制全部转为人民警察编制;将武警黄金、森林、水电部队整体移交国家有关职能部门,官兵集体转业改编为非现役专业队伍;将国家海洋局领导管理的海警队伍及相关职能全部划归武警部队;武警部队不再承担海关执勤任务。经过此次大调整后,武装警察部队的科目有较大的变化,由原9个项级科目减少为2个。如图10-19所示。

图10-19 我国公共秩序和安全支出科目的变化

年份	类	款	项
1952—1955	行政管理费类	公安及司法检察支出	公安业务费、司法业务费、检察业务费、劳动改造生产基金
1956—1957	公安、司法、检察支出	公安支出,司法支出,检察支出	公安支出款中包括"犯人给养差遣及监所修建费"项
1958	行政管理费类	司法支出,检察支出,公安支出	公安支出款中包括"监所及犯人经费"项
1959—1962	行政管理费类	行政支出	国家机关经费、人民武装警察经费
1963—1970	行政管理费类	行政支出	国家机关经费、行政业务费
	其他支出类	其他支出	犯人给养和监所修缮费
	经济建设费类	劳改企业支出	劳改农牧场拨款、其他劳改企业拨款、扩大基本畜群拨款、劳改业务费

（续表）

年份	类	款	项
1971—1980	行政管理费类	行政支出	行政业务费
	其他支出类	其他支出	犯人给养和监所修缮费
1981—1982	行政管理费类	行政支出	行政业务费
		公安支出	公安机关经费,公安业务费,警校、干校经费,其他公安经费,武装警察经费
	其他支出类	其他事业费	犯人给养和看守所修缮费
1983—1985	行政管理费类	公安、安全支出	公安机关经费,公安业务费,警校、干校经费,其他公安经费,
		司法检察支出	
	武装警察部队经费类	武装警察部队支出	
	其他支出类	其他支出	看守所、拘留所经费
1986	行政管理费类	公安、安全、司法检察支出	
	武装警察部队经费类	武装警察部队支出	
	其他部门的事业费类	公安、安全、司法、检察事业费	公安、安全业务费,看守所拘留所经费,收容审查所经费,司法检察业务费
1987	行政管理费类	政法支出	指各级公干、安全、法院、检察院和司法行政机关的经费(不包括业务费)
	其他部门的事业费类	政法事业费	公安、安全业务费,看守所拘留所经费,收容审查所经费,法院、检察院和司法行政业务费,干部训练费,中等专业学校经费,其他政法业务费
1988—1990	公检法支出类	公安安全支出	公安、安全机关经费,公安、安全业务费,居民身份证,看守所拘留所经费,收容审查所经费,干部训练费,中等专业学校经费,其他公安安全支出
		司法检察支出	司法检察机关经费、司法检察业务费、干部训练费、中等专业学校经费、其他司法检察支出
		武装警察部队支出	
	其他部门的事业费类	劳改劳教事业费	劳改事业费,劳教事业费,劳改政策性、社会性支出,劳教政策性、社会性支出

（续表）

年份	类	款	项
1991—1997	公检法支出类	公安安全支出、司法支出、法院支出、检察院支出	
	武装警察部队支出类	内卫部队经费、边防部队经费、消防部队经费	
	其他部门事业费类	劳改事业费、劳教事业费	
1998—2006	公检法司支出类	公安支出、国家安全支出、司法支出、法院支出、检察院支出、监狱支出、劳教支出	
	武装警察部队支出类	内卫部队经费、边防部队经费、消防部队经费、警卫部队经费、黄金部队经费、森林部队经费、水电部队经费、缉私警察、交通部队经费、其他	
2007—2014	公共安全	武装警察、公安、国家安全、检察、法院、司法、监狱、劳教、国家保密、缉私警察、其他公共安全支出	
2015—2019	公共安全支出	武装警察部队、公安、国家安全、检察、法院、司法、监狱、强制隔离戒毒、国家保密、缉私警察、其他公共安全支出	

资料来源：根据 1952—2019 年政府预算收支科目整理。

10.5.3.3 我国公共秩序和安全科目的问题及改革建议

公共秩序和安全职能反映政府在维持社会公共秩序、保护人民生命财产安全及维护社会稳定方面的活动，公共安全支出是政府提供公共安全类公共服务用以维护社会稳定的财力保障。作为纯公共品，公共秩序和安全的支出由政府独自承担，通过税收筹集收入，免费提供给社会主体。

2007 年前，我国公共秩序和安全的类、款、项级科目变动较为频繁，说明在设置科目时并没有充分认识到此项支出的职能，只是根据支出机构来设置相应科目，因而这项职能分散在不同的类级科目中，不能完整地体现。2007 年后，公共秩序和安全职能集中在"公共安全"类级科目中反映，对于科目设置而言是个巨大的进步。但是从款级和项级科目的内容来看，我国的公共秩序和安全科目还有一些不规范的地方。具体体现在：① 子职能不清晰。按照国际规范，公共秩序和安全主要的子职能有警察、消防、法院、监狱等，界限清晰，互不交叉。我国目前"公共安全支出"类下的款级科目有 11 个，其中武装警察部队、公安、强制隔离戒毒、缉私警察都应归入"警察"子职能中，如果说武装警察部队由于特殊性需要单独设置款，强制隔离戒毒和缉私警察则没有必要单独设置款级科目。② "武装警察部队"和"公安"下的项级科目设置不合理。2019 年"武装警察部队"款级科目经过调整，调出了边防、消防、黄金、森林、水电、交通等项级科目，只保留了 2 个项级科目，调入的海警部队并没有单独设置项级科目。"公安"款级科目在 2018 年有 21 个项级科目,2019年调入由武警部队转出的"边防"和"警卫"后,项级科目反而减少为8个,不再体现警种的分类,从目前的款级和项级科目看不出公安所承担的子职能和更细的职能是什么。③"消防"的子职能没有体现在公共秩序和安全职能中。"消防"是公共秩序和安全职能的一个重要子职能,消防部队一直属于"武装警察部队"。武警部队改革后,2019年起"消防"调入新设置的"灾害防治及应急管理支出"类级科目中,成为"消防事务"款级科目,另外还有一个款级科目"森林消防事务",从科目名称和说明看,也属于"消防事务",不应分为两个子职能。

我国公共秩序和安全科目的改革建议如下:① 按子职能设置款级科目。对目前11个款级科目进行调整,由于"武装警察部队"是现役部队,性质和"公安"不同,可以保留款级科目,"强制隔离戒毒"和"缉私警察"属于"公安"子职能范围,应转为其下项级科目。"消防"从职能性质上应属于公共秩序和安全,退出现役后不宜再列入"武装警察部队",按分类原则应转为"公安"款下的项级科目。② 调整"武装警察部队"和"公安"的项级科目。在"武装警察部队"款下,设置武装警察部队、海警、其他武装警察部队等3个项级科目,以反映"武装警察部队"更细的职能。在"公安"款下,应恢复2018年及之前项级科目的内容,即调入边防、警卫后,项级科目包括行政运行、一般公共事务、机关服务、治安管理、边防、警卫、犯罪侦查、出入境管理、居民身份证管理、禁毒管理、道路交通管理、公共安全防护(包括防范和处理邪教犯罪、反恐怖、网络侦控管理、行动技术管理等)、信息化建设(包括网络运行及维护)、扣押收教场所管理、警犬繁育及训养、事业运行、其他公安支出等17个款级科目。

10.5.4 环境保护

环境保护(environmental protection),是指政府在保护环境方面的职能。主要包括废物管理、废水管理、减轻污染、保护生物多样性和自然景观、环境保护的研究和发展、未另分类的环境保护等。

10.5.4.1 环境保护的科目设置

联合国《政府职能分类》中环境保护的细目以欧洲共同体统计处(欧统处)欧洲环境经济信息收集系统(SERIEE)阐述的《环境保护活动分类》为依据。环境保护职能有一个类级科目,下设6个款级科目,款级下再根据需要设置项级科目。

(1) 废物管理款,包括废物的收集、处理和处置。废物收集包括清扫街道、广场、小径、市场、公共花园、公园等;收集各类废物,或者按照产品类型选择性收集或所有废物不分类统收,并将废物运到处理或处置场所。废物处理包括旨在实现以下目的的任何方法或过程:改变任何废物的物理、化学或生物性质或成分,以将其中和,使其变化为无害,使其变得比较安全以便运输,使其易于回收或储存或缩小其体积。废物处置包括通过填埋、封住、置于地下、倾弃于海或任何其他有关的处置方式，将预计不再进一步利用的废物作最后置放。下设"废物管理"项级科目，反映废物收集、处理和处置系统的管理、监督、检查、运作或支持；提供赠与、贷款或补贴，以支持此类系统的运作、建设、维修或改善，包括核废料的收集、处理和处置。

（2）废水管理款，包括下水道系统运作和废水处理。下水道系统运作包括管理和建设收集器、管道、渠道和泵站系统，以便将废水（雨水、家庭和其他废水）从发生点排往污水处理厂或排至某一点再排放入地表水。废水处理包括任何机械、生物或先进过程，使废水经过这些过程后符合适用的环境标准或其他规范。下设"废水管理"项级科目，反映下水道系统和废水处理的管理、监督、检查、运作或支持；提供赠与、贷款或补贴，以支持此类系统的运作、建设、维修或改善。

（3）减轻污染款，包括的活动涉及环境空气和气候的保护、土壤和地下水的保护、噪音和震动的减轻及辐射的防护。这些活动包括监测系统和台站（气象台除外）的建设、维修和运作；建造隔音墙、栅栏和其他防噪音设施，包括对市区高速公路和铁路路段重铺减低噪音路面；清除水体内污染的措施；控制或预防对空气质量产生不良影响的温室气体和污染物的排放的措施；净化遭受污染的土壤及储存污染物的装置的建设、维修和运作；污染物的运输。下设"减轻污染"项级科目，反映同减轻和控制污染有关的活动的管理、监督、检查、运作或支持；提供赠与、贷款或补贴，以支持同减轻和控制污染有关的活动。

（4）保护生物多样性和自然景观款，包括的活动涉及动物和植物物种的保护（包括重新引进灭绝物种和恢复濒临灭绝危险的物种）、生态环境的保护（包括自然公园和自留地的管理）及自然景观美学价值的保护（包括重塑受损害的自然景观及加强其美学价值以及废弃矿山和采石场的复原）。下设"保护生物多样性和自然景观"项级科目，反映同保护生物多样性和自然景观有关的活动的管理、监督、检查、运作或支持；提供赠与、贷款或补贴，以支持同保护生物多样性和自然景观有关的活动。

（5）环境保护的研究和发展，下设"环境保护的研究和发展"项级科目，反映从事同环境保护有关的应用研究和试验性开发的政府机构的管理和运作；提供赠与、贷款或补贴，以支持研究所和大学等非政府机构从事同环境保护有关的应用研究和试验性开发，不包括基础教育。

（6）未另分类的环境保护，下设"未另分类的环境保护"项级科目，反映旨在促进环境保护的总体政策、计划、方案和预算的拟订、管理、协调和监测等各类活动的行政管理、管理、管制、监督、运作和支持；制定并执行关于提供环境保护服务的法律和标准；制作并分发有关环境保护的一般资料、技术文件和统计数字。

10.5.4.2 我国环境保护的科目设置

改革开放之后,我国才出现有关于环境保护的科目。1979年后,在"基本建设拨款类"下设"环境保护基建支出"款级科目;"科技三项费用类"下设"其他部门科技三项费用"款级科目,之下又设"环境保护部门"项级科目;"工业、交通、商业等部门的事业费类"下设"环境保护事业费"。1983年新设"城市维护费类",下设"环境保护补助资金"款。1985年"城市维护费类"改为"专款支出类",下设的"环境保护补助资金"款也在1998年改为"排污费支出"。

2007年后支出按功能进行分类,设置了"环境保护"类级科目,集中反映之前分散在其他类级科目中的环境保护的职能。款级科目包括环境保护管理事务、环境监测与检察、污染防治、自然生态保护、能源管理事务、污染减排、可再生能源、资源综合利用、天然林保护、退耕还林、风沙荒漠治理、退牧还草、已垦草原退耕还草、其他环境保护支出等。2011年后"环境保护"更名为"节能环保",增加了可再生资源、循环经济、能源节约利用等款级科目。如图10-20所示。

图10-20 我国环境保护支出科目的变化

年份	类	款
1979—2006	基本建设拨款类	环境保护基建支出
	科技三项费用类	其他部门科技三项费用
	工业、交通、商业等部门的事业费类	环境保护事业费
	城市维护费类(1983年新设,1985年改为专款支出类)	环境保护补助资金(1998年改为排污费支出)
2007—2010	环境保护	环境保护管理事务、环境监测与检察、污染防治、自然生态保护、能源管理事务、污染减排、可再生能源、资源综合利用、天然林保护、退耕还林、风沙荒漠治理、退牧还草、已垦草原退耕还草、其他环境保护支出等
2011—2019	节能环保支出	环境保护管理事务、环境监测与检察、污染防治、自然生态保护、天然林保护、退耕还林、风沙荒漠治理、退牧还草、已垦草原退耕还草、能源节约利用、污染减排、可再生能源、循环经济、能源管理事务、其他环境保护支出

资料来源:根据1952—2019年政府预算收支科目整理。

10.5.4.3 我国环境保护科目的问题及改革建议

我国最早的环境保护机构是1974年10月成立的国务院环境保护领导小组,主要负责制定环保的方针、政策和规定,审定全国环保规划,组织协调和督促检查各地区、各部门的环保工作。1982年5月组建城乡建设环境保护部(内设环境保护局),两年后成立国务院环境保护委员会。1984年12月,国家环境保护局成立。1998年,国家环保局升格为国家环保总局,成为国务院主管环保工作的直属机构。2008年7月,国家环保总局再次升级为国家环境保护部,成为国务院组成部门。2018年3月,国务院组建生态环境部,对外保留国家核安全局牌子。我国环境保护工作开展得较晚,随着经济社会的发展,环境保护相关问题引起越来越多的重视,这项政府职能的重要性也在政府支出科目中得到体现。

我国环境保护的科目在2007年支出功能分类前,分散地反映在基本建设拨款类、科技三项费用类、工业交通商业等部门的事业费类、城市维护费类中。2007年后集中在"环境保护"类中反映,2011年后改为"节能环保支出",项级科目不断增加。目前环境保护科目大致包括四类:污染防治等环境保护事务、能源节约利用、自然生态保护及其他。和国际规范和其他国家相比,我国的环境保护科目有较大的不同,主要问题有:① 环境保护职能没有集中反映。目前的"节能环保支出"包括环保和节能两个主要部分,有些环境保护的子职能并未体现。除了废物管理和废水管理,和保护生物多样性和自然景观相关的科目反映在"农林水支出"类下"林业和草原"款中,还有"自然资源海洋气象等支出"类中也有相关科目。② 注重宏观的环境保护,忽视社会生活环境的保护和治理。COFOG中环境保护职能的废物管理、废水管理、减轻污染、保护生物多样性和自然景观等子职能,我国只在"减轻污染"方面设置了相关科目,在废物管理、废水管理等方面没有设置专门等科目,相关科目零散地反映在其他科目中。

我国环境保护科目的改革建议如下:① 设置科目时要完整独立地反映环境保护职能。要按照国际规范和发达国家经验,科学界定环境保护的职能范围,经过仔细地辨别和区分,将分散在其他职能中的环境保护相关科目集中在"节能环保支出"类级科目中,根据合理准确的子职能设置款级科目和项级科目,使环境保护职能完整地反映在一个大类科目中。② 设置社会生活环境保护的相关科目。针对目前环境保护科目中缺乏和社会生活环境相关科目的情况,参照其他国家的成熟经验,在废物管理和废水管理方面设置必要的科目,使环境保护落实到方方面面,完善污染治理手段,真正改善自然环境和社会生活环境,促进经济和社会的可持续发展。

10.5.5 住房和社会福利设施

住房和社会福利设施(housing and community amenities),是指政府在住房和社会福利方面的职能。主要包括住房开发、社区发展、供水、街道照明、住房和社会福利的研究和发展、未另分类的住房和社会福利设施等。

10.5.5.1 住房和社会福利设施的科目设置

联合国《政府职能分类》中的住房和社会福利设施职能有一个类级科目,下设

6个款级科目,款级下再根据需要设置项级科目。

(1) 住房开发款,下设"住房开发"项级科目,反映住房开发事务和服务的管理;促进、监督和评价住房开发活动,无论这些活动是否由公共当局赞助,住房标准的制定和规定;同提供住房有关的贫民区清除工作;购置建造住宅所需的土地;为公众或具有特殊需要者建造或购买和改建住宅单位;制作并分发同住房开发事务和服务有关的一般资料、技术文件和统计数字;提供赠与、贷款或补贴,以支持房源的扩大、改善或维修,不包括建筑标准的制定和规定;帮助住户支付住房费用的现金和实物福利。

(2) 社区发展款,下设"社区发展"项级科目,反映社区发展事务和服务的管理;分区法规及用地和建筑条例的管理;规划新社区或经改造的社区;规划诸如住房、工业、公用事业、保健、教育、文化、娱乐等社区设施的改善和发展;为已规划的发展拟定筹资计划;制作并分发同社区发展事务和服务有关的一般资料、技术文件和统计数字。不包括计划的执行,即实际建造住房、工业建筑、街道、公用事业、文化设施等(按功能分类);土地改革和土地垦殖;建筑标准和住房标准的管理。

(3) 供水款,下设"供水"项级科目,反映管理供水事务;评估未来的需要并根据此种评估决定供应情况;监督并管理饮水供应的所有方面,包括水的净化、价格和质量控制;非企业型供水系统的建设或运作;制作并分发同供水事务和服务有关的一般资料、技术文件和统计数字;提供赠与、贷款或补贴,以支持供水系统的运作、建设、维修或改善,不包括灌溉系统;多用途发展项目;废水的收集和处理。

(4) 街道照明款,下设"街道照明"项级科目,反映街道照明事务的管理;街道照明标准的制定和规定;街道照明的安装、运作、维修、改善等,不包括同高速公路的建设和运作有关的照明事物和服务。

(5) 住房和社会福利设施的研究和发展,下设"住房和社会福利设施的研究和发展"项级科目,反映从事同住房和社会福利设施有关的应用研究和试验性开发的政府机构的管理和运作;提供赠与、贷款或补贴,以支持研究所和大学等非政府机构从事同住房和社会福利设施有关的应用研究和试验性开发,不包括基础教育;有关建造方法或材料的应用研究和试验性开发。

(6) 未另分类的住房和社会福利设施,下设"未另分类的住房和社会福利设施"项级科目,反映下列活动的管理、运作或支持:有关住房和社会福利设施的总体政策、计划、方案和预算的拟订、管理、协调和监督;制定并执行同住房和社会福利设施有关的法律和标准;制作并分发有关住房和社会福利设施的一般资料、技术文件和统计数字等,包括不能划归其他有关住房和社会福利设施活动的管理、运作或支持。

10.5.5.2 我国住房和社会福利设施的科目设置

我国一直没有单独的住房和社会福利设施职能,供水和街道照明等事务长期中都反映在"经济建设费类"下的"城市公用事业支出"款级科目中,下设"公用企业投资"项级科目,通过对事业单位的支出,使政府得以履行一部分职能。1971年在"基本建设投资类"中设置了"其他部门的基本建设投资"款,反映城市公用等部门的基本建设投资。1989年后在"基本建设支出类"下专门设置"城市建设基建拨款"款,并有"公用企业基建拨款"和"公共设施基建拨款"等两个项级科目。1998年后,增加了"城市维护费"类级科目,反映用城市维护建设税和地方机动财力安排的城市维护支出。

2007年后,设立单独的"城乡社区事务"类级科目,反映政府对城乡社区事务的支出。但是这个类级科目包含的内容较复杂,除了城乡社区事务,还有对土地方面的一些支出。之后几年间,这个类级科目一直在调整中,如2008年增加了国有土地收益基金支出和农业土地开发资金支出款级科目,2009年增加新增建设用地有偿使用费支出款级科目,2010年增加城市基础设施配套费支出款。2011年后,"住房保障支出"类级科目单独设立,包括保障性安居工程支出、住房改革支出、城乡社区住宅等款级科目。2014年建立全口径政府预算体系后,"城乡社区事务"类级科目经过调整,在公共财政预算中保留了和城乡社区事务相关的科目,将一些科目调入政府性基金预算中。经过数年的科目调整,城乡社区事务的科目逐渐完善,城乡社区服务已经成为政府的一个不可忽视的职能。如图10-21所示。

图10-21 我国住房和社会福利设施支出科目的变化

年份	类	款	项
1952—1970	经济建设费类	市政建设支出(1956年后改为城市公用事业支出)	公用企业投资(包括自来水、煤气、有轨电车、公共汽车、无轨电车、市轮渡等投资)
1971—1988	基本建设投资类	其他部门的基本建设投资	城市公用等部门的基本建设投资
1989—1997	基本建设支出类	城市建设基建拨款	公用企业基建拨款、公共设施基建拨款
1998—2006	基本建设支出类	城市建设基建支出	
	城市维护费	城市维护费	
2007—2010	城乡社区事务		城乡社区管理事务、城乡社区规划与管理、城乡社区公共设施、城乡社区住宅、城乡社区环境卫生、建设市场管理与监督、国有土地收益基金支出、农业土地开发资金支出、政府住房基金支出、国有土地使用权出让金支出、建设用地有偿使用费支出、城市基础设施配套费支出、城镇公用事业附加支出、其他城乡社区事务支出等

(续表)

年份	类	款	项
2011—2019	城乡社区事务		城乡社区管理事务、城乡社区规划与管理、城乡社区公共设施、城乡社区环境卫生、建设市场管理与监督、其他城乡社区事务支出
	住房保障支出		保障性安居工程支出、住房改革支出、城乡社区住宅

资料来源：根据1952—2019年政府预算收支科目整理。

10.5.5.3 我国住房和社会福利设施科目的问题及改革建议

住房和社会福利设施职能是政府的重要职能之一，体现了政府在保障人民基本生活和福利，促进社会平等和公平方面的职责。我国由供水、照明等公用事业和公共设施的维护，进步到开展城乡社区服务、保障城乡生活住房，说明政府在民生支出方面的日益重视。目前我国住房和社会福利设施科目的问题主要有：① 职能界定不清晰。我国体现这一职能的科目主要是"城乡社区事务"和"住房保障支出"两个类级科目，并且这两个科目并不仅仅反映政府的这一职能，还包含政府其他职能的内容。如城乡社区管理事务款中的城管执法项和工程建设管理项、建设市场管理与监督款，以及住房改革支出款中的住房公积金项、提租补贴项、购房补贴项，是否应反映在城乡社区事务子职能中，还有待商榷。② 款级科目和项级科目设置不合理。现"城乡社区管理事务"类中，有"建筑市场管理与监督"款，在"城乡社区管理事务"款中还有工程建设标准规范编制与监管项和工程建设管理项，都是反映建筑市场或工程建筑的管理或监督，先不论其是否应体现在住房和社会福利设施职能中，这几个科目的归类本身就不符合科目分类原则。在"住房保障支出"类中，还有"城乡社区住宅"款级科目，是否该归入"城乡社区支出"类中以集中反映城乡社区的相关支出，也是值得深入探讨的问题。

对我国住房和社会福利设施科目的改革有如下建议：① 准确界定住房和社会福利设施职能。联合国《政府职能分类》中建议此职能应包括住房开发、社区发展、供水、街道照明、研究和发展等内容，我们即使不一定严格据此框架设置科目，也应该明确政府在这方面的职能到底是什么，哪些该纳入类级科目，哪些应该体现在其他类级科目中。只有界定清楚政府的职能范围，才能科学设置科目体系。② 调整目前的款级和项级科目。首先是整理"城乡社区支出"类中建筑市场和工程建筑的相关科目，根据我国具体预算管理需要和该科目的规范归类，调入其他类级科目，如需保留在原类级科目中，也要设置更为合理的款、项级科目。其次是住房保障支出类下科目的调整，保障性安居工程支出款应保留，住房改革支出款及其下的项级科目按照其他国家经验应单独设置基金进行管理，城乡社区住宅款按照归类原则应纳入城乡社区支出类中集中反映子职能。最后是应适当补充目前欠缺的科目,如"供水"和"街道照明"是住房和社会福利设施职能不可缺少的部分,在目前科目设置中并没有反映其重要性,应设置适当的科目以明确政府在此方面的责任。

10.5.6　娱乐、文化和宗教

娱乐、文化和宗教(recreation,culture and religion),是指政府在娱乐、文化和宗教方面的职能。主要包括:娱乐和体育服务;文化服务;广播和出版服务;宗教和其他社区服务;娱乐、文化和宗教的研究和发展;未另分类的娱乐、文化和宗教服务等。

10.5.6.1　娱乐、文化和宗教的科目设置

联合国《政府职能分类》中的娱乐、文化和宗教职能有一个类级科目,下设6个款级科目,款级下再根据需要设置项级科目。

(1)娱乐和体育服务款,下设"娱乐和体育服务"项级科目,反映提供体育和娱乐服务;管理体育和娱乐事务;监督和管理体育设施;活跃型体育事业和活动设施(运动场、网球场、墙球场、跑道、高尔夫球场、拳击场、溜冰场、体操馆等)的运作或支持;非活跃型体育事业和活动设施(主要为供打牌和棋类项目等使用的备有特别设备的场地)的运作或支持;娱乐事业设施(公园、海滩、野营地和相关的在非商业基础上提供的住宿地、游泳池、公共浴池等)的运作或支持;提供赠与、贷款或补贴,以支持团体或个人竞赛者或运动员,包括容纳观众的设施;国家、区域或地方代表团参加体育活动,不包括动物园或植物园、水族馆、树木园和类似机构;同教育机构有关的体育和娱乐设施。

(2)文化服务款,下设"文化服务"项级科目,反映提供文化服务;管理文化事务;监督和管理文化设施;文化事业设施(图书馆、博物馆、艺术馆、剧院、展览厅、纪念碑、历史性房屋和地点、动物园和植物园、水族馆、树木馆等)的运作或支持;文化活动(音乐会、舞台和电影制作、艺术展览等)的运作或支持;提供赠与、贷款或补贴,以支持艺术家、作家、设计人员、作曲家和从事文艺工作的其他个人,或支持从事促进文化活动的组织,包括国家、区域或地方的庆祝活动,以吸引游客为主要目的的庆祝活动除外,不包括为了在国外进行的文化活动;以吸引游客为主要目的的国家、区域或地方庆祝活动;供广播用的文化材料的制作。

(3)广播和出版服务款,下设"广播和出版服务"项级科目,反映管理广播和出版事务;监督和管理广播和出版服务;广播和出版服务的运作或支持;提供赠与、贷款或补贴,以支持电视或广播设施的建设或购置;出版报纸、杂志或书籍的工厂、设备或材料的建设或购置;制作供广播的材料;收集新闻或其他信息;分发出版物,不包括政府印刷所和印刷厂;由电台或电视广播提供的教育。

(4)宗教和其他社区服务款,下设"宗教和其他社区服务"项级科目,反映管理

宗教和其他社区事务；提供作宗教仪式和其他社区服务用途的设施，包括支持这些设施的运作、维修和修理；支付宗教机构神职人员和其他干事的薪酬；支持举行宗教仪式；提供赠与、贷款或补贴，以支持兄弟会、民间组织、青年组织和社会组织或工会和政党。

（5）娱乐、文化和宗教的研究和发展款，下设"娱乐、文化和宗教"项级科目，反映从事同娱乐、文化和宗教有关的应用研究和试验性开发的政府机构的管理和运作；提供赠与、贷款和补贴，以支持研究所和大学等非政府机构从事同娱乐、文化和宗教有关的应用研究和试验性开发，不包括基础教育。

（6）未另分类的娱乐、文化和宗教款，下设"未另分类的娱乐、文化和宗教"项级科目，反映旨在促进体育、娱乐、文化和宗教的总体政策、计划、方案和预算的拟订、管理、协调和监测等活动的管理、运作或支持；制定并执行同提供娱乐和文化服务有关的法律和标准；制作并分发同娱乐、文化和宗教有关的一般资料、技术文件和统计数字，包括不能划归其他科目的娱乐、文化和宗教事务和服务。

10.5.6.2 我国娱乐、文化和宗教的科目设置

我国娱乐和文化方面的支出，中华人民共和国成立后一直在"社会文教费类"中反映，包括文化支出、新闻支出、体育支出、通信和广播支出、出版支出等，主要通过事业单位安排相应的支出。1976年"社会文教费类"更名为"文教卫生事业费类"，"文化事业费"款中包括文化、艺术、出版经费，"通信和广播事业费"包括通讯社、广播电台、电视台等经费。1983年后，出版事业费、通信事业费和广播电视事业费成为独立的款级科目。1998年，"文体广播事业费"从款级科目变为类级科目，独立地反映娱乐和文化方面的职能。2007年支出职能分类改革后，设置了"文化体育与传媒"类级科目，包括文化、文物、体育、广播影视、新闻出版、其他文化体育与传媒支出等款级科目。2019年类级科目名称变更为"文化旅游体育与传媒支出"，转入原列入"商业服务业等支出"类的"旅游"相关科目。

在2007年之前，宗教事务在我国的科目体系中并未作为单独的科目，但是宗教事务一直都在支出事项中。1954年，国务院设立宗教事务局，在文革后期撤销了此机构。1979年，恢复设立国务院宗教事务局。1998年3月国务院机构改革时更名为国家宗教事务局。2007年在"一般公共服务"类中，首次单独设置了"宗教事务"款级科目。2018年3月，在新的机构改革中，将国家宗教事务局并入中央统战部，不再保留单设的国家宗教事务局。2019年"宗教事务"款转入"统战事务"类级科目。

图 10-22 我国娱乐、文化和宗教支出科目的变化

年份	类	款
1952—1975	社会文教费类	文化支出、新闻支出、体育支出、通信和广播支出、出版支出
1976—1982	文教卫生事业费类	文化事业费、体育事业费、通信和广播事业费、文物事业费
1983—1997	文教科学卫生事业费类	文化事业费、出版事业费、文物事业费、体育事业费、通信事业费、广播电视事业费
1998—2006	文体广播事业费	文化事业费、出版事业费、文物事业费、体育事业费、通信事业费、广播电影电视事业费
2007—2018	文化体育与传媒	文化、文物、体育、广播影视、新闻出版、其他文化体育与传媒支出
	一般公共服务	宗教事务
2019	文化旅游体育与传媒支出	文化和旅游、文物、体育、新闻出版电影、广播电视、其他文化体育与传媒支出
	统战事务	宗教事务

资料来源:根据 1952—2019 年政府预算收支科目整理。

10.5.6.3 我国娱乐、文化和宗教科目的问题及改革建议

娱乐、文化和宗教职能与政府的其他职能不同,它不是为人民和社会提供物资产品,而是通过提供精神产品来满足人们的精神文化需求。随着经济社会的发展,我国社会生产力水平显著提高,人民的需要不再仅仅局限于物质文化方面,而是对精神文化生活有了更高要求。在此背景下,娱乐、文化和宗教的职能愈发显示其重要性。

我国娱乐、文化和宗教科目的主要问题是科目设置不够细化。在现行"文化旅游体育与传媒支出"类级科目中,文化和旅游、文物、体育、新闻出版电影、广播电视等 5 个款级科目下,都设置了行政运行、一般行政管理事务和机关服务等 3 个项级科目,子职能的主要方面却没有得到充分反映。即在科目设置时过于偏重行政管理部门的支出,其他的项级科目设置较为简单和粗糙,支出事项较为笼统缺乏具体内容。如"宗教事务"列在"一般公共服务支出"类下的"统战事务"款级科目中,而"统战事务"反映中国共产党统战部门的支出,"宗教事务"也仅是个项级科目,没有更细化的科目。

由于各国具体的历史文化背景不同,我国应借鉴国际规范和发达国家经验,根据本国国情和未来可预见的形势设置娱乐、文化和宗教科目。在娱乐、体育和文化服务方面,除了管理和监督,还要提供娱乐事业设施(非商业的公园、海滩、游泳池、公共浴池等)、体育事业和活动设施(运动场、球场、跑道、体操馆、棋牌场所

等)和文化事业设施和活动(图书馆、博物馆、艺术馆、剧院、展览厅、动物园、植物园、音乐会、艺术展览等)的支出和维护。在广播和出版服务方面,除了管理和监督,要对具体的广播和出版服务进行支持。在宗教和其他社区服务方面,要支持有关设施的运作、维修和修理。除了上述事务,还应设置提供赠与、贷款或补贴的科目以支持相关人员和团体。

主要参考文献

[1] 财政部:1952—2020各年政府预算收支科目,中国财政经济出版社。

[2] 财政部财政科学研究所:《60年来中国财政发展历程与若干重要节点》,《改革》2009年第10期。

[3] 陈梦根:《政府财政统计国际标准的发展、修订及影响》,《云南民族大学学报》2015年第1期。

[4] 付芳:《我国政府预算支出分类体系研究》,上海财经大学博士学位论文2020年。

[5] 高培勇、汪德华:《步入"十三五"的财税改革》,社会科学文献出版社2016年版。

[6] 国际货币基金组织:《2014年政府财政统计手册》(GFSM2014),https://www.imf.org/external/Pubs/FT/GFS/Manual/2014/GFSM_2014_CHI.pdfhttps://www.imf.org/external/pubs/ft/gfs/manual/chi/consc.pdf。

[7] 国际劳工局:《世界社会保障报告(2010—2011)》,中国劳动社会保障出版社2011年版。

[8] 国际职业安全与卫生信息中心:《提供全面保护,促进社会对话》,《中国安全生产报》2007年5月10日。

[9] 贾康、赵全厚:《财政支出改革》,《经济研究参考》2009年第2期。

[10] 蒋洪:《要注重财政支出决策过程的改革》,《财政研究》2001年第9期。

[11] 联合国:《政府职能分类》(COFOG),https://assets.publishing.service.gov.uk/government/uploads/system/uploads/attachment_data/file/238595/7630.pdf。

[12] 莱昂·狄骥:《公法的变迁——法律与国家》,辽海出版社1999年版。

[13] 林德尔·G.霍尔库姆:《公共经济学——政府在国家经济中的作用》,中国人民大学出版社2012年版。

[14] Richard Allen、Daniel Tommasi:《公共开支管理——供转型经济国家参考的资料》,中国财政经济出版社2009年版。

[15] 王薇、陈旭佳:《基本公共服务项目选择的研究——基于公共预算改革的背景》,《电子科技大学学报》2015年第17卷第3期。

[16] 王永礼:《我国大陆与台港澳地区预算法律制度比较》,经济科学出版社2010年版。

[17] 王雍君:《公共预算管理(第二版)》,经济科学出版社2010年版。

[18] 徐月宾、刘凤琴、张秀兰:《中国农村反贫困政策的反思——从社会救助向社会保护转变》,《中国社会科学》2007年第3期。

[19] 杨志勇:《政府预算管理制度演进逻辑与未来改革》,《南京大学学报》2009年第5期。

[20] 张弛、冯利红:《改革开放四十年政府预算制度改革回顾与展望》,《财政科学》2018 年第 8 期。
[21] 张强:《现代财政制度建设之路》,《中央财经大学学报》2019 年第 3 期。
[22] 朱秋霞:《德国政府预算制度》,经济科学出版社 2017 年版。
[23] 宗晓华:《公共教育财政制度的经济分析》,中国财政经济出版社 2012 年版。
[24] 左春台、宋新中:《中国社会主义财政简史》,中国财政经济出版社 1988 年版。
[25] Allen, R., and D. Tommasi: "Managing Public Expenditure: A Reference Book for Transition Countries", Paris: OECD, 2001.
[26] Jack Rabin, and Thomas D. Lynch: "Handbook on Public Budgeting and Financial Management", Marcel Dekker INC., 198.
[27] OECD: "Government at a Glance", OECD Publishing, 2011.
[28] The UK Budget 2016. https://www.gov.uk/government/publications/budget-2016-documents/budget-2016
[29] Wagner, R. E.: "Public Finance: Revenues and Expenditures in a Democratic Society", Little Brown and Company, 1983.
[30] Sabates Wheeler, R. And S. Devereux: "Transformative Social Protection", The Currency of Social Justice, 2008. http://www.doc88.com/p-1476198299164.html
[31] 澳大利亚政府网站。
[32] 加拿大政府网站。
[33] 美国政府网站。
[34] 英国政府网站。

第11章 支出经济分类

在支出功能分类的基础上,需要对政府预算支出进行经济分类,即在预算部门和总量确定的情况下,根据经济分类对其进行有意义的经济性质方面的分析。两种分类方法结合起来,才有可能真正控制支出总量并保障优先项目,在有效地使用预算资源,实现支出配置的效率和公平。经济分类对政府支出的资源分配、预算编制和管理、预算透明度、国际比较等方面有着重要的意义。

11.1 支出经济分类的原理

11.1.1 支出经济分类的意义

政府预算支出的经济分类(ecomomic classification)是指对支出按经济性质进行分类。支出的经济构成,通常显示支出交易对象的经济性质。经济性质可以分为经常性支出和资本性支出两类。

经常性支出(current expenditure)包括工薪、其他产品和服务(非工薪的营运保养费用)、利息支付、补贴和其他经常性转移支付。资本性支出(capital expenditure)是指用于购买或生产使用年限在一年以上并用于非军事目的的耐久产品所花费的支出,如桥梁、道路、学校建筑、医院诊所等的开支。

支出经济分类和支出功能分类的关系非常密切。一般认为公共支出的分析应首先从功能分类着手,因为这一分类的各部分具有比较单一的目标、功能或利益。如果不先分析各个职能部门的支出,对具体情况有所了解的话,在分析资本支出、营运维护支出、人员经费或补贴支出时就会比较困难。只有部门或项目的支出总额确定了,结合支出的经济分类,才可能判断公共投资是否符合社会的需要、营运维护支出是否充足、人员是否过多等。许多发达国家财政部门在公布预算时,经济分类的地位经常超过功能分类,成为预算的重要内容[①]。

经济分类对支出分析非常重要。政府在制定政策时,有时不得不面临艰难的

[①] 笔者在查找各国预算资料时,发现经济分类的数据经常出现在政府报告中,功能分类却不一定。

选择:为了实现经济发展和社会目标,应削减哪些开支?如何配置稀缺资源?这时支出的配置问题就成了关键,经济分类可以帮助政府做出符合公众意愿的决策。一般使用综合分析方法,部门和项目支出根据功能分类,确定支出总量,再结合经济分类,可以对现有的和新的支出项目所需的经常性成本、非工资的营运维护费用,以及公务员的过剩程度、适当的工资标准给予评估。

例如在基础设施中,经济分类中的维护和保养支出就显得较为重要。维护保养不适当将产生大量的营运和投资成本。一条道路如果缺乏保养的话,恶化的出会急剧加速,甚至导致整个路面的重新铺设。在撒哈拉以南的非洲,由于缺乏适当的保养,大约有价值 30 亿美元的道路受到严重侵蚀,而这些道路中的 1/3 是在过去 20 年中铺设的。在拉丁美洲,维护保养少支出 1 美元,就要多花费 3—4 美元进行重建(桑贾伊·普拉丹,2000)。再如在教育部门,也存在一个关键问题,即如何安排项目支出的经济组合,或者说不同投入(教师、教学楼和教学设施)之间的配置,以取得最佳的教育产出效果。如果教师的薪酬占了教育支出的大部分,剩下用于教科书和教学设施维护保养的资金就很有限了。

经济分类对发展中国家的支出分析更为重要。不少发展中国家往往在跨部门支出和功能支出项目中出现某一类支出过多或过少的情况。一些机构热衷于新的资本投资,会造成非工资性的营运维护支出不足,低水平工薪的职员人数往往超过需要。在政府部门的支出中,常常会出现这种现象,即公务员冗员过多,工资支出占总支出比例过高。

可见,政府预算支出如果只有功能分类而没有经济分类,将忽略一些重要问题。

11.1.2 支出经济分类的内容

从政府财政统计的角度来看,支出经济分类是对政府交易性质的划分。政府交易包括两部分,一是外部交易,二是内部交易。外部交易表现为货币流出政府,流入家庭、企业和社会非营利机构;内部交易表现为政府与政府、政府单位与政府单位之间货币的流进流出。

政府与家庭的交易中,一种为有偿的交易,即政府支付货币,家庭提供劳务,如政府工作人员的工资、津贴补贴;第一种为无偿的交易,仅政府货币的单方面转移,如政府支付给居民的各类抚恤金、救济金等,这部分支出构成政府对个人和家庭的补助。和政府与家庭的交易相似,政府与企业、社会非营利机构的交易中,一种是有偿的,即政府支付货币,企业与社会非营利机构提供商品、劳务,这类支出通常按交易对象划分为两部分:一部分是经常性支出,如购置低值易耗的办公用品、支付邮电费,形成政府的商品和服务支出;另一部分是购置资本性资产,如房屋建筑物、办公设备、专用设备,构成政府的资本性支出。另一种是无偿的,也是政府货币的单方面转移,如对企业的政策性补贴、对事业单位的补贴,这类支出构成政府对企业、事业单位的补贴。还有一种与金融等资产有关的交易,如贷款、产权参股,构成政府贷款与产权参股的交易分类。

政府的内部交易,有些涉及货币、商品和服务的流转,如政府单位之间商品和服务的购买;有些仅涉及货币资金的单方面转移,如上级政府对下级政府的转移支付、下级政府对上级政府的上缴支出、上级单位对下级单位的补助、下级单位对上级单位的上缴等。货币资金的单方面转移构成了政府的转移性支出,涉及货币、商品和服务流转的,则适用政府与家庭、企业交易的相关分类。

11.2 支出经济分类的国际经验

11.2.1 支出经济分类的国际规范

政府财政统计是财政收支分析的重要基础,在监测政府经济活动与制定经济和财政政策方面发挥着重要作用。国际货币基金组织(IMF)制定的《政府财政统计手册》(GFSM)全面涵盖了政府的经济和金融活动,为研究广义政府或公共部门的财务活动、财政状况和流动性的发展变化提供了统计手册。GFSM 的政府收支分类方法基于经济理论,遵循统计的一般原则和方法,具有普遍适用性,是各国制定和发布财政统计数据的国际标准。1986 年版的《政府财政统计手册》出台后,经过 2001 年和 2014 年两次修订,最新版本为《政府财政统计手册 2014》。

GFSM(2014)中,政府支出的经济分类分为三个层次的类目,类似我国的类、款、项级科目。一级类目,即第一个层级的税目有 8 个;一级类目下设二级类目,有 16 个;二级类目下设三级类目,有 29 个。雇员补偿一级类目下包括 2 个二级类目,即工资和薪金、社会缴款。其中,工资和薪金下又设 2 个三级类目,即现金形式的工资和薪金、实物形式的工资和薪金;社会缴款下设 2 个三级类目,即实际的社会缴款、估算的社会缴款。利息一级类目下有 3 个二级类目,即向非居民支付的、向除广义政府外的居民支付的、向其他广义政府支付的。补贴一级类目下有 2 个二级类目,即向公共公司提供的和向私人公司提供的,三级类目为向非金融公共公司提供的和向金融公共公司提供的。赠与一级类目下有 3 个二级类目,分别为向外国政府提供的、向国际组织提供的、向其他广义政府单位提供的,三级类目为经常性的和资本性的。社会福利一级类目下有 3 个二级类目,分别为社会保障福利、社会救济、雇主社会福利,三级类目为现金形式的社会保障福利和实物形式的社会保障福利。其他开支一级类目下包括3个二级类目,即除利息外的财产开支,其他杂项投资,和非寿险及标准担保方案相关的保险费、费用和索赔。其中,除利息外的财产开支下设5个三级类目,即股息(仅包括公共公司)、准公司收入提取(仅包括公共公司)、投资收入支付的财产开支、租金、对外直接投资的再投资;其他杂项投资下设2个三级类目,即经常性和资本性;和非寿险及标准担保方案相关的保险费、费用和索赔下设2个三级类目,即保险费、费用和经常性索赔以及资本性索赔。

GFSM(2014)中政府开支的经济分类比较明晰,反映政府开支是按什么样性质花出去的,对每个类目都有非常详尽的解释和说明。比如说一笔开支用于"雇员补偿",具体可以用于二级类目(款级)"工资和薪金",即政府雇员的所有补偿(雇主缴纳的社会缴款除外),它包括现金或实物形式的支付,不包括以下方面:雇主及儿童、配偶、家庭、教育或其他对受赡养者补贴的形式支付的社会福利;向因疾病、事故伤害或产假缺勤的工人支付的全额或低于工资或薪金额的部分;向因作为富余人员、缺乏能力或事故性死亡而失去工作的工人或其遗属支付的解职费,这些福利包括在雇主社会福利中。"雇员补偿"也可以用于社会缴款,社会缴款是广义政府单位对社会保险计划的实际或估算支付,以便为雇员取得享受社会福利(包括养老金和其他退休福利)的资格。实际的社会缴款包括向保险企业、社会保障基金或其他负责管理社会保险计划的机构单位(包括经营非自主养老基金的广义政府单位)的款项。估算的社会缴款是指政府用自有资金直接向雇员、以前的雇员或受雇员赡养者提供社会福利,而不涉及保险企业或自主或非自主养老基金。在这种情况下,应估算为取得这一事实上的享受社会福利的资格所需的社会缴款额。

11.2.2 经济分类的其他国家或地区经验

英国政府预算支出的经济分类和功能分类一样,都是依据欧盟的欧洲国民经济账户体系(ESA2010)建立起来的。ESA2010中政府支出按经济性质分为中间消耗、雇员补偿、利息、社会福利、社会转移性支出、补贴、其他经常性支出等。资本性支出包括投资支出、资本性转移支出等。

英国政府支出的经济分类与国家统计局国民账户(SNA)所使用的经济分类大体相同,主要包括支出类别、商品和劳务销售收入、资本性项目三大类。经常性支出包括工资和薪金、总经常性采购、商品和服务的销售收入、对个人和非营利机构的补助、经常性对外补助、对私人公司的补贴、对公共企业的补贴、净公共服务退休金、公共部门债务利息、其他等。资本性支出包括资本补助、总资本性采购、资本性资产的销售收入、其他等(见表11-1)。

表 11-1 英国政府支出经济分类

公共部门的经常性支出	公共部门的资本性支出
工资和薪金	资本补助
总经常性采购	总资本性采购
商品和服务的销售收入	资本性资产的销售收入
对个人和非营利机构的补助	其他
经常性对外补助	
对私人公司的补贴	
对公共企业的补贴	
净公共服务退休金	
公共部门债务利息	
其他	

资料来源：The UK Budget 2016，https://www.gov.uk/government/publications/budget.2016-ocuments/budget-2016。

德国政府支出的经济分类分为经常项目和资本项目两大类。经常项目分为：人员支出，包括国家公务人员与一般工作人员的薪水和工资、与人员有关的津贴和供给方面的开支、与人员有关的救济和补助等；经常性实物开支，包括办公楼的维护费或者租金、相关设备的购置、军事设备的购置等；利息支出，包括对公共部门和对非公共部门的利息支出等；经常性补助，包括对个人、企业、养老保险基金、社会设施和国外的经常性拨款和补助等。资本项目主要分为：实物投资，包括建筑投资、不动产的购置和设备的购置等；财产转移，包括联邦参与州的投资项目、州参与市政的投资项目或者政府部门参与公共部门和非公共部门的投资项目的拨款以及对投资项目的补助，具体包括对参股私人股份公司的股票购买、公共部门的债务偿还、对公共部门和非公共部门的贷款等；对其他部门支付，按照注释说明是指对社会保险机构的支付补贴。

日本政府支出的经济分类是按岁出的用途分类，表示政府从国民经济中取得的财政资金是以怎样的形式再返回国民经济中，具体分为人员经费、差旅费、物件费、设施费、补助费、委托费、转入其他会计、其他等。这种分类不仅适用于一般会计，而且适用于特别会计和政府关系机关会计。按照这种分类来汇总各种预算的岁出情况，可以反映中央级预算支出的全貌。还可以根据支出在国民经济中的作用，将其分为三大类：消费支出，又称经常支出，是指政府本身用于人员经费、购入物品和劳务及其他方面的消费性支出；投资支出，又称资本支出，是指政府用于道路修建、铁路铺设等公共事业和对政府企业的设备及库存投资方面的支出；转移支出，又称转账支出，是指政府用于社会保障、对居民和私人企业的各种补助及利息等方面的支出。

11.3 我国支出经济分类的现状和问题

11.3.1 我国支出经济分类的演进及改革

11.3.1.1 我国支出经济分类的演进

中华人民共和国成立初期，我国预算收支科目基本是按照苏联预算收支科目分类方法来设置的。预算支出按类、款、项分为三个层级的科目。此外，为了财务做账的需要，还根据支出的具体经济性质，分为目级和节两级科目，节是目下的细项。目级科目一般分为两类，一类是对人的支出，如工资、职工福利费等；另一类是对物的支出，如公务费、固定资产设备购置费等。苏联预算支出的目级科目分得非常细（见表11-2），我国在设置目级科目时，根据实际需要进行了适当的简化。

表11-2　苏联预算支出中各目的分类

第1目	工资
第2目	附加工资
第3目	公积金
第4目	差旅费
第5目	科学研究工作及发明事业费
第6目	科学支出及学生生产实习费
第7目	图书专卖费
第8目	奖学金
第9目	膳费（医院、保育机关及其他社会文化机关）
第10目	药品及绷扎用品购置款
第11目	购置教学、医疗及其他专用设备的基本建设投资
第12目	购置家具的基本建设投资
⋮	⋮
第28目	增加自动流动资金定额的拨款
第29目	弥补自由流动资金不足的拨款
⋮	

资料来源：利夫西茨，1956，第21页。

在每年我国国家预算收支科目中,除了收入科目和支出科目,还有国家预算支出目级科目,有时还会有节级科目的详细情况。20世纪50年代,目级科目基本上变化不大,基本上以工资、补助工资、职工福利费、公杂费、差旅费、设备购置费、业务费等为主。1959年目级科目还按总预算和单位预算的不同情况分别设置,分为省、自治区、直辖市财政机关编造总预算使用的目级科目,中央级单位编造预算使用的目级科目,各专、县(市)财政机关编造总预算及各级单位预算使用的目级科目等三种目级科目。60年代增加了修缮费、四项费用、中间试验费、固定资产更新资金等目级科目。1971年国家预算收支科目大简化,目级科目也由之前的16个简化为工资、其他个人开支、公用经费等3个。1979年后,随着经济管理正常秩序的恢复,目级科目也恢复为简化科目之前的设置。1997年后,增加了其他工资、社会保障费等目级科目。2002年,在预算管理改革的推动下,目级科目有了完整的体系,分为人员支出、公用支出、对个人和家庭的补助支出等三类性质不同的支出,每一类下设置具体的目级科目。科目的编码也有了较大变化,原来都是简单的编码,根据财务实际工作的需要,2002年统一了一般预算收入、一般预算支出和一般预算支出目级科目的编码,使每一个预算收支科目都有对应的编码(见表11-3)。

表11-3 一般公共预算支出目级科目的变化

年份	支出目级科目
1952—1970	工资、补助工资、职工福利费、公杂费、修缮费(1964年增加)、设备购置费、业务费、人民助学金、其他费用、差额补助费、基本建设资金、四项费用(1962年增加)、中间试验费(1964年增加)、固定资产更新资金(1966年增加)、增拨流动资金、弥补计划
1971—1978	工资、其他个人开支、公用经费
1979—1996	工资、补助工资、职工福利费、人民助学金、公务费、设备购置费、修缮费、业务费、其他费用、差额补助费
1997—2001	基本工资、补助工资、其他工资(新增)、职工福利、社会保障费、助学金、公务费、设备购置费、修缮费、业务费、其他费用、差额补助费
2002—2006	**人员支出**:基本工资、津贴、奖金、社会保障缴费、其他 **公用支出**:办公费、印刷费、水电费、邮电费、取暖费、交通费、差旅费、会议费、培训费、招待费、福利费、劳务费、就业补助费、租赁费、物业管理费、维修费、专用材料费、办公设备购置费、专用设备购置费、交通工具购置费、图书资料购置费、其他 **对个人和家庭的补助支出**:离休费、退休费、退职(役)费、抚恤和生活补助、医疗费、住房补贴、助学金、其他

资料来源:根据1952—2006年政府预算收支科目整理。

2007年政府收支分类改革后,目级科目成为历史,改为支出经济分类,分为类、款两级科目,每个科目都有特定的编码。类级科目共有12个,每个类级科目下设款级科目。这次改革参考了国际货币基金组织的1986年版的《政府财政统计手册》,按国际惯例初步建立起政府支出经济分类体系,是一个巨大的进步。之后,政府支出的经济分类逐渐引起社会各界的关注。2011年之后,为提高财政管理水平,提高财政透明度,强化社会监督,财政部将因公出国(境)费、公务用车运行维护费、公务用车购置和公务接待费4个款级科目确定为"三公"经费科目,并要求各部门向社会公开相关预决算信息。2015年和2016年取消了赠与、债务还本支出、贷款转贷及产权参股3个类级科目,2017年又恢复了债务还本支出类级科目(见表11-4)。

表11-4 我国支出经济分类科目的变化

年份	类级科目
2007—2014	工资福利支出、商品和服务支出、对个人和家庭的补助、对企事业单位的补贴、转移性支出、赠与、债务利息支出、债务还本支出、基本建设支出、其他资本性支出、贷款转贷及产权参股、其他支出
2015—2016	工资福利支出、商品和服务支出、对个人和家庭的补助、对企事业单位的补贴、转移性支出、债务利息支出、基本建设支出、其他资本性支出、其他支出(取消赠与、债务还本支出、贷款转贷及产权参股)
2017	工资福利支出、商品和服务支出、对个人和家庭的补助、对企事业单位的补贴、转移性支出、债务利息支出、债务还本支出(新增)、基本建设支出、其他资本性支出、其他支出
2018年至今	政府预算支出经济分类科目:机关工资福利支出、机关商品和服务支出、机关资本性支出(一)、机关资本性支出(二)、对事业单位经常性补助、对事业单位资本性补助、对企业补助、对企业资本性支出、对个人和家庭的补助、对社会保障基金补助、债务利息及费用支出、债务还本支出、转移性支出、预备费及预留、其他支出
	部门预算支出经济分类科目:工资福利支出、商品和服务支出、对个人和家庭的补助、债务利息及费用支出、资本性支出(基本建设)、资本性支出、对企业补助(基本建设)、对企业补助、对社会保障基金补助、其他支出

资料来源:根据2007—2020年政府收支分类科目整理。

2016年12月,为了夯实现代预算制度基础,财政部发布《支出经济分类科目改革试行方案》,继2006年后再次实施支出经济分类改革。此次支出经济分类科目改革从2018年全面展开,目标是初步建立起政府预算经济分类和部门预算经济分类相互独立、各有侧重、统分结合的经济分类体系。

11.3.1.2 2018年支出经济分类科目改革

以《预算法》和《国务院关于深化预算管理制度改革的决定》为指引,按照实施全面规范、公开透明预算制度的总体要求,根据政府预算管理和部门预算管理的不同特点和需要,建立既适合我国国情又符合国际规范的支出经济分类体系,为进一步深化改革、提高预算透明度和加强人大监督创造有利条件。

基本原则为:① 依法有据,按照《预算法》关于支出经济分类的各项要求,确保能够得到有效落实;② 区分特点,根据政府预算管理和部门预算管理的不同特点,分为两套政府预算支出经济分类科目,满足管理上的要求;③ 推进改革,为机关运行支出管理、事业单位改革、资金管理等创造有利条件;④ 加强管理,清晰反映经常性支出、资本性支出及债务还本利息等情况,促进支出结构的优化,提升预算管理的科学性、规范性和有效性。

改革后的支出经济分类包括两套独立的支出经济分类,分别适合政府预算管理和部门预算管理,科目之间保持对应关系,以便政府预算和部门预算相衔接。

(1) 增设政府预算支出经济分类。体现政府预算管理的要求,主要用于政府预算的编制、执行、决算、公开和总预算会计核算。政府预算支出经济分类按照《预算法》的要求设置类、款两级,其中类级科目15个、款级科目60个。类级科目包括机关工资福利支出、机关商品和服务支出、机关资本性支出(一)、机关资本性支出(二)、对事业单位经常性补助、对事业单位资本性补助、对企业补助、对企业资本性支出、对个人和家庭的补助、对社会保障基金补助、债务利息及费用支出、债务还本支出、转移性支出、预备费及预留、其他支出等。

(2) 修改完善部门预算支出经济分类。体现部门预算管理的要求,主要用于部门预算编制、执行、决算公开和部门(单位)预算会计核算。按照《预算法》的要求设置类、款两级,删除原转移性支出、预备费等政府预算专用科目,新增一些能够适合部门预算使用的科目。调整后类级科目10个、款级科目96个,类级科目设置包括工资福利支出、商品和服务支出、对个人和家庭的补助、债务利息及费用支出、资本性支出(基本建设)、资本性支出、对企业补助(基本建设)、对企业补助、对社会保障基金补助、其他支出等。

此次改革细化了支出经济分类科目,使其更加清晰明了,使预算实务部门充分重视支出经济分类,有利于提高政府预算的公开透明。支出经济分类科目细化了预决算,尤其是项目支出预决算,是控制"三公"经费的重要基础。新增政府预算支出经济分类,将有利于细化支出会计核算,为今后编制政府部门财务报告奠定了基础,也提高了政府预算支出经济分类的透明度。

11.3.2 我国支出经济分类的现状

2019年政府支出经济分类依旧是两套独立的支出经济分类，分别为政府预算支出经济分类科目和部门预算支出经济分类科目。

11.3.2.1 政府预算支出经济分类科目

分为15个类级科目：机关工资福利支出、机关商品和服务支出、机关资本性支出（一）、机关资本性支出（二）、对事业单位经常性补助、对事业单位资本性补助、对企业补助、对企业资本性支出、对个人和家庭的补助、对社会保障基金补助、债务利息及费用支出、债务还本支出、转移性支出、预备费及预留、其他支出等。

机关工资福利支出，反映机关和参照公务员法管理的事业单位（以下简称"参公事业单位"）在职职工和编制外长期聘用人员的各类劳动报酬，以及为上述人员缴纳的各项社会保险费等。下设4个款级科目，分别为工资奖金津补贴、社会保障缴费、住房公积金、其他工资福利支出等。

机关商品和服务支出，反映机关和参公事业单位购买商品和服务的各类支出，不包括用于购置固定资产、战略性和应急性物资储备等资本性支出。下设10个款级科目，分别为办公经费、会议费、培训费、专用材料购置费、委托业务费、公务招待费、因公出国（境）费用、公务用车运行维护费、维修（护）费、其他商品和服务支出等。

机关资本性支出（一），反映机关和参公事业单位资本性支出，切块由发展和改革部门安排的基本建设支出中机关和参公事业单位资本性支出不在此科目反映。下设7个款级科目，分别为房屋建筑物购建、基础设施建设、公务用车购置、土地征迁补偿和安置支出、设备购置、大型修缮、其他资本性支出。

机关资本性支出（二），反映切块由发展和改革部门安排的基本建设支出中机关和参公事业单位资本性支出。下设6个款级科目，分别为房屋建筑物购建、基础设施建设、公务用车购置、设备购置、大型修缮、其他资本性支出。

对事业单位经常性补助，反映对事业单位（不含参公事业单位）的经常性补助支出。下设3个款级科目，分别为工资福利支出、商品和服务支出、其他对事业单位补助。

对事业单位资本性补助，反映对事业单位（不含参公事业单位）的资本性补助支出。下设2个款级科目，分别为资本性支出（一）、资本性支出（二）。

对企业补助，反映政府对各类企业的补助支出，对企业资本性支出不在此科目反映。下设3个款级科目，分别为费用补贴、利息补贴、其他对企业补助。

对企业资本性支出，反映对企业的资本性支出，切块由发展和改革部门安排的基本建设支出中对企业资本性支出不在此科目反映。下设2个款级科目，分别为对企业资本性支出（一）、对企业资本性支出（二）。

对个人和家庭的补助，反映政府用于对个人和家庭的补助支出。下设5个款级科目，分别为社会福利和救助、助学金、个人农业生产补贴、离退休费、其他对个人和家庭补助。其中，社会福利和救助，反映按规定开支的抚恤金、生活补助、救济费、医疗费补助、奖励金。

对社会保障基金补助，反映政府对社会保险基金的补助以及补充全国社会保障基金的支出。下设2个款级科目，分别为对社会保险基金补助、补充全国社会保障基金。

债务利息及费用支出，反映政府债务利息及费用支出。下设4个款级科目，分别为国内债务付息、国外债务付息、国内债务发行费用、国外债务发行费用。

债务还本支出，反映政府债务还本支出。下设2个款级科目，分别为国内债务还本、国外债务还本。

转移性支出，反映政府间和不同性质预算间的转移性支出。下设4个款级科目，分别为上下级政府间转移性支出、援助其他地区支出、债务转贷、调出资金。

预备费及预留，反映预备费及预留。下设2个款级科目，预备费反映依法设置的预备费，预留为政府预算专用。

其他支出，反映不能划分到上述经济科目的其他支出。下设4个款级科目，分别为赠与、国家赔偿费用支出、对民间非营利性组织和群众性自治组织补贴、其他支出。其中，赠与反映对国内外组织等提供的援助、捐赠以及交纳国际组织会费等方面的支出。

11.3.2.2 部门预算支出经济分类科目

分为11个类级科目：工资福利支出、商品和服务支出、对个人和家庭的补助、其他对个人和家庭的补助、债务利息及费用支出、资本性支出（基本建设）、资本性支出、对企业补助（基本建设）、对企业补助、对社会保障基金补助、其他支出等。

工资福利支出，反映单位开支的在职职工和编制外长期聘用人员的各类劳动报酬，以及为上述人员缴纳的各项社会保险费等。下设13个款级科目，分别为基本工资、津贴补贴、奖金、伙食补助费、绩效工资、机关事业单位基本养老保险缴费、职业年金缴费、职工基本医疗保险缴费、公务员医疗补助缴费、其他社会保障缴费、住房公积金、医疗费、其他工资福利支出等。

商品和服务支出，反映单位购买商品和服务的支出，不包括用于购置固定资产、战略性和应急性物资储备等资本性支出。下设27个款级科目，分别为办公费、印刷费、咨询费、手续费、水费、电费、邮电费、取暖费、物业管理费、差旅费、因公出国（境）费用、维修（护）费、租赁费、会议费、培训费、公务招待费、专用材料费、被装购置费、专用燃料费、劳务费、委托业务费、工会经费、福利费、公务用车运行维护费、其他交通费用、税金及附加费用、其他商品和服务支出等。

对个人和家庭的补助，反映政府用于对个人和家庭的补助支出。下设10个款级科目，分别为离休费、退休费、退职（役）费、抚恤金、生活补助、救济费、医疗费补助、助学金、奖励金、个人农业生产补贴等。

其他对个人和家庭的补助，反映未包括在上述科目的对个人和家庭的补助支出，如婴幼儿补贴、退职人员及随行家属路费、符合条件的退役回乡义务兵一次性建房补助、符合安置条件的城镇退役士兵自谋职业的一次性经济补助费、保障性住房租金补贴等。

债务利息及费用支出，反映单位的债务利息及费用支出。下设4个款级科目，分别为国内债务付息、国外债务付息、国内债务发行费用、国外债务发行费用等。

资本性支出（基本建设），反映切块由发展和改革部门安排的基本建设支出，对企业补助支出不在此科目反映。下设12个款级科目，分别为房屋建筑物购建、办公设备购置、专用设备购置、基础设施建设、大型修缮、信息网络及软件购置更新、物资储备、公务用车购置、其他交通工具购置、文物和陈列品购置、无形资产购置、其他基本建设支出等。

资本性支出，反映各单位安排的资本性支出，切块由发展和改革部门安排的基本建设支出不在此科目反映。下设16个款级科目，分别为房屋建筑物购建、办公设备购置、专用设备购置、基础设施建设、大型修缮、信息网络及软件购置更新、物资储备、土地补偿、安置补助、地上附着物和青苗补偿、拆迁补偿、公务用车购置、其他交通工具购置、文物和陈列品购置、无形资产购置、其他资本性支出等。

对企业补助（基本建设），反映切块由发展和改革部门安排的基本建设支出中对企业补助支出。下设2个款级科目，分别为资本金注入、其他对企业补助。

对企业补助，反映政府对各类企业的补助支出，切块由发展和改革部门安排的基本建设支出中对企业补助支出不在此次科目反映。下设5个款级科目，分别为资本金注入、政府投资基金股权投资、费用补贴、利息补贴、其他对企业补助等。

对社会保障基金补助，反映政府对社会保险基金的补助以及补充全国社会保障基金的支出。下设2个款级科目，分别为对社会保险基金补助、补充全国社会保障基金。

其他支出，反映不能划分到上述经济分类科目的其他支出。下设4个款级科目，分别为赠与、国家赔偿费用支出、对民间非营利性组织和群众性自治组织补贴、其他支出等。

11.3.3 我国支出经济分类的问题

11.3.3.1 我国支出经济分类与 GFSM(2014)的区别

我国经过 2007 年政府收支分类的改革,虽然已经建立起政府支出经济分类体系,但是和国际规范相比,还是有一定的差距。从经济分类的类级科目名称上看,并没有很大的差别,但如果从款级科目或者更细的内容看,就会发现我国支出经济分类的不同之处。以目前我国政府主要支出经济分类为例,和 GFSM(2014)年支出经济分类做一下对比(见表 11-5)。

表 11-5 我国政府和 GFSM(2014)政府支出经济分类对比

我国政府支出经济分类 \ GFSM(2014)政府支出经济分类	雇员补偿	商品和服务的使用	固定资本消耗	利息	补贴	赠与	社会福利	其他支出
工资福利支出	√							
商品和服务支出		√	我国政府不将其作为支出部分					
对个人和家庭的补助							√	
对企事业单位的补贴					√			
转移性支出								
债务利息支出				√				
基本建设支出	GFSM(2014)不将其作为开支部分							
其他资本性支出								
其他支出								√

由表 11-5 可以看出,我国政府支出经济分类与 GFSM(2014)对政府支出的定义是有区别的。GFSM(2014)将政府支出定义为由交易产生的政府净财富的减少。基本建设支出和其他资本性支出,如房屋建筑物购建、办公设备及专用设备购置、基础设施建设、公车购置等,还有转移性支出、债务还本、贷款转贷等在我国属于政府支出,但 GFSM(2014)认为这些并不使政府净财富减少,所以不将其作为开支。我国政府财政支出没有涉及固定资本消耗,即由于损耗、淘汰或意外损害等造成固定资产价值的减少,这将造成资产核算缺失了严格性和准确性。另外,赠与在 GFSM(2014)中作为一个单独的类级经济分类项目,但我国只把它当作其他支出大类下的一个款级科目。社会福利是 GFSM(2014)中一个重要的大类,而我国没有类似的大类。我国政府支出经济分类的设置与 GFSM(2014)相比有着很多不同,GFSM(2014)的经济分类更加明晰,对政府支出核算的准确性也更高些。

11.3.3.2 目前我国支出经济分类的问题

这几年我国加快了对支出经济分类的改革,不断改进和完善支出经济分类体系。为了体现政府预算管理的要求,2018年增加了政府预算支出经济分类科目,加上改革后的部门预算支出经济分类科目,目前有两套支出经济分类科目。但是与国际通行标准相比,我国支出经济分类的部分科目还存在一些经济属性不明确的问题,这导致国内外政府支出口径难以衔接,不利于在国际范围内开展政府财政信息的交流与比较。总的来说,我国政府支出科目设置的思路与GFSM建议的国际通行标准并不完全相同,这导致我国现行的政府支出经济属性划分还存在一些错位、缺位和越位的问题。

(1) 各项支出的经济属性界定不清晰。GFSM(2014)明确了政府支出的核算范围,由此政府支出的经济性质得以准确界定,各项政府支出含义相应地得到详尽的解释和说明,为各国政府支出经济分类的设置提供了有价值的借鉴。2007年我国是参考GFSM(1986)进行政府收支分类改革的,这就不是一次彻底的改革。GFSM(2014)经过2001年和2014年两次修订后,内容和1986年版相比有了很大的变化。我国的支出经济分类虽然也在不断地改进,但是各支出科目的经济属性和GFSM(2014)相比并不是非常清晰,如果支出科目的经济属性不界定清楚,科目之间就容易出现内容交叉,发生混淆、用错的情况。根据政府支出的定义,GFSM把政府支出按经济属性划分为8个类别,分别是雇员报酬、货物和服务的使用、固定资本消耗、利息、补贴、赠与、社会福利、其他支出。在类级科目中,我国原来没有固定资本消耗和社会福利,赠与是其他支出类下的款级科目,2018年支出经济分类改革后,政府预算支出经济分类中增加了社会福利相关科目,但是放在对个人和家庭的补助类下,并没有成为一个类级科目,其实目前的对个人和家庭的补助比较接近GFSM(2014)中社会福利的经济属性。赠与也不是类级科目,是其他支出类下的款级科目。另外,我国支出经济分类类级科目数量多且性质复杂。以政府预算支出经济分类为例,对企事业单位的补助就有4个类级科目,经济性质相同的科目如果分成多项,经济属性就会被分散,较难分清一个完整的属性。还有对社会保障基金补助、转移性支出、预备费及预留等经济属性不明的科目,都属于类级科目。类级科目过多,支出的经济属性就不容易辨别清楚。

(2) 科目设置不合理。由于支出经济属性不清晰,在设置具体科目时,难以令其各归其位。类级科目设置不合理,款级科目也会出现一些问题。我国目前的支出经济分类中,类级科目设置缺乏规范,体现在经济性质不明确、分类没有按照统一的依据划分,其下设的款级科目没有合理分类、数量过多,还缺乏必要的项级科目。比如工资福利支出类的经济性质就不是非常明确,工资应属于雇员报酬,这项支出是政府雇员提供劳动而等价获得的现金或实物形式的报酬,福利容易和社会福利相混淆,不宜用这个词,工资报酬应该涵盖政府雇员获得的各种报酬,包括工资薪金和社会缴款。商品和服务支出类下的款级科目数量最多,却没有按一定依据分类,可以按商品和服务支出的用途分为办公经费、会议和培训费、差旅和交通费、租赁维护费等,如果下面再设项级科目,就会使科目分类层次分明、内容清晰。另外,为了与我国的国民经济核算体系相协调,商品和服务支出应称货物和服务支出。对个人和家庭的补助类和社会福利类较接近,从长远看,应改名为社会福利类,或者下面的款级科目按社会福利的款级来设置,目前的款级科目也缺乏合理的分类。资本性支出在GFSM(2014)中并不被当作政府支出,因为资本性支出同时增加了资产,政府的净资产并没有减少,但是我国有将其列入支出的传统,因此可以先保留类级科目,下面的款级科目也应适当分类,有需要再设置项级科目。对事业单位补助和对企业补助都属于补助目,应归入一类中,体现同一经济属性,需要再设置款级和项级科目。对社会保障基金补助及预备费及预留,按GFSM(2014)的分类标准,没法归到其他类中,应列入其他支出。

11.4 我国支出经济分类的改革建议

应明确政府支出的经济属性,优化政府支出分类科目设置,借鉴国际经验,建立一个合理、完整、规范的政府支出分类体系,这既是加强政府预算管理的必然要求,也是增强财政预算透明度、加快转变政府职能、深化财税体制改革的必然要求。在确立改革目标、明确支出经济属性的基础上,提出了政府预算支出经济分类科目和部门预算支出经济分类科目新的设置方案。

第一,统筹兼顾,确立进一步深化政府收支分类改革的目标。与政府收入分类一样,政府支出分类也存在与国际标准的不同之处,这是我国财税管理体制改革过程的一个阶段性现象。当前,随着世界经济的一体化,宏观政策对有关财政数据的标准化、可比化的要求越来越高,在此情况下,要尽快在SNA和GFSM的标准框架下着手开展新一轮的政府收支分类改革,解决以前政府收支分类改革中的若干遗留问题,借鉴国际通行的政府收支核算框架进一步规范我国的政府收支分类科目,为政府预算会计、政府财政统计、政府财务报告等方面的改革做好相应的技术准备。

第二,明确政府支出经济属性,促进相关财税改革。政府支出是政府履行职能的重要方式,明确政府支出的经济属性对于转变政府职能有着重要的理论价值,对于明确财政事权、建立事权和支出责任相适应的财税制度具有基础性的支撑作用。在当前深化财税改革的大背景下，应通过对政府收支经济属性的核算解析进一步明确财税改革目标，为相关财税改革实践提供分析框架支持。在按经济性质进行支出的科学分类时，要明确每一个支出项目的经济属性，据此进行多层次的经济分类。

第三，设置政府预算支出经济分类的新科目。新科目以国际货币基金组织的（GFSM 2014）为标准，充分考虑到我国国情和现实情况，按类、款、项三个层次来设置。这样调整后，原15个款级科目变为7个，相同经济属性的科目合并到一起，下设具体的款级和项级科目，使得每个支出项目都能找到对应的科目。取消债务还本支出类，债务还本支出会使政府的资产和负债同时减少，并不影响政府资产净值的属性，故将其移出政府支出的大类。在2007年之前，我国一直没有把债务还本支出列在支出目级科目里，2007年列入支出经济分类的大类后，2015年曾经予以取消，2017年又重新列入经济分类的大类里。对社会保障基金补助预备费及预留原本就在其他支出中，由于它们和其他大类的经济属性有区别，故调回其他支出类。转移性支出的经济属性与赠与都属于单方面的无偿转移，并且政府间转移性支出不影响政府支出总量，因此将其放在其他支出类中，不会影响其他支出科目的经济属性（见表11-6）。

表11-6 政府预算支出经济分类的新科目设置

原科目（类）	新科目（类、款、项）
1. 机关工资福利支出	1. 工资报酬
	1.1 工资和薪金
	1.1.1 工资奖金津补贴
	1.1.2 其他工资福利
	1.2 社会缴款（款）
	1.2.1 社会保障缴款
	1.2.2 住房公积金
2. 机关商品和服务支出	2. 货物和服务
	2.1 办公费
	2.1.1 办公经费
	2.1.2 委托业务费
	2.2 会议和培训费
	2.2.1 会议费
	2.2.2 培训费
	2.3 专用材料购置费
	2.3.1 专用材料费

(续表)

原科目(类)	新科目(类、款、项)
	2.3.2 专用燃料费
	2.3.3 被服购置费
	2.4 公务招待费
	2.4.1 内宾招待费
	2.4.2 外宾招待费
	2.5 因公出国(境)费用
	2.6 维修(护)费
	2.6.1 公务用车运行维护费
	2.6.2 其他维修(护)费
	2.7 其他货物和服务
	3. 机关资本性支出
	3.1 机关资本性支出(一)
	3.1.1 房屋建筑物购建
	3.1.2 基础设施建设
3. 机关资本性支出(一)	3.1.3 公务用车购置
	3.1.4 土地征迁补偿和安置
	3.1.5 设备购置
	3.1.6 大型修缮
	3.1.7 其他资本性支出
	3.2 机关资本性支出(二)
	3.2.1 房屋建筑物购建
	3.2.2 基础设施建设
4. 机关资本性支出(二)	3.2.3 公务用车购置
	3.2.4 设备购置
	3.2.5 大型修缮
	3.2.6 其他资本性支出
	4. 对企事业单位的补助
	4.1 对事业单位经常性补助
5. 对事业单位经常性补助	4.1.1 工资福利
	4.1.2 货物和服务
	4.1.3 其他对事业单位补助
	4.2 对事业单位资本性补助
6. 对事业单位资本性补助	4.2.1 资本性支出(一)
	4.2.2 资本性支出(二)

(续表)

原科目(类)	新科目(类、款、项)
7. 对企业补助	4.3 对企业补助
	4.3.1 费用补贴
	4.3.2 利息补贴
	4.3.3 其他对企业补助
8. 对企业资本性补助	4.4 对企业资本性支出
	4.4.1 对企业资本性支出(一)
	4.4.2 对企业资本性支出(二)
9. 对个人和家庭的补助	5. 社会福利
	5.1 社会保障
	5.1.1 社会补助
	5.1.2 助学金
	5.1.3 离退休费
	5.2 社会救济
	5.2.1 最低社会保障
	5.2.2 临时救济
	5.2.3 其他救济
10. 债务利息及费用 11. 债务还本支出(取消)	6. 债务利息及费用
	6.1 国内债务付息
	6.2 国外债务付息
	6.3 国内债务发行费用
	6.4 国外债务发行费用
12. 其他支出 13. 对社会保障基金补助 14. 转移性支出 15. 预备费及预留	7. 其他支出
	7.1 赠与
	7.2 国家赔偿费用
	7.3 对社会保障基金补助
	7.4 转移性支出
	7.5 预备费及预留
	7.6 对民间非营利性组织和群众性自治组织补贴
	7.8 其他支出

第四，设置部门预算支出经济分类的新科目。和政府预算支出经济分类一样，部门预算支出经济分类的新科目也以国际货币基金组织的(GFSM 2014)为标准，并且充分考虑到我国国情和现实情况，按类、款、项三个层收来设置。新科目将原10个类级科目简化为7个，款级科目也进行了合并简化，并设置项级科目。比如将原工资福利支出改为工资报酬，包括政府雇员提供劳动获得的所有报酬。下设3个项级科目，将工资薪金和社会缴款分为并列的两个款级科目，将社会缴

款进行适当汇总。将原商品和服务支出类更名为货物和服务类,以和我国国民经济核算体系相协调,将原款级科目进行了合并,由 27 个减少为 15 个,如办公费、印刷费、咨询费、手续费和邮电费并为办公经费款,水费、电费、暖气费等合并为水电暖费款等。将原对个人和家庭的补助类根据其经济性质,改名为社会福利类,设社会保障、社会救济其他社会福利 3 个款级科目。将资本性支出进行合并,组成大类,下设 2 个款级科目以示区别。将原对社会保障基金补助类调回其他支出类。这样调整之后,各大类科目能反映各自独立完整的经济性质,款级科目根据经济性质进行细分,项级科目再进行细分,设置三级科目是非常有必要的(见表 11-9)。

表 11-9 部门预算支出经济分类的新科目设置

原科目(类)	新科目(类、款、项)
1. 工资福利支出	1. 工资报酬
	1.1 工资和薪金
	1.1.1 工资
	1.1.2 津贴补贴补助
	1.1.3 奖金
	1.2 社会缴款
	1.2.1 社会保障缴款
	1.2.2 住房公积金
	1.2.3 其他社会缴款
	1.3 其他工资报酬
2. 商品和服务支出	2. 货物和服务
	2.1 办公经费
	2.1.1 办公费
	2.1.2 印刷费
	2.1.3 咨询费
	2.1.4 手续费
	2.1.5 邮电费
	2.2 水电暖费
	2.2.1 水费
	2.2.2 电费
	2.2.3 取暖费
	2.3 物业管理费
	2.4 差旅和交通费
	2.4.1 差旅费
	2.4.2 其他交通费用
	2.5 因公出国(境)费用
	2.6 租赁和维护费
	2.6.1 租赁费
	2.6.2 维修(护)费

(续表)

原科目(类)	新科目(类、款、项)
2. 商品和服务支出	2.7 会议和培训费
	2.7.1 会议费
	2.7.2 培训费
	2.8 公务接待费
	2.9 专用材料和燃料费
	2.9.1 专用材料费
	2.9.2 专用燃料费
	2.10 被装购置费
	2.10.1 法院
	2.10.2 检察院
	2.10.3 公安
	2.10.4 税务
	2.10.5 海关
	2.10.6 其他
	2.11 劳务和业务费
	2.11.1 劳务费
	2.11.2 委托业务费
	2.12 工会经费和福利费
	2.12.1 工会经费
	2.12.2 福利费
	2.13 公车用车运行维护费
	2.14 税金及附加费用
3. 对个人和家庭的补助	3. 社会福利
	3.1 社会保障
	3.1.1 离休费
	3.1.2 退休费
	3.1.3 退职(役)费
	3.1.4 抚恤金
	3.1.5 生活补助
	3.1.6 医疗费补助
	3.1.7 助学金
	3.1.8 奖励金
	3.2 社会救济
	3.2.1 最低生活保障金
	3.2.2 临时救济
	3.2.3 其他救济
	3.3 其他社会福利

(续表)

原科目(类)	新科目(类、款、项)
4. 债务利息及费用	4. 债务利息及费用
	4.1 债务付息
	4.1.1 国内债务
	4.1.2 国外债务
	4.2 债务发行费用
	4.2.1 国内债务
	4.2.2 国外债务
5. 资本性支出(基本建设) 6. 资本性支出	5 资本性支出
	5.1 资本性支出(一)
	5.1.1 房屋建筑物购建
	5.1.2 设备购置
	5.1.3 基础设施建设
	5.1.4 大型修缮
	5.1.5 信息网络及软件购置更新
	5.1.6 公务用车购置
	5.1.7 其他购置
	5.1.8 其他基本建设
	5.2 资本性支出(二)
	5.2.1 房屋建筑物购建
	5.2.2 设备购置
	5.2.3 基础设施建设
5. 资本性支出(基本建设) 6. 资本性支出	5.2.4 大型修缮
	5.2.5 信息网络及软件购置更新
	5.2.6 公务用车购置
	5.2.7 其他购置
	5.2.8 土地补偿和安置
	5.2.9 其他资本性投资
7. 对企业补助(基本建设) 8. 对企业补助	6. 对企业补助
	6.1 对企业补助(一)
	6.1.1 资本金入住
	6.1.2 其他对企业补助(一)
	6.2 对企业补助(二)
	6.2.1 资本金注入
	6.2.2 政府投资基金股权投资
	6.2.3 费用补贴
	6.2.4 利息补贴
	6.2.5 其他对企业补助

(续表)

原科目(类)	新科目(类、款、项)
9. 对社会保障基金补助 10. 其他支出	7. 其他支出
	7.1 赠与
	7.2 国家补充费用
	7.3 对社会保障基金补助
	7.4 对民间非营利性组织和群众性自治组织补贴
	7.5 其他支出

下一步应逐渐将基本建设支出和其他资本性支出等类别移出政府支出项目，使政府支出分类更专注于公共财政方面的支出。当然，移出这些项目不意味着这些项目不再被纳入财政管理；相反，是要对其进行更为规范的管理，使其从流量管理转向资产负债管理。为此，还要增设固定资本消耗支出类别，以准确反映这些政府资产负债存量的变化。在现有部分支出已按支出经济分类科目编制的基础上，将部门预算全部支出细化到经济分类科目，依据相关支出标准、数量和管理要求，科学、合理地编制部门预算，将部门预决算逐步公开到支出经济分类科目层次，为外部监督创造条件。

主要参考文献

[1] 财政部：1952—2020 各年政府预算收支科目，中国财政经济出版社。
[2] 付芳：《我国政府预算支出分类体系研究》，上海财经大学博士学位论文 2020 年。
[3] 国际货币基金组织：《2014 年政府财政统计手册》(GFSM2014)，https://www.imf.org/external/Pubs/FT/GFS/Manual/2014/GFSM_2014_CHI.pdfhttps://www.imf.org/external/pubs/ft/gfs/manual/chi/consc.pdf。
[4] 贾康、赵全厚：《财政支出改革》，《经济研究参考》2009 年第 2 期。
[5] 寇铁军等：《中国财政管理》，北京师范大学出版社 2011 年版。
[6] 利夫西茨：《财政统计》，萧笙译，统计出版社 1956 年版。
[7] 李峻：《对进一步做好支出经济分类科目改革工作的探析》，《财务与会计》2017 年第 14 期。
[8] 桑贾伊·普拉丹：《公共支出分析的基本方法》，中国财政经济出版社 2000 年版。
[9] 宋旭光、牛华、石涵琨：《中国政府支出经济属性的核算解析》，《财政研究》2017 年第 2 期。
[10] 王凌智：《完善政府支出经济分类科目设置的思考》，《预算管理与会计》2017 年第 12 期。
[11] 王淑杰：《英国政府预算制度》，经济科学出版社 2014 年版。
[12] 王雍君：《发达国家财政管理制度》，时事出版社 2001 年版。
[13] 王雍君：《公共预算管理（第二版）》，经济科学出版社 2010 年版。

[14] 王永礼:《我国大陆与台港澳地区预算法律制度比较》,经济科学出版社2010年版。
[15] 肖刚:《加强支出经济分类科目管理 助力部门预算管理制度改革》,《中国财政》2014年第19期。
[16] 朱秋霞:《德国政府预算制度》,经济科学出版社2017年版。
[17] The UK Budget 2016. https://www.gov.uk/government/publications/budget-2016-documents/budget-2016.

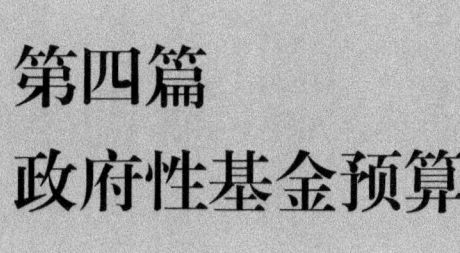

第四篇
政府性基金预算

第12章 政府性基金预算收支分类的现状和问题分析

如前所述,编制政府预算最基础的技术性工作,就是对政府预算收支进行分类。在我国,2015年实施的修订后的《中华人民共和国预算法》(以下简称新《预算法》),从法律层面明确了我国全口径预算体系包括四个预算,即一般公共预算、政府性基金预算、国有资本经营预算和社会保险基金预算。前文已经对一般公共预算的收支分类进行了分析和研究,本章则重点关注政府性基金预算收支分类的相关内容。

12.1 政府性基金预算收支分类的现状

基金是指专门用于某种特定目的并进行独立核算的资金。在财政领域以外,存在各类市场性基金和社会性基金。通常认为,市场性基金是指以盈利为目的的基金,如金融市场上的各类证券投资基金。社会性基金则是指以非盈利为目的的基金,如各类公益基金[①]。政府性基金则是财政领域的概念,作为我国财政实践中的特有名词,其设立的主要目的也是专门用于一些特定用途,弥补财政支出的不足。

政府性基金是我国财政收入的重要组成部分,其产生有独特的历史背景。早在改革开放前,就已经有城镇公用事业附加和育林基金[②]两项政府性基金。改革开放后,为了促进基础设施的发展,政府性基金作为国家扩展财源的一种财政工具得到迅速发展。近年来,各级政府不但每年公布政府性基金项目目录,而且对政府性基金进行特别预算,政府性基金预算成为复式预算的一个重要子系统。

与我国财政实践相对应,学术界在对政府性基金进行研究时,通常有两种口径:一是基于政府公布的《全国政府性基金目录》,把政府性基金的范围界定为基

---

① 《基金会管理条例》所称基金,是指利用自然人、法人或者其他组织捐赠的财产,以从事公益事业为目的,按照本条例的规定成立的非营利性法人,这类组织管理的基金,大致属于社会性基金特别是公益性基金的范畴。

② 城镇公用事业附加自2017年4月1日起取消,育林基金自2016年2月1日起征收标准降为零。

金目录中的内容,如寇铁军(2009)、杨斌(2010)等;二是扩大政府性基金的外延,认为只要纳入政府性基金预算管理的项目,都属于政府性基金研究的范畴,如朱柏铭(2012)、雄伟(2012)、冯俏彬(2015)和温娇秀(2017)等。由于本项研究的对象是收支分类科目,因此我们将政府性基金目录和政府性基金预算所包含的全部项目列入研究范围。

12.1.1 政府性基金预算收入分类的现状

根据财政部制定的 2019 年政府收支分类科目,政府性基金预算收入被界定为三类:非税收入(科目代码:103)、债务收入(科目代码:105)和转移性收入(科目代码:110)。

非税收入类级科目下包含款级科目 2 项,分别是政府性基金收入和专项债务对应项目专项收入。其中政府性基金收入款级科目下有 27 个项级科目,分别是农网还贷资金收入、铁路建设基金收入、民航发展基金收入、海南省高等级公路车辆通行附加费收入、港口建设费收入、旅游发展基金收入、国家电影事业发展专项资金收入、国有土地收益金收入、农业土地开发资金收入、国有土地使用权出让金收入、大中型水库移民后期扶持基金收入、大中型水库库区基金收入、三峡水库库区基金收入、中央特别国债经营基金收入、中央特别国债经营基金财务收入、彩票公益金收入、城市基础设施配套费收入、小型水库移民扶助基金收入、国家重大水利工程建设基金收入、车辆通行费、核电站乏燃料处理处置基金收入、可再生能源电价附加收入、船舶油污损害赔偿基金收入、废弃电器电子产品处理基金收入、污水处理费收入、彩票发行机构和彩票销售机构的业务费用与其他政府性基金收入。在这 27 项中,仅农网还贷资金收入、国有土地使用权出让收入、大中型水库库区基金收入、彩票公益金收入、国家重大水利工程建设基金收入、废弃电器电子产品处理基金收入、彩票发行机构和彩票销售机构的业务费用 7 项下设目级科目。专项债券对应项目专项收入款级科目包含海南省高等级公路车辆通行附加费专项债务对应项目专项收入、港口建设费专项债务对应项目专项收入、国家电影事业发展专项资金专项债务对应项目专项收入、国有土地使用权出让金专项债务对应项目专项收入、国有土地收益金专项债务对应项目专项收入、农业土地开发资金专项债务对应项目专项收入、大中型水库库区基金专项债务对应项目专项收入、城市基础设施配套费专项债务对应项目专项收入、小型水库移民扶助基金专项债务对应项目专项收入、国家重大水利工程建设基金专项债务对应项目专项收入、车辆通行费专项债务对应项目专项收入、污水处理费专项债务对应项目专项收入与其他政府性基金专项债务对应项目专项收入等 13 个项级科目。在这 13 项中,有国有土地使用权出让金专项债务对应项目专项收入、车辆通行费专项债务对应项目专项收入与其他政府性基金专项债务对应项目专项收入 3 项下设目级科目。

债务收入类下有 1 款地方债务收入,款下设有 1 项专项债务收入,项下包含 17 个目级科目,包括海南省高等级公路车辆通行附加费债务收入、港口建设费债务收入、国家电影事业发展专项资金债务收入、国有土地使用权出让金债务收入、国有土地收益金债务收入、农业土地开发资金债务收入、大中型水库库区基金债务收入、城市基础设施配套费债务收入、小型水库移民扶助基金债务收入、国家重大水利工程建设基金债务收入、车辆通行费债务收入、污水处理费债务收入、土地储备专项债务收入、政府收费公路专项债务收入、棚户区改造专项债务收入、其他地方自行试点项目收益专项债务收入与其他政府性基金债务收入。

转移性收入类包含政府性基金转移收入、上年结余收入、调入资金和债务转贷收入 4 款。其中,政府性基金转移收入下设政府性基金补助收入与政府性基金上解收入 2 项,上年结余收入下设政府性基金预算上年结余收入 1 项,调入资金下设调入政府性基金预算资金 1 项,债务转贷收入下设地方政府专项债务转贷收入 1 项,与专项债务收入类似,地方政府专项债务转贷收入也包含海南省高等级公路车辆通行附加费债务转贷收入、港口建设费债务转贷收入等 17 个目级科目。

12.1.2 政府基金预算支出分类的现状

在我国,政府性基金预算支出科目是按照功能进行分类的,政府性基金预算支出功能分类科目将预算支出分为科学技术支出、文化旅游体育与传媒支出、社会保障和就业支出、节能环保支出、城乡社区支出、农林水支出、交通运输支出、资源勘探信息等支出、金融支出、其他支出、转移性支出、债务还本支出、债务付息支出、债务发行费用支出等 14 个类级科目,类级科目下分别设有款级科目和项级科目。

下面以科学技术支出、社会保障和就业支出等类别为例。科学技术支出类级科目下设核电站乏燃料处理处置基金支出款级科目 1 项,该款级科目下包含乏燃料运输、乏燃料离堆贮存、乏燃料后处理、高放废物的处理处置、乏燃料后处理厂的建设、运行、改造和退役、其他乏燃料处理处置基金支出 6 个项级科目。社会保障和就业支出类级科目下设大中型水库移民后期扶持基金支出、小型水库移民扶助基金安排的支出和小型水库移民扶助基金对应专项债务收入安排的支出 3 个款级科目。其中,大中型水库移民后期扶持基金支出下设移民补助、基础设施建设和经济发展其他大中型水库移民后期扶持基金支出 3 个项级科目;小型水库移民扶助基金安排的支出下设移民补助、基础设施建设和经济发展与其他小型水库移民后期扶持基金支出 3 个项级科目;小型水库移民扶助基金对应专项债务收入安排的支出下设基础设施建设和经济发展和其他小型水库移民扶助基金对应专项债务收入安排的支出 2 个项级科目。

仔细观察政府性基金预算收支分类的各级科目可以发现,其款级和项级科目都是以各个基金项目的名称作为科目名称,且政府性基金预算表中的收支科目是一一对应的。

12.2 政府性基金预算收支分类的问题分析

12.2.1 政府性基金预算收入分类的问题分析

12.2.1.1 部分项目设置不符合基金的应有性质

如前所述,我国现行的政府性基金预算不是"政府性基金的预算",目前,该预算既包含政府性基金也包含应纳入其他预算的一些项目,近些年还增加了大量专项债务。那么,政府性基金到底应是何种财政工具?现有纳入政府性基金预算的项目是否都符合政府性基金的本质,这是我们接下来要分析的问题。

政府性基金的官方表述体现在财政部有关政府性基金的部分文件中。2010年,财政部发布了综合性较强的《政府性基金管理暂行办法》(简称《办法》),其中第二条对政府性基金给出了较为权威的官方定义:"本办法所称政府性基金,是指各级人民政府及其所属部门根据法律、行政法规和中共中央、国务院文件规定,为支持特定公共基础设施建设和公共事业发展,向公民、法人和其他组织无偿征收的具有专项用途的财政资金。"根据这一阐述可以看出,政府性基金应具有以下特点:

第一,政府性基金是各级政府及其所属部门对公民、法人和其他组织的强制无偿征收,它不是从公共预算直接拨款设立的基金,也与政府变卖国有资产或收取经营利润而成立的基金,以及通过捐赠成立但由政府管理的基金,都有明显的区别。

第二,政府性基金的征收具有特定目的,决定了其使用上的专款专用性。政府性基金是政府为某一领域制定的特定政策,具体是支持特定公共基础设施建设和公共事业发展,它与普通财政工具的职能有别,不能服务于国家的一般职能。例如,国家重大水利工程建设基金是国家为支持南水北调工程建设、解决三峡工程后续问题以及加强中西部地区重大水利工程建设而设立的政府性基金;铁路建设基金是为保证铁路建设有稳定可靠的资金来源而设立的政府性基金;森林植被恢复费是为保护森林资源,促进我国林业可持续发展而征收的政府性基金;等等。正因为如此,政府性基金,应有专项用途,资金只能用于其指向的实现特定政策目的的领域,而不能用于一般财政性支出,也不能用于实现其他政策目的领域,必须做到专款专用。

第三,政府性基金的缴费人也具有特定性,其应与基金目的有特殊关联。关于这一特点,在《办法》中的定义中体现得并不直接。《办法》指出,"政府性基金是为支持特定公共基础设施建设和公共事业发展,向公民、法人和其他组织无偿征收的具有专项用途的财政资金"。那么,是不是只要是为了支持特定公共基础设施建设和公共事业发展,就可以向任何公民、法人和其他组织无偿征收政府性基金呢?换句话说,被选择作为缴费义务人的公民、法人和其他组织,究竟是面向全社会的一般公众,还是与特定公共基础设施和公共事业有关联的特殊主体?

从比较法的角度看,我国的政府性基金相当于特别公课,特别公课发源于德国,其规范内涵大致包括:① 特别公课不仅是为了实现政府的财政目的,而且是为了追求特定的经济或社会目的,其收入不能用于一般性的国家任务;② 特别公课的负担群体因特别任务而具有共同的利益状态;③ 特别公课的负担理由与其金钱给付义务之间存在特殊的法律关联,以具有"事务密切性"及"群体责任"作为基础;④ 对于特别公课的课征,国家不需要提供相应的对待给付。如何理解特别公课与公课义务人的特殊关联?有学者提出,公课义务人有别于一般的公众,他们对公课所要达成的事业具有群体责任,公课收入的使用也会潜在地有益于公课义务人。例如,像空气污染防治费一样,特别公课可以作为损害公共利益的对待给付;像工业区开发管理基金一样,特别公课起到类似于受益负担的效果。[①] 在上述情形下,公课义务人的范围都很明确,与特别公课的设立具有某种关联。而特别公课资金的使用,或者为免除公法义务创造了可能性,或者是类似于行政法的代履行,或者直接就是为了公课义务人的共同利益。

我国政府性基金不需要考虑这种关联性吗?基于《办法》第二条的文义,答案似乎是肯定的。在界定缴费义务人时,第二条只提到公民、法人和其他组织,没有对其施加特别的范围限制。然而,是不是任何人都可以成为政府性基金的义务主体,完全不需要考虑其与政府性基金目的的关联性?我们认为,答案是否定的。其实,观察具体的政府性基金项目可以发现,其在设计时已经意识到缴费义务人与基金目的的特殊关联,并且体现在相关规则和要求中。例如,森林植被恢复费的预缴义务人是勘查、开采矿藏以及修建道路、水利、电力、通信等各项建设工程需要占用、征用或者临时占用林地的用地单位,[②]基金专款用于被破坏的森林植被之恢复。缴纳新型墙体材料专项基金的义务人是新建、扩建、改建建筑工程未使用《新型墙体材料目录》规定的新型墙体材料的建设单位。[③] 港口建设费的缴费义务人是经对外开放口岸港口辖区范围内所有码头、浮筒、锚地、水域装卸(含过驳)

[①] 陈清秀:《税法总论》,台湾元照出版社2010年版。
[②] 财政部、国家林业局:《森林植被恢复费征收使用管理暂行办法》(财综〔2002〕73号)第四条。
[③] 财政部、国家经济贸易委员会:《新型墙体材料专项基金征收和使用管理办法》(财综〔2002〕55号)。

的货物的托运人或收货人。① 这些政府性基金,或者属于缴费义务人损害公共利益的对待给付,或者属于免除公法义务的对价,或者类似于受益负担,缴费与基金目的之间的关联性十分明显。

基于此,我们认为,在理解政府性基金时还应突出其缴费人与基金目的有特殊关联这一性质特点。这在后来修订的《预算法》中得到了体现,新《预算法》第九条第一款对政府性基金预算的概念给出了一个明确的定义,"政府性基金预算是对依照法律、行政法规的规定在一定期限内向特定对象征收、收取或者以其他方式筹集的资金,专项用于特定公共事业发展的收支预算",即其征收、收取的对象是特定的,而非一般社会公众。

从上述政府性基金的性质特点出发,我们可以发现现有列入政府性基金预算的一些收入项目是不合理的。例如,作为政府性基金预算收入金额最大的项目——国有土地使用权出让金,它就明显不符合政府性基金的应有性质。首先,从征收依据来看,政府性基金的征收与税收一样,凭借的是国家的政治权力,是一种强制的征收;而国有土地使用权出让金的获取,凭借的是所有权利,即政府是土地的"所有者"。其次,在资金使用方面存在区别。如前所述,政府性基金应是为实现特定国家任务之财政需要而课征的,其资金使用具有专款专用的特点;而凭借所有者权力获得的国有土地使用权出让金的开支应具有充分的开放性,只要有必要,资金就可以用于任何目的。由此可见,国有土地使用权出让金列入政府性基金预算的收入科目是不合理的。

12.2.1.2 大量设立债务类收入项目不甚合理

根据前文分析可知,政府性基金是基于特定目的对特定人群的课征,其征收具有强制性和无偿性的特点,并且政府性基金的缴费义务人与基金目的具有特殊关联。众所周知,债务收入具有自愿性的特点,一般来说,社会公众在是否购买公债以及购买多少公债等方面拥有完全自主的权利。另外,与政府性基金无偿征收不同,债务具有有偿性的特点,政府在取得债务收入之后应承担还本付息的责任。最后,政府性基金的征收凭借的是国家权力,而债务收入的获取凭借的则是政府信用,且公债的购买者与公债发行的目的没有直接关联。对比两者的性质可知,作为两种不同的财政收入形式,政府性基金和公债应适用于不同的情形。

政府性基金的设立应是为了解决社会发展过程中出现的特定问题,当该特定问题已经得到解决或者该问题扩大至具有普遍性而有必要通过税收来规制时,相应的政府性基金项目就应该终结。由于政府性基金一旦设立,立法机关的预算审批权限就会大大缩小,甚至有可能完全由政府相机决定,无须报送立法机关审批。

---

① 财政部、交通运输部:《港口建设费征收使用管理办法》(财综〔2011〕29号)。

这种结果不符合财政民主主义,与法治国家的理念也不相符,应当尽量避免。正是出于这个原因,我们认为,在我国的财政实践中,政府性基金的设立应当尽可能谨慎。无论哪一个项目,除了确实必要,能不设立就尽量不要设立。

在德国,"相对于租税而言,特别公课(对应于我国的政府性基金)应属于例外之情形,且必须在遵守严格条件下才能允许存在"[①]。基于此认识,为克制立法者任意启动新的收入来源来充实国库的欲望,德国联邦宪法法院经由系列判决发展出收取特别公课的五个许可要件,即追求一项特定的实质目的性(超越财政目的)、义务人群体同质性、群体有责性、群体公益性、立法者定期审查性。立法者若课征特别公课就必须接受此五个要件的检验。

在我国,政府性基金预算一般应遵循"以收定支"的原则,即政府部门能征收多少基金收入才能有多少资金进行分配,既如此,在政府性基金预算中大量设立债务类收入项目显然不甚合理,使用政府性基金作为担保发行债券很难保证资金的去向符合政府性基金的规定用途。在财政实践中,的确有不少政府性基金专项债务收入被用来归还地方政府在城市建设中的贷款本息,这明显违背了政府性基金设立的初衷。

由此可见,在我国政府性基金预算中大量设立债务类收入项目不仅不符合政府性基金应谨慎设立和"以收定支"的基本原则,同时也很难保证发行债券所获收入专项用于政府性基金的应有用途。

12.2.2 政府基金预算支出分类的问题分析

12.2.2.1 部分支出科目设立不符合基金设立的目的

根据前文分析可知,政府性基金是基于特定的公共目的而设立的,因此其资金的使用必须服从于基金设立的目的;但在实践中,部分支出科目的设置并不完全符合基金设立的目的。

下面以一些基金为例来说明。首先我们分析民航发展基金的具体支出项目,由于全国民航发展基金的预决算支出没有列示具体的支出项目,在此我们只能用2018年中国民用航空局部门决算来反映民航发展基金的具体支出项目情况。数据显示,2018年民航发展基金支出(款)政府性基金财政拨款支出为1 425 708.69万元。具体支出情况如下[②]:

① 民航机场建设政府性基金财政拨款支出为287 557.21万元,主要用于民航发展基金收入安排的机场新建、改扩建及配套保障设施项目支出;② 空管系统建设政府性基金财政拨款支出为438 881.46万元,主要用于民航发展基金收入安排

---

① 田开友:《政府性基金课征的法治化及其制度路径》,《湘潭大学学报》2015年第5期。
② 2018年中国民用航空局部门决算。

的空管系统基础设施、配套保障设施、空管信息化建设以及购置、更新空管设备等项目支出;③ 民航安全政府性基金财政拨款支出为 15 435.3 万元,主要用于民航发展基金收入安排的用于支持民航安全重大关键技术应用和示范推广、民航安全运行保障能力和监管能力提升、民航安全管理体系和应急救援体系建设等方面的专项支出;④ 航线和机场补贴政府性基金财政拨款支出为 256 511 万元,主要用于民航发展基金收入安排的支线航空和机场公共服务等政策性补贴支出;⑤ 民航节能减排政府性基金财政拨款支出为 17.58 万元,主要用于民航发展基金收入安排的民航行业节能减排新技术研发和推广应用、节能设施或设备更新改造、行业节能减排管理体系建设等支出;⑥ 通用航空发展政府性基金财政拨款支出为 38 134.4 万元,主要用于民航发展基金收入安排的支持通用航空企业开展应急救援、农林飞行等作业项目,通航飞行员教育培训,通航基础设施建设及更新、改造等方面的支出;⑦ 征管经费政府性基金财政拨款支出为 34 008.71 万元,主要用于民航发展基金收入安排的征管经费和代征手续费支出;⑧ 其他民航发展政府性基金财政拨款支出为 355 163.02 万元,主要用于民航发展基金收入安排的民航基础设施建设贷款贴息等其他项目支出。

从各个支出项目占民航发展基金支出总额的比例来看,空管系统建设的占比最高,为 30.78%;其次是其他民航发展基金支出,占比为 24.91%;再次是民航机场建设支出,占比为 20.17%;排在第四的是航线和机场补贴支出,占比为 17.99%;其余 4 项支出的占比均在 6% 左右。

民航发展基金的前身是机场建设费和民航基础设施建设基金,当时确定的原则是:机场建设费主要用于机场安全方面的建设,民航基金主要用于基础设施方面的建设。但在实践中,民航发展基金支出中有相当大的部分用于航线和机场补贴,2018 年这一支出比例近 18%,排名第四;而 2017 年和 2016 年,这一支出的比例均高居第二,分别达到 27.03% 和 22.27%。资料显示,2016 年,受补贴的机场数为 152 个,补贴金额为 13.1 亿元;2017 年,受补贴的机场数增加至 163 个,补贴金额也增加为 14.2 亿元;到 2018 年,受补贴的机场数进一步增加至 171 个;补贴金额也进一步提高至 18.3 亿元①。此外,部分民航发展基金补贴始终计入一些上市机场的营业收入②。以首都机场为例,2016 年,首都国际机场民航发展基金的返还收入为 12.02 亿元,占当年整体营业收入(87.29 亿元)的 13.77%,对比当年 17.81 亿元的净利润,几无成本的民航发展基金收入占到 60% 以上;2017 年,该项

---

① 中国民用航空局网站:http://www.caac.gov.cn/。
② 需要说明的是,2018 年 5 月 29 日财政部发布通知取消民航发展基金用于白云机场等上市机场返还作企业收入的政策,这一举动也支持了我们的论述。

返还收入达到12.21亿元,占其税前利润的35.2%①。除首都国际机场,广州白云机场、海南美兰机场等公司的年报也显示,民航发展基金补贴是其营业收入的主要组成部分。2017年,白云机场、美兰机场的民航发展基金返还收入分别为8.37亿元和2.61亿元,分别占上市公司当期税前利润的38.6%与40.2%②。众所周知,我国机场大多以企业实体的形式运作,而其中一些大型机场早已成为上市公司(如首都国际机场等),这意味着它们应当自主经营、自负盈亏,资金问题应该通过市场化手段解决。因此,强制征收民航发展基金为经营风险买单显然是不合理的,由此可见这一科目设置的资金使用不符合民航发展基金设立的初衷。

12.2.2.2.2 其他支出项目比例过高

我国现有政府性基金预算支出是按功能分类的,具体分为类、款、项三级,通过核查政府性基金支出预算功能分类明细可以看出,几乎每一个具体基金款级科目下都包含一个其他支出的项级科目。例如,核电站乏燃料处理处置基金支出款级科目下设其他乏燃料处理处置基金支出项级科目,大中型水库移民后期扶持基金支出下设其他大中型水库移民后期扶持基金支出项目,小型水库移民扶助基金安排的支出下设其他小型水库移民后期扶持基金支出项目,废弃电子产品处理基金支出下设其他废弃电子产品处理基金支出项目,等等。

从支出情况来看,部分政府性基金项目其他支出项级科目的金额非常大,占该项基金总支出的比例很高(见表12-1)③。表中显示,2018年国家电影事业发展专项资金中央本级3.16亿元支出中,其他支出为2.37亿元,占比高达75.00%;中央水库移民扶持基金中央本级1.09亿元支出中,其他支出为0.62亿元,比例达到56.88%;而核电站乏燃料处理处置基金中央本级支出中,其他支出的比例也达到49.03%。

表 12-1　部分政府性基金项目中央本级其他支出情况

项目	其他支出 (亿元)	总支出 (亿元)	所占比例 (%)
国家电影事业发展专项资金	2.37	3.16	75.00
中央水库移民扶持基金	0.62	1.09	56.88
核电站乏燃料处理处置基金支出	7.31	14.91	49.03

注:数据为2018年执行数,来自财政部网站。

此外,前文提到的民航发展基金中,2018年的其他支出所占比例为24.91%,

---

① 根据北京首都国际机场股份有限公司2016年和2017年度财务报告的相关资料整理获得。
② 根据北京首都国际机场股份有限公司2016年度财务报告的相关资料整理获得。
③ 全国政府性基金支出预算表中的信息尚未列示至项,在此只能以中央本级政府性基金支出预算表中的相关数据来说明。

在所有支出项目中排名第二；而在 2017 年和 2016 年，其他支出所占比例分别达到 34.58% 和 30.54%，在所有支出项目中都是排首位。其他一些基金中也有类似的情况，2013 年广州市残疾人就业保障金的支出中，就业和培训支出仅为 49.98 万元，职业康复支出为 581.49 万元，而其他残疾人就业保障金支出却高达 4 686.19 万元，与残疾人就业有关的支出占残保金支出的比例很低。据报道，在我国市县一级，残保金用于残疾人就业的比例仅 10% 左右。

由于其他支出项级科目并没有具体解释资金的使用方向，因而无法准确判断其资金去向是否符合政府性基金设立的规定用途，在财政实践中，有不少利用其他支出项目掩盖违规使用政府性基金的现象。作为实现政府特定公共政策目的的财政工具——政府性基金，每一笔资金的使用都应该是为该项基金的特殊目的而服务，应该有具体的资金使用方向。而设置其他支出项目显然无法明确该项支出的具体用途，与政府性基金应明确具体用途的要求不符。因此，政府性基金预算中其他支出项目比例很高显然不甚合理。

12.2.2.3 调出资金科目设置的不合理

预算应以基金的方式构成，基金是预算结构的基础。全部财政收入是一个大基金，其中可分为普通基金和特种基金。普通基金一般以税收为主要收入来源，也可以包括规费、罚款、财产及公债收入等，其在支出方面并无任何事先的特别限制。特种基金则是指用途已经事先限定的基金，由于特种基金的资金来源不同、用途不一、目的各异，因此有必要单独编列预算。如前所述，政府性基金是特定受益主体缴纳的优先发展特定公共事业的财政资金，其缴纳主体与受益者具有特定的法律关联性。因此，理论上，政府性基金应归属于特种基金预算管理。

我们认为，政府性基金预算应属于特种基金预算，其预算范围应仅限于公布的且符合特别公课特征的项目，不符合的项目不应列入政府性基金预算。在政府性基金预算下，每一具体的基金项目仍然可以细分，对不同的专项基金单独组织预算，每一种基金只能专款专用，各个项目不能互通，每一项基金都必须自求平衡，结余资金不能相互调剂。

我们还认为，不仅政府性基金下的各个项目的结余资金不能相互调剂，同时政府性基金的预算盈余也不宜流向公共财政预算。在我国财政实践中，自 2015 年起，财政部和国务院先后将政府性基金预算中的地方教育费附加、水土保持补偿费等 16 项资金转列一般公共预算，逐步实现统筹使用，并在 2017 年预算草案报告中，将新增建设用地土地有偿使用费等 3 项政府性基金调整转列一般公共预算。基金统筹到一般公共预算后，若性质仍属于政府性基金，则政府性基金所具有的"特定征收、专款专用"性质，会与一般公共预算的"一般征收、一般使用"的性质相矛盾。之所以在一般公共预算之外单独设立政府性基金预算，就是为了保证政府性基金预算优先用于满足国家特定的政策目的和社会目的。如果统筹的基金不具备政府性基金的性质，而基金所涉及的事务具有显著的公共性，那么这些事务都是公共财政应该承担支出责任的领域，而不应该单独设立政府性基金征收。政府性基金不应替代税收的公共财政职能，而只能具有财政辅助职能，政府性基金只能支持和发展特定缴纳主体潜在受益的准公共物品和服务。在这种情况下，我们不能简单地将其统筹至一般公共预算，而应当通过相关法律、行政法规或者原审批机关，将承担了本应由一般公共预算承担职责的政府性基金予以取消。

由此可见，政府性基金的设立应是基于特定的公共事业目的，政府性基金预算的范围应仅限于符合其性质的项目，其支出必须专款专用，专项用于政府性基金设立的目的领域。我们认为，在一般情况下，通过在政府性基金预算支出分类科目中设置"调出资金——政府性基金预算调出资金"科目将资金调出政府性基金预算是不合理的，违背了政府性基金的应有性质。在实践中，如果政府性基金预算确实存在结余，那么所应考虑的是降低政府性基金的征收标准；如果该特定问题已经解决，那么相应的政府性基金项目也就应该结束，即不能再向特定的征收对象征收政府性基金。

需要说明的是，对调出资金科目的考察是以规范的政府性基金项目及其预算作为前提的，目前我国政府性基金目录和预算中仍然存在挂着政府性基金之名的项目，它们缺乏专款专用的理论基础和现实必要性，并且与政府性基金的功能定位存在偏差，因而迫切需要进行清理和规范。

主要参考文献

[1] 杨华：《日本政府预算制度》，经济科学出版社 2016 年版。
[2] 王朝才：《日本财政法》，经济科学出版社 2007 年版。
[3] 日本财务省主计局：《特别会计指南》，日本财务省网站，https://www.mof.go.jp/。

第13章 政府性基金预算收支分类的国际做法

基于比较研究的方式,本章选取预算实践较为成熟的美国和日本的基金预算体系作为研究对象,介绍其收入、支出预算的具体分类,并由此归纳整理出可供我国借鉴的经验。

13.1 美国特别基金收支分类分析

13.1.1 美国特别基金概述

我国的政府性基金英文直译为"governmental funds",而美国的政务基金英文同样是"governmental funds"。两者所用的英文单词一模一样,但两者的内容和实质是截然不同的。美国的政务基金,不同于中国的政府性基金是财政学的概念,它是一个会计学的概念。美国并未对政务基金做出一个直接的定义,而是视之为一组基金的集合,根据涵盖基金范围的不同,美国政务基金一般有广义和狭义之分。具体而言,广义的政务基金除了包括政府取得税收相关的财政收入,还包括其他纳入基金账户的收入和相关支出,而狭义的政务基金仅仅包括财政部门控制的相关基金集合。

美国根据财权和职权的不同,一般在联邦、州和地方政府各个层级设立不同的基金集合。联邦政府账户一般使用联邦基金和信托基金两个集合账户。联邦基金集合包括普通基金(general fund)、特别基金(special fund)、周转基金(revolving fund);信托基金集合由信托基金(trust fund)、信托周转基金(trust revolving funds)和存款基金(deposit funds)组成。美国州和地方政府的基金分为狭义的政务基金、权益基金、受托基金三大类。政务基金包括普通基金、特别收入基金、偿债基金、资本项目资金;权益基金包括企业基金和内部服务基金;受托基金包括信托基金和代理基金。在这些基金中,特别基金带有目的税或专用税的性质,性质上有些接近中国的政府性基金,因此我们主要梳理特别基金(包括联邦特别基金和州、地方特别基金)的收支分类情况。

联邦政府的特别基金也是预算内基金,核算的是特定收入来源并且该收入被限定用于特定目的的基金,这部分基金与我国的政府性基金有些类似。比如土地和水资源保护基金通过特定地区的租金和特许权使用费等收入来筹集资金,并仅用于土地和水资源保护和恢复等相关领域。该基金一般采取多收入账户和单支出账户,收入账户根据不同收入来源(政府拨款、财产收入等)和收费形式(注册费、罚款等)进行划分,大多数基金采用单一支出账户核算基金的使用状况,但是对于特大型的基金(比如土地和水资源保护基金),财政拨款给不同的部门,所以有时也采取多支出账户的形式。州和地方的特别基金,与联邦政府的特别基金类似,核算的是特定收入来源并且收入被限定使用于特定目的的基金,如交通援助金。

从美国《预算法案》以及《公共预算数据库使用指南》中可以清晰地看到,美国联邦政府将特别基金收入按照部门及收入来源划分、特别基金支出按照功能及部门划分,下面我们进行具体分析。

13.1.2　特别基金收入与支出分类

13.1.2.1　收入分类

美国联邦政府特别基金收入主要按照政府部门及收入来源进行划分,每一收入都有相应的特定目的,下面分别展开分析。

(1) 特别基金收入按部门分类。美国联邦政府向国会提交的预算建议中专门有一卷是部门预算,包括28个部门和一个其他独立机构,特别基金收入按照各个部门进行分类(见表13-1)。

表13-1　特别基金收入按收入按部门分类

部门代码	部门名称	账户代码	账户名称
001	立法机构	507520	奥利弗·温德尔·霍姆斯设计基金的利息
001	立法机构	517520	版权局公债投资利息
001	立法机构	517521	版权局未实现的折扣
001	立法机构	554910	德怀特·D.艾森豪威尔纪念基金赠与与捐款
001	立法机构	502310	独立律师费用,税务法庭独立律师,美国税务法庭
001	立法机构	517510	点唱机、卫星和有线电视的运营费用,版权办公室
001	立法机构	563310	美国税务法庭费用
002	司法机构	511410	司法信息技术基金的出售收益
002	司法机构	511430	司机信息技术基金的预支及发还款项
002	司法机构	504000	裁判员工资及费用
002	司法机构	510010	申请费,美国法院,司法部
002	司法机构	510110	费用,注册管理,司法部
005	农业部	520510	美国原住民机构捐赠基金中来自联邦的支付
005	农业部	520520	美国原住民机构捐赠基金的投资收益

(续表)

部门代码	部门名称	账户代码	账户名称
005	农业部	520700	联合范围改善的收入
005	农业部	520930	加强市场资金、收入和供给的一般资金支付
005	农业部	521110	亚利桑那州和新墨西哥州学校基金的存款
005	农业部	521200	设施建设或征地、林务收入
005	农业部	521210	亚利桑那州的土地改善收入
005	农业部	521230	行政改善措施建设收入
⋮	⋮	⋮	⋮

（2）特别基金收入来源分类。美国联邦政府特别基金收入来源主要包括四部分：个人所得税（代码：931）、消费税（代码：934）、关税（代码：936）杂项政府收入（代码：937），具体如表13-2所示。

表13-2 特别基金收入按收入来源分类

收入来源代码	账户代码	账户名称
931	508110	总统竞选基金
931	551010	私人首款代理人项目
934	500530	水土保护基金,摩托艇燃油税
934	502930	消费税,联邦政府对野生动物恢复基金的援助
934	502930	消费税,联邦政府对野生动物恢复基金的援助,内部
934	513800	鱼竿、鱼线轮、鱼线轮、人工鱼饵、鱼饵和苍蝇税
934	542210	航空用户费用,航班费用
934	560310	混凝土圬工产品委员会,可获得
934	560320	混凝土圬工产品委员会,不可获得
934	573710	存款,波多黎各国内收入
936	513720	武器和弹药的关税
936	520910	30%的关税,加强市场的资金,收入和供应
936	521000	70%的关税,国家羊毛法案的费用报销
936	553110	关税3.08%,农业救灾基金
937	500110	特别财产罚没基金的现金收入
⋮	⋮	⋮

13.1.2.2 支出分类科目

美国联邦政府的特别基金通常按政府职能(功能)和经济性质分类。

(1) 特别基金支出功能分类科目。美国联邦政府特别基金支出共有20项功能分类,大多功能分类下设有子功能。例如,国防功能分类包括国防部、原子能防御行动、与国防相关的行动等内容。设立功能分类和将各项活动划归到各功能分类的标准包括:① 一项功能所包含的活动应当具有相同的性质,强调的是联邦政府应完成的任务;② 一项功能必须具有持续性、全国性和重要性,而且必须具有一定的数量;③ 在每一项特别基金下设一个支出账户以及相对应的一个或多个收入账户,收入均有特殊的目的(不同于商业活动);④ 每一个被分类的特别基金通常是根据其主要目的进行分类的,同时必须细分到某项子功能中。一些大的用于多个主要目的的账户也可分为两个或多个子功能。功能分类具体如表13-3所示。

表13-3 支出功能分类

050 国防	400 交通	700 退伍军人补助和服务
051 国防部	401 地面运输	701 退伍军人的收入保障
053 原子能防御行动	402 航空运输	702 退伍军人教育、培训和康复
054 国防相关行动	403 水路运输	703 退伍军人的医院和医疗护理
	407 其他交通工具	704 退伍军人住房
		705 其他退伍军人福利和服务
150 国际事务(外交)	450 社会与区域发展	750 司法管理
151 国际发展和人道主义救援	451 社区发展	751 联邦执法活动
152 国际援助	452 区域发展	752 联邦诉讼和司法活动
153 外交事务处理	453 救灾保险	753 联邦矫正活动
154 国外信息与交流活动		754 刑事司法协助
155 国际金融项目		
250 基础科学、宇航、技术	500 教育、培训、就业与服务	800 行政支出
251 基础科学和基本研究	501 小学、中学和职业教育	801 立法的功能
252 航空飞行支持活动	502 高等教育	802 行政领导及管理
	503 研究和普通教育辅助	803 中央财政操作
	504 培训和就业	804 一般物业及档案管理
	505 其他劳动服务	805 中央人事管理
	506 社会服务	806 一般财政援助
		808 其他一般政府
		809 抵消收入的扣除

(续表)

270 能源	550 卫生	900 净利息
271 能源供应	551 卫生保健服务	901 国债利息（毛额）
272 能源保护	552 健康研究及培训	902 预算外信托基金收取的利息
274 应急能源准备	554 消费者和职业健康与安全	903 预算外信托基金收取的利息
276 能源信息、政策和法规		908 其他利益
		909 其他投资收益
300 自然资源与环境	570 医疗保障	920 津贴
301 水资源	571 医疗保障	922 联合委员会执法（非辩护）的削减
302 资源保护与土地管理		923 基础设施计划
303 娱乐资源		924 预算控制法案上限调整（非保安）
304 污染控制与治理		
306 其他自然资源		926 光谱搬迁
		927 残疾保险改革
350 农业	600 收入安全保障	950 未分配抵偿性收入
351 农场收入稳定化	601 一般退休及伤残保险（不包括社会保障）	951 雇主分担、雇员退休（按预算）
352 农业研究与服务	602 联邦雇员退休和残疾	952 雇主分担、雇员退休（预算外）
	603 失业补助	953 外大陆架的租金和特许权使用费
	604 住房补贴	954 主要资产出售
	605 食物及营养援助	959 其他未分配的抵销收入
	609 其他收入安全	
370 商业与住房贷款	650 社会保障	
371 抵押贷款	651 社会保障	
372 邮政服务		
373 存款保险		
376 商业的其他发展		

各特别基金执行上述功能的详细情况如表 13-4 所示。

表 13-4 特别基金支出按功能分类

功能分类代码	子功能代码	账户代码	账户名称
050	051	5750	越南战争纪念基金
	051	5185	Kaho's Olawe 岛运输修复和环境修复基金支出
	051	5188	不动产处置
	054	5520	帕哈利托高原自耕农补偿基金

(续表)

功能分类代码	子功能代码	账户代码	账户名称
150	151	5395	东道国居民承包商分离责任基金
	153	5515	H&L欺诈防范与侦破费
	153	5713	领事和边境安全项目
	154	5149	教育互换基金
270	271	5178	Falcon and Amistad运营和维护基金
	274	5369	东北部家庭取暖油储备
	274	5615	能源安全和基础设施现代化基金
	276	5522	电力组织
	276	5643	国际原油换热研究联盟
300	301	5173	中央谷地工程修复基金
	302	500500	土地和水源保护基金
	303	500500	土地和水源保护基金
	303	500600	国家公园服务的娱乐使用费
	303	500700	工程兵特别娱乐使用费
	303	500900	森林服务娱乐使用费
	303	5078	国家公园系统游客设施基金
	304	5168	污染基金
	306	5598	北太平洋渔业观察员基金
350	351	5531	农业救灾基金
	352	5222	动物检疫站
370	371	5272	联邦住房企业监督办公室
	373	5586	独立清算基金
	376	5116	渔民保护基金
	376	5603	混凝土圬工产品委员会
	376	5610	电视广播机构搬迁基金
	376	5688	持续倾销和补贴
	376	5743	注册代理人和经纪人协会
400	401	5460	埃尔斯沃思住房协议
	402	5422	航空用户费用
	402	5423	基本航空服务和农村机场改善基金
	403	5560	关岛港改善企业基金
	407	5172	管道安全基金
	407	5282	应急准备基金
	452	5265	部落专项基金
	453	5464	洪水现代基金
	453	5701	全国洪水保险储备基金

(续表)

功能分类代码	子功能代码	账户代码	账户名称
500	502	5557	学生经济资助债务
	504	5660	职业和技术教育国家助学金
	505	5393	h-1b 和 L 预防和检测
550	551	5391	邮政退休人员健康福利基金
	551	5735	国家再保险计划
	552	514710	酒精、毒品滥用及精神卫生署合作研究和发展协议
	554	5629	FDA 创新,治疗法案
	554	514810	食品和药物管理局合作研究和发展协议
600	601	5511	哥伦比亚特区联邦养老基金
	602	5155	巴拿马运河委员会补偿基金
	602	5290	项目费用
	602	5497	外汇管理局国家固定缴款退休基金
	604	5486	合并费用基金
	604	5528	保障性住房项目
	605	5209	加强市场、收入和供应基金
	609	5419	州补充费用
	609	5734	儿童抚养费收入给各州的款项
750	751	5131	审查费用账户
	751	5543	国际注册旅客
	752	5100	司法部档案费用
	752	5114	司法部资讯科技基金
	752	5115	国家罚款中心
	752	5633	美国税务法庭费用
	754	5099	州和地方执法机构偿还费用
	754	5606	国内人口贩卖受害者基金
	754	5608	恐怖主义受害者基金
800	801	5083	美国国会警察纪念基金
	801	5549	德怀特·D.艾森豪威尔纪念基金
	801	514400	支付美国政府问责局的空间和服务费用
	802	5001	特别没收基金
	803	5432	IRS 杂项留存费用
	803	5433	举报人付款
	803	5510	私人首款代理人项目
	804	500500	土地和水源保护基金
	806	5003	矿物租赁和有关付款
	806	5687	波多黎各退款、转移和运作费用

(续表)

功能分类代码	子功能代码	账户代码	账户名称
	806	5737	波多黎各税收
	808	5081	总统竞选基金
	808	5407	学生贷款营销协会（Sallie Mae）评估
	808	5640	环境评估改进基金
⋮	⋮	⋮	⋮

（2）特别基金经济性质分类科目。美国联邦政府各部门支出按经济性质分类包含两级科目，一级分类科目包括个人劳务和津贴（10）、合同劳务和供给（20）、资产购置（30）、补助和固定收费（40）与其他（90）等五个大类，每个大类下面包含具体的二级科目，如表 13-5 所示。

表 13-5　联邦预算支出按经济性质分类

一级科目	二级科目
10 个人劳务和津贴	11.1 全职固定职工/11.3 非全职固定职工/11.5 其他人员报酬/11.7 军事人员报酬/11.8 特殊个人劳务支出/11.9 人员报酬合计/12.1 公务人员津贴/12.2 军事人员津贴/13.0 前任人员的津贴
20 合同劳务和供给	21.0 差旅费和交通/22.0 货运/23.1 向一般服务管理局支付的租金/23.2 其他租金/23.3 通信、公用事业和杂费/24.0 印刷和复制/25.1 咨询和技术服务/25.2 其他服务/25.3 通过政府账户购买的商品和劳务/25.4 设施运行和维护/25.5 研究和开发合同/25.6 医疗/25.7 设备的运行和维护/25.8 救济/26.0 用品和材料
30 资产购置	31.0 设备/32.0 土地和建筑物/33.0 投资和贷款
40 补助和固定收费	41.0 补助、补贴和捐赠/42.0 保险索赔和赔付/43.0 利息和红利/44.0 返还款
90 其他	91.0 无凭证支出/92.0 未分配支出/93.0 费用限额/99.0 直接支出责任/99.0 可补偿的支出责任/99.5 报告起点值以下的支出/99.9 总支出责任

各项特别基金的预算支出都会按经济性质分类展开，下面以核废物处理特别基金、运营与支持特别基金为例说明。核废物处理特别基金 2018 年决算、2019 年预算以及 2020 年预算支出的经济性质分类如表 13-6 所示；而运营与支持特别基金 2018 年决算、2019 年预算与 2020 年预算支出的经济性质分类如表 13-7 所示。

表 13-6　核废物处理特别基金支出按经济性质分类　　　　单位:百万美元

标志码:089-5227-0-2-271	2018 年决算	2019 年预算	2020 年预算
11.1 全职固定工	—	—	88
11.9 人员报酬合计	—	—	88
25.1 咨询和技术服务	1	—	1
25.2 其他服务	1	—	1
99.9 总支出责任	2	—	90

资料来源:美国联邦政府 2020 具体预算草案。

表 13-7　运营与支持特别基金支出按经济性质分类　　　　单位:百万美元

标志码:070-0300-0-1-751	2018 年决算	2019 年预算	2020 年预算
11.1 全职固定工	1 474	1 627	1 610
11.3 非全职固定工	14	14	14
11.5 其他人员报酬	116	131	137
11.9 人员报酬合计	1 604	1 772	1 761
12.1 公务人员津贴	519	565	595
13.0 前任人员津贴	1	1	1
21.0 差旅费和交通	45	37	32
22.0 货运	12	15	18
23.1 向一般服务管理局支付的租金	275	265	298
23.2 其他租金	5	5	6
23.3 通信、公用事业和杂费	86	111	118
24.0 印刷和复制	11	11	12
25.1 咨询和技术服务	864	957	982
25.2 其他服务	117	261	251
25.3 通过政府账户购买的商品和劳务	287	318	385
25.4 设施运行和维护	1	1	1
25.7 设备的运行和维护	165	153	154
26.0 用品和材料	30	37	40
31.0 设备	81	138	142
32.0 土地和建筑物	39	35	37
41.0 补助、补贴和捐赠	14	10	10
42.0 保险索赔和赔付	1	2	3
99.0 直接支出责任	4 157	4 694	4 846
99.0 可补偿的支出责任	38	45	51
99.5 报告起点值以下的支出	−2	2	—
99.9 总支出责任	4 193	4 741	4 897

资料来源:美国联邦政府 2020 具体预算草案。

13.2 日本特别会计预算收支分类分析

13.2.1 日本特别会计预算概况

日本政府实行复式预算制度,预算类型按照会计(账户)不同,分为一般会计预算、特别会计预算与政府相关机构预算三类。特别会计预算,也称特别账户预算,是指国家在基本事务之外,在经营特定事业或占用、运用特定资金时,为区别于其他一般账目,按照国家法令规定设置或者各地方政府经本级议会批准设置的将特定收入用于特定目的的国家事业项目支出预算(日本《财政法》第 13 条)。特别会计预算的目的是保证特定事业项目的资金供给及运营,通过明确的会计核算,提高运营效率。随着国家职能的复杂化和多样化,出于特定目的的特别会计预算支出在财政支出中所占的比例也越来越高,近年来已经超出一般会计预算支出规模。

13.2.1.1 特别会计预算设置与管理的基本要求

2007 年,日本废除了原有的 31 项特别会计法,制定颁布了特别会计的总体法律——《有关特别会计的法律》(2007 年法律第 23 号,以下称《特别会计法》),其中第 1 条第二项对特别会计预算的设置目的、管理与运营等做出了如下基本规定:① 特别会计相关事务和事业项目的设置应适应社会经济形势的变化,其目的是能够更加有效地实施该项特定事业。② 特别会计的设置并不是一成不变的,必须不断审视设置特别会计的必要性,对于确实没有必要存在的特别会计,应将其整合纳入一般会计。③ 对于有必要存在的特别会计,也需要不断地细化。④ 应妥善处理特别会计账户的余额,以免账户留存过多的资产。⑤ 特别会计账户的资产、负债等相关财务信息应向国民公开。

13.2.1.2 特别会计预算和一般会计预算的比较

(1)在预算编制和国会审议等方面,特别会计预算与一般会计预算基本一致。日本《宪法》规定,作为财政处理的一般原则,"处理国家财政的权限,必须根据国会的决议行使"(第 83 条)。这一点无论是对一般会计预算,还是特别会计预算都是适用的。另外,有关预算编制、提交权、预算的国会议决(第 86 条)和决算检查(第 90 条)等方面的规定,一般会计预算和特别会计预算也没有进行区分。

日本《财政法》中也有类似的规定,除了法律规定的特殊情况,特别会计在预算编制、审批、执行、决算和监督等方面基本与一般会计预算一致。在编制特别会计预算时,财务省审定各省厅的特别会计"概算要求书",然后与一般会计预算一起在经内阁会议决定形成"政府预算草案"之后提交给国会,经过国会审议、批准之后作为预算成立。另外,关于特别会计预算的执行、决算提交与审查等,也基本上要经过与一般会计预算相同的程序。也就是说,特别会计在预算编制、国会审议等方面,与一般会计之间没有根本的差异。

(2)特别会计特殊的财务会计处理。尽管特别会计在预算编制、国会审议等方面与一般会计之间没有根本区别,但由于特别会计的性质,其在如下方面还是存在着一些特殊处理的。

　　收入支出方面。一般会计预算通常是"一般征收、一般使用"的,其收入主要来自税收、其他收入和公债,其支出主要为社会保障相关费用、国债费于与国家机关费等。而特别会计由于其特殊性质,在收入和支出方面都有专门的规定。《特别会计法》中具体规定了各个特别会计项目的收入来源和支出去向。例如,粮食稳定供给特别会计中粮食管理科目就是以主要粮食及进口饲料的销售货款作为主要收入,支出主要用于粮食及进口饲料的购买和管理方面(特别会计法第127条第2项)。

　　借款和公债发行。特别会计在因意外保险事故等原因造成临时性保险给付金财源不足或用于偿还国债而发行转化债时,因收入支出状况而必须从特别会计外部筹集资金的情况下,可以考虑借款和公债发行。对于有必要借款和公债发行的特别会计,在《特别会计法》的各个具体特别会计章节中,明确规定了允许借款的项目,并且还规定借款项目的金额必须以预算的形式由国会审议通过。

　　余额处理方面。对于一般会计,由于是"一般征收、一般使用"的,因此其余额一般结转至下一年度使用或用于偿还公债;而对于特别会计,由于具有特定的收入和支出范围,其余额原则上应用于偿还国债、养老金支付等方面,或用于该项特别会计以后年度的特定支出,特别会计预算余额一般不流入一般会计预算。但是,为使资金能够得到有效地利用,特别会计法也规定:特别会计账户中的余额除了公积金等账户上的累积,可以将其全部或部分转入一般会计。

　　公积金等方面。在特别会计项目中,包含"公积金等"这一项内容,这主要是因为,有很多特别会计项目如养老金、地震再保险等往往会出现年度保险费的收入额与支付额不匹配的情况,这种不匹配的情况需要跨年度进行调整。为此,需要将账户余额中必要的金额作为公积金累积起来并进行运用,与一般现金分开持有,从而实现账户的顺利有效运营(这些资金的名称多种多样如公积金、国债整理基金、国债整理基金等,因而统称为公积金等)。

　　付款源收取制度。付款源是指用于支出的财源所拥有的现金价值。按照规定,各特别会计的支出不允许超出各自的付款源金额。因此,各特别会计在支出发生现金不足时,不能从一般会计预算或其他特别会计中接受融资,必须自行负担进行临时借款等来筹集支出所需要的资金,即通过"特别收入和特别支出"项目进行管理。

　　其他(临时借款、弹性条款等)。特别会计除了上述条款,还根据其特征设置了两项特别条款:一是为应对临时资金不足的临时借款制度;二是为应对因特别会计的项目数量增加等需要增加经费时,允许在收入增加的范围内增加支出的弹性条款。

13.2.1.3 特定财源与特别会计的关系

特定财源一般是指用于特定支出的特定收入。特定财源和特别会计是两个不同的概念,有的特别会计缺乏特定财源,但有的特别会计拥有稳定的特定财源。例如,一般会计预算中的电源开发促进税及石油煤炭税就是能源对策特别会计的特定财源,电源开发促进税专门用于电源布局对策、电源利用对策及原子能安全规制对策,而石油煤炭税则作为燃料稳定供给对策及能源供给结构高度化对策的特定财源使用。

特定财源具有两方面的优势:一是实现了受益和负担直接关联,二是确保支出有稳定的财源;但另一方面,特定财源也有两个明显的弊端:一是有可能使财政僵化,二是当收入较多时,资源有可能被浪费或无法有效使用。因此,是否为特别会计指定特定财源,需要充分地考虑。正如《特别会计改革法》(2013年法律第76号)中所指出的那样,"即使是对于以税收收入为支出来源的特别会计,应先将该项税收收入纳入到一般会计预算中,该项特别会计所需资金也应从一般会计预算中支出,从而确保国家整体的财政状况能够更好地反映在一般会计预算中"。

在对特别会计预算进行简要介绍后,下面我们将对特别会计预算的收入和支出分类进行具体分析。

13.2.2 日本特别会计预算收支分类情况

13.2.2.1 收入预算具体分类

目前日本的特别会计预算包括13个账户,每个特别会计账户下根据实际需要分设若干子账户。每个特别会计账户都明确规定了分管的部门,职责清晰。各特别会计账户服务于各自特定的事业,并自行构成一个相对独立的收支体系。在收入科目分类方面,各特别会计账户采用"款—项—目"三级科目,其中"项"级和"目"级科目划分比较细致,各特别会计账户的名称、分管部门及收入"款"级科目的详细情况如表13-8所示。

表 13-8 各特别会计账户收入"款"级科目

序号	特别会计账户	款级科目	分管部门
1	交付税及让与税配付金	其他会计转入收入、租税收入、借款、杂项收入和上年度剩余金收入	内阁府、总务省、财务省
2	地震再保险	再保险费收入、杂项收入	财务省
3	国债整理基金	其他会计转入收入、租税、资产处置收入、红利收入、营运收入、公债收入、杂项收入	财务省
4	外汇资金	外汇买卖差额利润、营运收入、杂项收入	财务省
5	财政投融资(该账户下设3个子账户)	财政融资账户:资金运用收入、公债收入、财政融资账户、其他账户转入收入、杂项收入 投资账户:营运收入、资产处置收入、杂项收入、上年度剩余金收入 特定国有财产整备账户:国有财产处置收入、杂项收入、上年度剩余金收入	财务省、国土交通省

(续表)

序号	特别会计账户	款级科目	分管部门
6	能源对策（该账户下设3个子账户）	能源供求账户：其他会计转入收入、石油证券及借款收入、储蓄石油销售收入、杂项收入、上年度剩余金收入、独立行政法人缴纳金收入 电源开发促进账户：其他会计转入收入、周边地区整备资金收入、杂项收入、上年度剩余金收入、独立行政法人缴纳金收入 核损害赔偿支援账户：从原子能损害赔偿支援资金中接受收入、原子能损害赔偿支援证券及借款收入、原子能损害赔偿、废炉等支援机构缴纳金收入、杂项收入、上年度剩余金收入	内阁府、文部科学省、经济产业省及环境省
7	劳动保险（该账户下设3个子账户）	工伤账户：保险收入、独立行政法人缴纳金、营运收入、杂项收入 雇佣账户：保险收入、从公积金中领取收入、就业稳定资金收入、独立行政法人缴纳金、营运收入、杂项收入 征收账户：保险收入、其他会计转入收入、一般缴费收入、其他账户转入收入、杂项收入、上年度剩余金收入	厚生劳动省
8	养老金（该账户下设6个子账户）	基础养老金账户：筹款收入、公积金收入、杂项收入 国民养老金账户：保险收入、公积金收入、独立行政法人缴纳金、杂项收入、上年度剩余金收入 厚生养老金账户：保险收入、公积金收入、独立行政法人缴纳金、杂项收入 健康账户：保险收入、营运收入、独立行政法人缴纳金、借款、杂项收入、上年度剩余金收入 养育儿童支助账户：筹款收入、其他会计转入收入、公积金收入、杂项收入、上年度剩余金收入 业务账户：其他会计转入收入、其他账户转入收入、特别保健福利事业资金收入、独立行政法人缴纳金、杂项收入、上年度剩余金收入	内阁府、厚生劳动省
9	食品廉价供给（该账户下设7个子账户）	农业经营稳定账户：其他会计转入收入、其他账户转入收入、独立行政法人缴纳金、杂项收入、上年度剩余金收入 粮食管理账户：粮食销售收入、进口粮食缴纳款、其他会计转入收入、粮食证券收入、杂项收入 农业再保险账户：农业再保险收入、公积金收入、杂项收入 渔船再保险账户：渔船再保险收入、公积金收入、杂项收入 渔业互助保险账户：渔业互助保险收入、杂项收入 业务账户：其他账户转入收入、杂项收入 国营土地改良事业账户：其他会计转入收入、土地改良事业费负担金等收入、借款、杂项收入、上年度剩余金收入、受托工程费等收入	农林水产省

（续表）

序号	特别会计账户	款级科目	分管部门
10	国有林野事业债务管理	其他会计转入收入、借款	农林水产省
11	特许	专利费等收入、其他会计转入收入、杂项收入、上年度剩余金收入	经济产业省
12	汽车安全（该账户下设4个子账户）	保障账户：保障事业收入、公积金收入、杂项收入、上年度剩余金收入 汽车检验登记账户：验收登记手续费收入、其他会计转入收入、其他账户转入收入、杂项收入、上年度剩余金收入 汽车事故对策账户：公积金收入、其他会计转入收入、偿还金收入、杂项收入 机场维修账户：机场使用费收入、其他会计转入收入、地方公共团体工程费负担金收入、偿还金收入、红利收入、机场等财产处置收入、杂项收入、上年度剩余金收入、受托工程缴纳款收入	国土交通省
13	东日本大地震复兴	租税收入、其他会计转入收入、公债收入、公共事业费负担金收入、灾害等废弃物处理事业费负担金收入、附带工程费负担费收入、杂项收入	国会、法院、会计检查院、内阁、内阁府、复兴厅、总务省、法务省、外务省、财务省、文部科学省、厚生劳动省、农林水产省、经济产业省、国土交通省、环境省及防卫省

资料来源：日本财务省。

由于"项"级和"目"级内容较多且较为繁杂，全部13个特别会计账户收入分类的"项"级科目和"目"级科目就不再一一列举，下面仅以交付税及让与税配付金和外汇资金两个特别会计账户为例来说明收入"项"级和"目"级科目的情况，具体如表13-9所示。

表 13-9 部分账户"款—项—目"分类

序号	特别会计账户	款级科目	项级科目	目级科目	分管部门
1	交付税及让与税配付金	其他会计转入收入	一般会计预算转入收入	一般会计预算转入收入	内阁府、总务省、财务省
			财政投融资特别会计转入收入	财政投融资特别会计转入收入	
			东日本大震灾复兴特别会计转入收入	东日本大震灾复兴特别会计转入收入	
		租税收入	地方法人税	地方法人税	
			地方挥发油税	地方挥发油税	
			石油煤气税	石油煤气税	
			汽车重量税	汽车重量税	
			飞机燃料税	飞机燃料税	
			特许税	特许税	
			地方法人特别税	地方法人特别税	
		借款	借款	借款	
		杂项收入	杂项收入	存托利息收入	
				未付支票收入	
				杂项	
		上年度剩余金收入	上年度剩余金收入	上年度剩余金收入	
			东日本大地震复兴上年度剩余金收入	上年度剩余金收入	
2	外汇资金	外汇买卖差额利润	外汇买卖差额利润	外汇买卖差额利润	财务省
		营运收入	营运收入	利息收入	
				国际货币基金报酬	
		杂项收入	杂项收入	未付支票收入	
				指定存款利息收入	
				杂项	

13.2.2.2 支出预算具体分类

日本特别会计支出预算是以多套预算支出分类科目复合使用的方式进行管理,支出预算科目分类体系包括说明施政领域的"主要经费类分类"、功能分类的"目的分类"、说明经济性质的"经济性质分类"、说明支出具体形式的"用途分类",真正在预决算管理中起到控制作用的经济分类科目是"目"分类,它是特别会计预算实质上的预算经济分类科目。在实际预决算管理中,每个"目"的支出根据从属的"事项"和其经济性质被赋予上述每个系列科目的相应代码。简单来说,上述预算支出科目分类原理,表明特别会计预算支出发生的某一经济内容可以按照不同分类标准划分,这些分类标准共同描述这一项经济内容,这些分类标准构成预算支出科目体系。预算支出科目体系各科目的内容如表 13-10 所示。

表 13-10 日本预算支出科目体系

主要经费分类	目的分类	经济性质分类	用途分类	"目"分类（经济分类）
01 社会保障关系费	010 国家机关费	10 经常性支出	1 人员费	01 议会支出
02 年金补助费	011 皇室费用	11 雇主报酬	2 差旅费	02 职员工资
03 医疗补助费	012 国会费	12 中间投入	3 材料费	03 职员各津贴
04 看护补助费	013 选举费	13 对生产/进口货物的征税	4 设施费	04 超额工作津贴
05 生育率低对策费	014 司法、警察及消防费	14 实物社会转移支付（购买非市场产品）	5 补助·委托费	05 全额员工工资
06 生活扶助等社会福利费	015 外交费	15 其他社会保险非养老金补助	6 转入其他会计	06 各类津贴
07 健康与医疗对策费	016 一般行政费	20 资本形成	7 其他	06 杂项薪水
08 就业和职业安全对策费	017 征税费	30 会计间重复		07 还款费
10 文教和科学振兴费	018 货币制造费	40 经常性补助金		08 差旅费
11 义务教育费国库负担金	020 地方财政费	50 现金支付的社会保障补助		09 办公费
13 科学技术振兴费	021 地方财政调整费	60 社会援助福利		10 原材料费
14 文教设施费	029 其他	70 其他经常性转移支付		11 立法事务费
15 教育振兴助成费	030 国防相关费	71 未分类的国内经常性转移		12 议员调查研究费
16 育英事业费	050 国土保护开发费	72 经常性国际合作		13 渡切费
20 公债费	051 国土保护费	73 经常性国际合作以外的海外转移		14 委托费
25 退休进福利相关费用	052 国土开发费	80 对地方政府转移支付		15 设施费
26 文官等退职金福利费	053 灾害对策费	81 经常性支出		16 补助金
27 老军人遗属等退休福利费	054 试验研究费	82 资本形成		16 支付金
28 退职金福利及员工支付费	059 其他	83 现金的社会援助补助		16 给金
29 遗属以及军属等援助费	060 产业经济费	84 社会援助补助		16 援助费及援助金
31 地方交付税补贴金	061 农林水产业费	85 经常性补助		16 分担金
32 地方特别补贴金	062 工商业费	86 其他		16 负担金
33 地方税等让证金	063 运输通信费	90 其他		17 娱乐费
35 国防相关费	065 商品和物价调整费	91 财产所得支付		18 赔偿和偿还金
40 公共工程费用	070 教育文化费	92 资本转移		19 保证金
41 治山治水对策事业费	071 学校教育费	93 公务员宿舍设施费		20 补偿金
42 道路整备事业费	072 社会教育和文化费	94 土地无形资产购买		21 退休金及养老金

（续表）

主要经费分类	目的分类	经济性质分类	用途分类	"目"分类（经济分类）
43 港口机场铁路等整备费	073 科学促进费			22 转入其他费
44 住宅城市环境整备事业费	074 灾害对策费			23 贷款
45 公园水道废物处理等设施整备事业费	080 社会保障关系费			24 投资支出
46 农林水产基础设施整备事业费	081 社会保险费			25 存款支出
47 社会资本综合整备事业费	082 生活保护费			
48 促进费等	083 社会福利费			
49 灾害恢复等事业费	084 住宅对策费			
50 经济合作费	085 失业对策费			
60 中小企业对策费	086 保健卫生费			
63 能源对策费	087 试验研究费			
65 食品稳定供应关系费	088 灾害对策费			
95 其他事项经费	089 其他			
97 复兴加速·福岛重建预备费	090 退休金福利费			
98 预备费	091 文官退休金福利费			
	092 老军人遗属等退休金福利费			
	099 其他			
	100 公债费			
	109 复兴加速·福岛重建预备费			
	110 预备费			
	190 其他			
	191 其他行政费	95 其他		
	199 其他			

注："用途分类"是"目分类"的汇总，具体按以下分类进行：人员费为职员工资（02、03、04目合计）和其他的工资（01、05目合计）两部分的合计，差旅费（09、10、11、12、13目合计），设施费（15目），补助费（14、16目合计（第22），转入其他费（14、16目合计（第22），其他（剩余目的合计）；资料来源于日本财务省。

下面我们仍然以交付税及让与税配付金和外汇资金两个特别会计账户为例，展示日本特别会计预算支出科目的具体分类情况，分别如表 13-11 和表 13-12 所示。

表 13-11　交付税及让与税配付金支出科目分类

科目	经济内容	主要经费分类代码	目的分类代码	经济性质分类代码	用途分类代码	"目"分类代码（经济分类）
01 地方交付税交付金	地方交付税交付金	31	021	86	5	16
02 地方特例交付金	住民税减收补偿特例交付金	32	021	86	5	16
	汽车税减收补偿特例补助金	32	021	86	5	16
	轻型汽车税减收补偿特例交付金	32	021	86	5	16
	养育儿童支助临时交付金	32	021	86	5	16
03 交通安全对策特别交付金	交通安全对策特别交付金	95	029	82	5	16
04 地方让与税	地方挥发油税让与金	33	021	86	5	16
	森林环境税让与金	33	021	86	5	16
	石油气税让与金	33	021	86	5	16
	汽车重量税让与金	33	021	86	5	16
	航空燃料税让与金	33	021	86	5	16
	特别让与税让与金	33	021	86	5	16
	地方法人特别税让与金	33	021	86	5	16
	地方道路税让与金	33	021	86	5	16
05 办公经费	职员旅费	95	016	12	2	08
	地方交付税检查旅费	95	016	12	2	08
	政府经费	95	016	12	3	09
	信息处理业务厅费用	95	016	12	3	09
	地方交付税计算等业务委托费	95	016	12	5	14

(续表)

科目	经济内容	主要经费分类代码	目的分类代码	经济性质分类代码	用途分类代码	"目"分类代码（经济分类）
06 各项开支	通知书寄送费支出	95	016	86	5	16
	赔偿偿还及退款	95	016	95	9	18
07 转入国债清理基金特别会计	转入国债清理基金特别会计	20	100	30	6	22
09 预备费	预备费	98	110	95	9	99

资料来源：日本财务省。

表13-12　外汇资金支出科目分类

科目	经济内容	主要经费分类代码	目的分类代码	经济性质分类代码	用途分类代码	"目"分类代码（经济分类）
01 办公经费	基本工资	95	016	11	1	02
	职工各种津贴	95	016	11	1	03
	加班津贴	95	016	11	1	04
	退职津贴	95	016	11	1	05
	儿童津贴	95	089	11	1	05
	酬金	95	016	12	9	06
	金融·世界经济首脑会议筹款	95	016	12	9	06
	职工旅费	95	016	12	2	08
	金融·世界经济首脑会议召开职员旅费	95	016	12	2	08
	赴任旅费	95	016	12	2	08
	委员等旅费	95	016	12	2	08
	金融·世界经济首脑会议召开委员等旅费	95	016	12	2	08
	政府经费	95	016	12	3	09
	信息处理业务厅经费	95	016	12	3	09
	金融·世界经济首脑会议召开厅经费	95	016	12	3	09
	通讯专用费	95	016	12	3	09
	国家公务员互助工会负担金	95	016	11	5	16
	索赔退款	95	016	95	9	18
	货币补偿差额	95	016	95	9	18

(续表)

科目	经济内容	主要经费分类代码	目的分类代码	经济性质分类代码	用途分类代码	"目"分类代码（经济分类）
02 各项开支	代用电费	95	016	12	3	09
	手续费	95	016	12	3	09
	外汇事务办理手续费	95	016	12	3	09
	偿还差额填补金	95	016	95	9	18
	退款	95	016	95	9	18
	支付利息	95	016	91	9	18
05 转入融通证券事务处理费一般会计	转入一般会计	20	100	30	6	22
03 转入国债清理基金特别会计	转入国债清理基金特别会计	20	100	30	6	22
09 预备费	预备费	98	110	95	9	99

资料来源：日本财务省。

13.3 国外基金预算收支分类做法的几点启示

对比我国的政府性基金与美国的特别基金和日本的特别会计账户后可以发现，我国政府性基金不仅强调资金必须专款专用，还强调各项政府性基金应有独立的收入来源，并且基金收入来源是向与该项基金支出目的有特殊关联的对象强制征收的；而美国的特别基金和日本的特别会计账户则更多地强调资金的专款专用问题，尽管其中一些基金或账户拥有特定的收入来源，但这些收入基本上不是向特定关联对象进行额外的征收，而是来自各项税收或其他形式的收入。因此，从严格意义上讲，我国的政府性基金预算与美国的特别基金预算和日本的特别会计账户是不同的，但作为专款专用的基金或账户，它们的一些做法还是可以给我们一些启示。

第一，特别基金或特别会计账户的预算管理法制化、规范化。在美国，各特别基金的收入均由国家最高立法机构批准，法律层级高，且各项基金的制定、修改、废除都由法律来规定。同样，在日本，整个预决算全过程受法律的约束和规范。除宪法就财政的地位以及财政运营的基本方针做出规定外，还制定有大量的财税专门法规，如与此相关的《财政法》《地方交付税法》等。我国目前的情况是，虽然

根据《立法法》的相关规定，政府性基金应以法律形式确定征收对象，按照法定程序依法征收；但在实践中，除少部分政府性基金的征收具有法律依据外，其余大多数政府性基金项目的征收依据来自部门规章或国务院、财政部的"红头文件"，政府性基金课征和管理的法制化与规范化程度仍然有待加强。

第二，各特别基金或特别会计账户的设立目的十分明确和具体，且其支出严格按照基金或账户的目的来执行。无论是美国的特别基金，还是日本的特别会计账户，各个基金或账户的设立目的都是十分明确的，其收入和支出都有着明确和详细的规定；而在我国，部分基金的设立目的是比较笼统的，基金与基金的目的之间存在交叉重叠，从而导致在资金使用方面出现重复支出或支出与基金目的不相符合等情况。

第三，各特别基金或特别会计账户的支出科目中都有明确的按经济性质分类的信息。众所周知，尽管对公众及其代表了解和监督政府部门使用公共资金的活动而言，功能、部门及经济性质三种类信息都是重要的、不可缺少的；但比较来看，经济性质分类信息是最为重要的，因为它直接反映公共资金是如何使用的，是更为详细、具体的信息。支出功能分类信息最终必须转换成经济分类信息才能使公众及其代表真正了解政府性基金预算。一个公共项目只有提供充分和详细的经济分类信息，公众及其代表才能判断相关项目资金的使用是否合理，这对于功能特定的政府性基金预算来说更是如此。因此，我国的政府性基金预算也应明确其支出经济分类科目。

主要参考文献

[1] 杨华：《日本政府预算制度》，经济科学出版社 2016 年版。
[2] 王朝才：《日本财政法》，经济科学出版社 2007 年版。
[3] 日本财务省主计局：《特别会计指南》，日本财务省网站，https://www.mof.go.jp/。

第14章　政府性基金预算收支分类科目的改革建议

14.1　规范政府性基金预算收支分类科目首先应对现有基金进行分流归位

14.1.1　分流归位现有政府性基金项目

现代民主法治国家(租税国家)的财政收入或财政工具主要包括税收、行政事业性收费、特别公课与公有财产收入等。一般认为,税收课征的目的是满足国家一般性财政需求及实现一般性公共任务,基于课税权依法对于一切具备法定课税要件的人所课征的一种金钱给付,且收入进入公共预算,由国家进行统收统支。行政事业收费的目的在于政府及其所属部门对特定公民、法人和其他组织提供特定公共服务或公共产品而收取的金钱给付。特别公课是为了特定国家任务之财政需要,对特定群体课征之公法上的金钱给付义务,并非为了满足一般的国家财政需要而对所有国民课征。公有财产收入则来自公有土地、矿产、股权等财产的租金、利息和变卖价款或者公营企业的收入。

政府性基金预算是对依照法律、行政法规的规定,在一定期限内向特定对象征收、收取或者以其他方式筹集的资金,专项用于特定公共事业发展的收支预算。根据前文分析,政府性基金预算中的项目应符合特别公课性质,不符合该性质的项目不应列入政府性基金预算;当然,符合特别公课性质的项目也只能纳入政府性基金预算进行管理,而不能列示至其他预算。我国现有政府性基金预算项目的性质各异,有不少项目并不满足特别公课的特征,因此需要进行全面清理和规范,这是完善政府性基金预算收支分类科目的重要前提。

近年来,在持续减轻企业负担、不断完善预算管理的背景下,列入全国政府性基金目录和预算的项目不断减少。2019年,全国政府性基金目录所包含的项目为21项,而同年纳入政府性基金预算的项目为24项,具体如表14-1所示。

表 14-1 2019 年全国政府性基金目录和纳入政府性基金预算项目情况

序号	全国政府性基金目录项目	政府性基金预算项目	项目目前所属预算
1	铁路建设基金	铁路建设基金	政府性基金预算
2	港口建设费	港口建设费	政府性基金预算
3	民航发展基金	民航发展基金	政府性基金预算
4	高等级公路车辆通行附加费(海南)	高等级公路车辆通行附加费(海南)	政府性基金预算
5	国家重大水利工程建设基金	国家重大水利工程建设基金	政府性基金预算
6	水利建设基金	——	一般公共预算
7	城市基础设施配套费	城市基础设施配套费	政府性基金预算
8	农网还贷资金	农网还贷资金	政府性基金预算
9	教育费附加	——	一般公共预算
10	地方教育费附加	——	一般公共预算
11	文化事业建设费	——	一般公共预算
12	国家电影事业发展专项资金	国家电影事业发展专项资金	政府性基金预算
13	旅游发展基金	旅游发展基金	政府性基金预算
14	中央水库移民扶持基金	中央水库移民扶持基金	政府性基金预算
15	地方水库移民扶持基金	地方水库移民扶持基金	政府性基金预算
16	残疾人就业保障金	——	一般公共预算
17	森林植被恢复费	——	一般公共预算
18	可再生能源发展基金	可再生能源电价附加	政府性基金预算
19	船舶油污损害赔偿基金	船舶油污损害赔偿基金	政府性基金预算
20	核电站乏燃料处理处置基金	核电站乏燃料处理处置基金	政府性基金预算
21	废弃电器电子产品处理基金	废弃电器电子产品处理基金	政府性基金预算
22	——	国有土地使用权出让金	政府性基金预算
23	——	国有土地收益基金	政府性基金预算
24	——	农业土地开发资金	政府性基金预算
25	——	车辆通行费	政府性基金预算
26	——	中央特别国债经营基金	政府性基金预算
27	——	彩票公益金	政府性基金预算
28	——	彩票发行和销售机构业务费	政府性基金预算
29	——	污水处理费	政府性基金预算
30	——	其他政府性基金	政府性基金预算

注：根据 2012 年 1 月 1 日开始实施的《可再生能源发展基金征收使用管理暂行办法》,可再生能源发展基金包括国家财政公共预算安排的专项资金(称可再生能源发展专项资金)和依法向电力用户征收的可再生能源电价附加收入等,在预算管理上,可再生能源发展专项资金列入一般公共预算管理,而可再生能源电价附加收入列入政府性基金预算管理。

资料来源:财政部网站,http://szs.mof.gov.cn/。

从表14-1中可以看出，列入全国政府性基金目录清单的项目中有15项纳入政府性基金预算，6项没有纳入政府性基金预算的管理范围，分别为教育费附加、水利建设基金、地方教育费附加、文化事业建设费、残疾人就业保障金和森林植被恢复费。其中，教育费附加此前已纳入一般公共预算管理[①]，而除教育费附加的其余5项基金自2015年1月1日起转列至一般公共预算。此外，我们还发现，纳入政府性基金预算管理的收入项目中有9项并不是全国政府性基金目录中的项目，它们分别是国有土地使用权出让金、国有土地收益基金、农业土地开发资金、中央特别国债经营基金、彩票公益金、车辆通行费、彩票发行和销售机构业务费、污水处理费和其他政府性基金。那么，列入全国政府性基金目录清单的项目和纳入政府性基金预算的项目是否都符合政府性基金的应有性质？它们应如何进行预算管理？这是规范政府性基金预算收支分类科目的前提基础。

我们从征收目的、征收方式、基金收入用途等角度对上述项目进行梳理后大致可以分为以下五个类别：第一类是"准税收"类，主要包括水利建设基金、城市基础设施配套费、教育费附加、地方教育费附加、文化事业建设费、国家电影事业发展专项资金、残疾人就业保障金、可再生能源发展基金和旅游发展基金。这些项目的支出本应由税收予以支持，但没有税收之名，故称之为准税收。从征收方式来看，准税收类的政府性基金大多附加征收，它们有的附加在税款上计征，有的附加在营业收入上计征，还有的附加在电费、水费上计征，大多数项目的缴费人与基金用途没有关联。第二类是使用费类，主要包括港口建设费和高等级公路车辆通行附加费（海南）。这类政府性基金具有明显的直接受益性质，特定单位与个人因使用特定设施和服务而成为缴费人。第三类是特别课征类，主要包括铁路建设基金、民航发展基金、国家重大水利工程建设基金、农网还贷资金、森林植被恢复费、中央水库移民扶持基金、地方水库移民扶持基金、船舶油污损害赔偿基金、核电站乏燃料处理处置基金、废弃电器电子产品处理基金和污水处理费。这类基金基本上是以建设特定工程或发展特定公共事业为目的，如建设铁路工程、民航工程、水利工程和电力工程或促进环境保护等，该类基金的缴费人与基金用途有特殊联系。第四类是公有财产类，具体包括国有土地使用权出让金、国有土地收益基金、农业土地开发资金和中央特别国债经营基金财务收入。这类基金主要是依托国有土地的所有权征收，或者是来自国有企业的收入。第五类为其他类，具体包括彩票公益金、彩票发行和销售机构业务费。这两项基金的性质比较特殊，它们都是从彩票发行收入中按规定比例提取，而我国的彩票是由政府发行、彩民自愿购

---

① 我国教育费附加的开征和纳入一般公共预算的时间，早于政府性基金预算的建立时间，自政府性基金预算建立之后，也一直未能纳入政府性基金预算管理，但一直在政府性基金目录清单之中。

买的,因此我们将这两项基金理解为一种与法定义务无关的、彩民自愿缴纳的捐赠收入。

在阐述政府性基金预算收支分类科目改革的建议之前,我们认为应分流归位我国现有政府性基金项目,使政府性基金预算真正成为特别公课性质项目的预算。

第一,取消"准税收"类政府性基金。水利建设基金、城市基础设施配套费、教育费附加、地方教育费附加、文化事业建设费、国家电影事业发展专项资金、残疾人就业保障金、可再生能源发展基金和旅游发展基金所涉及的农林水事务、城乡社区事务、教育、文化、就业、节能环保和商业服务等方面的事务,具有显著的公共性,这些事务都是公共财政应该承担支出责任的领域,不应该单独设立政府性基金征收。因此,我们建议取消教育费附加等准税收类政府性基金,其所需经费应由财政部门划拨。

第二,清理整顿使用费类性质的基金。对于收费时间过长、收费理由基本上已经消失的基金,应当马上取消。而对于应当保留的使用费类基金项目,我们认为必须建立收费项目的核定、收费标准的定期评估与调整机制,以保证收费符合实际。在预算管理方面,我们建议将应当保留的使用费类基金项目纳入公共财政预算进行管理。

第三,归并公有财产类基金。我们主张将国有土地使用权出让金、国有土地收益基金、中央特别国债经营基金等公有财产类基金归并至国有资本经营预算,因为它们都是基于所有者身份取得收入的。至于国有资本经营预算到底属于普通基金还是特别基金,我们倾向于将其归入普通基金的类型,主要的理由是:我国国有资本的所有权属于全体人民,其收益也应归属于全体人民。在政府开支规模保持不变的前提下,国有资本的收益越多,公共财政预算中的税收负担率就可以越小。国有资本开支方面的需要,不宜直接从国有资本收益中支出,而应该从公共财政预算中统筹安排。通过这样的方式,全国人民都可以受益于国有资本,人民还可以通过其代表动态控制国有资本的规模和流向。基于这个原因,不宜将国有资本预算定位为特别基金预算,而应该归入公共预算。

第四,规范特别课征类基金。这一类基金的情况比较复杂,需要具体分析。我们认为:一是要取消那些征收理由已经消失的特别课征类基金,如对旅客征收的民航发展基金等①。这是因为,第一,向旅客征收民航发展基金属于强制性的重复收费。旅客购买航空公司的机票乘坐航班是与航空公司发生交易,而不是与机

---

① 从2019年7月1日起,向航空公司收取的民航发展基金征收标准在现行的基础上下调50%,但向旅客征收的标准没有变化。

场进行交易,因此旅客与机场的关系,实际上是基于机场与航空公司的合同交易而产生的间接关系,如航空公司支付给机场起降费、机场代理服务费、摆渡车费用,机场则为航空公司提供服务。旅客为取得服务而支付的款项已经付给航空公司,航空公司为取得服务而支付的款项已经付给机场,此时再向旅客征收就属于一种典型的重复收费。第二,民航发展事业属于国家公共事业,民航基础设施建设、民航节能减排、通用航空发展、民航科教、信息等重大科技项目研发和新技术应用等支出项目,应该由国家财政拨款解决,或者由市场化运作下的社会资本解决,依靠对旅客的征收是不合理的。二是在条件成熟时,结合税制改革,取消相应的特别课征类基金。比如结合资源税改革,适时拓展现行资源税的征收范围,取消森林植被恢复费等保护资源的基金;适时将核电站乏燃料处理处置基金和废弃电器电子产品处理基金等并入环境税的征收范围。需要指出的是,凡是被上升为税的项目,自然要受到相关税法的规制。三是对保留的特别课征类基金实行法治化管理。目前,我国以收费名义变相设立、越权设立政府性基金等课征随意的问题仍然存在,这在很大程度上与绝大多数政府性基金项目的课征依据缺乏合法性基础密切相关。因此,必须从法律上规制确实有必要存在的特别课征类政府性基金的课征权限。

14.1.2 对需要保留的特别课征类基金实行法治化管理

对需要保留的特别课征类基金实行法治化管理是规范政府性基金预算收支分类的重要方面,具体包括:

第一,政府性基金的设立必须坚持法治原则,符合法律保留的要求。目前我国政府性基金仍然存在越权设立、随意延期课征等不规范问题,我们认为这与现行大多数政府性基金项目的课征依据缺乏合法性基础、国务院及财政部等行政部门主导政府性基金的课征权限密切相关。以 2019 年全国政府性基金目录清单为例,21 个政府性基金项目中课征依据为法律的只有教育费附加、地方教育费附加、残疾人就业保障金、港口建设费、森林植被恢复费、船舶油污损害赔偿基金、可再生能源发展基金等 7 项,另有国家电影事业发展专项基金与废弃电器电子产品处理基金 2 个项目[①]依据行政法规设立,除此之外,其余 12 项都是依据中共中央、国务院及其所属部门的部门规章或红头文件设立的。而作为课征涉及政府对私人(非国有)财产征收的政府性基金,其课征依据应受法律保留原则的约束。[②] 因此,必须从法律上规制确实有必要存在的特别课征类政府性基金的课征权限,政府性基金的设立必须坚持法治原则,符合法律保留的要求。即便是授权立法,也要符

[①] 需要说明的是,中央水库移民扶持基金中"三峡水库库区基金"的设立也有行政法规依据。
[②] 《中华人民共和国立法法》第八条明确规定对非国有财产的征收、征用事项只能制定法律。

合《立法法》第九条的要求。中共中央和国务院的文件不能成为政府性基金的设立依据,各部委的就更是如此。具体来说,目前确实有必要存在的特别课征类基金都应由全国人大及其常委会通过立法予以规制,而不是由国务院及其所属部门决定政府性基金课征的得丧变更。如出于客观原因确实需要授权,国务院也应先制定行政法规,待条件成熟时再制定法律。而全国人大及其常委会在授权时应明确政府性基金课征的"目的、范围、内容、期限以及被授权机关实施授权决定应当遵循的原则等",禁止空白授权、转授权和无期限授权。即便是已经依法律设立的政府性基金,也应符合授权明确性的要求,如果不符合这一要求,全国人大及其常委会应该对其进行修改。

第二,必须明确政府性基金的课征要件。课征政府性基金不但应有法律依据,而且其课征目的、缴费义务人、收入使用等课征要件也应由法律明确规定。因为这不仅关系到政府课征权行使的界限,也关系到国民合法利益的保护。课征要件不明确,容易导致在实践中出现基金课征目的的不明确、基金目的重复、资金使用与课征目的不相符等问题。比如国家重大水利工程建设基金在设立中就存在课征目的不明确的问题,《国家重大水利工程建设基金征收使用管理暂行办法》第1条对设立目的做了表述,"为筹集国家重大水利工程建设资金,确保国家重大水利工程建设的顺利实施,促进经济社会可持续发展,根据国家有关规定,制定本办法"。这种表述,一是公共政策目的的特定性不明显,在上述规定中并没有言明国家重大水利工程建设基金与其他相关基金(例如大中型水库库区基金)的区别;二是对于特定的公共政策的制定缺乏说明理由,仅以"促进经济社会可持续发展"为理由并不能使它具有足够的正当性。另外,国家重大水利工程建设基金在设立政策目的及资金用途上,与大中型水库库区基金等有重复,这与政府性基金公共政策目的特定性不相符合。除此之外,实践中还存在资金使用与课征目的严重不符问题,如残疾人就业保障金和民航发展基金等。总之,一旦基金的课征目的、缴费义务人、收入使用等课征要件缺乏法律明确规定,实践中就很容易出现上述问题,只要想开征政府性基金,就不存在找不到依据的情况,有关基金设立方面的要求就会大打折扣甚至形同虚设。

第三,构建政府性基金课征程序制度。现代民主法治国家的实践经验表明,正当法律程序是限制政府权力的不二法门。当前我国政府性基金课征缺少正当法律程序的约束。我国既没有专门的政府性基金征管法,也没有行政程序法,即便是财政部发布的《政府性基金管理暂行办法》对此也缺少必要的关注。作为一种侵权性的行政行为,不像税收征管那样受到《税收征管法》的控制约束,现实中的政府性基金征收机关在行使稽查、核定、强制执行、行政处罚等权力时似乎不需要遵守任何法定程序。另外,财政部对已设立的政府性基金"在执行过程中需要变更项目名称,改变征收对象,调整征收范围、标准及期限或减征、免征、缓征、停征的",抑或"因客观情况发生变化,对不宜继续征收而需要予以撤销的",似乎也不需要遵守任何法定程序,进而也不需要承担任何程序违法的不利法律后果。因此,为克服政府性基金课征中的恣意行政行为,征收机关在课征政府性基金的过程中除应受到《行政处罚法》《行政强制法》《行政复议法》等法律规则的约束,还必须接受类似《税收征管法》那样专门的程序法制度约束。我们认为,应由全国人大及其常委会制定《政府性基金征收管理法》,明确规定各征收机关在行使稽查、核定、征收(含减、免、停征)、强制执行、行政处罚等权力时应遵守相应的步骤和规则,以及不遵守此程序规则所要承担的法律责任。

第四,全国人大及其常委会应定期审查监督政府性基金的课征期限。政府性基金课征的正当性不仅要求全国人大及其常委会对政府性基金课征的依据、要件与程序进行立法控制,还应定期审查已设立的政府性基金继续课征的必要性,"以免缴费义务人在承担事务责任后,仍然继续受到课征,致其财产受到侵害"[①]。但在我国财政实践中,有不少基金的征收期限一而再再而三地仅凭部委的发文就不断地被延期征收。比如民航发展基金,截至目前,财政部已经5次发文延长该项基金的征收期限,从2005年年底一再延长到2006年、2010年、2015年12月31日,而就在《民航发展基金征收使用管理暂行办法》规定的征收期限到来之前,财政部于2015年12月9日发布通知,第5次将民航发展基金的征收期限延长至2020年12月31日。由此可见,对于政府性基金是否应继续课征、课征期限如何延长等,全国人大及其常委会的审查监督是严重缺位的。政府性基金不同于税收,其存在的目的是完成特定的社会经济政策,一旦此种目的实现或任务完成,此种政府性基金就丧失了合法性基础,就应以决议的方式撤销,或者经审查发现仍有存在的必要且符合课征要件的,全国人大及其常委会可以继续保留,但相隔一段时间后应重新审查。至于审查时点以及相隔多久应重新审查监督,全国人大及其常委会可依特别情势及所涉及事实来确定。

14.2 政府性基金预算收支分类改革的具体建议

如前所述,规范我国政府性基金预算收支分类科目首先应对现有基金进行分流归位,使政府性基金预算真正变成特别公课项目的预算,基于此,我们提出一些规范政府性基金预算收支分类科目的政策建议。

---

① 柯格钟:《特别公课之概念及争议》,《月旦法学杂志》2008年第12期,第183页。

14.2.1　政府性基金预算收入科目方面的改革建议

（1）取消政府性基金预算收入科目中非"特别公课"性质的项目，使之归口到相应的预算进行管理。如前文所述，在我国现有政府性基金目录和纳入政府性基金预算的项目中，不少项目是不具备特别公课性质的，对于不具备特别公课性质的项目，我们认为：

第一，政府性基金目录和政府性基金预算中应删除并最终取消征收准税收性质的项目。在现有政府性基金目录清单和预算收入项目中，一些项目是属于准税收性质的，如水利建设基金、城市基础设施配套费、教育费附加、地方教育费附加、文化事业建设费、国家电影事业发展专项资金、残疾人就业保障金、可再生能源发展基金和旅游发展基金等。在这些项目中，目前有教育费附加、水利建设基金、地方教育费附加、文化事业建设费、残疾人就业保障金等 5 项已经纳入一般公共预算管理①。我们认为，对于这些准税收性质的项目，不能简单地统筹到一般公共预算管理了事，而应在政府性基金目录和政府性基金预算中相应删除并最终取消征收。因为这些基金所涉及的事务都是一般公共预算应该承担支出责任的领域，其收入来源主要是税收，而不是基于特定目的、向特定主体征收且征收主体与基金目的具有特殊关联的特别公课，当政府性基金支出能与一般公共预算支出相互替代时，政府性基金即丧失了课征的必要性，也就丧失了课征的合法性。

第二，取消政府性基金预算中公有财产类性质的项目，将其归并到国有资本经营预算进行管理。之所以提出将国有土地使用权出让金、国有土地收益基金、中央特别国债经营基金等公有财产类性质的项目归并到国有资本经营预算进行管理，是因为政府是基于所有者身份取得这类收入的，它与凭借政治权力强制课征的特别公课截然不同。而对于国有资本经营预算，我们认为应与一般公共预算统筹安排，当国有资本的收益增多，一般公共预算中的税收负担可以降低。相应地，国有资本有开支方面的需要不宜直接从国有资本收益中支出，而应从一般公共预算中统筹安排。这是因为就国有资产、资源经营所获得的收入而言，其本质上属于国家所有权的收益，本就应当服务于基本公共支出，体现公用性，纳入一般公共预算统筹安排。

第三，将应当保留的使用费类基金项目纳入一般公共预算管理。使用费的收取是基于政府为特定对象提供了具体的公共服务，收取费用是为了合理补偿管理或服务成本，缴费人与政府所提供的公共服务之间的直接受益关系非常明显；而特别公课是强制征收的，缴费人虽然也和基金项目存在利益关系，但只是一种潜

---

　①　除了这 5 项，本书分析范围中还有森林植被恢复费也列入一般预算管理，而我们认为森林植被恢复费的征收恰恰具有特别公课的性质，应纳入政府性基金预算管理。

在的受益关系。从规范预算管理的角度来看,使用费类基金项目无须进行特别管理,可纳入一般公共预算管理,因此建议取消政府性基金目录和政府性基金预算中相应的科目。

(2) 谨慎设立债务类收入科目。前文分析已知,政府性基金收入和一般债务收入属于性质不同的两种财政收入形式,应适用于不同的情形。另外,在我国财政实践中,政府性基金预算一般应遵循以收定支的原则,即政府部门能征收多少基金收入才能有多少资金进行分配,从这一原则来看,政府性基金一般无须通过举债来安排支出。当然,在项目涉及未来时期支出并且必须通过举债来解决的特殊情况下,我们认为一定程度上可以安排专项债务来筹集资金,但所筹集的资金必须专项用于政府性基金项目的规定用途,并且必须谨慎采用这一形式。目前,政府性基金预算中的绝大部分项目都以基金为担保发行了专项债,获得了专项债务收入,但这些项目中的债务收入是否真正为未来时期的支出而筹集的,需要进一步详加考察。我们认为,至少其中的其他政府性基金债务收入的设置是不科学和不谨慎的,因为其他政府性基金债务收入这一科目本身就没有明确的基金目的,不符合基金预算的要求,而在这一科目的基础上再行举债设立其他政府性基金债务收入,显然更不满足政府性基金预算的要求,因此建议取消这一债务类科目。

与专项债务有关的收入科目中还有一款级科目为专项债券对应项目专项收入,下设13个项级科目,其中一些项级科目还下设目级科目。该款级科目用以反映地方政府专项债券对应项目形成的、可用于偿付专项债券本息的经营收入。对于这一科目,总体上说,有以下两点需要明确:第一,专项债券用于的对应项目是否完全符合专项债务举借来源的政府性基金项目的目的,如果不符合就应说明资金没有用于政府性基金应有的用途。第二,对应项目的经营收入属于何种性质的收入。在项目完成后,如果通过市场经营获取了相应收入,那么该收入应当是凭借所有权性质或提供了相应的产品和劳务而获得的收入。这部分收入的性质与政府性基金凭借国家权力、向特定对象强制课征的收入性质差距甚远,将它们归入政府性基金预算是不甚合理的。具体来说,我们认为目前该款级科目下至少"其他政府性基金专项债务对应项目专项收入"应随着"其他政府性基金债务收入"科目的取消而取消。

(3) 尽量明确"其他政府性基金收入"科目的内容。目前,我国政府性基金预算科目中包含其他政府性基金收入科目,用以反映政府性基金预算中各具体项目之外的其他政府性基金收入。我们认为,在规范的政府性基金预算中,必须明确其他政府性基金收入这一科目的具体内容。理论上,政府性基金预算收入科目中不应该有其他政府性基金收入科目。根据前文所述,政府性基金的设立应基于具体的特定目的,而不是笼统的或基于一般公共目的而征收,每一个政府性基金项目都应有具体的特定内容,而其他政府性基金收入科目是一个不反映具体特定目的的科目名称,我们无法从中得知这一科目设立的具体目的是什么,从而不符合政府性基金的应有性质。因此,理论上说,基于特殊公共目的而存在的政府性基金的收入项目中无须设立该科目。当然,财政实践中有可能存在这样的情形:某一具体政府性基金项目因为其履行的特定目的已经实现或外在环境和条件发生变化而无须再履行,从而需要取消或已经取消,但在实际征缴中,还有部分原项目的收入需要缴纳。在这种情况下,我们认为可以将该部分收入归入其他政府性基金收入科目。由此可见,其他政府性基金收入科目的设置从严格意义上说不符合政府性基金设立的初衷,但在财政实践中可能有一些特殊情形需要用到这一科目。尽管如此,但基于政府性基金的应有性质出发,不反映具体特定目的的其他政府性基金收入科目也应尽量明确所包含的内容,并且这一科目的收入比例应该较小。

14.2.2 政府性基金预算支出科目方面的改革建议

与前文支出科目存在的问题相对应,我们提出有关政府性基金预算支出科目的改革建议:

(1) 调整或取消不符合政府性基金设立目的的支出科目。前文分析中已经多次阐明,规范的政府性基金应是基于具体的特定的目的,每一项基金都应是为解决某一个特定问题而设立的,而不是履行政府的一般公共职能,因此其资金必须严格围绕解决这一具体特定问题来使用,即支出科目的设置必须严格满足该项政府性基金设立的初衷,而不能通过随意调整支出科目等方式变更资金的用途。前文提到,在民航发展基金支出的使用中,不少资金用于上市公司的补贴,这一资金用途明显不符合民航发展基金设立的初衷,因此相关支出科目的设置也显然违背该项基金设立的目的。对于类似的支出科目,我们认为应及时调整或取消。不仅是民航发展基金,其他各项政府性基金中不符合基金目的的支出科目设置,我们认为都应当依据相应程序予以调整或取消。

(2) 明确各项基金支出科目的具体内容,降低"其他支出"科目比例。为保证政府性基金资金能真正用于该项基金的目的,我们认为应明确各项基金支出科目的具体内容,大幅降低现有科目中其他支出的比例。根据前文分析,每项基金的征收都应有具体的特定目的,因而相应地支出项目一般也都应有明确的具体内容。而其他支出是一个笼统的科目,里面到底包含什么内容我们不得而知,因而无法解释政府性基金资金使用的具体去向,从而无法判断资金使用是否符合该项政府性基金的规定。前文也指出,在我国财政实践中,有不少利用其他支出科目来掩盖违规使用政府性基金资金的现象。基于此,我们认为作为执行具体特定功能的政府性基金支出科目,一般应有明确的、具体的支出内容,出现突发状况等非常规情形才能使用这一科目,否则一般不能使用。

（3）谨慎使用"调出资金"科目。如前所述,我国的政府性基金预算属于特种基金预算,即每项基金都需要单独编列预算。这是因为,我国政府性基金的用途事先已经限定,各项基金的资金来源不同、用途不一、目的也各异。在这一情况下,每一个基金项目的资金只能专款专用,各个项目之间不能互通,每一项基金都必须自求平衡,结余资金不能相互调剂。不仅政府性基金预算下各个项目的结余资金不能相互调剂,同时政府性基金预算的盈余一般情况下也不应调入一般公共预算。当政府性基金支出代替一般公共预算支出时,该项政府性基金即丧失了课征的必要性,也丧失了课征的合法性。基于此,理论上讲,政府性基金预算支出科目中不应设置"调出资金——政府性基金预算调出资金"科目。在财政实践中,如果某项政府性基金确实有结余,那么所应考虑的是降低该项政府性基金的征收标准,而不是将盈余资金调出；某项基金所执行的功能已经完成,那么相应的政府性基金项目就应该结束,即不能再向征收对象征收政府性基金。当然,在这样一种特殊情形下,当某项政府性基金项目已经结束,但由于征管等因素造成该项基金仍然有结余,这时我们才可以通过调出资金科目将盈余资金调出原有项目。

需要说明的是,在我国,由于政府性基金预算表中的收支科目基本上是一一对应的,因此前文在收入科目分析中对一些具体科目(如其他政府性基金债务收入、其他政府性基金专项债务对应项目专项收入等)的改革建议也适用于相应的支出科目的。具体来说,随着其他政府性基金债务收入与其他政府性基金专项债务对应项目专项收入等科目的取消,相应的支出科目(如其他政府性基金债务收入安排的支出等科目)也应随之取消。

主要参考文献

[1] 贾康:《非税收入规范化管理研究》,《财政监督》2006 年第 19 期。
[2] 朱柏铭:《厘定"政府性基金"的性质》,《行政事业资产与财务》2012 年第 2 期。
[3] 冯俏彬:《国家治理视角下的政府性基金管理研究》,《地方财政研究》2015 年第 7 期。
[4] 冯俏彬、郑朝阳:《规范我国政府性基金的运行管理研究》,《财经科学》2013 年第 4 期。
[5] 熊伟:《专款专用的政府性基金及其预算特质》,《交大法学》2012 年第 1 期。
[6] 张晶:《被忽视的信托:美国联邦信托基金研究对我国的启示》,《中国地质大学学报(社会科学版)》2014 年第 1 期。
[7] 钟增荣:《我国政府性基金的定位及法律制度完善》,《湖北经济学院学报》2015 年第 10 期。
[8] 吴旭东、张果:《我国政府性基金的性质、规模与结构研究》,《财经问题研究》2014 年第

11期。

[9] 陈融:《我国政府性基金法律问题探讨》,《政治与法律》2013年第1期。

[10] 胡兰玲、曹玉雯:《我国政府性基金设立制度研究——以国家重大水利工程建设基金为视角》2014年第2期。

[11] 刘剑文、熊伟:《财政法学》,北京大学出版社2009年版。

[12] 邓秋云、邓力平:《政府性基金预算:基于中国特色财政的理解》,《财政研究》2016年第7期。

[13] 温娇秀:《2017年中国财政发展报告》,北京大学出版社2017年版。

[14] 岳红举、单飞跃:《政府性基金预算与一般公共预算统筹衔接的法治化路径》,《财政研究》2018年第1期。

[15] 陈清秀:《税法总论》,台湾元照出版社2010年版。

[16] 陈融:《我国政府性基金法律问题探讨》,《政治与法律》2013年第1期。

[17] 崔岫昆:《政府性基金的规范化研究》,西南政法大学硕士学位论文,2015年。

[18] 陈发源:《我国政府性基金法律制度研究》,安徽大学博士学位论文,2012年。

[19] 白宇飞:《我国政府非税收入研究》,经济科学出版社2008年版。

[20] 蔡茂寅:《预算法之原理》,元照出版有限公司2008年版。

[21] 冯昀:《构建以人大为核心的财政监督机制》,《理论探索》2010年第2期。

[22] 财政部:《2019年中国政府收支分类科目》,http://szs.mof.gov.cn/。

[23] 葛克昌:《税法基本问题(财政宪法篇)》,北京大学出版社2004年版。

[24] 葛克昌:《行政程序与纳税人基本权利》,北京大学出版社2005年版。

[25] 辛仲明:《公课法制与水资源管理——财税法学发展之新兴课题》,台湾翰芦图书出版有限公司2009年版。

[26] 辛仲明:《特别公课之规范概念与基本原则》,中原大学财经法律学系硕士论文,2001年。

[27] 黄俊杰:《特别公课类型化及其课征正义之研究》,《台北大学法学论丛》2002年第50期。

[28] 黄俊杰:《特别公课之宪法基础研究》,《国立中正大学法学期刊》2001年第5期。

[29] 胡兰玲、曹玉雯:《我国政府性基金设立制度研究——以国家重大水利工程建设基金为视角》,《河北法学》2014年第2期。

[30] 蒋洪、朱萍、刘小兵:《公共经济学:财政学》(第三版),上海财经大学出版社2016年版。

[31] 饶星:《政府性基金的性质及管理依据研究》,西南财经大学硕士学位论文,2013年。

[32] 孙飞:《政府性基金预算管理研究》,东北财经大学硕士学位论文,2015年。

[33] 熊伟:《财政法基本问题》,北京大学出版社2012年版。

[34] 邱文义:《国外政府预算编制方法对我国的借鉴意义分析》,《西部财会》2017年第11期。

[35] 张卫云:《日本预算管理体制经验借鉴与启示》,《福建金融》2018年第8期。

[36] 杨华:《日本政府预算公开制度的经验与启示》,《财政监督》2017年第17期。

[37] 杨华:《日本政府预算制度的构成、特点及启示》,《地方财政研究》2018年第2期。

[38] 李三秀:《日本中期财政框架考察》,《财政科学》2016年第4期。

[39] 财政部:《关于取消、调整部分政府性基金有关政策的通知》,http://szs.mof.gov.cn/。

[40] 财政部:《关于取消、停征和整合部分政府性基金项目等有关问题的通知》,http://szs. mof. gov. cn/。

[41] 财政部:《关于完善政府预算体系有关问题的通知》,http://szs. mof. gov. cn/。

[42] 财政部:《政府性基金管理暂行办法》,http://www. gov. cn/zwgk/。

[43] Albert C. Hyde, *Government Budgeting Theory Process and Politics* (Third Edition), Peking University Press, 2007.

[44] Arye L. Hillman, *Public Finance and Public Policy*, Cambridge University Press, 2003.

第五篇
政府部门预算分类

第 15 章　现状与问题

15.1　我国部门预算分类体系的现状

良好的预算分类是健全部门预算管理体系的基本组成部分之一,它决定了部门预算的编制、记录、列报方式,对预算的透明度和连贯性有直接影响。在预算管理制度设计相对薄弱的国家,升级部门预算分类体系本身应被视为预算改革的一个基本步骤,这实际上是着手进行其他公共财政管理改革的一个先决条件,如部门计算机化财务信息管理系统、部门中期支出框架(MTEF)或基于结果的绩效预算体系。

自 2000 年部门预算改革开始,伴随着政府收支分类改革,我国的部门预算分类体系经历了一系列的发展和调整,演变成为以"依托政府收支分类功能科目、基本支出和项目支出分离"为主要特征的分类模式。目前,我国的部门预算编制和公开采取合并编报的形式,部门预算中弱化对"机构分类"的使用,部门下属机构的预算收支被加总合并列示,而非按"部门—下属机构—收入或支出条目"形式列示。

对于部门的预算收入分类,我国的制度设计将可供部门用于预算支出的资源定义为部门预算收入。部门预算收入包括财政拨款收入、上级补助收入、事业收入、附属单位上缴收入、事业经营收入,其中财政拨款收入又根据预算资金的基金来源,分为一般公共预算财政拨款收入和政府性基金预算财政拨款收入。除财政拨款收入,事业收入和事业经营性收入属于部门利用特有行政权力或有偿提供服务收取的费用中被允许部门自行留用的部分。上级补助收入则为同一系统的上级职能部门通过其部门预算支出给予的补助,附属单位上缴收入包括附属的事业单位上缴的收入和附属的企业上缴的利润等,在具体实践中,由于部门预算已经将下属机构的收支进行合并,附属单位上缴收入一项一般不列数值。

对于部门的预算支出分类,一般分为基本支出和项目支出。基本支出是指行政事业单位为保障机构正常运转、完成日常工作任务而编制的年度支出条目,内容包括人员经费和日常公用经费两部分。项目支出是指行政事业单位为完成特定的工作任务或事业发展目标,在基本的预算支出以外,财政预算专款安排的支出。在这种二元分类法的基础上,对于基本支出和项目支出,再使用政府收支分类功能科目的类、款、项予以进一步分类。目前,政府收支分类科目中的经济分类科目在部门预算分类体系中仍处于被渐进推广的状态,主要用于对部门基本支出进行分类,部分地方政府在项目支出预算编制阶段仍然没有使用经济分类科目。

15.2 我国部门预算分类体系存在的问题

15.2.1 部门预算收支与政府预算收支难以完整衔接

和国际做法不同,在部门预算汇总为政府预算的阶段,我国选择仅将部门预算收入中"财政拨款收入"对应的支出计入政府预算支出的管理方式,这就造成了政府部门事业收入、事业经营收入等自有收入进行的支出活动被排除在一般公共预算和政府性基金预算之外。这种分类方式造成部门预算和政府预算无法完整衔接,由部门预算汇总而来的政府预算反映的支出规模小于各政府部门实际的支出规模。

15.2.2 部门预算收入分类体系过于简单,反映的信息不足

现行的部门预算收入分类体系,也无法清晰、完整地反映部门的收入总体规模、具体收入种类和各项收入的单独规模。部门事业收入、事业经营收入等条目的数额仅为部门被允许留存用于自身运营活动的支出,这类收入中上缴财政的部分并未计入其中。部门预算收入(实际为预算资源)仅被分为财政拨款收入等五个种类,较为笼统,没有进一步细化,反映的信息较为有限,公众无法依据这种分类了解部门具体的收入种类和每一种类收入的规模,其中就包括本级政府获取的专项转移支付中本部门使用的部分。

15.2.3 依托基本支出和项目支出二分法、三级功能分类的部门预算支出分类体系不符合现代治理要求

在部门预算支出分类体系方面,现行依托政府功能分类方式的做法存在两大问题,一是透明性不足,二是不符合充分履行公共受托责任的现代治理要求。仅依托功能分类的类、款、项三级科目,公众无法从中获知部门支出活动的具体信息,包括目标、规模、方式、成本和支出活动的经济性质。现行的功能分类不区分公共部门活动的受众对象,导致诸如部门培训、养老津贴、单位福利房建设等部门内部服务支出被错误计入教育、社会保障、住房保障支出等类级科目中,使得政府预算支出难以反映真实的公共支出结构。此外,大多数政府规定项目支出中的各个预算项目必须从属于特定的功能分类"项"级科目,且功能分类仅根据预算活动的表面性质进行分类,过细、过多的功能分类科目在实践中往往会导致服务于同一目标、本该从属于同一预算项目的活动被割裂开,使得预算项目完整性、系统性大打折扣,部门人员薪酬等成本作为基本支出被从其执行的具体公共服务项目中

剥离的管理方式则进一步影响了项目预算分类体系的构建。部门预算的基本支出和项目支出二分法以及三级功能分类方法不利于完整反映政府部门各项公共服务的成本,影响部门预算透明度,在一定程度上阻碍了现代预算分配效率和运营效率目标的实现。

15.2.4 部门预算支出经济分类科目仍有待完善

部门预算支出经济分类科目的设计主要存在三个问题:① 部门项目支出尚未全面使用经济分类科目进行预决算编制和信息公开;② 原有的部门预算支出经济分类科目中的"转移性支出"被划转新设的政府预算支出经济分类科目,导致部门化的纵向转移支付、同一系统内的上级政府职能部门对下级职能部门的"补助支出"无法通过部门支出经济分类科目反映;③ 现有部门支出经济分类科目无法反映贷款担保支出、设立基金的资本金支出等政府部门参与的金融活动支出。

主要参考文献

[1] 安志刚:《项目支出预算与支出政策衔接匹配的改革路径研究》,《预算管理与会计》2019年第2期。
[2] 蔡茂寅:《预算法之原理》,元照出版公司2008年版。
[3] 财政部预算司:《政府收支分类改革问题解答》,中国财政经济出版社2006年版。
[4] 财政部预算司:《中央部门预算编制指南》,中国财政经济出版社2019年版。
[5] 邓秋云、邓力平:《政府性基金预算:基于中国特色财政的理解》,《财政研究》2016年第7期。
[6] 冯俏彬:《国家治理视角下的政府性基金管理研究》,《地方财政研究》2015年第7期。
[7] 国际货币基金组织:《2014年政府财政统计手册》,国际货币基金组织出版社2014年版。
[8] 河北省财政厅课题组:《部门自有收入预算管理问题研究——以河北省省级部门自有收入为例》,《预算管理与会计》2018年第12期。
[9] 贾康、赵全厚:《中国财税体制改革30年回顾与展望》,人民出版社2008年版。
[10] 楼继伟:《基于国情背景认识财政预算有关问题》,《财政研究》2019年第5期。
[11] 马骏、赵早早:《公共预算:比较研究》,中央编译出版社2011年版。

第16章 国际规范与国际比较

16.1 国际通行的部门预算分类的基本原则

预算分类体系为部门进行政策决策和有效履行公共受托责任提供了一个规范的框架。正确划分支出和收入活动对于以下方面极为重要：① 部门政策制定和运营绩效分析；② 在部门活动间有效分配资源，实现支出分配优先化；③ 确保公共机构依照立法机关的审批结果使用预算资源；④ 保证预算的透明性，为公众监督预算提供支撑；⑤ 维护预算纪律，保障部门日常预算执行的合规性。一旦建立了合理的分类体系，除非有强有力的理由，否则不应对预算分类体系进行大幅度的变更，稳定的分类有助于分析财政政策随时间变化的趋势和进行部门内部的比较。

为了满足向决策者、政府管理者、立法机关和广大公众提供准确信息的要求，部门预算分类体系的主要目标应是确保预算制度符合健全的预算管理的三个关键原则：① 全面性原则，即要求预算涵盖部门的所有机构和所有使用公共资金的运营活动，并可以使用分类体系对它们进行综合全面的评估。② 统一原则，即要求预算包括所有从事政府业务的公共机构的收入和支出。这一原则可以确保预算能够有效地限制政府部门支出、提高稀缺公共资金的资源配置效率。③ 预算不同组成部分之间的内部一致性原则，即对同一部门内各种预算活动应尽量使用相同的分类体系。这一原则意味着应该有统一的预算制度，其中编制和执行经常性与资本性支出预算的责任应被合并在同一核心预算机构内。

在预算分项列支时代，部门预算分类属于简单的"收与支"二维范畴，对于支出分类，主要使用部门和经济分类。但进入 PPB（规划项目预算）和绩效预算时代，预算被赋予了支出分配优先化以及保障公共服务的效率性和有效性的职能。在当下的国际实践中，部门预算分类体系主要包括部门预算活动分类体系、预算收入具体分类及科目体系、预算支出具体分类及科目体系。由于部门预算主要反映部门使用公共资金进行职能性活动的计划、过程和结果，因此部门预算活动体系偏重于从目标和支出形式的维度反映部门支出活动。各国普遍采用项目预算、基金预算等全面反映预算收支活动和预算过程的分类体系，无论是项目预算还是基金预算，其本身既是一种支出分类体系，同时也是审批方式分类、功能分类、经济分类等具体支出分类方式的载体和基础,基金预算账户中取得的各类收入、项目活动中获得的补偿性收入,也是部门预算收入中的组成部分。

本章随后的内容安排如下:基于比较研究的方式,选取预算实践较为成熟的美国、加拿大、日本的中央部门预算体系作为研究对象,依据前述的分析范式,首先梳理各国中央政府部门预算的分类体系,之后对其收入、支出预算的具体分类进行归纳整理,最后基于各国部门预算分类体系经验和公共预算基本理论,对我国的部门预算分类体系的改革提出系列建议。

16.2 部门预算分类实践的国际比较

16.2.1 美国联邦部门预算分类

16.2.1.1 联邦部门预算分类体系

美国的联邦预算由联邦各部门机构的预算构成。美国联邦政府的机构可分为:① 立法机构。美国国会为最高立法机构,由参议院和众议院组成,下设国会预算办公室、国会图书馆等机构。② 司法机构。美国最高司法机构是联邦最高法院,下设最高上诉法院、国际贸易法院等机构。③ 行政机构。总统——国家元首、政府首脑兼武装部队总司令;内阁——由各部长和总统指定的其他官员组成;总统办公室——协调白宫办公室、管理与预算办公室等总统直属机构;联邦行政机构下设15个部门;独立单位和政府公司。表16-1列示了部门预算管理中主要联邦部门的代码。

表16-1 联邦公共预算数据库中使用的主要部门代码列表

代码	机构	代码	机构
001	立法机构	020	环境保护机构
002	司法机构	021	交通部
005	农业部	023	总务管理局
006	商务部	024	国土安全部
007	国防部	025	住房与城市开发部
009	卫生和公共服务部	026	国家航天航空署
010	内政部	027	人事管理办公室
011	司法部	028	中小企业局
012	劳工部	029	退伍军人事务部
014	国务院	100	总统行政办公室
015	财政部	154	联邦药物管制计划
016	社会保障署	184	国际援助项目
017	社会保障署	200	其他国防非军事项目
018	教育部	349	哥伦比亚特区
019	能源部	357	联邦存款保险公司、活动

美国的联邦部门预算体系是特殊的单式预算结构,以预算账户构成,一个部门由若干机构组成,一个机构可以拥有一个或多个预算账户。预算账户分为收入预算账户和支出预算账户。收入预算账户负责征缴核算收入,并向支出预算账户提供"拨款"。支出预算账户可以承载多个预算项目,预算拨款的对象是预算账户(budget account),预算账户包含若干预算项目(program),使用支出对象分类(object class)的基本经济分类单位。

部门的支出活动由联邦一般基金(general fund)、特别基金(special fund)和信托基金(trust fund)三种收入预算账户提供资金。一般基金占据预算的较大部分,记录了没有为特定目的指定用途的收入,包括税收和一般性借款形式的收入。一般基金拨款是从政府层面的一般基金收入和借款中提取的,不与收入账户具体挂钩。特别基金用于核算法律为特定目的获取联邦收入以及与之相关的拨款。信托基金账户则核算政府为实现特殊目的、执行规定的法规条款而设立的信托基金(如公路信托基金)的收入和支出款项,也包括政府本身是受益人的基金,例如用于核算特定目的捐赠收支的信托基金。特别基金和信托基金均依照专门法律法规设立,本质上没有区别。

每个支出预算账户中的支出责任分为直接支出责任(direct obligation)和可补偿支出责任(reimbursable obligation)。直接支出责任由联邦一般基金、特别基金和信托基金提供资金,可补偿支出责任由可补偿收入(政府部门向公众出售货物或提供劳务获取的收入)提供的资金。在支出责任基础上,一旦部门或机构(部门或机构的主管)做出支出承诺或签订合同,就视支出已经发生。内部活动,例如为某特定目的留存资金,不是真正的支出责任。每项支出责任必须得到文件的支持,例如购买订单、已签署的合同、信用证或人事记录,以证明交易的有效性。预算资金只有在有效期内才可以用于履行支出责任。超出这段时间,资金就会失效,对支出责任的授权也会过期。预算的实际年度支出额则通过支出科目来核算,一旦资金对应的商品或服务被提供,支出责任所对应的事项(订单、人员薪酬发放)就会得到支付,而这笔资金就被作为支出记录在机构的账目上。而实际拨款额度(预算账户的年度实际一般性资源流入量)则通过预算授权来表示,因为预算账户中本身就存在一些前一年度结转的资金,包括未发生支出责任的余额和未支付的支出责任,后者属于支出责任已经发生但支出没有实际发生的事项。

一个支出预算账户一般覆盖了服务于同一目的或意图的一系列项目活动,政府预算案中会将某些支出预算账户与一个固定的特别基金或信托基金收入预算账户并列在一起披露,反映这些项目活动带来的补偿性收入。每个预算账户均属于部门中的某个机构,会被赋予一个次级功能分类编码,同时预算账户中的项目资金被以对象分类按经济性质进行划分,美国联邦预算支出的制度安排呈现"部门—机构—功能化的预算账户—项目活动—支出经济分类"的层次安排(见图 16-1)。信息核算、拨款及支付均以具体预算账户为基本单位,账户均按预算功能进行分类、编号,部门预算中各预算账户支出信息分别按账户设置的具体目的和账户中计划支出的资金经济分类科目列示,也显示该账户内每部分资金预算授权的性质(自由裁量支出还是强制性支出)和基于该授权预计支出的金额。一般每个下属部门都有若干个预算项目,这些项目可以是专门的支出计划(航空航天研究、打击跨国犯罪组织等),也可以是对一项系统(信息采集系统、物品发放系统等)的支持。

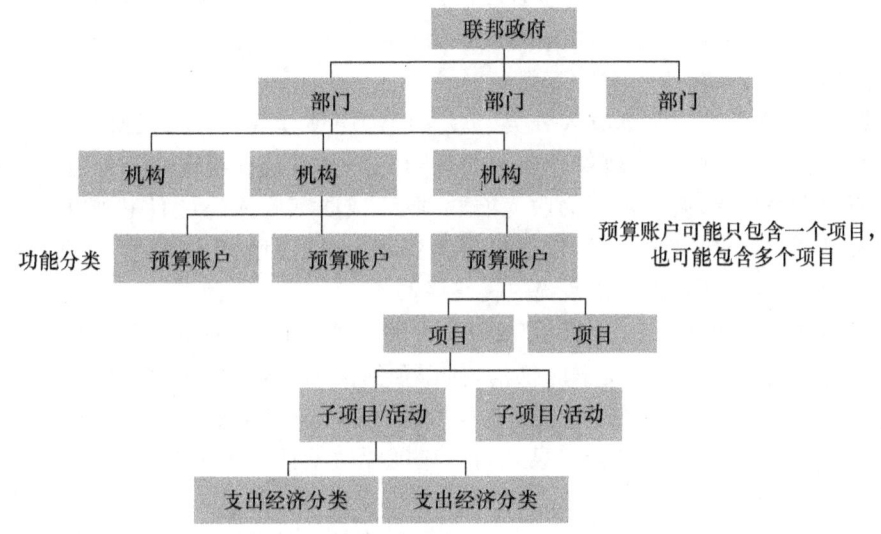

图 16-1 美国联邦部门预算支出分类体系

美国的联邦预算资金支出等于部门预算资金的加总,一个部门也拥有安排和执行纵向转移支付的支出权力,不存在游离于部门预算之外的预算支出,所有转移支付的支出权力均被安排至各相关职能部门。每年美国联邦预算每个季度实际发生的支出责任数据,在"USAspend.gov"中均可以按机构、预算账户、对象分类等从多个维度进行检索。

16.2.1.2 联邦部门中的非预算活动

部门预算强调对公共资金收支活动进行全口径核算,部门所有的收支活动基本上通过预算账户进行核算和报告,包括部门获得的罚没收入和捐赠收入。但是,部门的信贷账户和存款性账户的资金活动被归为"非预算活动"。

(1)联邦信贷项目。联邦信贷项目向非联邦借款人提供直接贷款或担保私人贷款。经 1997 年《平衡预算法》修订的 1990 年《联邦信贷改革法》确定了当前的信贷活动预算处理方案,根据《金融自由法》,信贷项目的预算成本被称为"补贴成本",是政府在净现值基础上估计的贷款或贷款担保的全周期成本,这一成本包括政府每年向信贷账户中注入的、用于直接贷款的资金额度和贷款担保的成本,但不包括对这类活动的管理费用。与补贴成本相等的支出被预先记录在部门预算中,例如贷款发放或担保时发生的支出,信贷项目本身的现金流则记录在预算外,但部门预算文件包含信贷账户的存量、流量和资产负债信息,以便公众深入了解项目规模和成本。

(2) 存款性基金。存款性基金是一种预算外账户,记录政府临时持有的资金(如投标人为矿产租赁支付的定金)或政府暂代其他机构持有的资金(如从联邦雇员工资中预先扣除的、尚未缴纳给州政府的州所得税)。

16.2.1.3 部门预算收入具体分类

第一,广义的部门预算收入分类。广义的部门预算收入包括政府性收入、补偿性收入和补偿性收益。政府性收入是政府行使其主权征税或以其他方式强制支付而产生的收款,有时被称为收入、预算收入或联邦收入。它们主要由个人和公司所得税、社会保险税组成,但也包括消费税、强制使用费、监管费、关税、法院罚款、某些许可费和联邦储备系统的收益存款。

补偿性收入和补偿性收益记录政府支出的抵消(扣除),而不是预算收入方的增加。这些金额被记录为支出的抵消,使得预算支出总额仅代表政府性交易,而不包括市场性活动,反映政府与公众的净交易。根据法律解释和长期的预算概念和实践,它们以两种方式进行记录。当法律授权收款计入支出账户时,它们抵消了收款,并且通常可直接用于支出,无须进一步立法进行拨款,此时这类收入被称为补偿性收益。否则,它们会计入收入账户,称为补偿性收入,使用这些收入需要额外的立法对机构进行拨款。补偿性收入和补偿性收益包括以下几种类型:

(1) 与公众进行类似商业交易或面向市场的活动,包括公众为换取商品或服务的自愿付款,如出售邮票所得、进入娱乐场所收取的费用、出售政府拥有土地的所得、对政府机构损失的赔偿损失。预算将这些金额记录为从非联邦来源或作为依托所有权获得的补偿性收入或补偿性收益。

(2) 联邦政府账户间交易收款。预算将一个政府账户从另一个政府账户收取的款项记录为抵消联邦政府支出的收入或政府内部收入。例如,总务管理局将办公空间出租给其他政府机构,并将租金收入记录为抵消联邦建筑基金支出的收入。这些交易完全抵消,不影响政府层面的盈余或赤字。然而,它们是一种重要的会计机制,保证支出活动的成本被准确记入其真实发生主体,避免支出在部门间被重复计算。

(3) 向政府提供自愿性捐款。这部分收入被视为对预算权限和支出的补偿。

(4) 政府强制性收入。这部分收入是政府凭借其强制性权力获取的,概念上应被视为联邦收入,如监管费、强制性用户收费、许可费,但因法律要求或长期的不合理实践被归入补偿性收入或补偿性收益。

第二,狭义的部门预算收入分类——预算资源。各部门作为征收主体获得的各类收入仅在联邦政府预算案中的部门章节披露,联邦部门自身的预算案则偏重于反映部门支出活动,不记录部门作为征收主体从外部获取的收入,只列示部门的预算支出情况,因此可供部门运营活动使用的"预算资源"应被定义为狭义的部门预算收入。美国联邦部门征收的政府性收入和可补偿收入均要纳入收入账户,并不能由部门直接使用,所以可供部门支出活动的预算资源实际仅包括前述两种收入对应的预算拨款和直接归入支出账户的可补偿收益。

值得注意的是,部门运营中往往还会获得一些非部门预算财务资源,包括投入性财务资源、以实物性质获得的捐赠和罚没的实物。非部门预算财务资源是指在某些情况下,部门的运营成本由拨给其他联邦机构的预算资金支付。例如,根据法律,部门退休项目的某些费用由联邦人事管理局支付,而针对部门的某些法律判决款项则由财政部运营的判决基金支付。

16.2.1.4 部门预算支出具体分类

第一,预算支出审批方式分类。联邦部门预算整体上为单式预算,从预算审批过程来说,联邦部门预算可以分为自由裁量支出和强制性支出。

自由裁量支出是指每年均需总统在预算案中提出预算请求,并由国会经过拨款程序确定的预算支出。自由裁量预算支出由拨款程序控制,国会每一次拨款都构成一个法案,它授权为某个特定项目支出一定数额的资金。联邦每个部门、每个项目的年度自由裁量预算金额均由国会预算委员会、授权委员会、拨款委员会等通过一系列预算审批程序确定,因此受立法者意志变化的影响。自由裁量支出的主要内容包括为联邦政府机构运行、教育、环境保护、军事防务、部分补助项目等提供的资金,其中军备开支占比最高。

强制性支出是指依据现有特定项目的法律而支出的资金,由授权立法和税法控制。强制性支出不需要每年拨款,它涉及的是各种应得权益计划。所谓应得权益,是指任何有资格通过这些项目得到帮助的人,均可以依照法律规定获得相应收益。法定支出主要包括社会保障、医疗保险、老年医疗保障计划、食品券等项目。

第二,预算支出功能分类。功能分类科目是历史最悠久的联邦支出分类方法之一。国防、农业、交通、卫生等功能性科目把相关支出预算账户集中在一起,用以对预算项目进行分类而不论是哪个机构或单位管理它们。功能分类列示预算授权、支出及其他各项预算数据。联邦政府预算共有20项功能分类,大多数功能分类下设子功能。功能分类是总统预算和国会预算编制程序中的重要组成部分。设立功能分类和将各项活动划归到各功能分类的标准包括：① 一项功能所包含的活动应当具有相同的性质，强调的是联邦政府应完成的任务，而不是完成任务的手段、采购的货物、服务的对象或者开展活动的机构；② 一项功能必须具有持续性、全国性和重要性，而且必须具有一定的规模；③ 每一个被分类的基本单位（一般是一笔拨款和一个基金账户）通常根据其主要目的进行分类，同时必须细分到某项子功能中。一些大的账户，因为其支出用于多个主要目的，也可被分为两个或多个子功能。联邦预算支出功能（子功能略去）的主要分类如表16-2所示。

表16-2 联邦预算支出功能分类

代码	功能	代码	功能
050	国防	550	卫生
150	国际事务（外交）	570	医疗保障
250	基础科学、宇航、技术	600	收入安全保障
270	能源	650	社会保障
300	自然资源与环境	700	退伍军人补助和服务
350	农业	750	司法管理
370	商业与住房贷款	800	行政支出
400	交通	900	净利息
450	社会与区域发展	920	津贴
500	教育、培训、就业与服务	950	未分配补偿性收入

第三，预算支出经济性质分类。美国联邦预算中，支出经济分类主要反映所有购买的物品或服务的经济性质，而不论使用这些物品和劳务的项目的目的，这一分类也被称为对象分类。无论是部门预算还是由部门预算汇总而成的联邦预算，在经济分类的层面，均使用该分类科目对项目乃至项目活动进行中的支出进行分类。在部门预算案中，可补偿的支出责任单列合计数，不按经济分类区别，报告起点值以下的作为一个条目合并报告。如果一个账户的所有支出责任都在一个单一的支出经济类别中就省略明细表，并用项目和资金表中的总支出责任的经济类识别代码代表。

对象分类有两级科目，其一级科目包括个人劳务和津贴、合同劳务和供给、资产购置、补助和固定收费、其他等五个大类。对象分类应用于各预算账户，说明该科目中预算支出的具体类别。支出对象科目的内容如表16-3所示。

表 16-3　联邦预算支出对象分类

一级科目	二级科目
10 个人劳务和津贴	11.1 全职固定职工/11.3 非全职固定职工/11.5 其他人员报酬/11.7 军事人员报酬/11.8 特殊个人劳务支出/11.9 人员报酬合计/12.1 公务人员津贴/12.2 军事人员津贴/13.0 前任人员的津贴
20 合同劳务和供给	21.0 差旅和交通费/22.0 货运/23.1 向一般服务管理局支付的租金/23.2 其他租金/23.3 通信、公用事业和杂费/24.0 印刷和复制/25.1 咨询和技术服务/25.2 其他服务/25.3 从政府账户购买的商品和劳务/25.4 设施运行和维护/25.5 研究和开发/25.6 医疗/25.7 设备的运行和维护/25.8 救济/26.0 用品和材料
30 资产购置	31.0 设备/32.0 土地和建筑物/33.0 投资和贷款
40 补助和固定收费	41.0 补助、补贴和捐赠/42.0 保险索赔和赔付/43.0 利息和红利/44.0 返还款
90 其他	91.0 无凭证支出/92.0 未分配支出/93.0 费用限额/99.0 直接支出责任合计/99.0 可补偿的支出责任/99.5 报告起点值以下的支出/99.9 总支出责任合计

除了上述分类，作为联邦预算指南的 A-11 公告还列示了其他的支出分类，包括项目活动和特征分类，表 16-4 列示了联邦预算实际管理中各种预算分类针对的内容和简要说明。

表 16-4　美国联邦预算支出的分类科目

分类科目	分类针对的内容	分类的说明
对象类	支出责任	例如购买的商品或服务，包括用品、租赁或设备
项目活动	支出责任	项目、项目活动或其他项目的区别。项目活动应：明确指出要执行的服务或执行的项目；项目活动内容的范畴不超过一个战略目的或目标；区分投资、发展、补助款和补贴以及运营项目；与机构的行政控制和运营有关
功能类	预算授权、支出和补偿性收入	主要目的是什么？例如国防、卫生、收入保障
特征类	预算授权、支出和补偿性收入	资金是支付给投资活动还是非投资活动，资金是给州和地方政府的补助款还是直接性支出的联邦项目 如果是投资，那么属于什么类型：实物资产、研发行为或教育和培训行为

16.2.2 加拿大联邦部门预算分类

16.2.2.1 加拿大联邦部门预算分类体系

由于税收等收入通过政府预算而非部门预算安排取得,联邦部门的预算主要涉及部门支出活动,不同于美国大部制的中央机构设置,加拿大联邦政府设置的部门较多,每个部门的职能较为单一。当前,联邦部门预算支出体系是高度"项目化"的模式,联邦部门的预算支出在申请和执行过程中主要使用项目分类而非我国的功能分类。根据预算活动的性质,部门预算支出被分为核心职责项目和内部服务项目。前者包括能够产出与部门职能直接相关的成果和结果的项目,可以有一个到多个,如加拿大财政部的核心职责项目为经济和财政政策。核心职责项目下设若干预算项目,核心预算机构(国库委员会秘书处)对预算项目的定义为"一组相关的资源投入和活动,可以满足特定需求并实现预期结果,并被视为预算单位"。以财政部为例,其经济和财政政策这一核心职责项目包括税收政策和立法、经济和财政政策、规划和预测、经济发展政策等9个预算项目。部门运作中的内部服务项目则包括财务管理服务、人力资源管理服务、信息管理服务、信息技术管理服务、不动产管理服务、物资管理服务、采购管理服务等。类似于中国的项目库制度,各部门需要按照其预算项目向核心预算部门申请预算。而在最终的预算草案中,各部门的每个核心职责项目和内部服务项目除列示预算支出总额外,还要分别列示具体的运营、资本、转移性支出和补偿性收入。针对每个预算项目,使用包含四个层级经济分类科目进一步划分支出。

加拿大的行政部门预算申请是以预算项目为单位的,部门需通过国库委员会提交程序进行预算项目申请,在这一过程中,部门需要以国库委员会秘书处(TBS)规定的格式提交项目申请的依据(部门职能、政府政策或优先事项)、项目可行性陈述、项目实施计划和预期结果、项目寻求的行政权限、项目每年拟安排资金和成本(包括人力资源)、拟针对项目安排的内部审计和评估活动等信息。国库委员会秘书处的项目管理部会对这些信息进行审核,同时将审核意见反馈给部门,部门在与国库委员会秘书处协商的基础上,依据审核意见进行修改并再次提交申请文件。如果修改后的申请通过了国库委员会秘书处的审核,那么申请将被送至国库委员会,由委员表决是否通过。一旦项目获得通过,部门就自动获得预算权限,部门每年须依照通过的预算项目申请中的计划支出额度编制部门预算草案。除了日落项目(即规定了开始及结束时间点、项目周期中年度可使用预算资源的项目),大多数项目的预算使用额度是固定且永续存在的(依照通过国库委员会程序的年度支出计划),部门对正在执行的预算项目进行预算资金的项目内调剂(运营、资本及转移性支出)、寻求扩大或削减某项目预算资金规模,均须重新进行国库委员会申请流程。

16.2.2.2 加拿大联邦部门预算支出的具体分类

加拿大的部门预算分类包括审批方式分类、项目分类和经济分类,其中项目分类依据各部门根据国库委员会申请流程中获批的预算项目确定,并无固定的分类模式。由于税收等主要预算收入在政府预算而非部门预算上反映,部门预算分类主要针对部门运营中的支出活动,使用部门预算分类记录的收入活动仅包括能够抵减部门支出的补偿性收入(见图16-2)。

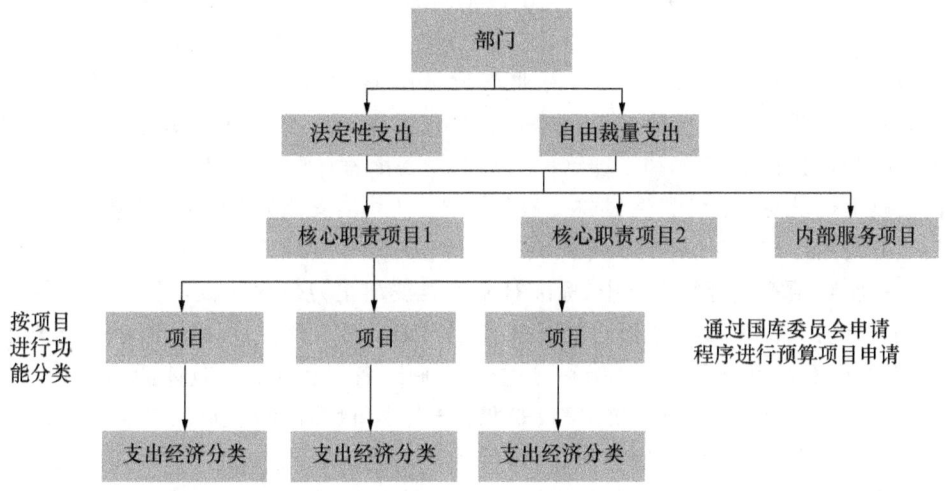

图16-2 加拿大联邦部门预算支出分类体系

第一,审批方式分类。联邦部门的预算支出分为预算支出和非预算支出。所谓非预算支出,主要指仅对部门资产的结构而非余额造成影响的活动,如对外贷款、投资及预付款。基于立法机构对于部门主要预算案的审批方式,预算支出包括法定性支出和自由裁量支出两个部分。自由裁量支出是通过拨款法案寻求议会权力的拨款;法定性支出是议会通过拨款法以外的立法授权的支出。对于部门法定性支出,联邦政府没有统一的分类方式;对于部门自由裁量支出,联邦政府根据支出性质将其分为项目型支出、运营支出、资本性支出、补助或赠与支出、补偿性收入、债务免除或注销、对国有公司拨款等支出集合。

当部门单独的资本性支出、补助或赠与支出均不超过500万加元时,使用项目型支出集合将它们与部门的运营支出合并在一起;否则,则使用单独的运营支出。当部门资本支出总额等于或超过500万加元时,使用资本性支出集合。资本性支出是指用于收购或开发归类为政府会计政策所定义的有形资本资产的项目,如购买不动产、基础设施、机器或设备,或是组织希望利用自己的劳动力和材料、使用专业服务建设或改造有形资产。资本性支出的支出项目通常应超过1万加元。补助或赠与支出是为了促进项目目标实现但未收到任何货物或服务而支付的款项。当赠款或补助支出等于或超过500万加元时,使用补助或支出集合。

法定性支出、自由裁量支出的各支出集合及非预算支出是加拿大预算立法审批的基本拨款单位,每年的拨款法案中,以这些条目为基本拨款单位,赋予部门支出权限。

第二,经济分类。联邦部门预算的编制和审批,使用包含两个层级的标准对象分类这一经济分类科目对部门支出活动进行分类,该系列经济分类科目包含4个一级科目(类)和12个二级科目。其中,第0类服务包括以下标准对象:人员(01),交通运输(02),信息(03),专业和特殊服务(04),租金(05),维修和保养(06)。第1类(货物、土地、建筑物和工程)包括以下标准对象:公用设施、材料和用品(07),土地、建筑物和工程(08),机械设备购置(09)。第2类(转移性付款)包括以下标准对象:转移性付款(10)。第3类(其他支出)包括以下标准对象:公共债务费用(11),其他补贴和付款(12)。

在实际预算执行和报告中,标准对象分类被细化为包含四级科目的政府层面分类,以记录、管理和核算部门的具体支出活动,一二级科目与标准对象分类相同,但对标准对象分类中各二级科目进行了细化,各科目包含的具体活动如下:

(1) 人员(01):① 全职或定期(兼职、季节性和临时性)雇员的工资、加班费、遣散费、追溯性工资和其他特殊工资,但国有企业、军队、加拿大皇家骑警成员的工资不在此列;② 法官和州长的工资、国会两院议员的津贴、支付给长期雇员的各种津贴(如生活津贴、可终止津贴、外事服务津贴、独立职位津贴、董事会津贴和临时津贴);③ 部长、国会两院议员的机动车辆开支津贴;④ 政府对各种员工福利项目的贡献(如公共服务养老金账户、补充退休福利账户、加拿大养老金计划账户、魁北克养老金计划和就业保险账户);⑤ 政府对加拿大皇家骑警退休金账户、加拿大军队退休金账户、国会议员退休津贴账户以及省及其他医疗和医院保险计划的人事性补助。

(2) 交通运输(02):① 政府雇员、加拿大军队成员和加拿大皇家骑警的旅费和交通费;这些人及其家属的搬迁费;支付给国会两院议员及法官的旅费和旅费。② 通过特许设施或其他方式运输人员(包括从事实地调查、检查工作的人员)的费用;非政府雇员的旅行和交通费用,如退伍军人的旅行费用。③ 普通邮资、航空邮件、挂号邮件、包裹邮寄、特快专递邮件、邮政信箱租金和任何其他邮政费用。④ 与货物运输有关的支出,包括外部承运人提供快递服务的费用。⑤ 通过电话、电报、电缆、电传、无线电和无线通信提供电信服务的所有费用,以及其他通信费用,如外部机构根据合同或协议提供的通信服务。

(3) 信息(03):① 为宣传和一般目的从广告机构处获得的广告服务;直接在

广播媒体、印刷媒体、户外海报或广告牌上获得的广告服务。② 出版部门赞助的出版物的委托、营销、分销和销售服务,包括印刷、复印、复印、文本编辑、图形设计、艺术作品、技术和咨询服务,如计算机文本处理;还包括展览服务,如展览和相关的视听服务。③ 公共关系和公共事务服务,用于评估调查、促销、营销、出口营销、公共关系和宣传、民意调查以及媒体监控服务的合同,还包括为演讲稿、新闻稿、简报、新闻发布会和特别活动提供的服务。

(4) 专业和特殊服务(04):① 以个人或组织形式提供的所有专业服务费用,如会计师、律师、建筑师、工程师、科学分析师、记者和翻译人员提供的服务;医生、护士和其他医务人员;管理、数据处理和其他研究顾问;其他外部技术、专业协助服务。② 医院治疗费、退伍军人护理费和福利服务费,根据《成人职业培训法》购买培训服务费。③ 根据合同履行的其他运营和维护服务的付款,如洗衣和干洗、建筑物清洁、临时帮助、招待、储存和仓储,以及其他商业服务。

(5) 租金(05):① 租用各部门为特殊目的所需的财产;租用公共工程和政府服务部的政府办公室。② 租用和租赁船舶、飞机、机动车辆和其他设备;租用电信和办公设备,包括计算机。

(6) 维修保养(06):① 根据合同,维修和维护永久性实物资产;② 向公共工程和政府服务部支付服务费用;③ 根据采购的性质,直接由部门承担的材料、供应品和其他维修费。

(7) 公用设施、材料和用品(07):① 为通常由市政当局提供的服务或公用事业服务的所有付款,包括供水、照明、电力和燃气服务。② 提供正常运营和维护政府服务所需的材料和用品,如散装购买的汽油和石油;船舶、飞机、运输和加热用燃料;牲畜饲料;船舶及其他设施的食品和其他供应品;为最终消费或转售而购买的牲畜;种植用种子;为外部发行而购买的书籍和其他出版物;制服和工具包;为行政和运营目的购买的照片、地图和图表;实验室和科学用品,包括测试样品;调查用品;化学品;医院、外科和医疗用品;展览艺术作品,画廊、博物馆和档案馆的历史材料;煤炭和木材;电源;除购买飞机、船舶、道路车辆、通信和其他设备时通常与设备一起购买的部件外的维修部件;金属制品;办公用品和文具用品。

(8) 土地、建筑物和工程的征用(08):① 购建建筑物、道路、灌溉工程、运河、机场、码头、桥梁和其他此类固定资产的所有支出。② 涉及增加或改变建筑性质的安装,基本上是工程或建筑组成部分的固定设备,如电梯、供暖和通风设备。③ 此类实物资产的重建。④ 土地购买。

(9) 机械设备购置(09):① 购置所有机械、设备、办公家具、电子数据处理系统或其他办公设备的支出。② 微缩摄影设备和用品、办公室间通信设备、邮政计量机、机器记录仪和所有其他办公设备。③ 机动车辆、飞机、拖拉机、道路设备、电信和相关设备、实验和其他科学设备、船只、其他导航辅助设备,以及所有其他类型的轻型和重型设备;弹药和用于北美地区的各种设备;国防,如船舶、飞机、机械设备、战车、武器、发动机以及通常在购买时随该设备一起获得的备件和供应品。

(10)转移性付款(10):① 政府的赠款、捐款和所有其他转账付款;② 向人员支付的社会援助款项,如养老保险福利和相关津贴、退伍军人养老金和津贴;③ 根据《宪法》《联邦省级财政安排法》《加拿大健康和社会转移支付法》向各省和地区支付的款项;④ 支付给印第安人和因纽特人的款项,以支持自治倡议、健康、教育、社会和社区发展规划;⑤ 对工业的资本援助、对进行非政府组织研究的与补助和其他援助;⑥ 维持对其他国家和国际非营利组织的资助;⑦ 对国际组织的赠与,如对国际粮食援助计划的赠与。

(11)公共债务费用(11):① 加拿大未到期债务(包括国库券),以及信托、其他特殊基金等债务的利息;② 发放新贷款的成本、债券折扣的摊销、溢价和佣金;③ 偿还和管理公共债务的成本。

(12)其他补贴和付款(12):① 支付给皇冠公司的款项,包括为弥补运营赤字而支付的款项,以及支付给皇冠公司的其他转账款项;② 对某些预算外账户的支付款(如政府对农产品稳定账户的贡献)、《退伍军人土地法》规定的福利,以及各种损失的注销、财务索赔准备金的年度调整。

16.2.3　日本中央部门预算分类

16.2.3.1　日本中央部门预算分类体系

按照日本的复式预算制度,中央政府预算分为一般会计预算、特别会计预算和政府关联机构预算三大类。日本的支出预算完全由部门预算构成,包括皇室、国会、法院、会计检查院、内阁、内阁办公室、总务省、法务省、外务省、财务省、文部科学省、厚生劳动省、农林水产省、经济产业省、国土交通省、环境省、防卫省在内的主要部门机构预算,主要包括一般会计预算和特别会计预算。由于部分特别会计预算的支出责任由几个部门同时承担,如东日本大地震复兴特别会计,因此狭义的中央部门预算仅指一般会计预算。上述几类预算几乎涵盖了日本中央政府的所有收支活动,这就使得政府的职能范围与预算支出紧密统一起来,只要属于政府行为就必须接受预算的约束和指导。

由于日本的预算编制以收支平衡为基本原则,因此每年的预算总是平衡的。当财政年度结束时,各部门须向财务省递交一份收入和支出相对应的部门总会计报表。部门总会计报表采用总额预算原则:一是要求记录政府部门全部的收入和支出项目,不允许只记录收支相抵后的差额;二是要求对收入和支出列示到能反映实际情况的科目为止,如在公共支出中要求列到具体项目。

在部门层面,日本的中央政府部门预算分为一般会计预算和特别会计预算,前者类似于我国的一般公共预算,后者类似于我国的政府性基金预算。两种预算支出分类均为组织—项—事项—目四级,如图 16-3 所示。组织一般指一级部门,包括总务省、法务省、文部科学省等。组织之下的项级科目对部门预算支出按大类进行划分,如文部科学省的一般会计支出预算中,项级科目包含共通费(整个部门的人员工资津贴、办公费等,类似我国的基本支出)、设施费(基本建设和固定资产维护等)、终身学习振兴费、科学技术和学术政策推进费等,部门下辖的每个研究机构和独立行政法人机构的预算支出也被设置为单独的项级科目。项级科目之下为事项,该级科目依照日本预算管理中的主要经费分类(两级共 43 个科目)对项级科目中的支出依照功能进行细分。每个事项下设若干目级科目,即经济分类科目,包含 34 个一级科目(vk 职员工资、办公费、投资支出等)。在部门概算(预算草案)中,事项和目之间还会设置事业这一科目,反映部门预算支出中的具体活动,但该级科目不依照固定的分类设置,也不被用作预算管理中的正式单位。

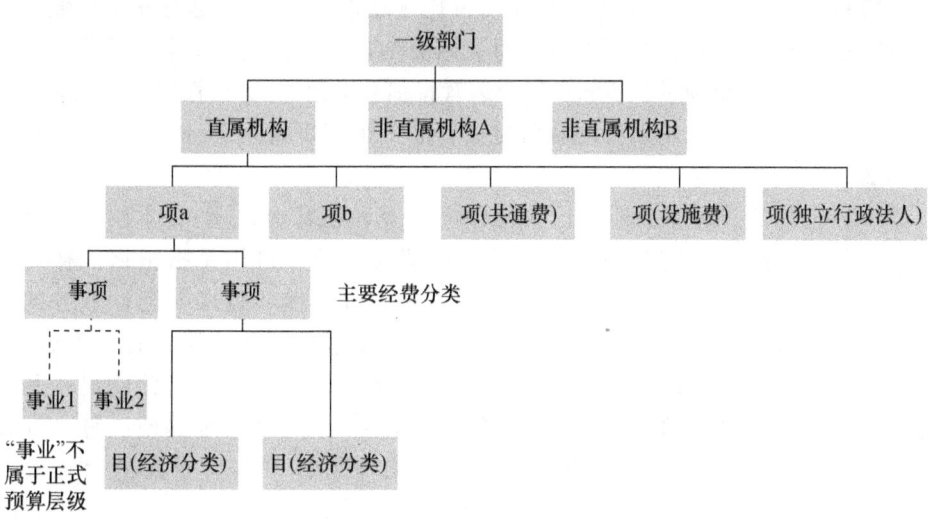

图 16-3　日本中央部门预算支出分类体系

16.2.3.2　部门预算具体分类

第一,复式预算分类。日本的复式部门预算分为一般会计预算、特别会计预算。一般会计预算也称一般账户预算,主要管理中央政府的一般性财政收支,以税收、税收收入、国债收入为主要财源,满足国家的司法、治安防卫、教育卫生、公共事业、社会福利等方面的支出需要。在日本,通常所讲的预算是指一般会计预算,其支出除包括一般行政经费外,还包括诸如特别会计拨款、对地方政府的补助等。日本一般会计预算的编制和执行以政府部门为单位。一般会计预算支出有不同的分类。按照施政领域进行的分类,称作主要经费分类,如社会保障相关费、文教及科学振兴费、公共事业相关费等;按照主要功能进行的分类,称作目的分类,如国家机关费、国土保全费、产业经济费等;根据所管辖部门的进行分类,如国会、法院、外务省、法务省等;从不同用途进行的分类,如人事费、物业费、设施费等。

特别会计预算也称特别账户预算,是国家在基本事务之外,在经营特定事业或占用、运行特定资金时,为区别于其他一般会计账目,按国家法令规定设置的将特定收入用于特定目的的国家事业项目支出预算。可以把特别会计看作中国的政府性基金预算,每一项基金服务于特定的事业,并自行构成一个相对独立的收支体系。

特别会计预算的目的是保证特定事业项目的资金供给及运营,通过明确的会计核算,实现行政成本的效率化。随着国家职能的复杂化和多样化,出于特定目的的特别会计预算支出在财政支出中所占比例越来越大,已经远远超出一般会计预算支出的规模。目前,特别会计预算大致分为以下三大类:① 事业特别会计预算,是指经营特定事业的预算;② 资金运营特别会计预算,是指管理中央政府贷款融资的特别预算,包括财政投融资特别会计和外汇资金特别会计;③ 其他特别会计预算。

一般行政部门拥有一般会计和特别会计两套预算账户,但日本的部门预算还包括较为特殊的政府关联机构预算。所谓政府关联机构是指根据法律设立的、中央政府提供全部资本金的法人,主要从事事业性项目或融资性业务的经营。执行政府关联机构预算的主体包括公社、公库和特殊性质银行三类机构,如日本进出口银行、日本开发银行、中小企业金融公库等。政府关联机构是根据日本的单行法设立的企业,因资金全部由中央政府投资,故其预决算必须接受国会的审议,政府关联机构预算实际上相当于日本国营企业的财务收支计划。

第二,收入预算具体分类。对于部门预算收入,日本奉行预算总额主义,部门一般会计预算收入称为主管财源收入,指部门包括处置固定资产在内的所有收入,主管财源收入全部用于安排部门支出,收支差额部分由财务省通过拨款提供配给财源。特别会计采取独立核算的模式,即根据会计当年度预算收入安排预算支出。在科目分类方面,一般会计预算采用"类—款—项—目"四级分类科目,表16-5 列示类和款两级科目,每个特别会计预算独立使用一套分类科目,类似于一般会计预算,但只包含"款—项—目"三级。

表 16-5　日本中央部门预算收入分类的类级和款级科目

类级科目	款级科目
1000-00 租税及印花税收	1100-00 租税
	1200-00 印花收入
3000-00 公有利润及收入	3200-00 公有收入
4000-00 政府资产整理收入	4100-00 国有财产处置收入
	4200-00 回收金等收入
5000-00 杂项收入	5100-00 国有财产使用收入
	5200-00 缴纳金
	5300-00 诸项收入
6000-00 公债金	6100-00 公债金
7000-00 上年度剩余资金收入	7100-00 上年度剩余资金收入

第三，支出预算具体分类。和美国和英国不同，日本中央部门预算采用多套预算支出分类科目复合使用的方式进行管理，无论是政府预算还是部门预算，一般会计预算支出和特别会计预算支出均使用同一套预算科目分类体系，包括说明施政领域的主要经费类的分类、说明功能的目的分类、说明经济性质的经济性质分类、说明支出具体形式的用途分类，但真正在预决算管理中起到控制作用的经济分类科目是目分类，它是日本实质上的预算经济分类科目。在实际预决算管理中，每个目级支出按照从属的事项和经济性质被赋予每个系列科目的相应代码。

16.2.4　典型国家部门预算分类体系的经验总结

（1）部门预算分类体系围绕项目预算体系设置，无论是使用单式预算还是使用复式预算的国家，都使用项目作为其预算编报、审批和执行的主要单位，功能分类主要用于对项目类型进行区分，而不作为部门预算审批和公开所使用的主要科目。

（2）在部门预算管理中，区分预算收入和预算资源的概念。预算收入是指部门作为征收主体从政府内外部获取的收入，而预算资源（或者一般意义上的拨款）实质上是指部门可用于进行预算支出活动的资金。

（3）部门预算分类与政府预算分类使用同一套科目。典型的国家预算管理的重要特征就是政府预算支出等于部门预算支出加总，即政府预算完全部门化，不存在非部门支出。在支出经济分类方面，政府和部门使用同一套分类科目。

第17章 改革建议

17.1 建立部门预算绩效管理的基础
——"部门—项目"预算分类体系

在发达国家的实践中,项目预算因其明确的产出导向性和普遍适用性,成为产出导向部门预算模式的理想载体。我国在2000年开始的部门预算改革中,也参考国际经验引入了项目库和项目评审制度。但时至今日,我国预算管理实践和项目预算规范范式依然存在问题。

基于产出预算的视角,部门预算强调使用有限公共资金高效履行公共受托责任,依托公共需求目标体系实现支出分配优先化,预算项目因此被定义为"向政府外部提供完整公共产品和服务、旨在实现同一成果性目标的系列活动集合"。但在我国的部门预算管理中,部门全部人员薪酬支出和公用经费(二者通常被看作一般行政管理费)被作为基本支出从各职能性项目中剥离出来,这种"分项列支式"(line-item)的预算分类仍旧没有脱离传统"投入导向"的预算模式,导致"项目支出"难以反映职能目标实现的全部资金成本,预算支出分配优化功能被严重削弱。

此外,不同于发达国家依托项目进行全过程预算管理,我国各级政府的预算管理主要使用类似COFOG的功能分类体系,项目库和项目评审与年度预算过程存在明显脱节。由于COFOG功能分类的设计初衷是实现政府财政统计信息的国际比较,因此这一科目体系仅依据支出活动的表现形式进行支出分类,不针对支出活动的最终产出和服务,也不区分服务和产出的受众。依托这一分类体系进行预算编制,阻碍了我国预算治理向"产出—成果"导向阶段过渡。对于产出导向预算认识上的薄弱,也导致政府部门在项目设计过程中存在混淆项目和活动的情形,大量项目库中的预算项目实际上是无法提供完整的产出或服务的活动,并不满足"项目是服务于同一公共服务目标的运营活动的集合"这一标准化定义。实践要求项目必须从属于某一功能分类项级科目的规定,导致部门丧失了依据政策和形势变化确定项目的灵活性;服务于同一目标本该从属于同一项目的活动,由于被过细的项级科目分类割裂,其运营效率也受到影响。

当前，预算的绩效管理已在我国全面推开，而部门全面预算绩效管理的开展，必须以支出预算分类体系的改革作为基础。首先，预算管理应由目前依托功能分类的模式向依托"项目—经济分类"的模式转变，应当持续推进项目评审和项目库与年度预算过程的整合，无论是职能部门内部决策还是核心预算机构的预算审查，均应依托预算项目而非功能分类科目，简明的功能分类预算（包含类、款两级科目）仅应用于确定项目类别；履行各类部门职能的人员薪酬以及公用经费也应被纳入部门各项目的预算支出。

其次，基于部门核心职责体系构建职能性项目，有必要强化项目设计的产出导向，同时项目应将提供产品和服务的对象限定为政府外部，即社会和公众。由于部门内部人员培训、财务管理、信息管理等活动的受众是部门本身，并不能直接向公众提供产出和服务，合理的方案是将部门内仅服务于某一职能性项目的辅助性活动纳入该项目，将财务、采购、信息技术等服务于多个职能性项目的活动整合为管理性项目。

最后，应使用经济分类以保障项目预算编制的科学性和执行的合规性。基于上述国家经验，支出经济分类的使用与绩效预算"扩大部门自主权"的理念并不矛盾。鉴于我国采用现代预算制度的时间相对较短，尚处于强化遵守财经纪律和完善合规控制机制的改革时期，在预算编制、执行全过程应围绕预算项目强化经济分类科目的使用和报告，保持对差旅、咨询和采购等风险支出条目的合规性控制，应成为我国部门预算管理的改革方向。

17.2 完善部门预算收入分类体系

长期以来，我国的部门预算管理存在混淆预算收入和预算资源这两个不同概念的问题。部门预算管理中，对于真正意义上的预算收入——以部门为征收主体取得的税收收入和非税收入，目前没有相应的核算和公开机制，仅在政府预算层面合并披露一级政府所有部门取得的税收收入和非税收入（不包括由某些部门征收但留给部门自主使用的事业收入）。而我国部门预算管理中的收入概念，实质上是指部门可用于支出活动的预算资源，包括同级财政部门的一般公共预算和政府性基金预算拨款、部门事业收入和事业经营收入中允许留用的部分、上级部门拨付的补助性收入等。这种预算分类体系造成以下几个问题：① 政府预算与部门预算无法衔接。这一无法衔接体现在预算收入和预算支出两方面，就一般公共预算而言，排除由财政部门管理的横向和纵向转移支付、债务发行及偿债付息等非

部门预算活动,在当前管理模式下,政府预算收入小于政府预算编报范围内的各部门预算收入的加总值,因为部门预算中的部分事业收入和事业经营收入被留给部门自身安排支出预算活动,计入部门预算收支,但并未计入政府预算收支。政府预算收入实际上是财政部门获得的、可以自行安排给各职能部门进行支出活动的收入净值。在支出端,由于部门预算支出较政府预算多出以自有收入安排的预算支出活动,政府层面的一般公共预算支出并不等同于所属部门预算支出的汇总值。② 预算公开和透明程度偏低。在部门预算的层面,公众和立法机构无法了解该部门作为征收主体获得的所有预算收入的规模、种类等重要信息。在政府预算的层面,政府预算收支的规模被现行的分类和披露方式低估,违反了"公共预算在反映政府收支活动方面必须拥有完整性"这一预算原则。

据此,我们建议应依据"预算总额主义"的原则对部门预算的收入分类体系进行改革。首先,借鉴美国和日本的部门预算管理经验,从预算收入、预算资源和预算支出三个维度反映部门预算活动。在部门现有的预算资源核算体系之外,建立部门预算收入核算和公开体系,列示部门作为征收主体获得的全部资金性收入,包括税收收入和非税收入;同时,应有效衔接预算收入和预算资源两个体系。不同于日本的管理模式,我国的部门预算管理并不允许部门全额留用自有收入。因此,部门应同时披露各类预算收入的征收额、上缴额和留用额,财政部门的预算拨款额和上级部门补助额,以自身预算收入留用额、上年预算结转额、财政部门的预算拨款额和上级部门补助额加总得到部门年度预算资源总额。

关于如何确立部门预算收入与预算资源的联系,即如何确定部门预算收入的留用和上缴的问题,需要结合行政事业单位预算活动的具体特征具体分析。当前我国行政事业单位的种类较多,有从事公共管理、主要承担监管职责的部门,兼有公共服务和监管职能的部门,还有仅提供公共产品和服务、不具有监管职能的部门,对这些部门的自有收入,应根据各自特征确定具体的预算管理办法。

一是对于行政部门凭借行政权力收取的税收收入和行政事业性收费收入、罚没收入、专项收入,应采取全额直接上缴国库、收支完全脱钩的管理模式,不宜在部门的预算收入和预算资源间建立联系。

二是对部分事业单位收取的具有(行业)垄断性的事业收入或者依据发改部门收费许可收取的费用,只能在有限的几家单位购买服务,一定程度上形成了行业垄断格局,这部分收入本质上与税收收入具有相似性,应采取直接上缴国库、收支完全脱钩的管理模式,或者将等同于部门提供此类服务的收益留给部门安排支出,余下收入部分直接上缴国库。实践中,这类收入包括某些测绘收入、基本文物保护收入、特种设备监督检验研究技术服务费、水文水资源勘测局水资源评价和排污口监测、药品检验研究检验检测收入等。对此类收入应比照非税收入进行管理，由财政、物价等相关部门在充分调查论证的基础上，经财政部门批准扣除相关费用（成本），经主管部门审核后上缴国库，按照收支两条线进行管理。

三是事业单位依托公共产权取得的收入，其所有权归属于国家，这部分收入核算应完全纳入政府预算，作为非税收入管理；但一般情况下应全部作为部门预算资源，全额拨给征收部门使用，弥补部门提供具体服务的成本，促进相关公共事业的发展。实践中，这类收入包括水库的供水收入、水库发电收入、林场销售木材收入、高速公路路政经费、高速服务区的净收益、出售公墓收入、体育运动场地租用经营收入等依托国有资源提供场地服务收取的场地使用费用等。

四是对于部分事业单位参与市场竞争取得的经营收入，要推动这些事业单位逐步转为企业制，从部门预算编报范畴中脱离出来。例如，某些林场出售树苗取得的收入、地质勘探单位通过勘探取得的经营性收入、规划设计院的规划设计收入、古建筑保护修缮收入等纳入经营性收入。

五是对公立医院和学校这类事业单位收取的医疗服务收费和学费等费用，因其仅承担狭义的公共服务职能而基本上不具有公共管理职能，且其运营具有一定的市场化特征，公众对此类公共服务和产品的获取具有一定的选择性。对于这类部门的实际运营，财政虽然给予一定的补助，但学费和医疗服务收费仍是一项主要的资金来源，用以弥补服务成本。因此，应参考日本预算管理模式，把这类部门置于行政序列的部门预算编报范围之外，不在教育和卫生部门的部门预算中列示这类单位的收入，仅在部门支出预算中列示行政部门给予这类单位的财政补贴支出。公立学校和医院的收支活动，由其自行编报收支情况表予以披露，不纳入政府预算。

17.3 对部门预算支出经济分类科目设计的改进

2007年我国的政府收支分类改革首次在政府预算管理中引入了经济分类科目，这对于强化预算纪律、优化预算决策和推动预算透明等起到了重要作用。支出经济分类科目和功能分类科目一同被纳入部门与政府的预算过程，伴随之后数次的科目调整，在实践中有效规范了部门基本支出，同时成为控制"三公"经费支出的有力工具。随后开展的预算公开改革进一步公开了各部门一般公共预算的基本支出经济分类预决算表，很大程度地推进了我国的预算透明化进程。但是，结合国际上通行的部门预算管理模式,我国的部门预算支出经济分类科目设计上还存在一定缺陷。

在部门经济分类支出科目中设置补助性支出(转移性支出)是各国部门预算管理的通行做法,我国2007年启用的政府支出经济分类原先有转移性支出这一类级科目,但在2017年的科目改革中,增设了新的政府支出经济分类科目,并将原有经济分类科目供部门支出经济分类科目使用,转移性支出这一类级科目被设置在政府支出经济分类中,而部门支出经济分类中没有设计对应的科目。在实践中,这种设计导致两个较为明显的问题:① 目前地方政府的预算管理中并非所有纵向转移支付都通过财政部门向下拨付,仍有一部分纵向转移支付先由本级财政部门拨付给本级职能部门,再通过本级职能部门向下级职能部门拨付,由于部门预算经济分类缺失了"转移性支出"这一科目,造成部门编制的经济分类支出预算无法反映这部分支出。② 我国当前的预算管理实践存在一些由上级职能部门向系统内下级政府职能部门提供的补助收入,这部分收入被作为下级职能部门的预算资源在预算年度内安排使用,在使用当前部门经济分类支出科目的条件下,上级职能部门在编制经济分类支出预算时,无法反映这部分实拨资金形式的支出。一个典型的例子就是省级职能部门对系统内的地级培训技术学校的补助。据此,建议财政部门在新的《政府收支分类科目》中增设与政府支出经济分类科目中转移性支出对应的部门转移性支出类级科目及其下属款级科目。

缺失贷款担保支出、设立基金的资本金支出两个科目也是当前部门支出经济分类科目的缺陷之一。当前,地方政府深度参与地方经济发展,通过多种渠道进行产业扶持成为我国地方政府活动的鲜明特征之一。地方政府大量通过贷款担保和设立扶持基金等形式促进产业发展和创新,然而现行的经济分类科目体系中没有反映贷款担保成本以及设立基金的政府出资科目。据此,建议在政府收支分类科目中添加这两个款级科目。

主要参考文献

[1] 艾伦·希克:《当代公共支出管理方法》,中译本,经济管理出版社2000年版。

[2] 艾伦·希克:《联邦预算——政治、政策和过程》,中译本,中国财政经济出版社2011年版。

[3] 贾康:《绩效预算与政府绩效评价体系的要点》,载于刘昆编《绩效预算:国外经验与借鉴》(论文集),中国财政经济出版社2007年版。

[4] 王朝才:《日本财政法》,经济科学出版社2007年版。

[5] 王雍君:《安全、正义与绩效:当代中国的行政治理改革与财政制度建构》,《中国行政管理》

2015年第8期。

[6] 沙安文:《预算编制与预算制度》,中译本,中国财政经济出版社2018年版。

[7] 宋雄伟:《英国"公共服务协议"治理方式解析》,《中国青年政治学院学报》2012年第4期。

[8] 杨华:《日本政府预算制度》,经济科学出版社2016年版。

[9] 赵早早,何达基:《绩效预算理论新发展与启示》,《中国行政管理》2019年第3期。

[10] Hijal-Moghrabi, I., "Why Is it So Hard to Rationalize the Budgetary Process? A Behavioral Analysis of Performance-Based Budgeting", *Public Organization Review*, 2018(1), 1—20.

[11] Ho, T. K., "From Performance Budgeting to Performance Budget Management: Theory and Practice", *Public Administration Review*, 2018(4), 748—758.

[12] Jacobs, D., Hélis, J., et al., "Budget Classification", *IMF Technical Notes & Manuals*, 2009(6), 1—21.

[13] Key, V. O., "The lack of a budgetary theory", *The American Political Science Review*, 1944(6), 1137—1144.

[14] Robinson, M. and Last, D., "A Basic Model of Performance-Based Budgeting", *IMF Technical Notes & Manuals*, 2009(1), 3—16.

[15] Robinson, M., *Performance-Based Budgeting*, World Bank Publications 2011.

[16] Robinson, M., *Program Classification for Performance-Based Budgeting*, World Bank Publications 2013.

[17] Schick, A., "Why Most Developing Countries Should Not Try New Zealand's Reforms", *World Bank Research Observer*, 1998(1), 123—131.

[18] Shaw, T., "Performance budgeting practices and procedures", *OECD Journal on Budgeting*, 2016(15), 6—73.

[19] Sterck, M., and Scheers, B., "Trends in Performance Budgeting in Seven OECD Countries", *Public Performance & Management Review*, 2006(30), 47—72.

[20] Tommasi, D., "The Coverage and Classification of the Budget", In Allen R, Hemming R, et al., *The International Handbook of Public Financial Management*, Palgrave Macmillan UK 2013.

[21] Willoughby, K. G., "Introduction to the symposium: PBB-Works like the BCs", *Public Administration Review*, 2011(3), 352—355.